HERR DER REGELN

# HERR DER REGELN

## Der Fußball-Referee

Herausgegeben vom
Stadtgeschichtlichen Museum Leipzig

**Begleitbuch zur Ausstellung**

Mitteldeutscher Verlag

# INHALT

*Volker Rodekamp*
**Gedanken zum Thema** ... 7

## Teil 1: Die Ausstellung

*Ursula Gundlach und Burkhard Friedrich*
**Ohne ihn läuft kein Spiel!** ... 10
Ein Gespräch mit der Kuratorin Dr. Gerlinde Rohr

*Burkhard Friedrich und Wolfgang Metz*
**Herr der Regeln** ... 16
Der Fußball-Referee – Ausstellungskomplexe und Exponate

*Burkhard Friedrich*
**Zur Ausstellungsgestaltung** ... 62
Ein Gespräch mit den Gestaltern Thomas Ebersbach und René König

## Teil 2: Der Referee

*Christoph Bausenwein*
**Auf einsamem Posten - umstritten in seiner Leistung** ... 64
Die Geschichte des Fußball-Schiedsrichters

*Richard McBrearty*
**Die Erfindung des Kurzpassspiels** ... 77
Schottlands Einfluss auf die Entwicklung des modernen Fußballs

*Volker Kluge*
**Der Stolz des Rudi Glöckner: nie einen falschen Bart** ... 88
Zum Schiedsrichterwesen in der Deutschen Demokratischen Republik

*Manfred Fock*
**Der Richter im Schiedsrichter und die Gerechtigkeit** ... 98
Betrachtungen zum Schiedsrichter aus gesellschaftspolitischer und juristischer Sicht

*Rainer Moritz*
**Terrormann und Regelwächter** ... 103
Die letzte Instanz: der Schiedsrichter

*Gunter A. Pilz*
**Die Rolle des Schiedsrichters in Vergangenheit, Gegenwart und Zukunft** ... 110
Die Wandlung vom Siegen im Sinne des Fair Play zum „Siegen-Müssen um jeden Preis“

*Beate Fechtig*
**Frau Schiedsrichterin, übernehmen Sie!** ... 120
Nur zwei Prozent aller deutschen Fußball-Referees sind weiblich

*Reinhild Kemper und Dieter Teipel*
**Schiris im Stress ... 128**
Zur Beanspruchung von Schiedsrichtern und Schiedsrichterinnen im Fußball

*Christiane Zehrer*
**Der Mann in Schwarz und die Mattscheibe ... 133**
Zur Beziehung von Medien und Schiedsrichtern

*Thomas Roth*
**Die harmonierende Wir-AG im Wohnwagen nach Izmir ... 141**
Eine Reise zu den Schiedsrichtern Markus Merk und Rudolf Kreitlein

*Jürg Gohl*
**Immer auf Ballhöhe mit den Männern ... 146**
Die Schweizer Super-League-Schiedsrichterin Nicole Petignat

*Christian Eichler*
**Vom Konzertflügel zur Trillerpfeife ... 153**
Der Schiedsrichter Herbert Fandel

*Ursula Gundlach*
**Nach allen Regeln der (Fußball-)Kunst ... 156**
Einblicke in die Schiedsrichterausbildung des Leipziger Fußballverbandes

*Annett Schimmel*
**Pfeifen, Diebe, ehrlose Kerle? ... 163**
Die Schiedsrichter aus der Perspektive eines Fans

*David Weidlich*
**Lohn für den Referee: „Das Bier nach dem Spiel!“ ... 166**
Schiedsrichter über sich selbst

*Stanley F. Lover*
**Ob es sich gelohnt hat? ... 178**
Eindrücke eines ehemaligen Fußball-Schiedsrichters

## Teil 3: Anhang
**Auswahlbibliografie zum Schiedsrichterwesen ... 188**
**Autorenverzeichnis ... 194**
**Bildnachweis ... 197**
**Förderer, Sponsoren und Leihgeber ... 198**
**Impressum ... 200**

von Volker Rodekamp

Genau 40 Jahre ist es her, dass das Tor von Wembley zur Legende wurde. Die deutsche Fußball-Nationalmannschaft verlor ihr Weltmeisterschaftsendspiel gegen England 2:4, und Wembley wurde zum Inbegriff einer fragwürdigen Schiedsrichterentscheidung. Bis heute gilt das Urteil, dass der Ball hinter der Torlinie war, als umstritten, und auch die späteren Beweisführungen anhand von Fotos und Filmaufnahmen haben bis heute nicht zweifelsfrei klären können, ob die damalige Schiedsrichterentscheidung regulär oder irregulär war. Der renommierte Schweizer FIFA-WM-Referee Gottfried Dienst befragte zunächst seinen russischen Linienrichter, der auf die Frage, ob der Ball hinter der Linie war, mit Ja antwortete. Keine zweite Schiedsrichterentscheidung in der Geschichte der Fußball-Weltmeisterschaften, hat bei den Fans, aber auch auf offizieller Ebene, so viele Diskussionen ausgelöst wie das legendäre Tor von Wembley.

Doch nicht allein durch das Wembley-Tor selbst wurde die 66er Weltmeisterschaft in England berühmt. Es waren vor allem die zahlreichen denkwürdigen Schiedsrichterentscheidungen, die späterhin zu einer Reihe von Neuerungen und Regeln führten. In Folge der Weltmeisterschaft 1966 wurden beispielsweise die roten und gelben Karten eingeführt, weil der korrekte Platzverweis des argentinischen Kapitäns im Viertelfinalspiel gegen England durch den deutschen FIFA-WM-Referee Rudolf Kreitlein für die Zuschauer kaum nachvollziehbar war. Der Spieler hatte sich nach außen hin keine erkennbaren Regelverstöße zu Schulden kommen lassen.

Seitdem hat sich die Fußballwelt grundlegend verändert. Freilich sind es nach wie vor die großen Spielerpersönlichkeiten und die dramatischen Spiele, die im Zentrum des öffentlichen Interesses stehen. Doch bereits seit etwa einem Jahrzehnt ist eine Entwicklung erkennbar, die dem Schiedsrichter und seinen Entscheidungen eine wichtige, zuweilen sogar spielentscheidende Rolle zuerkennt. Aus dem ehemaligen unauffälligen 23. Mann ist längst eine medienwirksame, weithin bekannte, mitunter auch umstrittene Figur geworden.

Keine andere Schiedsrichterpersönlichkeit hat diese Entwicklung so eindrucksvoll verkörpert wie der italienische Schiedsrichter Pierluigi Collina, der als einer der Ersten auch das klassische Schwarz seiner Schiedsrichterkleidung durch ein strahlendes goldfarbiges Trikot ersetzt hat; zweifellos ein Akt von tiefer symbolischer Bedeutung.

Mit dem gestiegenen Medieninteresse der vergangenen Jahre ist auch ein allgemeines Interesse an den Schiedsrichtern einhergegangen. Ein Blick auf den aktuellen Informations- und Literaturmarkt ist allerdings ernüchternd. Die jüngst erschienenen Biografien von Pierluigi Collina oder dem deutschen Schiedsrichter Bernd Heynemann verweisen zwar auf ein gewachsenes Interesse an den Referees, doch bleibt die Literaturlage letztlich schmal und unbefriedigend. Im Fokus des publizistischen Interesses stehen bis heute vorrangig bedeutende Spieler, dramatische Spiele und die erfolgreichen Trainer, nicht aber die Referees, ohne die kein Fußballspiel denkbar wäre. Dabei gerät keine andere am Fußballspiel beteiligte Person schneller ins Kreuzfeuer der Kritik, die von Beschimpfungen der Fans und Zuschauer über Medienschelte bis zu Tätlichkeiten und (Mord-)Drohungen reicht.

Das vorliegende Buch ist als Begleitpublikation zur Schau „Herr der Regeln. Der Fußball-Referee“ entstanden, der ersten umfassenden kulturhistorischen Ausstellung, die sich mit der Rolle und der kulturellen Bedeutung der Instanz des Unparteiischen im Sport am Beispiel des Fußballs auseinander setzt. Unterschiedliche Sichtweisen auf die Person des Schiedsrichters sollen dazu beitragen, den Unparteiischen im Spannungsfeld zwischen Regelwerk und Stadiongeschehen darzustellen und ein neues, umfassenderes, vielleicht gerechteres Bild vom 23. Mann auf dem Spielfeld zu entwerfen.

Die vorliegende Publikation will dabei mehr sein als ein klassischer Ausstellungskatalog. Sie vertieft nicht nur die Ausstellungsinhalte, sondern ergänzt diese um wichtige thematische Beiträge, die den Dialog mit dem Leser fördern und neue Entdeckungen zum Thema „Fußball-Referee“ ermöglichen. Der vorliegende Band bereichert zudem die wenigen bereits existierenden Publikationen um eine umfassendere Perspektive, die über Porträts, Erfahrungsberichte und biografische Erinnerungen einzelner bedeutender Schiedsrichterpersönlichkeiten hinausgeht.

Uns kam es in besonderer Weise darauf an, das Thema „Fußball-Schiedsrichter“ aus unterschiedlichen, ergänzenden Blickwinkeln zu beleuchten. So ist ein Themenkreis von insgesamt 16 Textbeiträgen erarbeitet worden, der kaleidoskopartig Rolle und Person des Unparteiischen in den Blick nimmt. Schiedsrichterpersönlichkeiten und ihre Leistungen werden dabei aus philosophisch-historischer, psychologischer, gesellschaftspolitischer, zeitgeschichtlicher, ethischer, soziologischer, frauenspezifischer, medienwissenschaftlicher, fanspezifischer, trainingswissenschaftlicher, künstlerischer, journalistischer und biografischer Perspektive thematisiert. Dem Textteil vorangestellt ist eine komprimierte Einführung in die Referee-Ausstellung, um den Leser mit Anliegen, Inhalt, zentralen Exponaten und den Präsentationsprinzipien vertraut zu machen.

Entstanden ist so ein spannendes, informatives und facettenreich angelegtes Buch im Magazinformat, das zum einen die unterschiedlichen Ausstellungsbesucher anzusprechen vermag, darüber hinaus aber auch auf jenen Personenkreis zielt, der sich für die Themen „Fußball“, „Schiedsrichter“ und „Richten und Schlichten im Sport“ interessiert. Es will zudem eine interessierte Leserschaft erreichen, die sich auf einen kulturhistorischen und zugleich aktuellen Exkurs zum Thema „Kultur des Streits“ einlassen will. An dieser Stelle sei abschließend allen Autorinnen und Autoren gedankt, die uns unterstützt haben, den weiten thematischen Horizont innerlich abzustecken. Aufgrund ihrer Erfahrungen und Fachkompetenz war es möglich, eine Publikation vorzulegen, die über die Möglichkeiten der Ausstellung hinaus einzelne Fragestellungen vertiefend weiterverfolgt. Zu danken ist den zahlreichen ehrenamtlichen Helfern, dem Förderverein Sächsisches Sportmuseum Leipzig e. V., den Mitarbeiterinnen und Mitarbeitern des StadtgeschichtlichenMuseums Leipzig und der Abteilung Sportmuseum. Des Weiteren möchte ich dem Team der Ausstellungsgestalter für ihre inspirierte, kreative und engagierte museologische Bearbeitung des Themas danken.

Den Lesern wünsche ich schließlich eine spannende, informative und zuweilen auch nachdenklich stimmende Begegnung mit den so genannten „Herren der Regeln“, die heute längst nicht mehr nur Herren sind. Wir laden Sie ein, interessante Persönlichkeiten mit einer ganz besonderen Passion für den Fußball näher kennen zu lernen.

Dr. Volker Rodekamp
Direktor des Stadtgeschichtlichen Museums Leipzig

# DIE AUSSTELLUNG

# OHNE IHN LÄUFT KEIN SPIEL!

## 11 Fragen an Dr. Gerlinde Rohr, Kuratorin der Ausstellung „Herr der Regeln. Der Fußball-Referee“ und Leiterin des Sportmuseums Leipzig

von Ursula Gundlach und Burkhard Friedrich

**Die Geschichte der Fußball-Weltmeisterschaften ist reich an Mythen wie dem „Wunder von Bern“ und Helden wie Pele, Maradona und Eusebio. Sie stellen den Schiedsrichter in den Mittelpunkt Ihrer Exposition – warum?**

Ausstellungen über Fußball und seine Geschichte hat es schon sehr viele gegeben. Besonders die alle vier Jahre stattfindenden Weltmeisterschaften werden – nicht nur im Land des WM-Ausrichters – gern zum Anlass genommen, um in Publikationen und Ausstellungen die Fußballgeschichte unter verschiedenen Gesichtspunkten zu bearbeiten.

Mit der Vergabe der FIFA WM 2006™ an Deutschland und der Entscheidung, dass Leipzig Spielort sein wird, stand für unsere Einrichtung fest, dass auch wir uns mit einer Ausstellung an diesem sportlichen Großereignis beteiligen werden. Und es sollte eine außergewöhnliche Exposition sein – nicht die zigste Auflage einer fußballhistorischen Betrachtung bzw. einer Darbietung von Geschichten um berühmte Spieler, spektakuläre Tore, erfolgreiche Mannschaften, tragische Momente u. ä., sondern eine Schau, die Themen aufgreift, denen sich bislang noch niemand zugewandt hatte.

Durch einen ehemaligen Mitarbeiter des Sportmuseums Leipzig, der aus seiner ehrenamtlichen Tätigkeit als Schiedsrichter und Schiriobmann im Leipziger Fußballverband interessante, bisweilen auch haarsträubende Geschichten zum Besten gab, rückte Ende des Jahres 2003 der „schwarze Mann“ des Fußballspiels in unser Blickfeld. Wir mussten feststellen, dass der Schiedsrichter, der für ein Fußballmatch ebenso unverzichtbar ist wie die Spieler, kaum öffentliche Beachtung, geschweige denn Anerkennung, findet. Seine Person und seine Leistung werden oftmals erst wahrgenommen – und dann meist an den Pranger gestellt –, wenn es um vermeintliche Fehlentscheidungen geht. Und so hielten wir es für angebracht und noch dazu für äußerst spannend, den 23. Mann bzw. die 23. Frau auf dem Spielfeld einmal genauer unter die (Ausstellungs-)Lupe zu nehmen.

**Mit Ihrem Ausstellungsvorhaben haben Sie sich 2004 erfolgreich um die Anerkennung als offizieller Beitrag zum Kunst- und Kulturprogramm der Bundesregierung anlässlich der Fußball-WM 2006 beworben. Was bewog sie, sich an dieser Ausschreibung zu beteiligen?**

Deutschland als Ausrichter der FIFA WM 2006™ will den Fußballbegeisterten der Welt 2006 nicht nur ein perfekt vorbereitetes sportliches Event bieten, sondern auch dazu beitragen, Fußball als ein kulturelles Phänomen zu begreifen, das grenzüberschreitend und völkerverbindend wirkt. Dazu wurde ein hochkarätiges, auf allen Kontinenten der Erde zu veranstaltendes Kunst- und Kulturprogramm zusammengestellt, das die besonderen Beziehungen dieser Bereiche des gesellschaftlichen Lebens zum Fußballsport reflektiert. Die 48 offiziellen Beiträge dieses Programms – Ausstellungs-, Tanz-, Theater-, Performance-, Musik-, Film-, Fernseh-, Video-, Literatur- und Festival-Projekte – wurden vom Aufsichtsrat der Nationalen DFB-Kulturstiftung in Abstimmung mit dem Organisationskomitee FIFA WM 2006™, der FIFA und dem künstlerischen Leiter des Programms, André Heller, aus mehr als 350 Bewerbungen ausgewählt. Und einer dieser Beiträge ist unsere kulturhistorische Exposition „Herr der Regeln. Der Fußball-Referee“.

Wir hatten uns Ende 2004 vor allem deshalb an der Ausschreibung beteiligt, weil wir unser schmales Ausstellungsbudget, das sich hauptsächlich aus Eigenmitteln und Mitteln aus dem städtischen Haushalt zusammensetzt, ein wenig aufbessern wollten. Darüber hinaus reizte uns aber ebenso, in einem übergreifenden Projekt mitzuwirken, dessen Synergieeffekte zu nutzen und neue Partner kennen zu lernen.

Ursprünglich hatten wir unsere Exposition in ein Ausstellungsvorhaben einbinden wollen, das gemeinsam mit den Sportmuseen in Berlin und Köln geplant war. Dabei sollte jede Einrichtung eine andere am Fußballspiel beteiligte Person in den

Mittelpunkt der Betrachtung rücken (die Berliner den Trainer, die Kölner die Frau). Diese drei Expositionen sollten als Wanderausstellungen konzipiert und nacheinander in Berlin, Köln und Leipzig gezeigt werden. Aus unterschiedlichen Gründen kamen unsere Kollegen mit der Realisierung ihrer Projekte nicht so schnell voran wie wir, so dass aus dem einst geplanten Dreigestirn nur noch unsere Präsentation zum Schiedsrichter übrig blieb.
Umso erfreulicher war es natürlich für uns, in das offizielle Kunst- und Kulturprogramm der Bundesregierung aufgenommen worden zu sein, zeigte dies doch, dass wir mit unserer Ausstellungsidee richtig „gelegen" hatten und dass unser Konzept als tragfähig anerkannt worden war.

Aber kann man denn über den Schiedsrichter, den eher „unauffälligen" Mann im Schatten der Spieler, tatsächlich eine spannende Ausstellung machen?

Diese Frage wurde uns am Anfang oft gestellt. Auf den ersten Blick gibt es ja zu diesem Thema kaum spektakuläre Objekte. Die Ausstellung war deshalb auch für uns ein Experiment, das jedoch bald zu einer spannenden Spurensuche mit vielen überraschenden Erlebnissen und Erkenntnissen – selbst für die Fußball-Fans unter uns – wurde. Als Beispiel sei hier die Beschäftigung mit dem Regelwerk, seiner Geschichte und seiner praktischen Anwendung in konkreten Spielsituationen angeführt. Wir stellten fest, dass wir kaum eine Regel im Detail kennen. Einige der Testfragen, die wir bei unseren Recherchen von Schiedsrichtern gestellt bekamen und über die wir „stolperten", geben wir deshalb gern an die Besucher unserer Ausstellung weiter. Wir sind sicher, dass ihre Beantwortung sowohl den „Kenner der Szene" als auch den Fußballlaien reizen wird.

Das Agieren der Schiedsrichter ist zudem aufs Engste mit all jenen Momenten verbunden, die Fußball so faszinierend machen: den miteinander um den Ball streitenden Spielern, außergewöhnlichen Toren, üblen Fouls, umstrittenen Abseitssituationen, Gefühlausbrüchen von Trainern und Zuschauern u. v. a. m. Dies zu reflektieren und ins Bewusstsein der Ausstellungsbesucher zu rücken, ist eines der Hauptanliegen unserer Schau.

Und schließlich haben Schiedsrichterentscheidungen auch für unsterbliche Momente in der Fußballgeschichte gesorgt. Denken wir nur an das Wembley-Tor 1966 oder an Maradonas Tor mit der „Hand Gottes", das Argentinien 1986 den Weltmeistertitel sicherte! Doch wer waren die Schiedsrichter, die diese Tore anerkannten? Die Namen von großen Fußballspielern kennt jedes Kind, die von Schiedsrichtern kaum jemand. Wir holen den 23. Mann bzw. die 23. Frau aus der Anonymität, machen auf ihre sportlichen Leistungen aufmerksam und zeigen sie in ihrem Leben fern der großen Fußballstadien und -plätze. Dadurch, so hoffen wir, wird aus dem unbekannten und unverstandenen „Schiri" ein Mensch mit seiner ganz persönlichen Geschichte. Und das stellen wir uns sehr spannend vor.

Unerwartete „Werbung" für unser Ausstellungsprojekt erhielten wir im Übrigen durch den im Januar 2005 aufgedeckten Wettskandal um den Referee Robert Hoyzer. Plötzlich war der Schiedsrichter in aller Munde, plötzlich wurde über ihn und seinen Anteil am Verlauf eines Fußballspiels öffentlich diskutiert, plötzlich bekam der Unparteiische ein Gesicht ... Uns traf diese Entwicklung nicht unvorbereitet, denn wir hatten schon in der Phase der Konzepterarbeitung neben dem Muster-Referee auch das „schwarze Schaf" der Schiedsrichter-Zunft im Blickfeld gehabt: Im Ausstellungskomplex „Verstoß" sind deshalb neben Fouls und Entgleisungen der Spieler auch Fehlverhalten und Unfairness von Referees thematisiert.

Doch auch für diese Ausstellung benötigen Sie Exponate. Welche sind das und worauf sind Sie besonders stolz?

Grundlage für die Suche nach geeigneten Exponaten waren die Themen, auf die wir uns festgelegt hatten.

## »Schiedsrichter sorgten Fußballgeschichte«

Neben aktuellen Objekten, wie der Ausrüstung der Schiedsrichter für die WM 2006 im Ausstellungsauftakt, wollten wir natürlich auch originale Stücke zeigen, die das Schlichten und Richten seit über 2.000 Jahren dokumentieren, und damit auf Wurzeln des Agierens der heutigen Schiedsrichter verweisen.

Diesen historischen Bogen von den Anfängen bestimmter Entwicklungen bis in die Gegenwart schlagen wir auch im Hauptteil der Ausstellung, der die Aufgaben und Leistungen der Schiedsrichter beim Fußballspiel thematisiert. Im „Vorspiel" beispielsweise stellen wir nicht nur die Obliegenheiten der Referees vor Spielbeginn dar, also die Kontrolle von Spielfeld, Ball, Anzahl und Ausrüstung der Spieler, sondern verdeutlichen ebenso, wie sich diese im Verlaufe von über 100 Jahren verändert haben. Neben Fotos haben wir deshalb für dieses Kapitel auch Torpfostenteile, Netze, Kreidewagen, Bälle, Spielerkleidung sowie Stollenprüfer und anderes Zubehör des Unparteiischen zusammengetragen.

Besonders glücklich sind wir über originale Objekte aus der Frühzeit des modernen Fußballsports, wie eine Spielerkappe aus dem Jahre 1880 von einem der seit 1872 ausgetragenen legendären Länderspiele zwischen England und Schottland, ein Torhütertrikot von 1887, einen Fußball von 1890 sowie ein schottisches Nationaltrikot von 1900. Ebenso gefreut haben wir uns über die erste gelbe Karte, die jemals bei Weltmeisterschaften gezeigt wurde, oder über das Trikot, das Pele zu seinem Abschiedsspiel trug und anschließend dem deutschen Schiedsrichter Kurt Tschenscher schenkte. Der aktuelle deutsche Spitzen-Referee Dr. Markus Merk steuerte das erste jemals von einem Schiri offiziell getragene farbige Trikot bei, und von adidas erhielten wir Schiedsrichterschuhe des italienischen Star-Schiedsrichters Pierluigi Collina – um nur einige Highlights zu nennen.

### War es denn schwer, an diese Exponate zu kommen?

Ja und nein. Durch umfangreiche Recherchen, bei denen wir von vielen Fußballfreunden, anderen Museen und Institutionen, wie dem FIFA-Archiv in Zürich, dem DFB und unserem Förderverein, unterstützt wurden, konnten wir recht früh das Gros unserer Wunsch-Exponate orten. Sie aber letztlich auch nach Leipzig zu bekommen, war ungleich schwerer. Zwar gab es vor allem bei den Privatpersonen eine große Bereitschaft, unser Vorhaben mit Leihgaben zu unterstützen, allerdings wurde von vielen unterschätzt, dass man für die Realisierung einer anspruchsvollen Ausstellung sehr frühzeitig wissen muss, welche Objekte mit welchen Maßen und unter welchen konservatorischen Bedingungen für die Präsentation konkret zur Verfügung stehen werden. Oft wurden wir bei unseren Leihanfragen mit Meinungen konfrontiert wie „Ach, erst nächstes Jahr wird die Ausstellung eröffnet? Dann hat das ja alles noch viel Zeit!" ...

Hinzu kam, dass im Verlaufe des Jahres 2005 immer mehr Museen, Institutionen und auch Privatpersonen in Deutschland Expositionen und Präsentationen zur Fußball-WM zu planen begannen und damit den „Sturm" auf attraktive Ausstellungsstücke einläuteten. Und durch den Schiri-Wettskandal interessierten sich mit einem Male auch Personen für das Thema Schiedsrichter, denen der Referee bisher wenig am Herzen gelegen hatte. Dass wir dennoch außergewöhnliche und sehenswerte Exponate in unsere Schau holen konnten, haben wir unseren zeitigen Leihanfragen zu verdanken: Wir mussten später „nur" noch für die Einhaltung der Zusagen und den Transport der Stücke an den Ausstellungsort sorgen.

Dieses Aufgabenspektrum erreichte dennoch eine von uns bisher nicht gekannte Dimension. Hatten wir bei bisherigen Ausstellungen die Mehrzahl der Exponate aus dem eigenen Fundus stellen können und diese durch eine überschaubare Menge an Leihgaben ergänzt, war es diesmal umgekehrt: Über 50 Leihgeber werden in unserer Ausstellung vertreten sein (siehe Auflistung am Ende des Buches – d. R.), und der Anteil der geliehenen Exponate wird schätzungsweise 90 Prozent aller

ür unsterbliche Momente in der

Schaustücke ausmachen, was verständlicherweise mit einem enormen Verwaltungsaufwand verbunden ist. Die Erfahrungen aus der Zusammenarbeit mit so vielen Partnern werden uns – im erfreulichen wie auch weniger erfreulichen Sinne – für unsere künftige Tätigkeit mit Sicherheit von großem Nutzen sein.

Äußerst angenehm und erfolgreich war – um ein positives Beispiel zu nennen – die Kooperation mit dem Schottischen Fußballmuseum in Glasgow. Viele der wertvollen Sammlungsstücke aus der Frühzeit des modernen Fußballsports kommen von dort. Auf andere dreidimensionale Exponate, wie z. B aus dem Fußballmuseum im englischen Preston, mussten wir dagegen aus Kostengründen verzichten.

**Und wie reagierten die Schiedsrichter auf Ihre Anfragen?**

Die Unterstützung war sehr gut. Sie begann mit unserer Fragebogenaktion Ende 2004/Anfang 2005. An mehr als 270 aktive und ehemalige Schiedsrichter von der Kreisklasse bis zum internationalen Spielbetrieb der FIFA hatten wir einen Fragenkatalog verschickt. Interessiert haben uns vor allem Motivation und Selbstverständnis der Unparteiischen (siehe Beitrag von D. Weidlich in diesem Buch – d. R.). Knapp die Hälfte der Fragebögen erhielten wir ausgefüllt und teilweise mit ausführlichen Anlagen zurück. Die zu Papier gebrachten Antworten haben uns sehr geholfen, dem unbekannten Wesen „Schiedsrichter" auf die Spur zu kommen. Auf unsere Anfrage, welche persönlichen Stücke jeder für die Ausstellung zur Verfügung stellen würde, gab es erfreulich viele Angebote, auf die wir natürlich gerne zurückgriffen. So findet der Ausstellungsbesucher unter den Leihgebern sowohl ehemalige als auch noch aktive Schiedsrichter, bekannte Namen von FIFA-Referees, wie Bernd Heynemann, Rudolf Kreitlein, Urs Meier, Markus Merk oder Kurt Tschenscher, aber auch unbekannte Schiedsrichter aus unteren Spielklassen. Und genau das macht unsere Ausstellung so authentisch: Sie reflektiert wesentliche Seiten des Wirkens von Schiedsrichtern im internationalen Spitzenfußball ebenso wie den Einsatz an der Basis des Fußballsports.

**Konnten eigentlich alle Fragestellungen, die Sie in der Konzeptionsphase für bedeutsam hielten, hinreichend beantwortet werden und in die Ausstellung einfließen?**

Nicht alle Themen, denen wir uns anfangs zugewandt hatten, konnten wir letztlich bis zur „Ausstellungsreife" bringen. Das betrifft z. B. die Frage nach Unterschieden im Selbstverständnis und Agieren von männlichen und weiblichen Schiedsrichtern. Hierzu boten unsere Rechercheergebnisse (noch) nicht genügend Substanz für eine Umsetzung in einer musealen Ausstellung.

Auch die Idee, visionär an das Thema Fußball-Referee heranzugehen und den Schiedsrichter der Zukunft über ein studentisches Kunstprojekt darstellen zu lassen, erwies sich im vorhandenen Zeitrahmen als zu wenig „bodenständig", hätte ein solches Vorhaben doch sowohl inhaltlich als auch organisatorisch in den Studienplan eingepasst werden müssen. Vielleicht scheiterte der gute Einfall aber auch an den noch immer vorhandenen Ressentiments zwischen (Fußball-)Sport und Kunst … Umso mehr haben wir uns deshalb über das Angebot von Wiener Künstlern gefreut, eine von ihnen geschaffene Rauminstallation in unsere Ausstellung zu integrieren, die ein reales Punktspiel in Echtzeit wiedergibt, jedoch ausschließlich das Agieren des Schiedsrichters und seiner Assistenten sowie deren Kommunikation untereinander darstellt. Durch das Ausblenden des eigentlichen Spiels kann sich der Betrachter ganz auf das Schiri-Team konzentrieren und Überlegungen anstellen, was wohl bei dieser oder jener Gestik, Mimik und Körperhaltung des Referees gerade im Spiel passiert bzw. was wohl die – akustisch eingeblendeten – Zuschauerreaktionen auslöst.

Viele andere Ideen konnten aus Zeit- oder „Materialgründen" nicht umgesetzt werden. Vor allem im Themenkomplex „Stars" mussten zahlreiche Wünsche nach persönlichen Objekten von herausragenden internationalen Schiedsrichtern, wie Jean Langenus aus Belgien, Nikolaj Latychev aus der ehemaligen UdSSR, Tofik Bachramow aus Aserbaidschan, Arnaldo Cesar Coelho aus Brasilien, Arthur Ellis oder Ken Aston aus England und nicht zuletzt Stanley Rous, dem späteren FIFA-Präsidenten, offen bleiben.

Dennoch überwiegt die Freude über das Erreichte. Unsere Ausstellung beschreitet in vielerlei Hinsicht Neuland und wird sicherlich neue Einsichten und Anregungen vermitteln.

### Jeder Fußball-Fan hält sich selbst für den besseren Schiedsrichter. Warum sollte er sich Ihre Ausstellung ansehen?

Als Museum bieten wir dem Fan eine andere Sicht auf das Thema Fußball, indem wir Dinge in sein Gesichtsfeld bringen, die sonst beim Erlebnis Spiel kaum wahrgenommen werden und auch bei Fernsehübertragungen selten eine Rolle spielen. Wer macht sich beim Zuschauen schon Gedanken darüber, dass letztlich der Schiedsrichter entscheidet, in welcher Kleidung die Spieler auf dem Platz auflaufen, welche Schuhe den Regeln entsprechen und ob die beim Verein vorhandenen Fußbälle spieltauglich sind? Oder: Seit wann gibt es Rückennummern, die es dem Zuschauer und dem Referee ermöglichen, die Spieler selbst aus einiger Entfernung eindeutig auseinander zu halten? Wie hat sich ein Schiri im internationalen Fußball verständlich gemacht, wenn er einen Spieler verwarnen oder vom Platz stellen wollte, als es noch keine Karten gab? Welche verschiedenen Pfeifen gibt es, und wie „klingen" diese? Und wie ist das nun mit der heiß umstrittenen neuen Abseitsregel? Wer beschließt eigentlich solche Dinge? Wie funktioniert die Verständigung zwischen Schiedsrichtern und Assistenten? Was muss ein Schiedsrichter überhaupt alles können, bevor er ein Spiel leiten darf? Was Letzteres betrifft, so bieten wir im Rahmenprogramm der Ausstellung den Besuchern einen „Referee-Härtetest" an, bei dem sie die theoretischen und praktischen Prüfungen, denen sich ein Schiedsrichter unterziehen muss, absolvieren können.

Wir wissen, dass es ein Risiko ist, Fußball-Fans zur Hauptzielgruppe unserer Ausstellung zu machen, doch wir bauen darauf, dass sich wirkliche Fans so sehr für Fußball – und nicht nur für das Spiel ihrer Mannschaft – interessieren, dass sie aufnahmefähig sind für neues Wissen rund um ihr Hobby und dass sie bereit sind, sich auf Diskussionen und Tests zum Fußball-Regelwerk einzulassen. Sie können sich am Computer auch einmal selbst als Schiedsrichter versuchen und in bestimmten Spielsituationen entscheiden: War das nun ein Foul oder eine Schwalbe? Stand der Spieler im Abseits oder nicht? Muss ich einen Strafstoß oder einen Freistoß geben? Die Entscheidungen sind in Sekundenschnelle zu treffen und nicht erst nach fünf Zeitlupen, die womöglich noch von unterschiedlichen Kamerastandpunkten stammen.

Der Fan muss in unserer Schau auch nicht auf das verzichten, was ihn am Fußballsport am meisten begeistert: Medienstationen erinnern an Helden und Höhepunkte der Fußballgeschichte, konfrontieren mit Regelverstößen und Fehlentscheidungen und zeigen natürlich die tollsten Tore, die von Referees an- oder aberkannt wurden.

### Offiziell gibt es 17 Regeln für den Fußball. Sie haben zwei neue entwickelt – warum?

In der jüngsten Zeit gab es – auch im internationalen Spitzensport – etliche Vorfälle, die Besorgnis erregend waren und das früher übliche „Schiri: Telefon!" heute als freundliche Geste erscheinen lassen. Die Morddrohungen von englischen Hooligans gegen den Schweizer Schiedsrichter Urs Meier, die Wurfgeschossattacken römischer Zuschauer auf den inzwischen zurückgetretenen Schweden Anders Frisk, die „Feuerwerksveranstaltungen" in mancher Fußballarena signalisieren eine neue Qualität im Umgang mit den Referees: Die verbalen Beleidigungen sind rüder geworden, und die Bedrohungen haben ein Maß erreicht, das sie zum Gegenstand staatsanwaltlicher Ermittlungen macht. Deshalb stellen wir in unserer Exposition die Fußball-Regel Nummer 18, „Zuschauer", zur Diskussion, die das Verhalten der Menschen in den Stadien reflektiert und neue Maßstäbe für das Miteinander von Spielern, Schiedsrichtern und Zuschauern zu setzen versucht.

Und da aus unserer Sicht auch Presse, Rundfunk und Fernsehen einen nicht zu unterschätzenden Beitrag zur Lenkung – und Aufheizung – von Stimmungen pro bzw. contra Schiedsrichter leisten, haben wir deren Einfluss auf das Spielgeschehen und das Agieren der Referees in der Regel Nummer 19, „Medien", thematisiert. Mit beiden fiktiven Regeln wollen wir den Ausstellungsbesucher zum Nachdenken anregen und für eine neue, vor allem faire Sicht auf den 23. Mann bzw. die 23. Frau und deren Leistungen werben.

**Woche für Woche Beschimpfungen, Verachtung und Hass – das alles für eine kleine Aufwandsentschädigung: Warum tut sich ein Mensch das an?**

Unsere Umfrage hat ergeben: Für die meisten ist es die Liebe zum Fußball. Viele Schiedsrichter haben in ihrer Jugend selbst aktiv gespielt, dann aber erkannt, dass sie als Spieler nicht weiterkommen. Oft sind sie von ihrem Verein angesprochen worden, weil dieser für die Teilnahme am Spielbetrieb immer Schiedsrichter braucht. Für andere ist es ein gewisses Gerechtigkeitsempfinden oder der Wunsch, sich auf dem Platz Respekt zu verschaffen und auch mit kritischen Situationen fertig zu werden. Diese Beweggründe treffen auf Männer und Frauen gleichermaßen zu. Der Einsatz in einem wichtigen Spiel, wie dem Pokalendspiel im Kreis oder der Bundesliga – je nach Qualifikation –, war oder ist für viele ein erstrebenswertes Ziel. Und ein Schiedsrichter nannte als Motivation „das Bier nach dem Spiel".

**Angenommen, in dreißig Jahren gibt es wieder eine Fußball-WM in Deutschland: Gibt es dann noch einen Schiedsrichter?**

Diese Frage schneiden wir im letzten Teil unserer Ausstellung an. Ich meine: Wenn Fußball weiterhin die Weltsportart Nr. 1 bleiben will, dann gehört der Schiedsrichter mit aufs Spielfeld. Nicht zuletzt lebt das Fußballspiel von Emotionen, die durch unerwartete Situationen, spektakuläre Leistungen, aber auch Fehlverhalten von Spielern, Trainern und Zuschauern entstehen. Und was wäre das Fußball-Wochenende ohne Schiedsrichterentscheidungen, über die man diskutieren und streiten kann? Durch technische Hilfsmittel garantierte perfekte Entscheidungen – sofern das überhaupt möglich ist – nehmen meines Erachtens dem Spiel die Würze des Ungewissen. Vielleicht gibt es künftig den Berufsschiedsrichter, der sich noch besser auf sein Amt vorbereiten kann, oder einen Oberschiedsrichter, der vor mehreren Monitoren sitzt und mit seinem Kollegen auf dem Platz verbunden ist. Oder der Chipball hilft den Assistenten an den Linien, die so wichtige Frage zu klären, ob der Ball nun im Tor war oder nicht. Aber den Schiedsrichter als Mensch auf dem Platz – den kann und sollte keiner ersetzen.

# HERR DER REGELN

## Der Fußball-Referee – Ausstellungskomplexe und Exponate

von Burkhard Friedrich und Friedrich Metz

### UP TO DATE: REFEREE 2006 (AUF DER HÖHE DER ZEIT: SCHIEDSRICHTER 2006)

Noch wenige Minuten bis Spielbeginn. Die Spannung steigt. Tausende im Stadion und über eine Milliarde vor den Fernsehgeräten blicken gebannt auf den Kabinenausgang. Wie der Schiedsrichter das Spielfeld, so betritt der Besucher die Ausstellung über eine schmale Treppe. Er wird begrüßt von einem Schiedsrichterteam im WM-Outfit und von einer Leuchtschrift. Diese zeigt das Wort Schiedsrichter in fast allen Sprachen der 207 Mitgliedsländer der FIFA. Dass Fußball der Weltsport Nummer eins ist, verdeutlichen auch aktuelle Schiedsrichtertrikots aus ausgewählten Ländern verschiedener Kontinente. Dabei gelten überall auf der Welt die gleichen Regeln, festgelegt vom IFAB, dem International Football Association Board. Denn ohne Regeln kein Spiel und damit auch keine Fußball-Weltmeisterschaft. Der Herr der Regeln auf dem Spielfeld – das ist der Schiedsrichter. Mittlerweile seit mehr als 120 Jahren.

### THE GAME MUST GO ON! (DAS SPIEL MUSS WEITERGEHEN!)

Der Zuschauer eines Spiels hasst Unterbrechungen. Das ist heute nicht anders als vor 500 oder vor 2.000 Jahren. Doch in jedem Spiel gibt es Situationen, die unklar sind und die letztlich zum Streit führen. Kein Wunder, denn seit Menschen denken, streiten sie auch. Wer aber soll entscheiden über Recht oder Unrecht, über Schuld oder Unschuld und am Ende über Sieg oder Niederlage? Für diese Fragen hat es im Leben wie im Spiel immer schon Richter und Schlichter gegeben.

Bei den Olympischen Spielen der Antike waren das die Hellanodiken, wörtlich: die Griechenrichter. Eine attische Halsamphore aus dem Jahr 500 v. Chr. zeigt zwei Boxer und daneben einen Kampfrichter. In seiner Hand hält er eine Rute, mit der er die Boxer bei Regelverstößen sofort züchtigen konnte. Dagegen hatte der Herold am mittelalterlichen Hofe mehr zeremonielle Aufgaben. Er musste das Ritterturnier organisieren, die Kämpfer an ihren Wappen erkennen und aufrufen (daraus entwickelte sich die Heraldik) und natürlich die Einhaltung der Regeln überwachen. Ihm zur Seite stand oft ein Grieswärtel, der Aufseher des Kampfplatzes. Auch das bürgerliche Schützenfest kannte einen Richter, den so genannten Pritschenmeister.

Die Ursprünge des Fußballs liegen noch weiter zurück. Bereits im 2. Jahrtausend v. Chr. wurde in China ein fußballähnlicher Sport mit dem Namen Ts'uh-küh gespielt. Bis ca. 600 n. Chr. entwickelte sich das Spiel zum Nationalsport mit einer Profiliga und festen Fußballregeln, geriet dann aber wieder in Vergessenheit. Auch im antiken Griechenland, bei den Römern und in den frühen Kulturen Lateinamerikas gab es Ballspiele. Im hochmittelalterlichen England wurde football gespielt, indem zwei Städte versuchten, einen Ball in das gegnerische Stadttor zu befördern. Dabei war alles erlaubt. Oft gab es schlimme Verletzungen. Zu literarischen Ehren verhalf dem football kein Geringerer als William Shakespeare. In seinem Drama „König Lear" ruft der Graf von Kent, um seinen Gegner zu diffamieren: „Du gemeiner Fußballer". Ähnlich rüde wie im mittelalterlichen England ging es auch beim calcio in Florenz zu. Auch dieses Spiel würde den heutigen Zuschauer eher an eine Massenschlägerei erinnern. Doch immerhin wurde der calcio fiorentino schon von sieben Kampfrichtern überwacht.

Zum Mutterland des Fußballs wurde England im 19. Jahrhundert. Junge englische Gentlemen sollten mit diesem Sport, man höre und staune, diszipliniert werden. Studenten der Cambridge School verfassten 1846 die ersten Fußballregeln. Als die eigentliche Geburtsstunde des modernen Fußballs gilt aber die Gründung der englischen Football Association (FA) im Jahr 1863.

**HALSAMPHORA**

Boxkampfszene mit Kampfrichter. Der in einem kostbaren Gewand eingehüllte Schiedsrichter setzt bei Verstößen eine Gerte gegen den regelwidrig agierenden Athleten ein. Attisch, aus Vulci, Ton, um 500 v. Chr

**PRITSCHENMEISTER**

auf dem Baseler Schützenfest. Der mit einem Narrenkostüm bekleidete Pritschenmeister tritt bei bürgerlichen Schützenfesten ab dem 16. Jh. als Multitalent in Erscheinung. Er ist Dichter, Sänger und Festpolizist in einer Person und sorgt darüber hinaus für die Einhaltung der Regeln. Mittels einer aus Holz und Leder gefertigten Pritsche bestraft er regelwidrig handelnde Personen. 1603

Et pour abregier nostre matiere quant il sera dedens les lices Il se mettra en bataille et fera mettre ses bannieres samblablement comme a fait le seigneur appellant et ses tornoyeurs soubz lui Jusques entour la corde prochain deulx Entre lesquelles deux cordes y aura de distance de place tant comme il plaira aux Juges ou ainsy que Ja parauant a este declairie Et sur les quatre boutz des dictes cordes tendues y aura quatre hommes en leur



**TUNIERDARSTELLUNG**

aus der Handschrift des Regnier d'Anjou „Sur les Tournois". Darstellung eines Ritterturniers mit Herolden in ihrer Kampfbeobachter- und Kampfrichterfunktion auf der Tribüne oberhalb des Turnierfeldes. Turnierbuch des Rene von Anjou, um 1510/20

**MANNSCHAFTSAUFSTELLUNG ZUM CALCIO-SPIEL**

auf der Piazza di Santa Croce in Florenz

Kupferstich, 1688

**BALLSPIEL IN DER RÖMISCHEN ANTIKE**

in einer Darstellung des 17. Jh.

Kupferstich, 1672

**STRASSENFUSSBALLSPIEL**

in einer russischen Stadt

Christian Gottfried Heinrich Geissler, Das Ballspiel, Radierung, Leipzig, 1804

**MILITÄRFUSSBALL**

Englische Infanterie-Soldaten beim Fußballspiel

Georg Hunt, Foot Ball, Kupferstich, London, 1827

**KREISFUSSBALL**

Variante des Fußballspielens für Kinder in Deutschland, Mitte 19. Jh.

Radierung, 1861

**RUGBY-FUSSBALL**

Englische Schüler beim Spiel

Lithografie, um 1890

**ASSOCIATION-FUSSBALL**

Englisches Fußballspiel ohne

Aufnehmen des Balles mit der Hand

The Assosiation Game, Stahlstich, 1889

## WORLD OF FOOTBALL: 1863-2006 (WELT DES FUSSBALLS: 1863-2006)

Willkommen in der Welt des Fußballs! Jetzt endlich rollt der Ball. In Filmsequenzen, Fotografien und paarweise arrangierten Exponaten werden Meilensteine der Fußballgeschichte gezeigt. Darunter einmalige Dokumente wie eine Eintrittskarte für das allererste Fußball-Länderspiel Schottland – England 1872, daneben zum Vergleich ein Ticket vom WM-Finale 2002.

Der große Stolz der Schotten ist der älteste erhaltene Fußball-Pokal der Welt aus dem Jahr 1883. Noch heute wird der Tennents-Cup an den Sieger des Schottischen Pokalfinales überreicht, allerdings nur für einen kurzen Moment, danach kommt er zurück in eine Vitrine des Schottischen Fußballmuseums. Im Unterschied zum Rugby war der Fußball damals auf der Insel keineswegs nur eine Männerdomäne. Schon 1894 gründete sich der „British Lady Football Club". Einen europaweiten Aufschwung nahm der Frauenfußball dann während des Ersten Weltkrieges. Und auch tragische Momente hat es immer gegeben. So stürzte im Jahr 1902 bei einem Länderspiel zwischen Schottland und England die Tribüne im Glasgower Ibrox-Park ein. 25 Menschen starben – das erste große Unglück der Fußballgeschichte.

Spätestens im Jahr 1930, der Deutsche Fußball-Bund besteht bereits 30 Jahre, ist Fußball dann längst mehr als nur ein schottisch-englischer Spleen. Der Beweis: die erste Fußball-Weltmeisterschaft in Uruguay. Und die Jagd nach dem runden Leder wird mehr und mehr zu einem Massenspektakel! Zwanzig Jahre später sehen im Maracana-Stadion von Rio de Janeiro sage und schreibe 205.000 Menschen das WM-Finale zwischen Brasilien und Uruguay. Es ist die bis heute größte Zuschauerkulisse aller Zeiten. Aus deutscher Sicht unvergesslich ist das „Wunder von Bern", der 3:2-Sieg über die favorisierten Ungarn im WM-Finale 1954.

„Tor oder nicht" – über diese Frage werden Engländer und Deutsche wohl noch in hundert Jahren streiten: Es läuft die 101. Minute im WM-Finale von 1966 zwischen Gastgeber England und Deutschland. Es steht 2:2 in der Verlängerung. Da donnert der Engländer Geoff Hurst den Ball unter die Latte. Von dort springt der Ball auf das Feld zurück. Auf der Linie, vor der Linie, hinter der Linie? Allgemeine Ratlosigkeit. Der Schweizer Schiedsrichter Gottfried Dienst läuft zu seinem Kollegen an der Linie. Dieser ist für Tor. England gewinnt am Ende mit 4 : 2 und wird erstmals Weltmeister. Das „Wembley-Tor" aber ist seitdem Legende. Doch wer weiß schon, wie der Linienrichter hieß, der das Tor gab? Höchste Zeit also, die Schiedsrichter und ihre Assistenten aus ihrer Anonymität zu holen.

## CODE OF FOOTBALL (REGELWERK DES FUSSBALLS)

Kennen Sie Tofik Bachramov? Nein, nie gehört? Als Fußball-Fan sollten sie das aber! Denn der Aserbaidschaner hat Fußball-Geschichte geschrieben. Er war es nämlich, der als Linienrichter im WM-Finale 1966 das legendäre „Wembley-Tor" anzeigte. Die Deutschen werden ihm dafür kein Denkmal setzen, doch in Aserbaidschan ist nach ihm das Nationalstadion benannt. Solch eine Aufmerksamkeit für einen Schiedsrichter ist allerdings eher selten. Dabei geht ohne den „Herrn der Regeln" überhaupt nichts auf dem Platz. Denn Regeln sind das „Gerüst" eines jeden Spiels.

Im Fußball gibt es davon siebzehn – und das nun schon seit über 100 Jahren. Im Laufe der Zeit wurden diese mehr oder weniger stark verändert. Der 4. Ausstellungskomplex bündelt diese 17 Regeln in einem „Code of football", präsentiert sie in ihrem aktuellen Wortlaut und gibt dem Besucher Gelegenheit, sein Regelwissen einmal selbst zu testen. Außerdem werden zu den bestehenden Regeln zwei neue hinzugefügt, die nach Meinung der Ausstellungsmacher durchaus Aufnahme ins Regelwerk finden sollten. Es sind die Zuschauer und die Medien und ihr Einfluss auf das Spiel und die Arbeit des Schiedsrichters. Als Regeln Nummer 18 und 19 werden sie im „Nachspiel" behandelt. Die Gliederung der Fußballregeln entspricht dabei nicht unbedingt der Reihenfolge im Regelwerk. Die Bündelung in drei Hauptthemen mit Vorspiel, Spiel und Nachspiel soll dem Besucher vor allem die Orientierung erleichtern.

**FUSSBÄLLE MIT SCHNÜRUNG**

um 1910/20

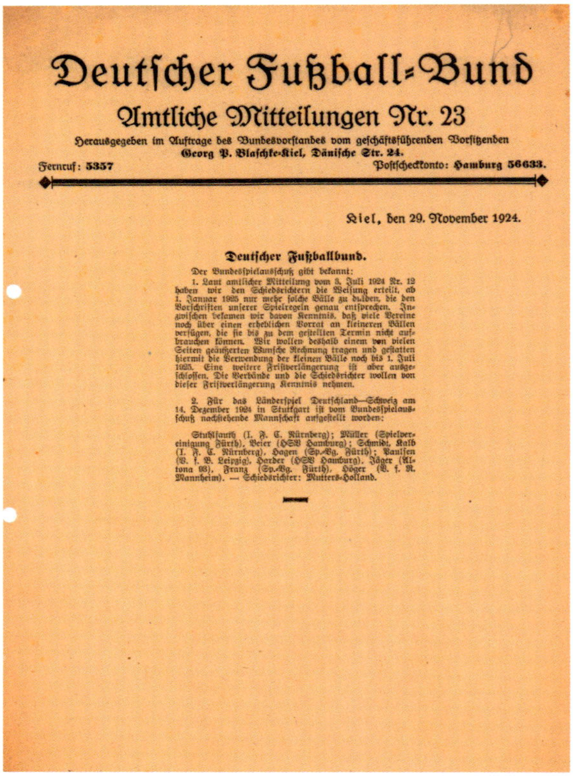

**Deutscher Fußball-Bund**

**Amtliche Mitteilungen Nr. 23**

Herausgegeben im Auftrage des Bundesvorstandes vom geschäftsführenden Vorsitzenden
**Georg P. Blaschke-Kiel, Dänische Str. 24.**

Fernruf: **5357** Postscheckkonto: **Hamburg 56633.**

Kiel, den 29. November 1924.

**Deutscher Fußballbund.**

Der Bundesspielausschuß gibt bekannt:

1. Laut amtlicher Mitteilung vom 3. Juli 1924 Nr. 12 haben wir den Schiedsrichtern die Weisung erteilt, ab 1. Januar 1925 nur mehr solche Bälle zu dulden, die den Vorschriften unserer Spielregeln genau entsprechen. Inzwischen bekamen wir davon Kenntnis, daß viele Vereine noch über einen erheblichen Vorrat an kleineren Bällen verfügen, die sie bis zu dem gestellten Termin nicht aufbrauchen können. Wir wollen deshalb einem von vielen Seiten geäußerten Wunsche Rechnung tragen und gestatten hiermit die Verwendung der kleinen Bälle noch bis 1. Juli 1925. Eine weitere Fristverlängerung ist aber ausgeschlossen. Die Verbände und die Schiedsrichter wollen von dieser Fristverlängerung Kenntnis nehmen.

2. Für das Länderspiel Deutschland—Schweiz am 14. Dezember 1924 in Stuttgart ist vom Bundesspielausschuß nachstehende Mannschaft aufgestellt worden:

Stuhlfauth (1. F. C. Nürnberg); Müller (Spielvereinigung Fürth), Beier (HSV Hamburg); Schmidt, Kalb (1. F. C. Nürnberg), Hagen (Sp.-Vg. Fürth); Paulsen (V. f. B. Leipzig), Harder (HSV Hamburg), Jäger (Altona 93), Franz (Sp.-Vg. Fürth), Höger (V. f. R. Mannheim). — Schiedsrichter: Mutters-Holland.



**WEISUNG DES DFB**

an die deutschen Schiedsrichter, ab 1.1.1925 nur noch vorschriftsmäßige Spielbälle zu verwenden
Amtliche Mitteilungen des DFB, Nr. 23 v. 29.11.1924

BERLIN SO. 36 | A. ZAHN · CHRISTOPH & UNMACK Vereinigte Turngerätefabriken | NIESKY, O.-Lausitz

**FUSS- UND FAUSTBÄLLE**

Fig. 227 (Pos. 449) Fig. 228 Fig. 229 (Pos. 450) Fig. 230 (Pos. 451)

Pos. 449. **Fußball „Germania“,** aus extra starkem, gestrecktem Rindleder oder wasserdichtem Chromleder, aus **12 gleichförmigen Teilen hergestellt,** so daß der Ball stets rund bleibt, handgenäht, mit extra starker, geprüfter Gummiblase (Fig. 228) bestes Fabrikat für Vereine, Armee und Marine (Wettspielball)

| | A. Rindleder | B. Chromleder |
|---|---|---|
| Größe Nr. 5 | 25 cm | Nr. 5 25 cm Durchmesser |
| Ball komplett | M. 12,— | M. 13,50 |
| Blase allein | M. 3,— | M. 3,— |

Pos. 450. **Faustball „Berolina“,** aus gestrecktem Kalbleder (rauhe Lederseite außen), achtteilig, handgenäht, mit geprüfter Gummiblase, nach Fig. 229, mit Lederriemen zum Zusammenschnüren

| Größe Nr. 4 | 22½ cm | Nr. 5 25 cm Durchmesser |
|---|---|---|
| Ball komplett | M. 8,75 | M. 9,50 |
| Blase allein | M. 2,50 | M. 2,75 |

Pos. 451. **Faustball „Flieger“,** aus allerbestem, gestrecktem, weichem Kalbleder (glatte Lederseite außen), achtteilig, handgenäht, mit extra starker, geprüfter Gummiblase nach Fig. 228, mit Lederriemen zum Zusammenschnüren, bestes Fabrikat für Schulen und Vereine, Fig. 230

| Größe Nr. 4 | 22½ cm | Nr. 5 25 cm Durchmesser |
|---|---|---|
| Ball komplett | M. 10,75 | M. 12,50 |
| Blase allein | M. 2,75 | M. 3,— |

**ZUBEHÖRTEILE FÜR FUSS- UND FAUSTBÄLLE**

Fig. 231 (Pos. 453) Fig. 232 (Pos. 454)

Pos. 452. **Pneuma-Pumpe,** vernickelt, 34 cm lang . . . . . . M. 1,75

Pos. 453. **Quick-Pumpe,** Messing mit Holzgriff, 42 cm lang . . . . . . M. 3,75

Pos. 454. **Schnürnadeln mit Holzgriff** zum Zusammenschnüren der Bälle . . . . . . M. —,25



**WERBUNG FÜR FUSSBÄLLE MIT GUMMIBLASEN**

aus einem Firmenkatalog der Vereinigten Turngeräte-Fabriken A. Zahn, Christoph & Unmack Niesky, um 1913

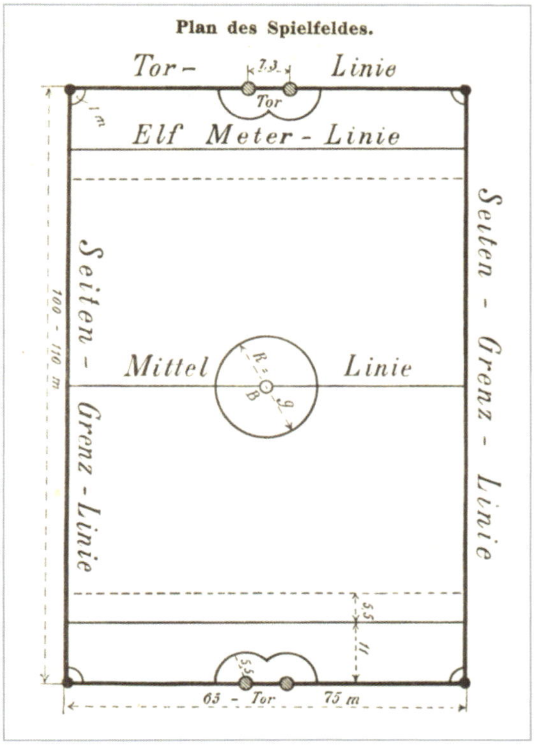




**SPIELFELDGRUNDRISS**

mit der bis 1903 gültigen Aufteilung.

Markant sind die über die gesamte Spielfeldbreite verlaufenden Elfmeter-Linien sowie die beiden um jeden Torpfosten im Radius von 5,50 m geschlagenen Halbkreise zur Kennzeichnung des Torraumes. 1903/04 wird die noch heute übliche Spielfeldaufteilung eingeführt.

DFB: 1. Deutsches Fußball-Jahrbuch für das Jahr 1904-05, Berlin 1905

**EINDEUTIGE MITTEILUNG**

an Zuschauer eines Fußballspiels in Berlin

1980er Jahre

**HERRICHTEN DES SPIELFELDES**

durch den Platzwart.

Die Prüfung des Platzes (Markierungen, Bodenverhältnisse) und des Zubehörs (Tore, Tornetze, Eckfahnen, technische Zone) obliegt vor jedem Spiel dem Schiedsrichter.

1970er Jahre.

# VORSPIEL

## SPIELFELD

„Noch nie hätte ein Tor dem Spiel so gut getan wie heute." Dieses Bonmot des Reporters Marcel Reif war der Höhepunkt einer preisgekrönten Doppelmoderation mit seinem Kollegen Günther Jauch. Anlass war der berühmte „Torfall" von Madrid. Vor dem Champions-League-Spiel zwischen Real Madrid und Borussia Dortmund im Jahr 1998 hatten Fans durch heftiges Ziehen am Tornetz ein Tor zum Einsturz gebracht. Ein Alptraum für jeden Schiedsrichter. Denn er ist für die Kontrolle des Spielfeldes zuständig (Regel Nr. 1) und damit auch für die Tore und Tornetze. Der Schiedsrichter garantiert für die Sicherheit der Spieler. Er entscheidet, ob der Platz nach Regen oder Schneefall bespielbar ist. Außerdem überprüft er, ob die Markierungen regelgerecht, die vier Eckfahnen vollzählig und Auswechseltafeln vorhanden sind. Und er ist, zumindest bis zum Anpfiff, auch der Herr des Balles. Das Runde Leder wird von ihm auf den richtigen Luftdruck kontrolliert (Regel Nr. 2).

Doch was heißt hier überhaupt Rundes Leder? Der Fußball von vor über 100 Jahren war nicht wirklich rund, und der von heute ist längst nicht mehr aus Leder. Bis Ende der 1960er Jahre bestand der Fußball noch aus (Kuh-)Leder und war mit einer Schweinsblase gefüllt. Der Nachteil war, dass er sich bei Regen mit Wasser voll sog und so schwerer wurde. Das konnte dem „Roteiro", dem offiziellen Ball der letzten Fußball-EM in Portugal, nicht passieren. Dieser Ball besteht aus mehreren Kunststoffschichten und ist nicht mehr genäht, sondern geklebt. Davon kann sich der Besucher in diesem Teil der Ausstellung überzeugen. Er sieht zudem Tornetze, Markierungswagen oder Eckfahnen und lernt bedeutende Regeländerungen kennen, wie die Jenaer von 1896. Die besagt, dass ein Spielfeld frei von Bäumen und Sträuchern zu sein hat.

## SPIELER

Der Platz ist in Ordnung, die Tore stehen, der Ball ist aufgepumpt. Doch damit ist das Vorspiel für den Schiedsrichter noch lange nicht beendet. Denn jetzt laufen die Spieler ein. Zweiundzwanzig dürfen auf dem Platz stehen, elf in jeder Mannschaft (Regel Nr. 3). Das klingt banal, doch wenn später munter gewechselt wird, zwischendurch Verletzte an der Außenlinie behandelt werden, ist es manchmal schon nicht leicht, den Überblick zu behalten. Neben dem Zählen der Spieler hat der Schiedsrichter vor Anpfiff der Partie auch deren Bekleidung zu kontrollieren (Regel Nr. 4). Stimmt die Farbwahl der Trikots, entsprechen die Stollen den Vorschriften und trägt auch wirklich keiner der Spieler Schmuck? Denn Fußballspieler sind schließlich auch nur Menschen und nicht frei von Eitelkeiten und Moden. Das zeigt auch die Entwicklung der Trikots vom so genannten Schwitzer des deutschen Turnerfußballers bis zum aktuellen WM-Trikot. Der aktuelle Renner bei den weiblichen Fußball-Fans soll übrigens das Trikot der „Löwen" von Kamerun aus dem Jahr 2004 sein. Doch nicht nur die Mode trug zur Entwicklung der Spielerausrüstung bei. So besagte eine Regel von 1864, dass die Hosen die Knie bedecken müssen. 1905 wurde diese Regel wieder aufgehoben. Dafür trug um diese Zeit der Torwart noch das gleiche Trikot wie die Spieler.

**FUSSBALLSPIELER**
eines Leipziger Turnvereins in typischer Spielkleidung: der so genannte Schwitzer (Trikot), Stoffband (Gürtel), kniebedeckende Hose, wadenlange Strümpfe und Fußballschuhe
Um 1900

© Foto: Helga Schulze-Brinkop

**SPIELERAUSRÜSTUNG**

Trikot (Sportverein Leipzig-Südost, um 1925) und Schuhe (Rheydt, um 1920)

© Förderverein Sächsisches Sportmuseum Leipzig e. V.

**FUSSBALL-NATIONALSPIELER**

Karl Tewes (Berlin) und Adolf Jäger (Hamburg) in ihrer Spielkleidung

1924

© Foto: Klaus-Dieter Gloger

**NATIONALSPIELER TUNESIENS UND AUSTRALIENS**

beim Vorrundenspiel zum

FIFA Confederations-Cup

Leipzig, 21.6.2005

SCHIEDSRICHTER

Jetzt aber zum Schiedsrichter selbst (Regel Nr. 5). 1874 wurde er offiziell eingeführt, schon damals unter der bis heute international gültigen Bezeichnung „Referee" – to refer: der zu Befragende. Vor dieser Zeit mussten sich bei Streitfragen noch die Kapitäne beider Mannschaften einigen. Am Anfang war Referee zu sein noch ein sehr bequemer Job, denn er war nur eine Berufungsinstanz. Als Funktionär saß oder stand er am Spielfeldrand, machte sich Notizen und ließ die Arbeit auf dem Feld zwei so genannte Umpires machen. Erst 1891 betrat der Referee das Spielfeld, die Umpires gingen hinaus und wurden zu Linienrichtern (Regel Nr. 6). Der Schiedsrichter war nun der alleinige Chef des Spiels, der „Referee in charge", die große Autorität.

Gab es Regelverstöße, setzte er – seit 1878 – die Pfeife ein. Von den Spielern war der Referee leicht zu unterscheiden, da er schwarzen Anzug oder Mantel trug und oft auch einen Hut aufhatte. 1927 wird erstmals die Kleidung für den Schiedsrichter vorgeschrieben: schwarze Schuhe, schwarze Hose, schwarzer Rock und weißes Hemd. Mit der zunehmenden Schnelligkeit des Fußballsports wurde das Outfit des Schiedsrichters sportlicher. Dabei blieb er aber meist der sprichwörtlich „schwarze Mann". Heute sind Schiedsrichter manchmal bunter als die Torhüter. Pionier auf diesem Gebiet war der Deutsche Markus Merk, der 1993 das erste farbige Trikot trug.

Modisch ist der Schiedsrichter also voll auf der Höhe der Zeit, und sonst? Wer heute ein Fußballspiel pfeifen will, muss körperlich topfit sein. Denn zu keiner Zeit war das Spiel so schnell und gab es so wenige Unterbrechungen. Dafür sorgten auch diverse Regeländerungen, festgelegt wie immer vom 1886 gegründeten International Football Association Board (IFAB), der Weltbehörde der Fußballregeln. Und all diese Regeln muss der Schiedsrichter beherrschen. Das heißt: Er muss auch geistig auf der Höhe der Zeit sein. Dafür gab und gibt es nicht nur Lehrgänge, sondern auch Lehrfilme, Dias und Regelbücher. Seit 1919 erscheint zudem die „Deutsche Schiedsrichter-Zeitung". Für ein Ehrenamt ist das eine ganze Menge. Der Schiedsrichter muss sich also Kondition antrainieren und sich weiterbilden – und erntet dafür seit jeher nichts als Hohn und Spott. In der Ausstellung dokumentieren Karikaturen diese Tendenz. Oder wie sagte einst Lothar Matthäus so schön, angesprochen auf die Frage, was er nach seiner Karriere plane: „Schiedsrichter kommt für mich nicht in Frage, schon eher etwas, das mit Fußball zu tun hat."

**FUSSBALLSCHUHE**

des FIFA-Schiedsrichters Rudolf Kreitlein

Hersteller Puma, um 1960

© Foto: Helga Schulze-Brinkop

**SCHIEDSRICHTER-AUSRÜSTUNG**

Hemd, Hose, Strümpfe und Laufschuhe des Schiedsrichters Bernd Dietel, um 1980

© Foto: Helga Schulze-Brinkop

**TRIKOT, HOSE UND STRÜMPFE**

des FIFA-Schiedsrichters Bernd Heynemann, getragen zur FIFA WM 1998 in Frankreich.

Ab 1994 dürfen auch Schiedsrichter mehr Farbe zeigen, das bis dahin ausschließlich erlaubte Schwarz wird zurückgedrängt, hat jedoch als Grundfarbe bzw. -gestaltungselement weiterhin Bestand und bleibt ausschließlich dem Schiedsrichter sowie dem Schiedsrichter-Assistenten vorbehalten. Bei seiner Trikot-Farbwahl muss das Schiedsrichterteam beachten, das es sich im Spiel deutlich von den Trikotfarben der Mannschaften unterscheidet.

© Foto :Helga Schulze-Brinkop

**REISEKOFFER**

des Schiedsrichters Wolfgang Noack (um 1955) und Reisetasche des FIFA-Schiedsrichter-Assistenten Harald Sather (um 1995)

© Foto: Helga Schulze-Brinkop

**FUNK-COMMANDER**

Linienrichterfahnen mit eingebauter Sendeelektronik, 1981.

Der Schiedsrichter Rudolf Kreitlein entwickelt 1981 zur besseren Kommunikation zwischen Schieds- und Linienrichter ein innovatives Sendesystem, bei dem über Druckknöpfe an den Griffen der Linienrichter-Fahnen akustische Signale an den Schiedsrichter geleitet werden. Das Empfängergerät für den Schiedsrichter befindet sich in einer gesonderten Hemdtasche im Schulterbereich. Mehrfach wird das Kommunikationssystem in den darauf folgenden Jahren überarbeitet, seit 1996 setzt es die FIFA regelmäßig bei internationalen Spielen ein.

**LEHRMITTEL**

zum Thema Fußball-Regelkunde

1930er bis 1980er Jahre

**DEMONSTRATIONSOBJEKTE**

„Erlaubte und verbotene Stollen an Fußballschuhen" als praxisnahe Lehrmittel in der Schiedsrichterausbildung

1950er/1960er Jahre

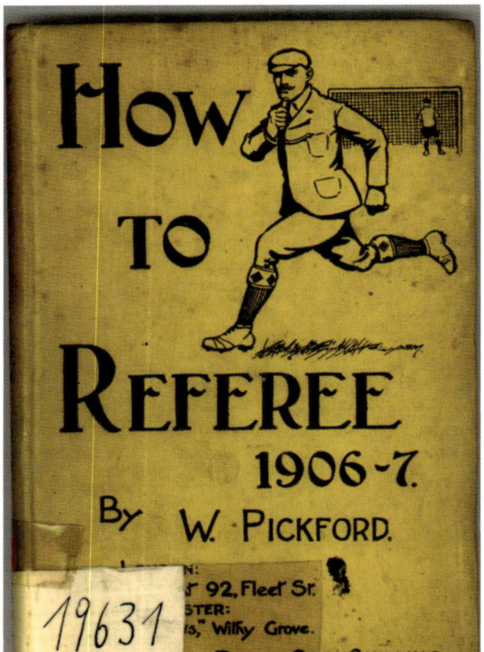




**WILLIAM PICKFORD: HOW TO REFEREE 1906-7**

Der englische Fußballpionier und Journalist William Pickford gibt mit dieser Publikation 1906 ein erstes, umfassendes Werk über das Schiedsrichterwesen heraus

London, 1906

**CARL KOPPEHEL: DER FUSSBALL-SCHIEDSRICHTER**

Nach dem Ersten Weltkrieg erscheinen auch in Deutschland zahlreiche Regellehrbücher für Schiedsrichter. Die Mehrzahl dieser Veröffentlichungen gibt der Schiedsrichter und „Regelpapst" Carl Koppehel heraus.

Leipzig, 1924

© Stadtgeschichtliches Museum Leipzig/Sportmuseum Leipzig

© Stadtgeschichtliches Museum Leipzig/Sportmuseum Leipzig

**HANDBUCH FÜR SCHIEDSRICHTER UND DFBnet HANDBUCH**

Seit 2004 übergibt der DFB die Handbuch-Materialien an Schiedsrichter komplett auf CD-ROM

Broschüre, 1999/2000, CD-R 2004

DEUTSCHE SCHIEDSRICHTER-ZEITUNG

HERAUSGEGEBEN VOM DEUTSCHEN FUSSBALL BUND

VERLAG DER DEUTSCHEN SPORT-ZEITUNG (O.F. TISCHBEIN)

Verantwortl. Schriftleiter: Carl Koppehel, Berlin-Schöneberg, Gustav-Müller-Str. 10

Abdruck aller Artikel erwünscht, aber nur mit genauer Quellenangabe gestattet

Nr. 1 — Juni 1919 — 1. Jahrg.

Zum Geleit!

I. Vom Werden des Sports.

II. Kinderkrankheiten des Sports.

© Deutsche Sporthochschule Köln, Zentralbibliothek der Sportwissenschaften

**DEUTSCHE SCHIEDSRICHTER-ZEITUNG**

Bereits 1918 gründet Carl Koppehel die Berliner Schiedsrichter-Zeitung. Ein Jahr später geht das Blatt in das erste nationale Fußball-Schiedsrichter-Periodikum, die Deutsche Schiedsrichter-Zeitung, über. Dieses Fachorgan wird vom DFB weiterhin herausgegeben.

DFB, Hrsg., Berlin, 1. Jahrgang, Nr. 1, Juni 1919

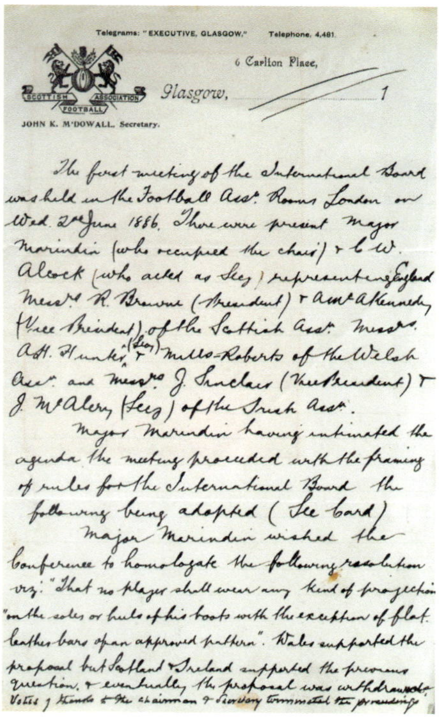

Telegrams: "EXECUTIVE, GLASGOW." Telephone, 4,481.

SCOTTISH FOOTBALL ASSOCIATION

JOHN K. M'DOWALL, Secretary.

6 Carlton Place,
Glasgow, 1

The first meeting of the International Board was held in the Football Assn. Rooms London on Wed. 2nd June 1886. There were present Major Marindin (who occupied the chair) & C. W. Alcock (who acted as Secy) representing England. Messrs R. Browne (President) & Arnt A Kennedy (Vice President) of the Scottish Assn. Messrs. A. H. Hunter (Secy) & Mills-Roberts of the Welsh Assn. and Messrs J. Sinclair (Vice President) & J. McAlery (Secy) of the Irish Assn.

Major Marindin having intimated the agenda the meeting proceeded with the framing of rules for the International Board the following being adopted (See Card)

Major Marindin wished the Conference to homologate the following resolution viz: "That no player shall wear any kind of projection "on the soles or heels of his boots with the exception of flat leather bars of an approved pattern". Wales supported the proposal but Scotland & Ireland supported the previous question, & eventually the proposal was withdrawn. Votes of thanks to the chairman & Secretary terminated the proceedings.

© FIFA Archive, Zürich

**GRÜNDUNGSBERICHT DES IFAB**

Das Verdienst dieses Gremiums, kurz „Board" genannt, besteht in den Anfangsjahren darin, das noch bestehende Regelkonglomerat der Fußball-Frühzeit zu vereinheitlichen. Die oberste Regelbehörde des internationalen Fußballs tagt seitdem jährlich und beschließt Regeländerungen sowie -ergänzungen.

International Football Association Board (IFAB), 2.6.1886

Fussball-Regeln

des

Deutschen

Fussball-Bundes.

1905/1906.

Nachdruck streng verboten.

Verlag:

Special-Sport-Haus A. STEIDEL

Berlin C. 22.



**REGELBROSCHÜRE**

Fußball-Regeln des Deutschen Fußball-Bundes 1905/06

Der 1900 in Leipzig gegründete Deutsche Fußball-Bund befasst sich in seinen Anfangsjahren verstärkt mit der Durchsetzung und Verbreitung einheitlicher Spielregeln. Zur Erläuterung der 1904 in Deutschland gültigen 16 Regeln genügen 22 Heftseiten, 100 Jahre später umfassen die 17 DFB-Fußballregeln 56 Broschürenseiten im A5-Format.

DFB, Berlin, 1904

Sportschule Grünwald

**Lehrgangs-Ausweis**

für die Zeit vom 2.11.1952 bis 7.11.1952

**Lehrgang** f. Fußball/Schiedsrichter

Familienname Noack Vorname Wolfgang

Anschrift Bad Brückenau, Lindenhof

Geburtsdatum 11.3.1919 Familienstand

Verein

Sportschule Grünwald Zimmer Nummer 66

Die Verwaltung

Grünwald, den 3.11.1952



**LEHRGANGSAUSWEIS**

für den Fußball-Schiedsrichter Wolfgang Noack

Sportschule Grünwald, 1952

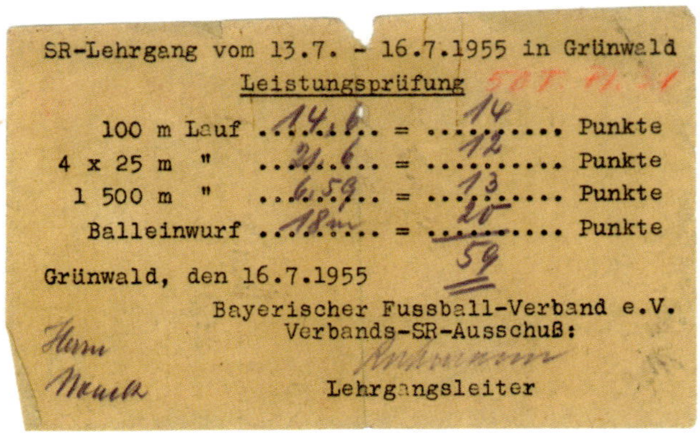
SR-Lehrgang vom 13.7. - 16.7.1955 in Grünwald

Leistungsprüfung

100 m Lauf ..14.8.. = ....14.... Punkte

4 x 25 m " ..21.6.. = ....12.... Punkte

1 500 m " ..6.59.. = ....13.... Punkte

Balleinwurf ..18m.. = ....20.... Punkte

59

Grünwald, den 16.7.1955

Bayerischer Fussball-Verband e.V.

Verbands-SR-Ausschuß:

Herrn Noack

Lehrgangsleiter



**ERGEBNISBELEG**

zur physischen Leistungsprüfung für den Schiedsrichter Wolfgang Noack während eines Schiedsrichter-Lehrganges

Sportschule Grünwald, 1955

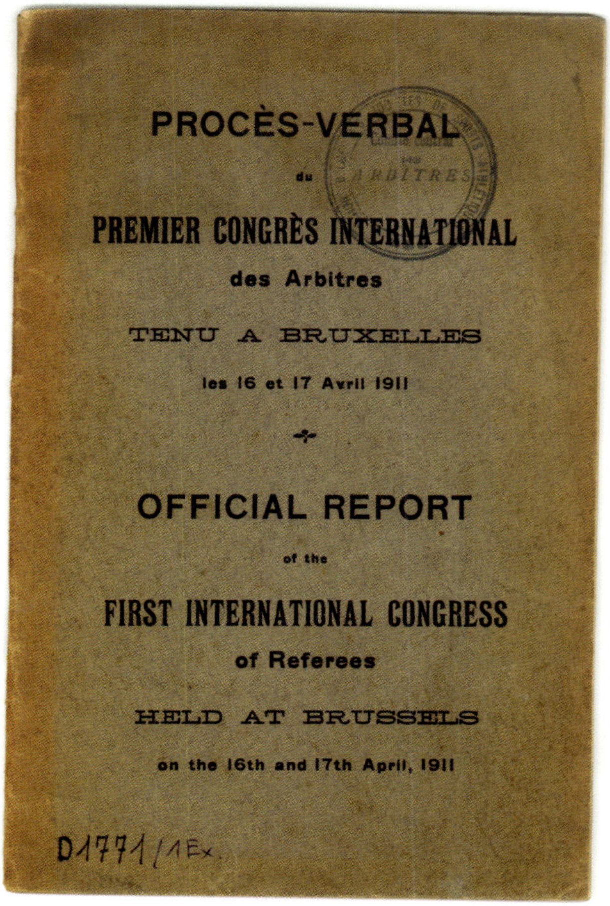




**KONGRESSBERICHT**

über die erste internationale Schiedrichter-Tagung

Brüssel, 1911

**TAGUNGSBAND**

Schiedsrichter-Kongress des Deutschen Fußball-Bundes 7.-9. Juli 2000 in Leipzig

Führungs-Akademie Berlin des Deutsche Sportbundes e. V.

Frankfurt/M., 2000

**IMAGE-WERBUNG**

Teilnehmer eines Schiedsrichterlehrganges

Oschatz, 1954



**TRAINING**

FIFA-Schiedsrichter Rudolf Glöckner

im Leipziger Zentralstadion,

um 1970

**AUSDAUERLAUF**

Unparteiische bei einem DFB-Schiedsrichter-Lehrgang

1969

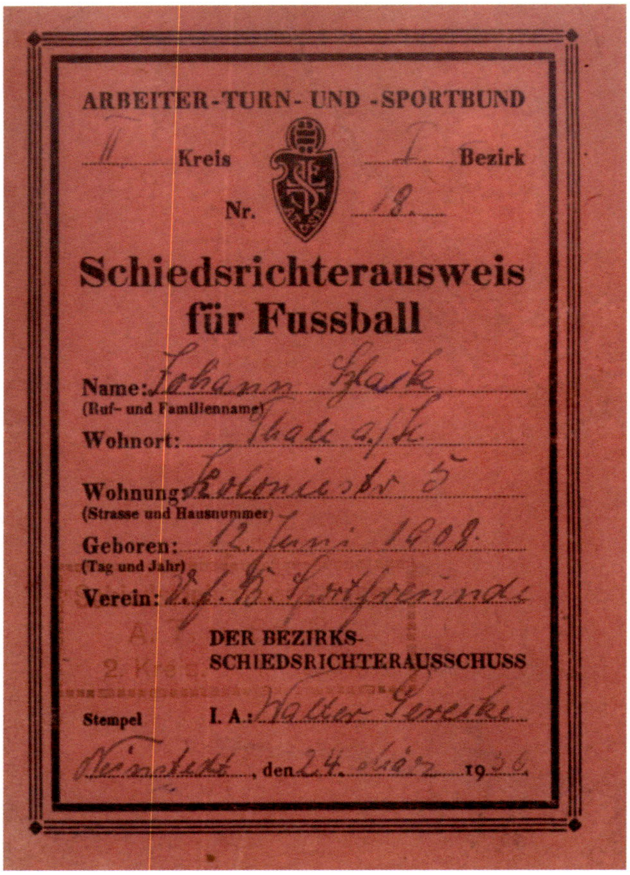

ARBEITER-TURN- UND -SPORTBUND

II Kreis I Bezirk

Nr. 18.

Schiedsrichterausweis für Fussball

Name: Johann Szlack
(Ruf- und Familienname)

Wohnort: Thale a/H.

Wohnung: Koloniestr 5
(Strasse und Hausnummer)

Geboren: 12. Juni 1908
(Tag und Jahr)

Verein: V.f.B. Sportfreunde

DER BEZIRKS-SCHIEDSRICHTERAUSSCHUSS

Stempel I. A.: Walter Gereske

........., den 24. März 1930.



**AUSWEIS**

des Arbeiter-Turn- und -Sportbundes Deutschland

für den Fußball-Schiedsrichter Johann Szlack

Thale, 1930–1932

**FIFA-IDENTITY CARD**

für den FIFA-Schiedsrichter-Assistenten Harald Sather

2005

© Förderverein Sächsisches Sportmuseum Leipzig e.V.

**KARIKATUR-POSTKARTE „OUT"**

Vor allem englische Künstler „entdecken" ab etwa 1900 die Person des Fußball-Schiedsrichters als Motiv für Karikaturen und humoristische Postkartendrucke. Vielfach wird der Unparteiische als eine recht jammervolle, mitunter trottelig wirkende Gestalt charakterisiert und somit zur Zielscheibe des allgemeinen Spotts gemacht.
England, um 1910

**KARIKATUR**

o. T., Jurij Kosobukin,
Kiew, 1996

© Jurij Kosobukin, Kiew

© Foto: Helga Schulze-Brinkop

**PLAKAT**

zur DFB-Schiedsrichter-Werbeaktion „Pfiffige Leute"
1995

© Stadtgeschichtliches Museum Leipzig/Sportmuseum Leipzig

**PLAKAT**

zur Fairness- und Schiedsrichter-Werbung des Fußball- und Leichtathletik-Verbandes Westfalen e. V.
Kamen, 1980er Jahre

**FRANZÖSISCHE FUSSBALLSPIELER**

mit Spruchband „Achtet den Schiedsrichter! Feuert die Spieler an! Danke!“, Pokalkampf Nancy - Rennes

Reims, 1939

**SCHIEDSRICHTER**

W. S. Boas (Holland) in typischer Schiedsrichter-

Bekleidung der 1920er Jahre

Fußball, Die Rekord-Sondernummer, Nr. 16/17, 24.4.1924

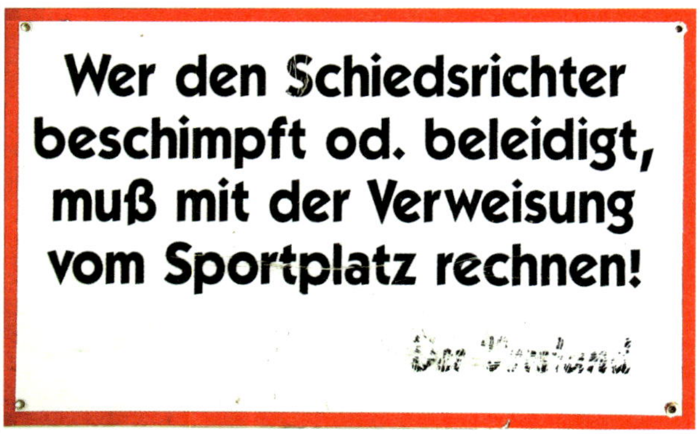




**HINWEISSCHILD**

für Sportstätten

1980er Jahre

© Bildarchiv Heinrich von der Becke im Sportmuseum Berlin

**SPIELSZENE**

mit Schiedsrichter

1954

© Bildarchiv Heinrich von der Becke im Sportmuseum Berlin

**SCHIEDSRICHTERIN**

Gabriele Hahn,

Berlin 1974

© Sportmuseum Vlaanderen, Hofstade, Belgien

**SCHIEDSRICHTER**

Jules Vranken, Belgien,

um 1920

# DAS SPIEL

## DAS SPIEL

„Die Wahrheit ist auf'm Platz". Was der Fußballtrainer und Gelegenheitsphilosoph Otto Rehhagel einmal über seinen Job sagte, trifft mindestens genauso auf den Schiedsrichter zu. Denn jede noch so gute Kondition und Regelkenntnis garantiert noch lange keine gute Leistung. Im Ausstellungskomplex „Spiel" wird der Besucher mit den Fußballregeln 7 bis 17 bekannt gemacht, die alle wesentlichen Spielmomente eines Fußballmatchs umfassen. Und er kann selbst einmal Referee sein und an verschiedenen Medienstationen sein Fußball- und Regelwissen unter Beweis stellen. Er kann in laufende Spiele eingreifen, um Abseitssituationen zu entscheiden und Regelverstöße zu ahnden, und er kann Tore geben oder nicht. Spätestens hier wird dem Besucher der enorme psychische Druck deutlich, unter dem Schiedsrichter ihre Urteile – noch dazu in Sekundenschnelle – fällen müssen. Neben der Selbsterfahrung am Computer hält dieser Bereich aber auch viele interessante Objekte aus der Welt der Referees bereit. Er zeigt die Utensilien, ohne die ein Schiedsrichter nie das Spielfeld betreten würde.

## ANSTOSS

Der Anstoß beginnt das Spiel und setzt es fort (Regel Nr. 8). Doch bevor es soweit ist und der Schiedsrichter das Spiel anpfeift, gibt es rund um den Anstoßpunkt eine ganze Reihe Rituale. Das beginnt damit, dass die Mannschaften sich rechts und links vom Schiedsrichterteam in einer Reihe aufstellen. Bei Länderspielen erklingen nun die Nationalhymnen. Danach begrüßen sich die Mannschaften und die Kapitäne, tauschen Wimpel und andere Souvenirs aus. Es folgt die Seitenwahl bzw. die Auslosung des Anstoßrechts. Lange Zeit hieß es da „Kopf oder Zahl". Der Schiedsrichter warf eine Münze in die Luft und gab nach ihrem Auftreffen auf dem Boden der Kopf- oder der Zahlmannschaft den Zuschlag. Doch für die meisten Schiedsrichter hat das Geldstück ausgedient. Wie eine Umfrage im Rahmen der Ausstellung ergeben hat, greifen 90 Prozent der Befragten heute zu zweifarbigen Wählmarken aus Kunststoff. Andere wiederum verwenden selbst gebastelte Wählmarken, der Leipziger Schiedsrichter Hagen Niemann zum Beispiel das Ohr einer Mickey Mouse: „Vor meinem ersten Spiel hatte ich keine Wählmarke. In der Spielzeugkiste meiner Tochter lag eine Mickey Mouse, welche runde, ca. 1-DM-große Ohren hatte. Ein Ohr habe ich abgebrochen und als Wählmarke lange Zeit benutzt."

Noch wichtiger als eine Wählmarke ist für den Unparteiischen die Uhr. Denn ein Fußballspiel dauert bekanntlich 90 Minuten. Der Stuttgarter Schiedsrichter Rudolf Kreitlein (Jahrgang 1919) trug zur Sicherheit immer drei Uhren bei sich. Bei einem Lokalderby der süddeutschen Oberliga war er einmal gestürzt. Dabei ging ihm seine Stoppuhr zu Bruch. Als er ersatzweise auf seine Armbanduhr sehen wollte, war sie weg (später fand er sie im oberen Teil seines Trikotärmels). Den Rest des Spiels musste er sich nun von seinem Assistenten die Zeit sagen lassen. Das wollte Kreitlein nicht noch einmal erleben.

Während Wählmarke und Uhr von den Zuschauern eines Spiels kaum wahrgenommen werden, gibt es ein Schiedsrichterutensil, das weder übersehen noch überhört wird: die Pfeife. Doch das war nicht immer so. Anfangs hob der Referee einfach seinen Arm, seinen Hut oder ein Taschentuch, oder er machte sich durch Zuruf bemerkbar. Die Pfeife erfunden haben soll ein Schiedsrichter in England, als er bei einem Spiel im Jahre 1878 heiser gewesen ist. Während er sich ärgerte, dass ihn niemand hörte, fuhr am Stadion mit lautem, durchdringendem Pfeifton ein Zug vorbei. Das brachte den Schiedsrichter auf die Idee, das Pfeifsignal auf dem Platz einzusetzen. Heute gibt es eine Vielzahl von Signalpfeifen mit unterschiedlichen Pfeiftönen: von schrill bis trillernd, aus Kunststoff oder Metall. Dabei kann der Pfeifton schon mal eine Lautstärke von über 100 dB erreichen. Eine kleine Auswahl an Pfeiftönen liefert die Audiostation in diesem Bereich.

**SCHIEDSRICHTER-WÄHLMARKE**

Metallscheibe, selbst gefertigt, lackiert

1960er Jahre

**AUFSTELLUNG DES SCHIEDSRICHTER-TEAMS**

(Schiedsrichter, Assistenten und 4. Offizieller) zwischen den Mannschaften Brasiliens und Griechenlands vor Spielbeginn, Vorrundenspiel zum FIFA Confederations-Cup

Leipzig, 16.8.2005

**DER LEIPZIGER SCHIEDSRICHTER KIEMEYER**

mit den beiden Spielführern Bark und Kada beim Münzwurf zur Begegnung 1. FC Nürnberg – Sparta Prag am 27.8.1921

**SCHIEDSRICHTERPFEIFEN**

1900 bis 1950er Jahre

## VERSTOSS

Der Anpfiff ist erfolgt. Das Spiel beginnt. Doch nicht immer geht es fair zu. Regelverstöße gehören zum Fußballspiel seit jeher dazu. Darunter sind Fouls und Unsportlichkeiten (Regel Nr. 12), an die sich Fußball-Fans noch nach Jahrzehnten erinnern. Toni Schumachers Kung-Fu-Attacke gegen den Franzosen Patrick Battiston im WM-Halbfinale 1982 gehört ebenso dazu wie das Spuckduell zwischen Rudi Völler und Frank Rijkaard bei der WM 1990.

Um solche und andere Regelverstöße zu ahnden, hat der Schiedsrichter ein kleines, aber wirkungsvolles Arsenal. Da sind zunächst der direkte und der indirekte Freistoß (Regel Nr. 13). Auf direkten Freistoß entscheidet der Schiedsrichter, wenn das Spiel wegen eines absichtlichen Handspiels oder wegen eines Fouls unterbrochen wurde. In allen anderen Fällen entscheidet der Schiedsrichter auf indirekten Freistoß. Ist das absichtliche Foul oder Handspiel im 16-Meter-Raum passiert, gibt es Strafstoß (Regel Nr. 14). Beide Regeln sind im Laufe der Zeit immer wieder verändert worden. So durfte beim Elfmeter anfangs der Torwart dem Stürmer noch entgegenlaufen. Seit 1906 muss er auf der Linie bleiben, seit 1923 vor dem Schuss still halten.

Eine zusätzliche Strafe der Schiedsrichter für den Foul spielenden Akteur ist die gelbe Karte, in schweren Fällen die rote und damit der Platzverweis. Beide sind nicht sehr alt. Die erste gelbe Karte der Fußball-WM-Geschichte zückte der Deutsche Kurt Tschenscher bei der WM 1970 in Mexiko. Die Idee dazu hatte der englische Schiedsrichter Ken Aston bei der WM in England vier Jahre zuvor. Aston war damals Beobachter der Partie England gegen Argentinien. Dabei ärgerte ihn eine Unterbrechung, die fast zehn Minuten dauerte und bei der die Zuschauer nicht wussten, was auf dem Feld gerade passiert. Der deutsche Schiedsrichter Rudolf Kreitlein wollte nach mehrfacher Ermahnung den Argentinier Antonio Rattin vom Platz stellen. Doch der wollte ihn nicht verstehen. Auf der Heimfahrt musste Aston dann mehrmals an Ampeln halten und dabei soll ihm die Idee mit der gelben und roten Karte gekommen sein.

Bei der WM 1962 in Chile hätte er selbst davon reichlich Gebrauch machen können, ja müssen. Die „Schlacht von Santiago“ zwischen Chile und Italien gilt bis heute als das brutalste Fußballspiel aller Zeiten. In der Partie, die später auch als „Weltkrieg der Fußtritte“ bezeichnet wurde, zertrümmerte Leonel Sanchez ungestraft dem Italiener Maschio mit einem Fausthieb das Nasenbein. Aston drückte beide Augen zu – auch als die Chilenen serienweise ihre Gegenspieler bespuckten, mit Drohgebärden provozierten und mit Füßen traten. Vom Platz schickte er nur die Italiener Ferrini und David. Was Ken Aston bei diesem Match wohl auf seiner Schiedsrichter-Notizkarte vermerkt hat?

Sicher ist das eines der extremsten Beispiele für Schiedsrichterirrtümer. Dass die Unparteiischen nicht frei von Fehlern sind, ist normal und auch menschlich. Dass sie mitunter selbst ein verbotenes Spiel treiben können, belegen höchst unrühmliche Beispiele aus der jüngsten deutschen Fußballgeschichte. Im Bundesliga-Wettskandal um den Schiedsrichter Robert Hoyzer haben „Unparteiische“ für Geld Spiele manipuliert und somit eine ganze Zunft in Verruf gebracht. Doch nicht nur in Deutschland, auch in Polen und Brasilien gab es im Jahr 2005 Wettskandale mit Schiedsrichtern, haben die „Herren der Regeln“ selbst gegen die Regel Nr. 12, „Verbotenes Spiel“, verstoßen.

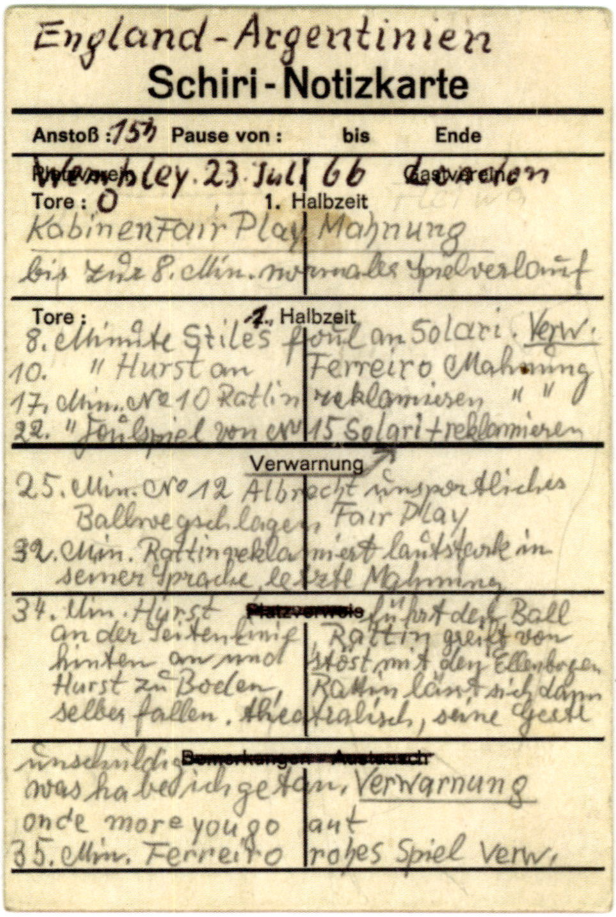
England-Argentinien
Schiri-Notizkarte
Anstoß: 15h Pause von: bis Ende
Wembley 23. Juli 66 London
Tore: 0 1. Halbzeit
Kabinen Fair Play Mahnung
bis Ende 8. Min. normaler Spielverlauf
Tore: 2. Halbzeit
8. Minute Stiles foul an Solari. Verw.
10. " Hurst an Ferreiro Mahnung
17. Min. Nr 10 Rattin reklamieren " "
22. " Foulspiel von Nr 15 Solari reklamieren
Verwarnung
25. Min. Nr 12 Albrecht unsportliches Ballweggeschlagen, Fair Play
32. Min. Rattin reklamiert lautstark in seiner Sprache letzte Mahnung
34. Min. Hurst Platzverweis führt den Ball an der Seitenlinie Rattin greift von hinten an und stößt mit den Ellenbogen Hurst zu Boden, Rattin lässt sich dann selbst fallen. theatralisch, seine Geste
unschuldig Bemerkungen – Austausch
was habe ich getan, Verwarnung
once more you go out
35. Min. Ferreiro rohes Spiel Verw.



**SCHIEDSRICHTER-NOTIZKARTE**

mit Einträgen des FIFA-Schiedsrichters Rudolf Kreitlein zum Viertelfinalspiel England – Argentinien zur FIFA WM 1966. Ab der 37. Spielminute kommt es zu minutenlangen Unterbrechungen, da der argentinische Mannschaftskapitän Rattin nach mehreren vorherigen Ermahnungen und Verwarnungen angeblich Kreitleins Aufforderung, das Spielfeld zu verlassen, nicht versteht. Der Schiedsrichter wird daraufhin von den Argentiniern umzingelt und massiv bedrängt, nur mit Hilfe herbeigerufener Polizisten kann Rattin vom Spielfeld geführt werden. Dieser Vorfall bringt Ken Aston – selbst Unparteiischer und Schiedsrichterbeauftragter der FIFA – auf die Idee, ein für Spieler, Zuschauer und Medien deutlich erkennbares Signalsystem für „Verwarnung" und „Feldverweis" zu entwickeln, welches in den Folgejahren getestet wird. Zur FIFA WM 1970 kommen die gelben und roten Schiedsrichterkarten erstmals offiziell zum Einsatz.
London, 1966

**DER DEUTSCHE FIFA-SCHIEDSRICHTER**

Kurt Tschenscher leitet das Eröffnungsspiel zur WM 1970 Mexiko – UdSSR am 31.5.1970 in Mexiko-City. Erstmalig führt ein Schiedsrichter während eines Weltmeisterschaftsspiels einen rot-gelben Kartensatz mit sich. Eingesetzt wird beim Premierenspiel jedoch nur die gelbe Karte.

**NOTIZKARTE FÜR SCHIEDSRICHTER**

Die Beschaffung von Schiedsrichterutensilien ist für die Unparteiischen in der DDR eine Herausforderung. Wer nicht auf ausländische Produkte zurückgreifen kann, muss erfinderisch sein, auf die eigene Kreativität bauen und – selbst basteln.
1970er/1980er Jahre

**WARTEN AUF DEN ARZT**

Schiedrichter mit verletztem Spieler
Berlin, 1950er Jahre

**ERSTVERSORGUNG**

Verletzter Spieler mit Manschaftsarzt
Berlin, 1950er Jahre

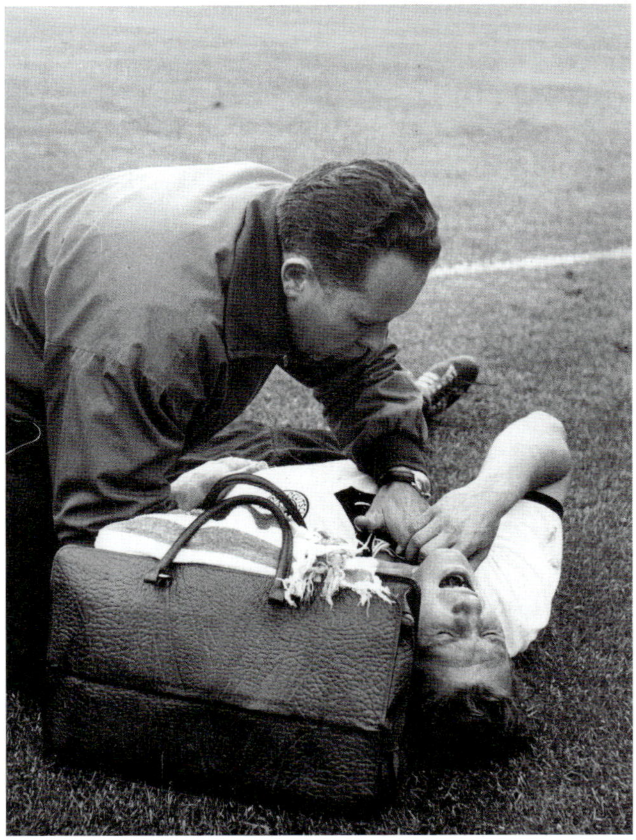

**ANSPRECHEN**

Gefoulter/Verletzter Spieler mit Schiedsrichter beim FIFA Confederations-Cup

Leipzig, 21.6.2005

© Foto: Klaus-Dieter Gloger

**MITUNTER BLEIBT NUR DIE FLUCHT**

Der Schiedsrichter bringt sich während eines Spieles vor aufgebrachten Spielern und protestierendem Publikum in Sicherheit.

Berlin, um 1955

© Bildarchiv Heinrich von der Becke im Sportmuseum Berlin

© Foto: Klaus-Dieter Gloger

**VERWARNUNG**

an einen australischen Spieler während des Spiels Tunesien – Australien zum FIFA Confederations-Cup

Leipzig , 21.6.2005

## AUS

Wenn schon der Schiedsrichter ein Schattendasein fristet, wie mag es da erst seinem Assistenten ergehen? Das Beispiel Tofik Bachramov zeigt, dass nicht einmal die berühmteste (Fehl-)Entscheidung der Fußballgeschichte ausgereicht hat, dass sich Fans den Namen des Mannes an der Linie gemerkt haben. In den folgenden zwei Kapiteln soll er deshalb endlich einmal im Mittelpunkt stehen. Seine offizielle Bezeichnung ist heute Schiedsrichter-Assistent. Seine Aufgabe ist die Unterstützung des Schiedsrichters auf dem Platz. So zeigt er mit seiner Fahne zum Beispiel an, wenn ein Ball ins Tor- oder Seitenaus geht (Regel Nr. 9). Um sich zusätzlich bemerkbar zu machen, entwickelte der deutsche Schiedsrichter Rudolf Kreitlein ein Funkleitsystem. Es besteht aus einem Sender in der Fahne und einem Empfänger, meist am Arm des Schiedsrichters. War der Ball im Seitenaus, geht es weiter mit Einwurf (Regel Nr. 15). Seit 1882 darf der Spieler dazu beide Hände benutzen. War der Ball im Toraus, gibt es entweder Abstoß (Regel Nr. 16) oder Eckstoß (Regel Nr. 17). Zur besseren Orientierung, ob der Ball über die Toraus- oder die Seitenauslinie aus dem Feld rollte, hat der Schiedsrichter-Assistent vier Eckfahnen. Um Verletzungen der Spieler zu vermeiden, sind sie aus weichem, nachgebendem Kunststoff. Einige Modelle besitzen zusätzlich ein spezielles Knick-Gelenk. Bei Spielern, die ein Tor geschossen haben, erfreut sich die Eckfahne neuerdings großer Beliebtheit. Tänze um die Fahne und mit der Fahne zählen (noch) nicht unter überschwänglichen Jubel und werden daher vom Schiedsrichter auch nicht mit Gelb bestraft.

## ABSEITS

„Abseits ist, wenn der Schiri pfeift" – so kann man die wohl komplizierteste aller 17 Fußballregeln auch erklären. Keine andere Regel wurde so oft verändert und ist dennoch umstritten. Dabei ist sie eine der ältesten überhaupt. Die Grundregel des Abseits, das der Schiedsrichter-Assistent anzeigen muss, entstand bereits 1863 in England. Damals waren noch nicht einmal die Höhe der Tore oder die Anzahl der Spieler festgelegt. Die Begründung war, es sei unfair, hinter dem Rücken des Gegners ein Tor zu erzielen. Typisch britisch!

Seit 1907 ist Abseits in der eigenen Spielhälfte nicht mehr möglich. Seit 1990 ist „Gleiche Höhe" kein Abseits mehr, und dann gibt es da noch den Unterschied zwischen passivem und aktivem Abseits. Beim Confederations-Cup 2005 waren die Schiedsrichter-Assistenten dazu angehalten, erst die Fahne zu heben, wenn der abseits stehende Spieler tatsächlich ins Spiel eingreift. Der Schiedsrichter-Assistent ist wirklich nicht zu beneiden.

Doch für künftige Fehlentscheidungen hat er jetzt eine Ausrede parat. Wie kürzlich in der Zeitschrift „Der Spiegel" zu lesen war, hat der spanische Arzt Beleda Maruenda nachgewiesen, dass es einem Menschen prinzipiell nicht möglich ist, eine größere Zahl von Spielern und den Ball so genau zu beobachten, wie es für eine gesicherte Entscheidung notwendig wäre. Das konnte der Stürmer Eric Meijer noch nicht wissen, sonst hätte er für den Schiedsrichter-Assistenten wohl mehr Verständnis aufgebracht: Als dieser ihm zum wiederholten Male ein Abseits anzeigte, fauchte Meijer: „Wenn du so gerne das Fähnchen schwenkst, dann such dir doch einen Job am Flughafen."

© Stadtgeschichtliches Museum Leipzig/Sportmuseum Leipzig

**ÜBERWACHUNG DES GESCHEHENS**

im Torraum durch den Linienrichter beim Spiel FC Barnslay – VfB Leipzig

Leipzig, 1911

**LINIENRICHTERFAHNEN**

1950er Jahre

© Foto: Helga Schulze-Brinkop

**SPIELSZENE MIT LINIENRICHTER**

Die Neubezeichnung Schiedsrichter-Assistent

wird 1996 von der FIFA eingeführt

1950er Jahre

© Bildarchiv Heinrich von der Becke im Sportmuseum Berlin

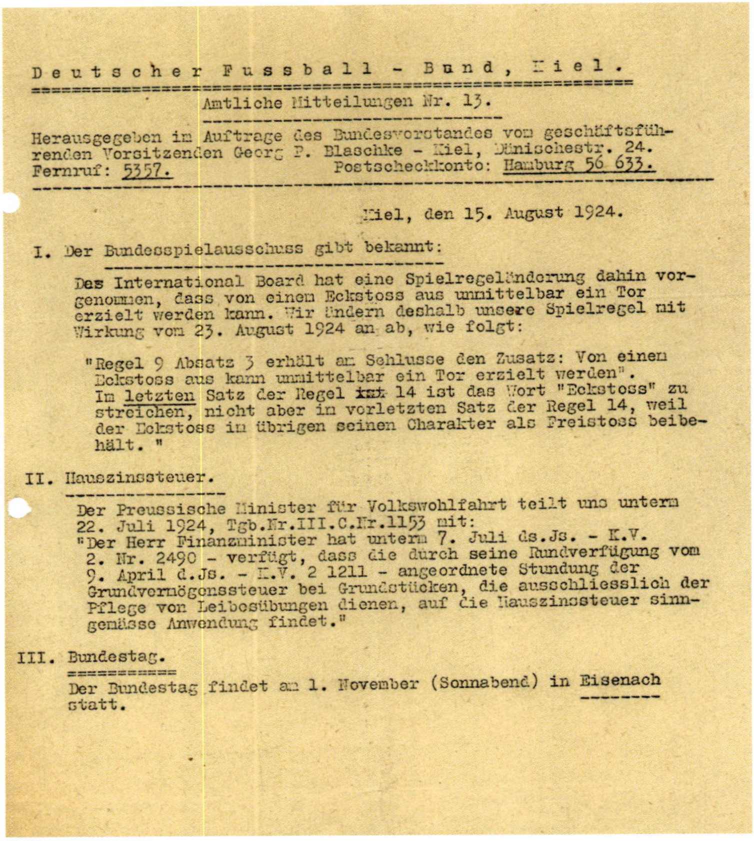

Deutscher Fussball - Bund, Kiel.

Amtliche Mitteilungen Nr. 13.

Herausgegeben im Auftrage des Bundesvorstandes vom geschäftsführenden Vorsitzenden Georg P. Blaschke - Kiel, Dänischestr. 24.
Fernruf: 5357. Postscheckkonto: Hamburg 56 633.

Kiel, den 15. August 1924.

I. Der Bundesspielausschuss gibt bekannt:

Des International Board hat eine Spielregeländerung dahin vorgenommen, dass von einem Eckstoss aus unmittelbar ein Tor erzielt werden kann. Wir ändern deshalb unsere Spielregel mit Wirkung vom 23. August 1924 an ab, wie folgt:

"Regel 9 Absatz 3 erhält am Schlusse den Zusatz: Von einem Eckstoss aus kann unmittelbar ein Tor erzielt werden". Im letzten Satz der Regel ~~ist~~ 14 ist das Wort "Eckstoss" zu streichen, nicht aber im vorletzten Satz der Regel 14, weil der Eckstoss im übrigen seinen Charakter als Freistoss beibehält. "

II. Hauszinssteuer.

Der Preussische Minister für Volkswohlfahrt teilt uns unterm 22. Juli 1924, Tgb.Nr.III.C.Nr.1153 mit:
"Der Herr Finanzminister hat unterm 7. Juli ds.Js. - K.V. 2. Nr. 2490 - verfügt, dass die durch seine Rundverfügung vom 9. April d.Js. - K.V. 2 1211 - angeordnete Stundung der Grundvermögenssteuer bei Grundstücken, die ausschliesslich der Pflege von Leibesübungen dienen, auf die Hauszinssteuer sinngemässe Anwendung findet."

III. Bundestag.

Der Bundestag findet am 1. November (Sonnabend) in Eisenach statt.



**BEKANNTMACHUNG**

einer 1924 durch den IFAB getroffenen Spielregeländerung. Diese besagt, dass ab sofort von einem Eckstoß eine unmittelbare Torerzielung möglich ist. Amtliche Mitteilungen des DFB, Nr. 13, Kiel, 15.8.1924

**SPIELER DES DUISBURGER SPIELVEREINS**

diskutieren mit dem Linienrichter um die Tor-Gültigkeit eines von der Querlatte abgeprallten Balles

Fußball, 15. Jahrgang, Nr.21, 26.5.1925

**SCHIEDSRICHTER-ASSISTENT**

bei der Kontrolle der Eckstoß-Ausführung

1996

### TOR

„Das Runde muss ins Eckige" – so weit, so gut. Doch nicht immer zappelt der Ball eindeutig im Netz, manchmal ging dem erfolgreichen Torschuss auch ein Regelverstoß voran. Die Fußballgeschichte ist voll von umstrittenen Toren. War es nun „die Hand Gottes" oder doch nur die des – für viele göttlichen – Diego Armando Maradona, die den Ball ins Tor der Engländer lenkte? Über nichts können sich Fußball-Fans noch nach Jahren so ereifern, wie über vermeintlich zu Unrecht gegebene oder nicht gegebene Tore (Regel Nr. 10: Wie ein Tor erzielt wird). Der Schiedsrichter aber kann mit einer umstrittenen Entscheidung ungewollt berühmt werden. Der Schweizer Gottfried Dienst ist dafür das beste Beispiel. Das von ihm gegebene „Wembley-Tor" fehlt in keinem WM-Rückblick. Er selbst war noch ein knappes Jahr nach dem Tor so bekannt, dass auf einem Schweizer Fastnachtszug eine Maske mit seinem Konterfei herumgetragen wurde.

### ABPFIFF

„Aus. Aus. Das Spiel ist aus ..." Die Spieler liegen sich in den Armen oder sinken enttäuscht zu Boden. Und was macht der Schiedsrichter? Wo hält er sich mit seinen Assistenten auf, wenn nicht gespielt wird? Wo trinkt er den berühmten Pausentee (oder Kaffee?) zur Halbzeit? Schiedsrichterkabinen sind eine Welt für sich: von Glasgow bis Moskau, von Göteborg bis Tripolis. Mit dem Abpfiff nach 90 Minuten (manchmal auch länger, siehe Regel Nr. 7: Dauer des Spiels) war für den Schiedsrichter früher die Partie beendet. Anschließend hatte er noch anhand seiner Notizkarten den Spielbericht auszufüllen, das war's. Und heute? Da erwartet den Mann in Schwarz, Rot oder Gelb ... ein Nachspiel, auf das er gern verzichten würde.

**TORSZENE**
1960er Jahre

© Bildarchiv Heinrich von der Becke im Sportmuseum Berlin

**TORJUBEL**

der Deutschen beim 1 : 0 im Länderspiel England – Deutschland

Berlin, 1.6.1968

© Förderverein Sächsisches Sportmuseum Leipzig e.V.

**DEFENDING THE GOAL**

Torszene bei einem Fußballspiel in England 1889. Die englischen Tore bestehen aus stabilen Pfosten, die seit 1882 eine feste Querlatte verbindet. Zuvor werden hier gespannte Bänder oder Seile verwendet. 1891/92 erfindet J.A. Brodie aus Liverpool das Tornetz, hauptsächlich zum Schutz des Goalkeepers vor eindringenden Zuschauern. In Deutschland wird das Netz 1893 erstmals auf einem Berliner Spielfeld eingesetzt.

Stahlstich, 1889

© Bildarchiv Heinrich von der Becke im Sportmuseum Berlin

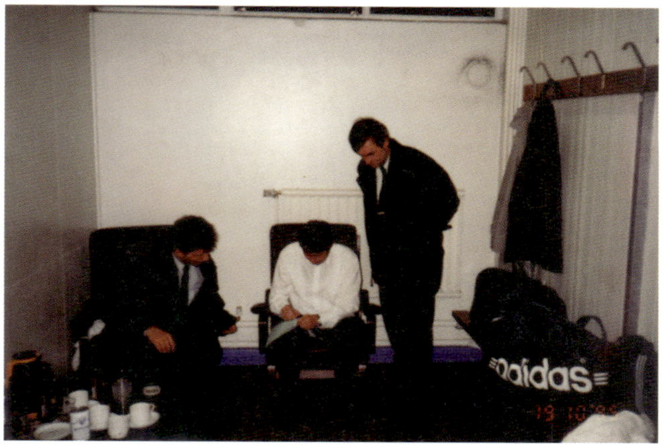


© Foto: Harald Sather, Grimma

**PFLICHTÜBUNG NACH SPIELENDE**

Das deutsche Schiedsrichterteam beim
Ausfüllen der Spielberichtsbögen
Göteborg, 1995

**IN DER SCHIEDSRICHTERKABINE**

Das deutsche Schiedsrichterteam in
entspannter Situation vor dem Spielbeginn
Libyen, 2002

© Foto: Harald Sather, Grimma

**ANSICHT DER SCHIEDSRICHTERKABINE**

in der Sporthalle des TSV Nördlingen
2004

© Foto: Stadtmuseum Nördlingen

# NACHSPIEL

ZUSCHAUER

Zuschauer sind fester Bestandteil eines Fußballspiels (Regel Nr. 18). Nichts ist trostloser als ein Match vor leeren Rängen. Dagegen können brodelnde „Hexenkessel" wie das Nou Camp in Barcelona, das Old Trafford in Manchester oder auch das Dortmunder Westfalenstadion schon dem Fernsehzuschauer einen wohligen Schauer über den Rücken jagen. Wie mag es da erst den Spielern und Schiedsrichtern auf dem Rasen ergehen? Dass die 80.000 dabei selten Lobgesänge auf den Schiedsrichter anstimmen, ist dieser meist schon gewohnt. „Es hätte für Tausende von Beleidigungsklagen gereicht. Aber man hört das im Laufe der Zeit nicht mehr", sagte der deutsche Schiedsrichter Hellmuth Krug nach dem Ende seiner Karriere. Harmlose Rufe wie „Schiedsrichter, Telefon!", „Schiedsrichter auswechseln" und „Kauf dir mal 'ne Brille" sind damit wohl nicht gemeint.

Einem wurde das alles zu viel. Einer der besten Schiedsrichter der Welt, ein Kandidat für die Weltmeisterschaft 2006, hat seine Karriere vorzeitig beendet. Nach Morddrohungen gegen sich und seine Familie trat Anders Frisk am 13. März 2005 zurück. „Ich werde nie wieder einen Fußballplatz betreten", sagte der Versicherungskaufmann aus Mölndal der schwedischen Zeitung „Aftonbladet". Auslöser für die „16 schlimmsten Tage seines Lebens" war eine gelb-rote Karte im Champions-League-Hinspiel zwischen dem FC Barcelona und dem FC Chelsea London. Chelsea-Trainer Josè Mourinho hatte ihm danach Absprachen unterstellt. Das heizte die Fans nur noch mehr an: „Ich habe meine Tochter aus Angst den Briefkasten nicht mehr öffnen lassen", schilderte Frisk das Ausmaß der Bedrohung durch Chelsea-Anhänger. Ein halbes Jahr zuvor war Frisk schon einmal in den Schlagzeilen. Zur Halbzeitpause des Spiels AS Rom gegen Dynamo Kiew wurde er von einem römischen Fan mit einer Münze am Kopf getroffen. Er erlitt eine Platzwunde. Nach einer fast einstündigen Pause brach er das Spiel ab.

Schiedsrichterbeleidigungen hat es zu allen Zeiten gegeben, auch gab es immer schon Situationen, in denen ein Schiedsrichter vor aufgebrachten Zuschauern fliehen musste. Neu sind die persönlichen Angriffe auf Unparteiische bis weit in die Privatsphäre hinein, die Bedrohungen und Beschimpfungen noch lange nach dem Spiel. Anders Frisk ist da kein Einzelfall. Auch der Schweizer Urs Meier bat nach dem EM-Spiel 2004 Portugal – England um Polizeischutz für sich und seine Familie, nachdem er von englischen Hooligans Morddrohungen erhalten hatte. „Ich nehme diese Drohungen sehr ernst", gestand Meier damals, „ich habe keine Angst um meine eigene Person, jedoch fürchte ich, dass denen, die ich liebe, etwas zustoßen könnte." Sein „Fehler": Er hatte in der letzten Minute des Spiels ein Tor für die Engländer nicht gegeben, weil ihm ein Foul vorangegangen war. England schied bei dem Turnier wieder einmal vorzeitig aus. Dass die Wellen der Empörung danach so hoch schlugen, lag aber noch an einem anderen Phänomen: den Medien.

**NÜRNBERGER FANS**

beim Spiel 1. FC Nürnberg - Hamburger SV um die Deutsche Meisterschaft

Berlin, 1924

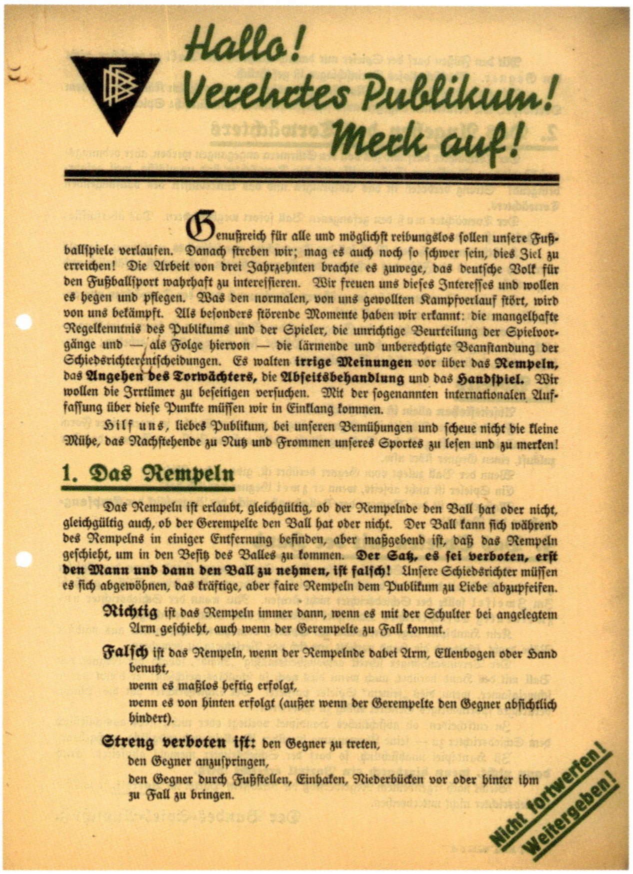

Hallo!
Verehrtes Publikum!
Merk auf!

Genußreich für alle und möglichst reibungslos sollen unsere Fußballspiele verlaufen. Danach streben wir; mag es auch noch so schwer sein, dies Ziel zu erreichen! Die Arbeit von drei Jahrzehnten brachte es zuwege, das deutsche Volk für den Fußballsport wahrhaft zu interessieren. Wir freuen uns dieses Interesses und wollen es hegen und pflegen. Was den normalen, von uns gewollten Kampfverlauf stört, wird von uns bekämpft. Als besonders störende Momente haben wir erkannt: die mangelhafte Regelkenntnis des Publikums und der Spieler, die unrichtige Beurteilung der Spielvorgänge und — als Folge hiervon — die lärmende und unberechtigte Beanstandung der Schiedsrichterentscheidungen. Es walten **irrige Meinungen** vor über das **Rempeln,** das **Angehen des Torwächters,** die **Abseitsbehandlung** und das **Handspiel.** Wir wollen die Irrtümer zu beseitigen versuchen. Mit der sogenannten internationalen Auffassung über diese Punkte müssen wir in Einklang kommen.

Hilf uns, liebes Publikum, bei unseren Bemühungen und scheue nicht die kleine Mühe, das Nachstehende zu Nutz und Frommen unseres Sportes zu lesen und zu merken!

**1. Das Rempeln**

Das Rempeln ist erlaubt, gleichgültig, ob der Rempelnde den Ball hat oder nicht, gleichgültig auch, ob der Gerempelte den Ball hat oder nicht. Der Ball kann sich während des Rempelns in einiger Entfernung befinden, aber maßgebend ist, daß das Rempeln geschieht, um in den Besitz des Balles zu kommen. **Der Satz, es sei verboten, erst den Mann und dann den Ball zu nehmen, ist falsch!** Unsere Schiedsrichter müssen es sich abgewöhnen, das kräftige, aber faire Rempeln dem Publikum zu Liebe abzupfeifen.

**Richtig** ist das Rempeln immer dann, wenn es mit der Schulter bei angelegtem Arm geschieht, auch wenn der Gerempelte zu Fall kommt.

**Falsch** ist das Rempeln, wenn der Rempelnde dabei Arm, Ellenbogen oder Hand benutzt,
wenn es maßlos heftig erfolgt,
wenn es von hinten erfolgt (außer wenn der Gerempelte den Gegner absichtlich hindert).

**Streng verboten ist:** den Gegner zu treten,
den Gegner anzuspringen,
den Gegner durch Fußstellen, Einhaken, Niederbücken vor oder hinter ihm zu Fall zu bringen.

Nicht fortwerfen!
Weitergeben!

**HANDZETTEL**

für Fußballspiel-Besucher.
Mit den wichtigsten Kurzinformationen zur Regelkunde wirbt der DFB beim Publikum um allgemeines Verständnis für Schiedsrichterentscheidungen.
1927

**PUBLIKUM**

beim Spiel Hertha BSC – Tennis Borussia Berlin
Berlin, 1952

**FUSSBALL-FANS**

1980er Jahre

**AUFGEBRACHTE ZUSCHAUER**

diskutieren auf dem Spielfeld mit dem Schiedsrichter über seine Entscheidung

1938

**PLATZORDNER**

in handgreiflicher Auseinandersetzung mit einem jugendlichen Zuschauer
Berlin, 1970er Jahre

**FANS DES HAMBURGER SV**

contra Ordnungskräfte am Spielfeldran
1980er Jahre

**AUSWAHL**

nicht zulässiger, von Stadionbesuchern mitgeführter Gegenstände, eingezogen durch den Sicherheitsdienst bei einem Fußballspiel in Leipzig

2005

**POTENZIELLE TATOBJEKTE**

beschlagnahmt durch die Polizeidirektion Leipzig bei Fußballspielen in Leipzig

2001-2003

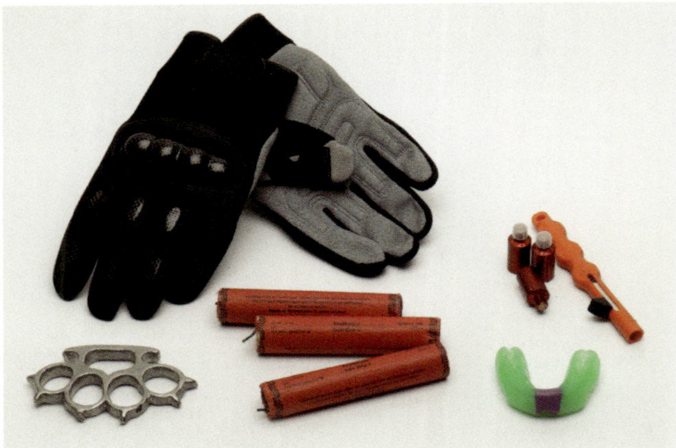



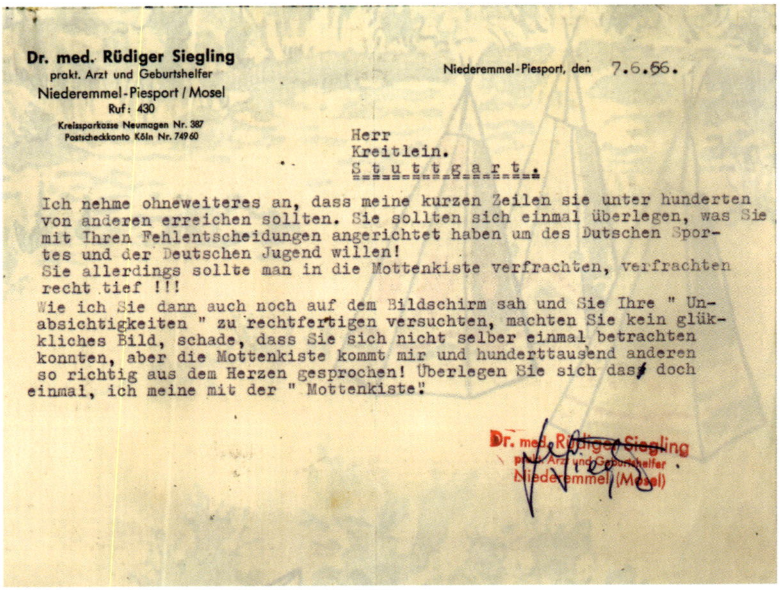

**Dr. med. Rüdiger Siegling**
prakt. Arzt und Geburtshelfer
Niederemmel-Piesport / Mosel
Ruf: 430
Kreissparkasse Neumagen Nr. 387
Postscheckkonto Köln Nr. 74960

Niederemmel-Piesport, den 7.6.56.

Herr
Kreitlein.
S t u t t g a r t.

Ich nehme ohneweiteres an, dass meine kurzen Zeilen sie unter hunderten von anderen erreichen sollten. Sie sollten sich einmal überlegen, was Sie mit Ihren Fehlentscheidungen angerichtet haben um des Dutschen Sportes und der Deutschen Jugend willen!
Sie allerdings sollte man in die Mottenkiste verfrachten, verfrachten recht tief !!!
Wie ich Sie dann auch noch auf dem Bildschirm sah und Sie Ihre " Unabsichtigkeiten " zu rechtfertigen versuchten, machten Sie kein glükliches Bild, schade, dass Sie sich nicht selber einmal betrachten konnten, aber die Mottenkiste kommt mir und hunderttausend anderen so richtig aus dem Herzen gesprochen! Überlegen Sie sich das doch einmal, ich meine mit der " Mottenkiste".

Dr. med. Rüdiger Siegling
prakt. Arzt und Geburtshelfer
Niederemmel (Mosel)



**PROTESTBRIEF**

an den Schiedsrichter Rudolf Keitlein mit deutlichen Missfallensäußerungen zu den Tatsachenentscheidungen des Unparteiischen

1956

MEDIEN

Als die deutsche Fußball-Nationalmannschaft das WM-Finale 1966 durch ein zumindest umstrittenes Tor verlor, titelte am nächsten Tag das Boulevard-Blatt „Bild“: „Wir haben 2:2 verloren.“ Dagegen begann nach dem EM-Aus der Engländer 2004 eine beispiellose Hetzkampagne gegen Schiedsrichter Urs Meier. Der „Daily Star“ schrieb: „What an Urs-hole!“ („Was für ein Urs-loch!“) und riet ihm, sich nicht mehr auf der Insel blicken zu lassen. Die „Sun“ bezeichnete Meier als „Schiedsrichter-Halbidioten“, und selbst der angesehene „Guardian“ klagte: „Schlecht bedient vom Krämer aus der Schweiz“. Damit nicht genug, „recherchierten“ britische Journalisten in den folgenden Tagen auch in Meiers Privatleben.

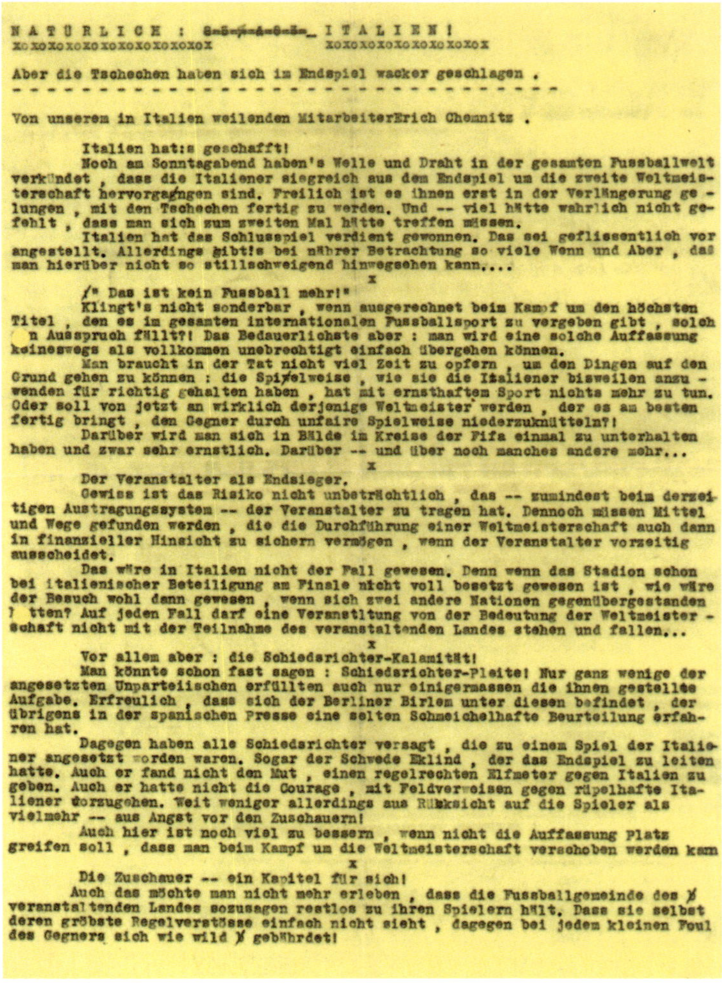
NATÜRLICH : ITALIEN!
xoxoxoxoxoxoxoxoxoxoxoX xoxoxoxoxoxoxoxoxoxoX

Aber die Tschechen haben sich im Endspiel wacker geschlagen .
- - - - - - - - - - - - - - - - - - - - - - - - - - - - - - -

Von unserem in Italien weilenden MitarbeiterErich Chemnitz .

Italien hat:s geschafft!

Noch am Sonntagabend haben's Welle und Draht in der gesamten Fussballwelt verkündet , dass die Italiener siegreich aus dem Endspiel um die zweite Weltmeisterschaft hervorgangen sind. Freilich ist es ihnen erst in der Verlängerung gelungen , mit den Tschechen fertig zu werden. Und -- viel hätte wahrlich nicht gefehlt , dass man sich zum zweiten Mal hätte treffen müssen.

Italien hat das Schlusspiel verdient gewonnen. Das sei geflissentlich vor angestellt. Allerdings gibt!s bei nährer Betrachtung so viele Wenn und Aber , daß man hierüber nicht so stillschweigend hinwegsehen kann....

x

" Das ist kein Fussball mehr!"

Klingt's nicht sonderbar , wenn ausgerechnet beim Kampf um den höchsten Titel , den es im gesamten internationalen Fussballsport zu vergeben gibt , solch ein Ausspruch fällt?! Das Bedauerlichste aber : man wird eine solche Auffassung keineswegs als vollkommen unebrechtigt einfach übergehen können.

Man braucht in der Tat nicht viel Zeit zu opfern , um den Dingen auf den Grund gehen zu können : die Spielweise , wie sie die Italiener bisweilen anzuwenden für richtig gehalten haben , hat mit ernsthaftem Sport nichts mehr zu tun. Oder soll von jetzt an wirklich derjenige Weltmeister werden , der es am besten fertig bringt , den Gegner durch unfaire Spielweise niederzuknütteln?!

Darüber wird man sich in Bälde im Kreise der Fifa einmal zu unterhalten haben und zwar sehr ernstlich. Darüber -- und über noch manches andere mehr...

x

Der Veranstalter als Endsieger.

Gewiss ist das Risiko nicht unbeträchtlich , das -- zumindest beim derzeitigen Austragungssystem -- der Veranstalter zu tragen hat. Dennoch müssen Mittel und Wege gefunden werden , die die Durchführung einer Weltmeisterschaft auch dann in finanzieller Hinsicht zu sichern vermögen , wenn der Veranstalter vorzeitig ausscheidet.

Das wäre in Italien nicht der Fall gewesen. Denn wenn das Stadion schon bei italienischer Beteiligung am Finale nicht voll besetzt gewesen ist , wie wäre der Besuch wohl dann gewesen , wenn sich zwei andere Nationen gegenübergestanden hätten? Auf jeden Fall darf eine Veranstltung von der Bedeutung der Weltmeisterschaft nicht mit der Teilnahme des veranstaltenden Landes stehen und fallen...

x

Vor allem aber : die Schiedsrichter-Kalamität!

Man könnte schon fast sagen : Schiedsrichter-Pleite! Nur ganz wenige der angesetzten Unparteiischen erfüllten auch nur einigermassen die ihnen gestellte Aufgabe. Erfreulich , dass sich der Berliner Birlem unter diesen befindet , der übrigens in der spanischen Presse eine selten Schmeichelhafte Beurteilung erfahren hat.

Dagegen haben alle Schiedsrichter versagt , die zu einem Spiel der Italiener angesetzt worden waren. Sogar der Schwede Eklind , der das Endspiel zu leiten hatte. Auch er fand nicht den Mut , einen regelrechten Elfmeter gegen Italien zu geben. Auch er hatte nicht die Courage , mit Feldverweisen gegen rüpelhafte Italiener vorzugehen. Weit weniger allerdings aus Rücksicht auf die Spieler als vielmehr -- aus Angst vor den Zuschauern!

Auch hier ist noch viel zu bessern , wenn nicht die Auffassung Platz greifen soll , dass man beim Kampf um die Weltmeisterschaft verschoben werden kann

x

Die Zuschauer -- ein Kapitel für sich!

Auch das möchte man nicht mehr erleben , dass die Fussballgemeinde des veranstaltenden Landes sozusagen restlos zu ihren Spielern hält. Dass sie selbst deren gröbste Regelverstösse einfach nicht sieht , dagegen bei jedem kleinen Foul des Gegners sich wie wild gebährdet!



**PRESSEBERICHT**

des Leipziger Journalisten Erich Chemnitz über das Finalspiel Italien – Tschechoslowakei zur Fußball-WM 1934 in Italien. Der ehemals selbst als Schiedsrichter aktive Chemnitz kritisiert deutlich die Leistungen fast aller WM-Spielleiter und spart auch den Endspiel-Schiedsrichter Ivan Eklind (Schweden) nicht aus. Rom, 1934

Nun ist die britische Boulevardpresse bekannt dafür, dass sie nicht sehr zimperlich ist, aber eine weltweit einmalige Entgleisung war ihre Reaktion nun auch wieder nicht. Ähnliche Schlagzeilen hätten durchaus auch in argentinischen, türkischen oder deutschen Boulevardblättern stehen können. Der Ton ist insgesamt deutlich rauer geworden. Dabei ist das Rauschen im „Blätterwald“ am Tag danach nur noch der Abschluss der medialen Analyse der Schiedsrichterleistung.

Noch nie zuvor stand ein Schiedsrichter so unter Beobachtung. Schon während des Spiels sind Dutzende von Kameras und Teleobjektiven auf ihn gerichtet. Jede seiner in Sekundenbruchteilen getroffenen Entscheidungen kann hinterher in mehrfachen Zeitlupen aus unterschiedlichen Perspektiven überprüft werden. Nach dem Abpfiff wird er dann von Fernseh- und Radioreportern und teilweise auch schon von Trainern mit diesem „Besserwissen“ konfrontiert. Bei der Suche nach einem Schuldigen für Niederlage oder Ausscheiden ist der Schiedsrichter ein gern genommenes Opfer. Denn die Mannschaft kann man schlecht austauschen – und den Trainer auch nicht jede Woche. Wenn der Schiedsrichter Glück hat, ist das Nachspiel für ihn nach einer Woche vorbei; und Zuschauer und Medien haben sich einen neuen Sündenbock gesucht. Anders Frisk hatte kein Glück.

**PRESSETRIBÜNE**

während des Vorrundenspiels
Brasilien - Jugoslawien zur
WM 1974 in Deutschland
Frankfurt, 1974

**FERNSEH-
AUFZEICHNUNGEN**

während des Vorrundenspiels
DDR - Chile zur WM 1974
Berlin, 1974

## STARS

Im „richtigen" Leben sind sie Lehrer, Kaufmann, Schlosser, Schneider, Optiker, Arzt, Architekt, Polizeibeamter oder Betriebswirt, also „normale" Menschen, die einem Beruf nachgehen. Ein- oder mehrmals die Woche jedoch betreten diese unauffälligen Zeitgenossen die große Fußball-Bühne, werden im Rampenlicht zu öffentlichen, oft von einem Millionenpublikum kritisch beäugten Darstellern. Verglichen mit Spieler-Stars wie Ronaldinho, Beckham oder Ballack, deren Namen jedes Kind kennt, sind sie immer noch Sternchen, doch Fußball-Weltmeisterschaften und andere mediale Großereignisse haben auch sie weltweit bekannt gemacht.

Der wohl berühmteste unter den Schiedsrichter-Stars ist der Italiener Pierluigi Collina. Wer ihn einmal in Aktion erlebt hat, vergisst ihn nicht. Die Glatze, der stechende Blick, die zackigen Gesten – der Finanzberater aus Viareggio ist ein Unikum. Sein markantes Aussehen bescherte ihm eine Stoffwechselkrankheit mit schwerer Alopezie (Haarausfall). Einen besseren Schiedsrichter als ihn hat es in den letzten 15 Jahren nicht gegeben. Zwischen 1998 und 2003 wurde er sechs Mal in Folge zum Weltschiedsrichter des Jahres gewählt. Er leitete das Champions-League-Endspiel 1999 zwischen Bayern München und Manchester United und das WM-Finale 2002. Doch mittlerweile neigt sich die Karriere von „Kojak" (wie er wegen seiner Glatze genannt wird) ihrem Ende zu. Collina ist im Jahr 2005 45 Jahre alt geworden, das Höchstalter für FIFA-Schiedsrichter. Doch vielleicht ist er ja auch froh darüber, kann er sich doch so endlich seinem Lieblingssport widmen – und das ist nicht Fußball, sondern Basketball.

Auch Markus Merk ist nicht nur Fußball-Fan. Der beste und vielleicht sportlichste deutsche Schiedsrichter ist leidenschaftlicher Marathonläufer, alpiner Kletterer und sogar Wasalauf-Teilnehmer. Seinen Beruf als Zahnarzt hat Dr. Markus Merk inzwischen aufgegeben, um mehr Zeit zu haben für seine Vortragsreisen zum Thema „Das Entscheiden". Dabei ist der Weltschiedsrichter 2004 im Privatleben gar nicht so entschlussfreudig. Schuhe kaufen zum Beispiel ist sein „größter Horror". Meist könne er sich nicht entscheiden und „nehme am Ende einfach irgendwelche". Aber entscheidend auf dem Platz sei ohnehin „dieses Gefühl für das Spiel". Doch wenn einer es hat, das berühmte Fingerspitzengefühl, dann er. Kein Wunder bei dem Beruf!

Dass zu einer großen Karriere auch Glück gehört, dafür ist Rudi Glöckner der beste Beweis. Der Leipziger war der erste und bisher einzige deutsche Schiedsrichter, der ein WM-Finale pfiff. Es war das Spiel Brasilien gegen Italien bei der Fußball-WM 1970 in Mexiko. Vor der WM hatte der damals 41-Jährige gerade einmal sieben A-Länderspiele gepfiffen, war international ein fast unbeschriebenes Blatt. FIFA-Präsident Sir Stanley Rous bestimmte dann Glöckner, nachdem er ihn bei einem Vorrundenspiel gesehen hatte. Vor Beginn des Spiels kam es dann noch zu einem Zwischenfall. Die mexikanischen Organisatoren hatten für den Schiedsrichter des Endspiels die Fahne der BRD gehisst. Glöckner beschwerte sich darüber, doch die Mexikaner hatten keine andere. Zufällig hatte der Leipziger eine DDR-Flagge in seinem Koffer. Er holte sie, und so wurde doch noch die richtige Fahne gehisst.

Das sind nur drei von vielen spannenden Geschichten rund um die Stars der Schiedsrichter-Zunft. Die Namensliste der Referees, die dem Besucher Einblicke in ihr Leben gewähren und zum Teil Erinnerungsstücke bereitstellten, liest sich wie das „Who is who" der Schiedsrichtergrößen. Außer Collina, Merk und Glöckner sind das u. a. Ken Aston, Peco Bauwens, Gottfried Dienst, Rudolf Kreitlein, John Langenus, Urs Meier, Nicole Petignat, Sir Stanley Rous, Kurt Tschenscher, Michel Vautrot. Sie alle haben als Schiedsrichter Großes geleistet und waren oder sind starke Persönlichkeiten. Einmal nicht nur von der sportlichen Seite betrachtet, werden so aus ihnen tatsächlich „Stars": besondere Menschen mit einer unverwechselbaren Individualität.

**JOHN LANGENUS**

(1891-1952).
Der Belgier, bei einem Einsatz im Spiel Deutschland - England 1938, gilt in den 1930er Jahren als renommiertester Schiedsrichter weltweit. Der durch Körpergröße und Bekleidung auch optisch einprägsame Unparteiische pfeift als erster Schiedsrichter in der Weltfußballgeschichte ein WM-Finale: das Spiel Uruguay - Argentinien 1930 in Uruguay.
1938

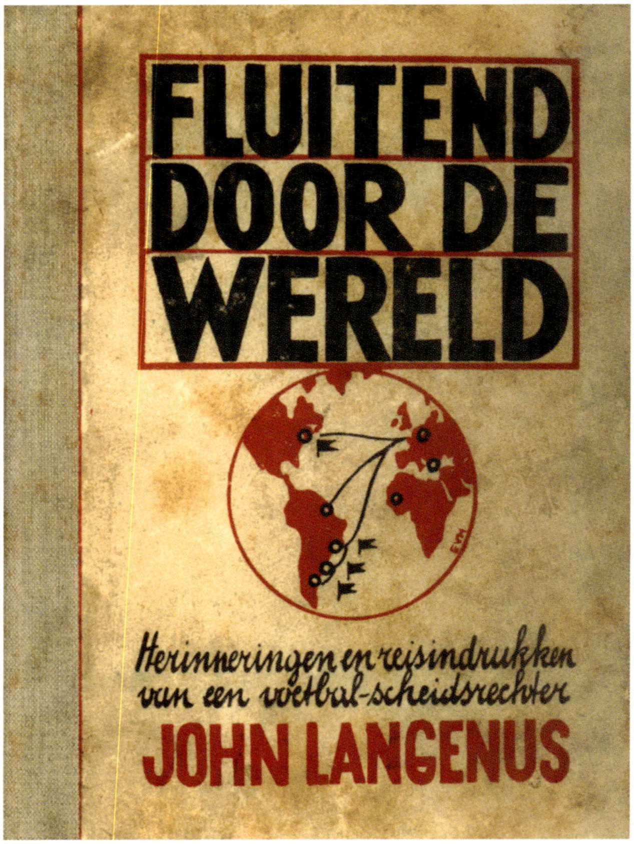




**GOTTFRIED DIENST**

(1920-1998).
Der Schweizer Schiedsrichter geht aufgrund seiner bis heute umstrittenen Entscheidung über das so genannte Wembley-Tor im Finalspiel England - Deutschland zur WM 1966 in die Fußballgeschichte ein.

**ERINNERUNGEN**

1942 beschreibt das Multitalent J. Langenus seine weltweiten Reisen als Journalist und Schiedsrichter in seinem Buch „Pfeifend durch die Welt. Erinnerungen und Reiseeindrücke eines Fußball-Schiedsrichters“
Gent, 1942

© Rudolf Kreitlein, Stuttgart

**RUDOLF KREITLEIN**

(* 1919).
Der Stuttgarter Schneidermeister ist einziger FIFA-Schiedsrichter aus Deutschland bei der WM 1966 in England.

**POKAL**

des Österreichischen Fußballverbandes.
Der Pokal wurde 1926 an den Kölner Schiedsrichter Dr. Peco Bauwens (1886-1963) für seine hervorragenden Leistungen als Unparteiischer verliehen. Bauwens hält den deutschen Rekord mit der Leitung von 82 Länderspielen. 1925 wird er in die Regelkommission der FIFA berufen, deren Vorsitz er 1928 übernimmt. Von 1950 bis 1962 ist Bauwens Präsident des DFB.
Wien, 1926

© Foto: Helga Schulze-Brinkop

© Foto: Werner Fritz

**SCHIEDSRICHTER-PFEIFE**

von Rudolf Glöckner (1929-1999).

Der aus Markranstädt bei Leipzig stammende R. Glöckner leitet als erster und bisher einziger deutscher Schiedsrichter das Finalspiel einer Fußball-Weltmeisterschaft. Die englische ACME-Pfeife benutzt er beim Endspiel Italien - Brasilien am 21.6.1970 in Mexiko-City.

**WETTERJACKE**

des FIFA-Schiedsrichters Rudolf Glöckner von seinem WM-Einsatz 1970 in Mexiko.

© Foto: Helga Schulze-Brinkop

**PIERLUIGI COLLINA**

(*1960). Der internationale Star-Schiedsrichter aus Italien erlangt Berühmtheit durch seine Autorität, Entscheidungsfreude, sein Charisma und seine elegante, resolute Körpersprache. Der sechsmalige Welt-Schiedsrichter des Jahres wird zur Werbe-Ikone und kann weltweit auf zahlreiche Fanclubs verweisen. 2003 präsentiert Collina seine Autobiografie „Le mie regole del gioco".

**MARKUS MERK**

(*1962). Der internationale Spitzen-Schiedsrichter, schildert 2005 in seinem Buch „BeWEGEnd. Merk & More" seine erfolgreiche Schiedsrichterkarriere, gibt jedoch auch Einblicke in seine Tätigkeit bei internationalen Entwicklungshilfeprojekten.

## VISIONS (VISIONEN)

„Fußball ist schneller geworden. Um richtig zu pfeifen, braucht man heute statt Schiedsrichtern eher Radarschirme." Ist Miroslav Blasevic, der frühere Nationaltrainer Kroatiens, ein Visionär? Ist der Schiedsrichter mit seinen beiden Assistenten tatsächlich heute schon ein Relikt der Vergangenheit? Noch ist es nicht soweit. Doch die Technik ist auf dem Vormarsch. Am lautesten gefordert wird der Videobeweis. Eine Wiederholung des „Wembley-Tores" wäre dann wohl ausgeschlossen. Auch eine Rundumkontrolle des Spielfeldes, der Spieler und des Balles scheint in Sichtweite. Dafür sollen Spieler mit Sendern ausgerüstet und Mikrochips in Bälle integriert werden. Und was ist, wenn der Computer abstürzt?

Genauso heiß diskutiert wie der Chipball wird der „Berufsschiedsrichter". Da gehen die Meinungen selbst unter den Unparteiischen auseinander. Der Zahnarzt, Entwicklungshelfer und Vortragsreisende Markus Merk lehnt ihn ab: „Ich möchte nicht Samstag ins Stadion gehen und mir sagen müssen, ‚Mensch Markus, hoffentlich passiert dir kein Bock. Denn du hast Familie, es geht um deine Existenz.'" Für den Schweizer Urs Meier ist der Berufsschiedsrichter dagegen unverzichtbar: „Ich denke, dass er kommen muss. Ich war schon immer ein Verfechter dieser Idee, da der moderne Spitzenfußball von Profis betrieben wird und nur noch der Schiedsrichter und seine Assistenten Amateure sind. Das geht einfach nicht mehr."

Doch vielleicht sieht der Schiedsrichter der Zukunft ja auch ganz anders aus. Wie sich das in der Mode widerspiegeln könnte, darüber haben sich Nachwuchs-Designer ihre Gedanken gemacht. Die Zeit des Radarschirms scheint offenbar noch nicht gekommen.

## Ein Gespräch mit den Gestaltern Thomas Ebersbach (Exposition Ebersbach) und René König (Moxxo Design)

von Burkhard Friedrich

Muss man Fußball-Fan sein, um eine Ausstellung zu Schiedsrichtern zu gestalten?

**Ebersbach:** Ein Designer ist ja kein Wissenschaftler. Das bedeutet: Wir machen heute eine Ausstellung zum Thema Skisport, morgen eine zur Völkerschlacht und übermorgen etwas über Kunstraub im Zweiten Weltkrieg. Da würden wir uns nie anmaßen, inhaltlich voll mitreden zu können. Ich empfinde es sogar als Vorteil, wenn man kein ausgewiesener Kenner des Themas ist. Denn dadurch hat man einen besseren Überblick.

Beim Design einer Fußball-Ausstellung denkt man sofort an grünen Rasen.

**König:** Natürlich liegt das auf der Hand. Für einen Designer, der originell sein will, ist das ein Problem, weil im Jahr der Fußball-WM jedes Geschäft und jede Kneipe mit der Rasenästhetik werben wird. Und man selbst ist auch verleitet, in diesen Ausstellungsraum ein großes Fußballfeld reinzubauen. Im Stadtgeschichtlichen Museum verhindern das zum Glück die sechs frei stehenden Säulen. Wir haben uns deshalb überlegt, verschiedene Räume zu gestalten, jeweils mit einer eigenen Ästhetik, durch die der Besucher geführt wird. Das beginnt mit einem schmalen Treppenaufgang, durch die er die Ausstellung betritt, so wie der Schiedsrichter die Umkleidekabine. Dann gibt es da einen Tunnel, ähnlich dem Spielertunnel von der Kabine auf das Feld, und schließlich ein Wohnzimmer mit Fernseher, wenn es um den Einfluss der Medien und Zuschauer geht.

Was war die größte Schwierigkeit?

**König:** Uns war früh klar, dass die Exponate die Ausstellung nicht tragen. Pfeifen, gelbe Karten und Trikots sind eben kein Inkagold und keine Dampflokomotiven. Deshalb geht es nur über die emotionale Ebene. Wir betrachten den Schiedsrichter deshalb nicht von außen, auch das wäre ja möglich gewesen, sondern wir versetzen uns in ihn hinein. Wie mag er sich fühlen, wenn er das Feld betritt, welchem Druck ist er ausgesetzt?

Wie wollen Sie diese Emotionen beim Besucher wecken?

**Ebersbach:** Zum Beispiel durch übergroße Gesichter, die auf einen herabschauen. Das Besondere am Schiedsrichter ist ja auch, dass er permanent beobachtet wird. Und dann natürlich durch die Geräuschkulisse, die Zuschauergesänge, die Beleidigungen und was sonst noch auf den Schiedsrichter einwirkt.

An wen haben Sie gedacht, als Sie die Ausstellung gestaltet haben?

**Ebersbach:** Fußball-Fans kommen ja aus allen sozialen Schichten. Da gibt es den Professor, den Handwerker oder auch den Hilfsarbeiter, und die alle möchten wir ansprechen. Das war eine zusätzliche Herausforderung. Wir wollen also einerseits Informationen vermitteln, aber andererseits auch ein sinnliches Erlebnis schaffen, dass der Besucher sagt: Wow, das war toll!

# DER REFEREE

# AUF EINSAMEM POSTEN – UMSTRITTEN IN SEINER LEISTUNG

## Die Geschichte des Fußball-Schiedsrichters

von Christoph Bausenwein

In den Jahren 2004 und 2005 beherrschten Fußball-Schiedsrichter die Schlagzeilen nicht nur der Sportpresse. In Deutschland war der Bestechungsskandal um Robert Hoyzer Tagesgespräch, in Italien sorgte der Rücktritt des wegen eines Werbevertrags in die Kritik gekommenen Star-Referees Pierluigi Collina für Irritationen, und in England gab es heftige Diskussionen, als der Schwede Anders Frisk, der nach einem fragwürdigen Platzverweis gegen Chelsea-Stürmer Didier Drogba mit Morddrohungen verfolgt worden war, die Beendigung seiner Karriere erklärte.

Dr. Peco Bauwens, 1924

Solche Skandale sind nicht neu. Die gab es auch schon in den 1920er Jahren, wie zwei Beispiele aus Nürnberg zeigen. Dort war der damals international bekannte Schiedsrichter Dr. Peco Bauwens äußerst umstritten, seit er im Endspiel 1922 zwei Clubspieler vom Platz gestellt hatte. Bauwens musste wenig später in der Halbzeit eines Spiels zwischen dem 1. FC Nürnberg und dem MTK Budapest wegen der wütenden Proteste von Spielern und Publikum sein Amt niederlegen. Umgekehrt liebte man in Nürnberg den Stuttgarter Angelo Rossi („unser Rossi"). Als der Schiedsrichter in einem Derby 1. FCN gegen die SpVgg Fürth wieder einmal so manches Foulspiel der von ihm heiß verehrten Clubspieler übersah und damit deren 1:0-Sieg begünstigte, griff der Süddeutsche Fußballverband ein und erteilte dem Italoschweizer ein Spielverbot von drei Monaten.

Diese Fälle zeigen einerseits zwar, dass es unter Schiedsrichtern „schwarze Schafe" geben kann, andererseits aber auch, dass selbst überdurchschnittliche und international bewährte Schiedsrichter vor Kritik und gar Verfolgung nicht sicher sind. Letzteres gilt, seit es den Fußball gibt, und betrifft wohl jeden der über 700.000 Schiedsrichter, die heute weltweit mit der Pfeife unterwegs sind. Carl Koppehel, der sich als Vorsitzender des DFB-Schiedsrichterausschusses und in anderen Funktionen den Ruf eines deutschen „Regelvaters" erworben hat, schrieb 1955, jeder Schiedsrichter müsse sich darüber vollkommen im Klaren sein, dass er „auf einsamem Posten" stehe und „umstritten in seiner Leitung" sei. Selbst wenn einer unfehlbar wäre, stünde er immer noch in der Kritik, denn naturgemäß gehen seine Entscheidungen immer zu Lasten einer Mannschaft. Selbst die Einführung eines Videobeweises würde an dieser grundsätzlichen Problematik nichts ändern. Kurzum: Allein schon durch seine Funktion ist der Schiedsrichter eine herausragende Figur des Spiels, und weil dies so ist, wird er immer auch umstritten bleiben.

Bis heute muss jeder Schiedsrichter mit Schmähungen und – nicht immer nur verbalen – Angriffen rechnen. Man kann durchaus fragen, warum sich jemand so etwas freiwillig antut. Der bekannte Sportjournalist Hans Blickensdörfer hat einmal geschrieben, dass Schiedsrichter „eigenartige Gesellen" seien, in deren Psyche sich „Idealismus, Hilfsbereitschaft, Rechtschaffenheit, Masochismus, Ehrgeiz, Machthunger und auch Neid" mischten. Eine befriedigende Antwort ist sicher nur sehr schwer möglich und muss künftigen Forschungen zur Schiedsrichterpsychologie vorbehalten bleiben. Fest steht aber, dass überall dort, wo Menschen nach Regeln miteinander kämpfen, spielen oder etwas zur Aufführung bringen, Wächter über diese Regeln notwendig sind.

Und so muss man sich nicht wundern, dass Figur und Funktion des Schiedsrichters eine lange Geschichte haben; eine Geschichte, die viel älter ist als das moderne Fußballspiel selbst.

### PRIESTER UND NARRENKÖNIGE

Schon die alten Griechen hatten bei den Olympischen Spielen Schiedsrichter. Seit etwa 480 v. Chr. ist die Verwendung von „Hellanodiken" bezeugt. Sie mussten sich Reinigungsriten unterziehen, leisteten einen Amtseid, trugen ein Purpurgewand und amtierten in einem speziellen Gebäude, dem Hellanodikeion. Sie überwachten das Training der Teilnehmer und überprüften deren Qualifikation, als Kampfrichter waren sie befugt, bei Regelübertretungen Körper- und Geldstrafen zu verhängen, und am Ende eines Wettbewerbs kam ihnen allein das Recht zu, den Sieger zu bestimmen.

Ballspiele gab es bei den Olympischen Spielen nicht, doch sind schon bei Homer als Turnier durchgeführte Ballwettkämpfe mit neun Kampfrichtern überliefert. Die Bewertung erfolgte allerdings nicht nach gemessenen oder gezählten Punkten, sondern nach ästhetischen Maßstäben: Den Preis bekam, wer am schönsten mit dem Ball tanzte. Auch aus Rom gibt es Nachrichten über Ballspiele. So waren dort alle großen Thermen mit Ballspielräumen versehen, und jeder vornehme Römer richtete sich in seiner Landvilla einen eigenen Ballspielplatz ein. Berichten, in denen von Punktwertungen und Balljungen die Rede ist, lässt sich entnehmen, dass es bei den Spielen in den Thermen nicht selten zu leistungsorientierten, oft mit hohen Geldeinsätzen verbundenen Wettkämpfen gekommen ist, für die man Schiedsrichter benötigte.

In anderen Kulturen kannte man zu dieser Zeit bereits fußballähnliche Spiele, bei denen der Ball mit dem Fußrücken (China) bzw. mit der Hüfte, dem Bauch und den Unterarmen (Mittelamerika) gespielt werden musste. Auch hier trifft man auf Quellen, die zeigen, dass die Institution des Schiedsrichters nicht unbekannt war. In den berühmten Versen des chinesischen Dichters Li You (50–130 n. Chr.) heißt es etwa (nach der Übersetzung Helmut Brinkers): „Ein Haupt(schiedsrichter) wird eingesetzt und ein Assistent aufgestellt./ Ihre Regelauslegung muss Konstanz haben./ Unparteiisch (müssen sie sein gegenüber) nahe stehenden oder entfernten (Mannschaftsmitgliedern)./ Keine Anbiederung und Selbstherrlichkeit darf es geben./ Mit aufrichtigem Herzen und ausgewogenen Gedanken/ Hat niemand etwas auszusetzen bei Fehlentscheidungen./ (Wenn) die Reglementierung des Fußballs derart korrekt ist,/ Um wie viel mehr muss dies für die Kontrolle des Lebenswandels gelten?" Die rituellen Ballspiele in Mittelamerika, die meist mit Menschenopfern verbunden waren, wurden ebenfalls von Spielleitern überwacht. Unter den Grabbeigaben, die man in Westmexiko gefunden hat, befinden sich einige Keramikmodelle von Ballspielplätzen, die zwischen 300 v. Chr. und 200 n. Chr. gefertigt wurden. In lebendigen Szenen sind Zuschauer, Musikanten und Teams von je zwei bzw. drei Spielern modelliert. Da sich auf dem Platz in prominenter Position immer noch eine zusätzliche Figur befindet, gehen die Forscher davon aus, dass es sich hierbei um eine Art Priester-Schiedsrichter handelt.

Bei den alten Festen in Europa standen zwar keine Ballspiele im Vordergrund, doch gab es auch hier spezielle Personen, die mit der Überwachung der Riten beauftragt waren. So gab es bei dem zu Ehren des Weingottes Dionysos veranstalteten „Blütenfest" in Athen einen amtlichen Festkönig, den Archon Basileús, der das so genannte „Askoliasmós"-Spiel überwachte. Dabei ging es darum, auf einem mit Luft gefüllten Weinschlauch aus Ziegenleder, der mit Öl schlüpfrig gemacht wurde, möglichst lange herumzuhüpfen. Einen Festkönig kannte man auch bei den römischen Saturnalien, bei denen die Regeln einer „verkehrten" Welt galten. Alle Schranken des Benimms hatten keine Geltung mehr, alles im normalen Alltag Verbotene war an diesen tollen Tagen erlaubt, sogar die Sklaven durften mitmachen

**Auf den Fußballplätzen entstand plötzlich ein wüstes Durcheinander. „Ist denn etwas passiert?" fragte ein Sportberichterstatter den Linksaußen, der gerade eilig vorüberlief. „Ist ein Mann verletzt worden?" – „Nein", erwiderte der Fußballer, „kein Mann, es ist der Schiedsrichter."**

(Deutsche Schiedsrichter-Zeitung, 11(1929)23, S. 8)

und sich von ihren Herren bedienen lassen. Oberster Herr der Fest-Regeln war ein per Würfel bestimmter Saturnalienkönig (oft ein Sklave), dessen unsinnigen Befehlen sich alle zu fügen hatten. Nach dem Ende seiner Herrschaft wurde er als Sündenbock, nicht immer nur symbolisch, hingerichtet.

Ähnlich wie bei den Saturnalien ging es in der Fastnacht des europäischen Mittelalters zu. Nicht selten wurden im Rahmen dieser alten Bräuche der Winteraustreibung auch Ballspiele veranstaltet. In Frankreich etwa wurde das seit dem 13. Jahrhundert sicher belegbare Soule-Spiel, das als das populärste Kampfspiel des Mittelalters überhaupt gilt, meist am Faschingsdienstag angesetzt. In England war der Faschingsdienstag nicht nur der traditionelle Tag der Umkehrung der Rollen von Herr und Knecht („verkehrte Welt") und der Wahl des „Lord of Misrule", der die Aufsicht über die Sonderregeln der Fastnachtszeit hatte, sondern auch der Haupttermin für wilde Fußballspiele. Bei dem ebenfalls im Rahmen des Karnevals vom gewöhnlichen Volk ausgetragenen Fußball (Calcio diviso) in Florenz wurde der Name des Spiel-Herrschers sogar unmittelbar mit dem Spiel in Verbindung gebracht. Mit dem per Fuß vollzogenen Spielbeginn (daher auch der Name Calcio = Fußtritt) war die Regentschaft des „Fußballprinzen" (Principe di Calcio) eröffnet.

Laut Joseph Strutts Klassiker „Sports and Pastimes of the People of England" (1801) hat die Figur des „Lord of Misrule" in der Frühgeschichte des englischen Sports eine herausragende Rolle gespielt. Peter McIntosh sieht in diesem „Herrscher der Missherrschaft" sogar einen unmittelbaren Vorläufer des modernen Schiedsrichters. Er war nämlich nicht nur eine „Witzfigur", sondern er hatte in der Regel auch darauf zu achten, dass das Geschehen nicht ausartete. Seine Aufgabe war wohl, genauso wie die der heutigen Schiedsrichter, kaum zur Zufriedenheit aller Beteiligten zu lösen.

## DIE ERSTEN SPIELRICHTER

Der Blick auf Fruchtbarkeitsriten und Fastnachtsbräuche zeigt, dass das Urbild des Schiedsrichters in einem „Spiel-Raum" angesiedelt ist, der vom feierlichen Ernst des Priesters bis zu den grotesken Späßen des Narren reicht. Und auch seine ambivalente Rolle – als Herr der Regeln einerseits, als der zum Opfer prädestinierte Sündenbock andererseits – ist in den alten Festgewohnheiten bereits angelegt. Gleichwohl lässt sich aus ihnen die moderne Figur des Regelwächters historisch nicht unmittelbar herleiten. Die Institution eines Richters über das Geschehen hat sich vielmehr aus den Spielen selbst herausentwickelt.

Beim dem traditionellen französischen Raufspiel Soule, das für viele Forscher als ein Vorläufer des englischen Volksfußballs gilt, gab es kaum Verhaltensmaßregeln. Immerhin scheint es aber rudimentäre Vorstellungen darüber gegeben zu haben, dass nicht jede Brutalität zugelassen werden kann. So ist etwa aus dem Jahr 1380 die flehentliche Ermahnung eines Priesters an seine Mitspieler überliefert, dass sie „friedlich" (paisiblement) spielen sollten, und im Jahr 1467 soll sich in Saint-Quentin ein Mann namens Jean Bredin, der soeben einen Schlag ins Gesicht erhalten hatte, mit den Worten beschwert haben: „Das ist nicht die richtige Art zu spielen."

Darüber, ob beim Soule die Idee von einem „fairen Spiel" irgendeine wesentliche Rolle spielte, kann man nur spekulieren. Bei dem ersten geregelten Fußballspiel Europas, dem seit dem 15. Jahrhundert in Florenz entwickelten und in vielen Hinsichten mit dem modernen Rugby vergleichbaren „Gala-Calcio" (Calcio a livrea), gibt es mehr Klarheit. Vor allem unter der Regentschaft der Medici war aus dem ursprünglich wilden Spiel des Volkes ein repräsentatives Fest des Adels geworden, das klar strukturierten Regeln und strenger Etikette folgte.

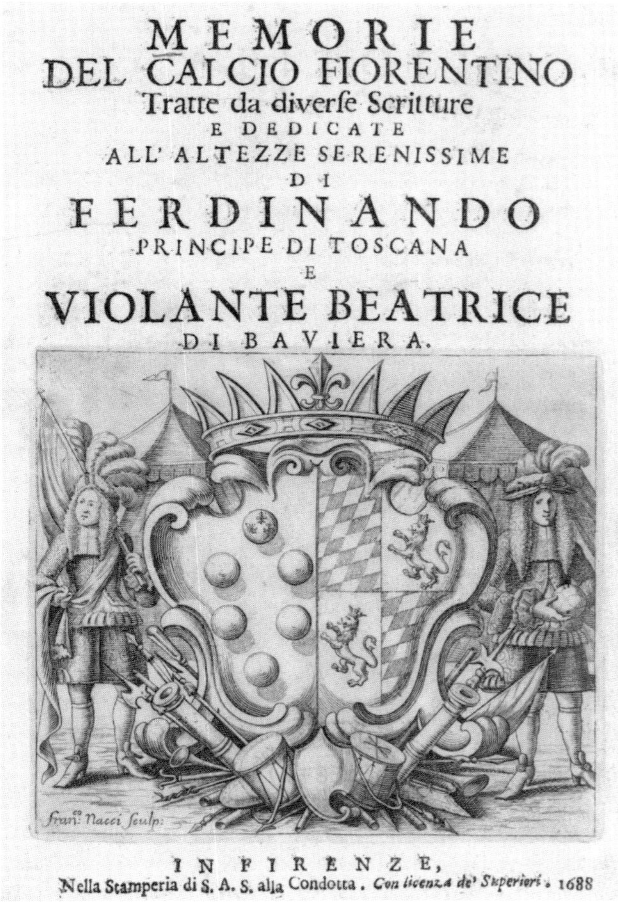

MEMORIE
DEL CALCIO FIORENTINO
Tratte da diverſe Scritture
E DEDICATE
ALL' ALTEZZE SERENISSIME
DI
FERDINANDO
PRINCIPE DI TOSCANA
E
VIOLANTE BEATRICE
DI BAVIERA.

Fran.co Nacci sculp:

IN FIRENZE,
Nella Stamperia di S. A. S. alla Condotta. Con licenza de' Superiori. 1688

Titelkupfer aus: Memorie del Calcio Fiorentino, Florenz 1688

Die aus je 27 Spielern bestehenden Mannschaften, die aus der Jugend der Nobilität zusammengestellt wurden, traten vor zahlreichen Zuschauern in einer kostbaren Spielertracht an, meist auf der Piazza Santa Croce.

Den überlieferten Berichten zufolge war das Spiel äußerst hart, es kam regelmäßig zu Handgreiflichkeiten. In einer 1580 veröffentlichen Darstellung erläuterte der Calcio-Experte Giovanni de Bardi daher die Wichtigkeit der Selbstbeherrschung. Niemandem solle der Zorn hochsteigen, niemand solle „sich entwürdigen, von der Prügelei zu stark aufgewühlt zu sein“. Wenn die Dinge dann doch einmal eskalierten, traten die selbst nicht unmittelbar am Spiel beteiligten Kapitäne (Maestri del Campo) der beiden Teams hervor. Fanden sie zu keiner Einigung, so wandten sie sich mit dem Fall an die mit der ordnungsgemäßen Durchführung des Spiels beauftragten Schiedsrichter. Das konnten bis zu sechs Männer sein, meist ehemalige Spieler, die an einer Längsseite des Spielfeldes erhöht auf einer Tribüne postiert waren. Sie entschieden den Streit und vergaben dann Strafpunkte.

Die Schiedsrichter waren aber nicht nur während des Spiels tätig, sondern übernahmen auch bei der Gestaltung der festlichen Umrahmung rituelle Funktionen. So war es üblich, vor dem Spiel leckere Süßwaren an die Zuschauer zu verteilen. Die fürstlichen Veranstalter gaben diese an die Schiedsrichter, die sie dann, etwa so wie heute die Faschingsgesellschaften auf ihren Umzugswagen, an das Volk ausschütteten. Bei großen Galavorstellungen wurden die Schiedsrichter von Trompetern begleitet. Das Spiel begann mit einem strengen Ritual: Nach dem ersten Trompetenstoß, den die Schiedsrichter erklingen ließen, hatten alle nicht beteiligten Personen das Spielfeld zu verlassen, beim zweiten mussten die Spieler ihre Positionen einnehmen – wurde zum dritten Mal in die Trompeten geblasen, dann war dies das Zeichen für den neutralen Ballwart, von der Platzmitte her den Ball anzustoßen. Nach einer Schilderung des Calcio-Theoretikers Capponi aus dem Jahr 1673 trat dieser „Pallaio“, in dem man möglicherweise eine profane Variante des beim Karnevalsspiel üblichen „Principe di Calcio“ zu sehen hat, in einem Kostüm auf, das je zur Hälfte aus den Farben der konkurrierenden Teams bestand.

Während man in Florenz bereits die gepflegte Diskussion mit den Schiedsrichtern kannte, herrschte bei den in England seit 1314 nachgewiesenen Football-Spielen noch Chaos und ungebremste Brutalität. Unter vornehmen Leuten fand sich kaum jemand, der ein gutes Wort für dieses raue Volksvergnügen fand. Differenzierte Stellungnahmen wie die des Pädagogen Richard Mulcaster waren eine Ausnahme. Der Mann, der im Lauf seiner Karriere mehreren vornehmen Schulen vorstand, dürfte durch die dortigen Schüler mit den negativen Aspekten der Fußball-Leidenschaft in Kontakt gekommen sein. In einem Buch mit dem komplizierten Titel „Standpunkte, durch die Wege

»Grundprinzipien eines Sp
setzungen und eskalieren

aufgezeigt werden, die für die Kindererziehung notwendig sind" (1581) stellte er zunächst fest, dass der Fußball so, wie er gegenwärtig gewöhnlich gespielt werde – mit dem Zusammendrang einer wüsten Menschenmenge und Knochenbrüchen aller Art –, weder zivil noch auch wert sei, positiv erwähnt zu werden. Andererseits müsse festgestellt werden, dass sich das Fußballspiel unmöglich zu der großen Beliebtheit hätte entwickeln können, die es heute besitze, wenn es nicht etwas Gutes an sich hätte. Daher sei für ihn „der Missbrauch des Fußballs ein genügendes Argument dafür, dass es auch einen richtigen Gebrauch gibt".

Es ist zu vermuten, das Mulcasters Ideen zu einer Fußball-Reform von einigen damals auch in England bekannten Publikationen über den italienischen Calcio angeregt worden sind. Zur Vermeidung der „barbarischen" Massenkämpfe um den Ball schlug der Pädagoge eine Entzerrung des Spiels durch die Reduzierung der Teilnehmerzahl und die Einführung fester Spielpositionen vor. Am wichtigsten für eine Reformierung des Spiels sei jedoch die Einführung eines „training-maister" als Betreuer und Schiedsrichter. Dessen Nutzen könne jedermann problemlos einsehen. Wenn nämlich einer dabeistünde, der über das Spiel und über die Parteien richten könne und die Autorität habe, auf dem Platz zu kommandieren, dann könnten all die bisherigen Schwierigkeiten mühelos beseitigt werden.

In erstaunlich modern anmutender Weise hat Mulcaster die Grundprinzipien eines Sportspiels ohne blutige Auseinandersetzungen und eskalierenden Streit entwickelt. Doch seine Visionen kamen viel zu früh. Sein einsamer Ruf fand nirgends Gehör, und bis der englische Volksfußball sich als reformfähig erwies, sollten noch Jahrhunderte ins Land gehen.

### UNPARTEIISCHE UND SCHIEDSRICHTER

Während das gefährliche, häufig mit Aufruhr verbundene Volksspiel mit permanent erneuerten Verboten und zuletzt sogar unter Zuhilfenahme des „Riot Act" (1846) zum Verschwinden gebracht wurde, hatten sich hinter den Mauern der vornehmen „Public Schools" allmählich geregeltere, allerdings jeweils sehr unterschiedliche Formen des Spiels entwickelt. Ab den 1840er Jahren begannen die von reformfreudigen Lehrern angeleiteten Schüler damit, die Regeln, auf die man sich geeinigt hatte, schriftlich festzuhalten. Dabei definierten sie nicht nur die Spiele selbst – in Rugby war das Tragen des Balles erlaubt, in Eton und Harrow wurde das Kicken mit dem Fuß betont –, sondern sie entwickelten auch Bestimmungen zum „angemessenen" Verhalten der Spieler auf dem Platz. So hieß es etwa in den Regeln von Harrow, dass zwar jedes Rempeln fair sei, nicht aber das Halten, Beinstellen oder Stoßen mit den Händen. Harter Körpereinsatz war akzeptiert, nicht aber absichtliches Foulspiel.

Bei der Überwachung des Spiels hatten die „Captains" der Schüler-Teams die entscheidende Rolle. Vor dem Spiel einigten sie sich auf die Dauer des Spiels, die Anzahl der Spieler und das Ausmaß des Platzes. Während des Spiels sorgten sie für einen regulären Ablauf und das korrekte Verhalten ihrer Mannschaft. Die Captains regelten Streitigkeiten unter sich, und als wirkliche Führer mussten sie dafür sorgen, dass in ihrer eigenen Mannschaft keiner die Regeln übertrat oder den „Geist" des Spiels gefährdete. Grobes Fehlverhalten eines eigenen Spielers bestrafte der Captain damit, dass er ihn vom Platz verwies. Da sie selbst mitspielten, waren die Spielführer mit ihren Aufpasserpflichten jedoch nicht selten überfordert. Zur Entlastung der Captains wurden daher in einigen Schulen wie Eton, Winchester, Harrow und Cheltenham die beim Kricket zu dieser Zeit bereits üblichen „Unparteiischen" (umpires) auch für den Fußball eingeführt.

In Eton und Winchester hatte sich je ein Umpire in der Nähe des Tores zu platzieren. Die Pflicht der Unparteischen war es vor allem, die Tore zu zählen, sie wurden aber auch als Entscheider herangezogen, wenn ein Vorgang strittig war, und zudem fungier-

tspiels ohne blutige Auseinander-
en Streit«

te einer von ihnen als Zeitnehmer. In Harrow dehnte man die Befugnisse der Umpires am weitesten aus: Ihre Tatsachenentscheidungen durften nicht angefochten werden. Sie konnten ein Tor annullieren, wenn es mit unfairen Mitteln erreicht worden war. Bei innerschulischen Turnieren, den „House Matches" waren sie befugt, Spieler auszuschließen, die vorsätzlich die Regeln verletzten.

Speziell war die Regelung in Cheltenham. Hier gab es neben den beiden Umpires zusätzlich noch einen Referee als obersten Richter. Der Referee wurde von den beiden Umpires gewählt. Über seine Funktion hieß es in den Regeln: „Jeder Punkt, über den sich die Unparteiischen nicht einigen können, soll vom Schiedsrichter entschieden werden." Der Begriff des „Unparteiischen" darf also, wie sich an dieser Stelle zeigt, mit dem des „Schiedsrichters" nicht in einen Topf geworfen werden. Sie werden heute zwar als Synonyme verwendet, tatsächlich aber meinten sie ursprünglich Unterschiedliches.

Das Wort „umpire" leitet sich ab vom altfranzösischen „nomper" und bezeichnete einen Mann, der „nicht gleich" (von lat. „non" und „per") zu den Parteien, eben ein einzelner Mann, ein „Unparteiischer" ist. Aus dem französischen Wort wurde im Englischen „noumpere" und „oumpere", im 15. Jahrhundert tauchte erstmals „umpire" auf. Im 17. Jahrhundert wurde der Begriff bei Ringer-Wettkämpfen erwähnt, 1837 sprach Charles Dickens im Zusammenhang mit Kricket von „umpires". Die frühen Umpires beim Fußballspiel hatten, wenn sie von den Captains der Teams angerufen wurden, auf dem Platz eine direkte Entscheidungsgewalt. Der Referee hingegen war eine Person, die im Zweifelsfall von den Umpires zu befragen war. Er wartete am Rande des Platzes darauf, dass ihm ein Fall, in dem man eine Einigung nicht erzielen konnte, zur Entscheidung übertragen wurde (to refer = übergeben, überweisen).

Unparteiische und Schiedsrichter waren also an den Public Schools bereits bekannt, ein selbstverständliches „Zubehör" des Spiels allerdings waren sie nicht. Prinzipiell gingen die jungen Gentlemen davon aus, dass sie Streitigkeiten auch ohne Hilfe von Unparteiischen und Schiedsrichtern würden regeln können. So muss man sich nicht wundern, dass die erwachsen gewordenen ehemaligen Schüler („Oldboys") der unterschiedlichen Public Schools, die seit der Mitte des 19. Jahrhunderts an den Universitäten erste gemeinsame Regeln für Fußballspiele aushandelten, auf Bestimmungen für einen Regelwächter verzichteten. Jedenfalls sahen die Regeln, die man zwischen 1848 und 1863 in Cambridge entworfen hat, weder Umpires noch einen Referee vor. Eine Ausnahme bildeten lediglich die 1857 unter dem Einfluss einiger „Old Harrovians" entstandenen Regeln einer Gruppe von Fußballfreunden, die in Sheffield einen Club gegründet hatten. Diese sahen zwei von den Mannschaften gewählte Umpires vor, die in der jeweils eigenen Spielhälfte wirkten. Sie sollten bei Regelverstößen eingreifen und waren befugt, spezielle Spielstrafen zu verhängen, etwa bei Foulspiel einen Freistoß.

### DIE ERSTEN NATIONALEN FUSSBALL-REGELN

Am 26. Oktober 1863 konstituierte sich in London der erste nationale Fußballverband der Welt, die „Football Association" (FA). Die von ihr nur wenige Wochen später herausgegeben Regeln gelten als Gründungsurkunde des modernen Fußballspiels. Von den heutigen Spielregeln freilich waren sie noch weit entfernt. Es findet sich darin nichts über Spielerzahl, Spieldauer und den zu verwendenden Ball, zur Höhe des Tores ist nichts gesagt, einen Torwart gibt es nicht, ein Passspiel nach vorne ist durch die Regel des „totalen Abseits" überhaupt nicht möglich. Nicht einmal eine Trennung von Rugby und dem reinen Fußballspiel ist im Regeltext klar vollzogen. Alle Spieler dürfen den Ball mit der Hand stoppen und unter bestimmten Bedingungen abfangen („fair catch"), nur das Aufheben des Balles und das Laufen mit ihm ist verboten. Verbotenes Spiel ist zwar definiert (Beinstellen, Schienbeintreten, Halten und Umstoßen des Gegners), irgendwelche

Darstellung eines Rugby-Union-Football-Spiels um 1889

Strafen jedoch sind nicht vorgesehen, Unparteiische und Schiedsrichter ebenfalls nicht.

Die vornehmen britischen Gentlemen, die diese ersten Fußballregeln niederlegten, hielten die Festlegung von Strafvorschriften und einer sie durchsetzenden Strafmacht für überflüssig. Als Gentlemen brauchten sie keine soziale Kontrolle, sie wollten selbst durch den in den Eliteschulen eingeübten Geist des „Fair Play" dafür sorgen, dass das Kampfspiel Fußball in einem geregelten Rahmen blieb und nicht in Gewaltorgien ausartete. In diesem Sinne waren die Gentleman-Fußballer eine Art Schiedsrichter-Gemeinschaft, in der sich jeder für eine gerechte Umsetzung der Regeln verantwortlich fühlte, und notfalls hatte man ja noch die Captains, die, wie einst in den Public Schools, ruhig und besonnen alle Unstimmigkeiten ausräumen konnten.

Das Fehlen der Schiedsrichterinstitution sowie weiterer elementarer Fußballbestimmungen zeigt, dass mit der Herausgabe der 13 Regeln der Football Association das moderne Fußballspiel noch keineswegs endgültig erfunden war. Die Trennung von „Rugby Football" und „Association Football" war erst 1871 mit der Gründung der Rugby Union definitiv, und selbst zu diesem Zeitpunkt war der Regelfindungsprozess des Association-Spiels noch nicht abgeschlossen. In den verschiedenen Landesteilen Großbritanniens gab es zahlreiche eigene Verbände. Nicht nur Sheffield hatte eine eigene „Association", es gab eine ganze Reihe unabhängiger lokaler (Birmingham, Staffordshire, Lancashire etc.) und nationaler (Schottland, Wales) Organisationen mit z. T. sehr stark voneinander abweichenden Regeln. Erst im Lauf der Zeit, als man die Regeln immer mehr ausdifferenzierte, glichen sich die unterschiedlichen Fußballcodes so aneinander an, dass ein Zusammenschluss der verschiedenen Verbände unter Führung der Londoner FA möglich wurde. Die wichtigsten Daten dieses Prozesses sind das Zusammengehen der FAs aus Sheffield und London 1877 und die Einigung sämtlicher britischer Verbände auf einen gemeinsamen Code 1882. Mit der Einrichtung des „International Football Association Board" (IFAB), der internationalen Schiedsrichter- und Regelkommission, wurde dann im Jahr 1886 auch eine oberste Regelbehörde geschaffen.

Die Entwicklung lief dabei keineswegs einseitig in dem Sinne, dass die Londoner ihre Regeln allen anderen aufzwangen. Es gab auch starke Einflüsse in umgekehrter Richtung, insbesondere von den Sheffielder Regeln hatte man sich in London bereits vor dem Zusammenschluss einiges abgeguckt. 1866 kam es zu ersten Aufeinandertreffen von Auswahlteams der FAs aus London und Sheffield, danach fanden einige der Sheffielder Vorschriften Eingang in den Londoner FA-Code. Der indirekte Freistoß

Darstellung eines Association-Football-Spiels um 1889

bei bestimmten Regelverstößen (Beinstellen, Treten, Halten, Stoßen und Handspiel), der Eckstoß, die Begrenzung des Tores durch eine Querlatte – all das ist der Anregung aus Sheffield zu verdanken. Auch in Sachen Unparteiische und Schiedsrichter waren die Sheffielder die Pioniere.

In London machte man sich erstmals 1871 Gedanken über Regelwächter. In einem Regelwerk, das unter Federführung des „Old Harrovian" C. W. Alcock für den erstmals ausgetragenen FA-Challenge-Cup niedergelegt wurde, heißt es: „Das Komitee soll zwei Unparteiische und einen Schiedsrichter ernennen, um bei jedem der Finalrundenspiele zu amtieren." Weder die Unparteiischen noch der Schiedsrichter sollten Mitglied von einem der beteiligten Klubs sein. Blieb ein Geschehen umstritten, so sollte der Schiedsrichter, der außerhalb des Spielfeldes auf Höhe der Mittellinie Stellung bezog, die endgültige Entscheidungsgewalt haben.

Hintergrund der neuen Regel war die Annahme, dass der verschärfte Siegesdruck bei einem Pokalwettbewerb die Beteiligten unter einen besonderen „Stress" setze, der nur von einem wirklich unparteiischen „Schlichter" kontrolliert werden könne. Der Schiedsrichter-Zwang blieb daher vorläufig eine Sondereinrichtung beim Cup und wurde noch nicht in den offiziellen FA-Regeln festgeschrieben. Erst 1874 wurde der Einsatz von Umpires – als Möglichkeit, nicht aber als Pflicht – in die Londoner FA-Regeln aufgenommen, 1877 gestand man ihnen das Recht zu, einen Spieler vom Platz zustellen.

## DIE ENTMACHTUNG DER UNPARTEIISCHEN UND DER SIEGESZUG DES SCHIEDSRICHTERS

Die Macht der Unparteiischen, der Umpires, war noch in den 1870er Jahren durch das „Mitspracherecht" der Spieler sehr begrenzt. Nach einer umstrittenen Szene konnte der sich benachteiligt fühlende Spieler durch Rufen auf eine Regelwidrigkeit hinweisen, dann wandte sich sein Kapitän mit der Beschwerde an den Unparteiischen der Gegenseite. Dieses Reklamationsprinzip galt auch beim Platzverweis, der nur nach „Antrag" durch einen der Kapitäne ausgesprochen werden konnte.

Da die Regelung mit den beiden wohl nie wirklich gänzlich unparteiischen Umpires sich offensichtlich zunehmend als problematisch erwies, führte die FA im Jahr 1880 den Referee ein. Er wurde zum Gegenstand einer eigenen, neuen Regel: „In gegenseitigem Einvernehmen der in einem Spiel miteinander wetteifernden Klubs soll ein Schiedsrichter („referee") ernannt werden, dessen Pflicht es ist, in allen Fällen von Strittigkeiten zwischen den Unparteiischen („umpires") zu entscheiden. Er hat außerdem einen Spielbericht anzufertigen und als Zeitnehmer zu amtieren. Im Falle von unfeinem Benehmen („ungentlemanly behaviour") von irgendeinem Teil der Wettkämpfer sind der oder die Übeltäter in Gegenwart der Unparteiischen zu verwarnen, und im Falle von gewalttätigem Verhalten („violent conduct") hat der Schiedsrichter die Macht, den oder die Regelverletzer aus dem Spiel zu nehmen und ihn oder sie vom Platz zu verweisen sowie den oder die Namen dem Komitee jenes Verbands zu übermitteln, unter dessen Regeln das Spiel gespielt wurde und der einzig bevollmächtigt ist, eine Entschuldigung zu akzeptieren."

Trotz der vergleichsweise großen Machtfülle, die man diesem außerhalb des Spielfeldes amtierenden Schiedsrichter zugestand, hatte man das Prinzip der „Entscheidung auf Anruf" nicht abgeschafft. So blieb das schon zuvor bekannte Problem bestehen, dass sich der 23. Mann auf dem Platz sehr häufig mit zweifelhaften Einsprüchen der Spieler zu beschäftigen hatte. Die FA erteilte daher in einem Memorandum die Anweisung, dass der Schiedsrichter im Zweifel für den Angeklagten – also zu Gunsten der Seite, gegen die er angerufen wurde – entscheiden solle. 1889 trug man endlich der Notwendigkeit Rechnung, die Entscheidungsbefugnisse des Schiedsrichters klarer zu definieren, 1891 wurden sie nochmals neu gefasst und zugleich ausgeweitet. Das Ergebnis:

**Es ist noch nicht allzu lange her, als ein bekannter hannoverscher Schiedsrichter in einem Pokalspiel zweier Ligamannschaften einen Strafstoß verhängte. ... Also, der Strafstoß wurde geschossen, und der Ball befand sich plötzlich hinter dem Torwart, der starr wie eine Bildsäule gestanden hatte. Endlich machte er seinem Erstaunen und Unmut Luft: „Herr Schiedsrichter, was war das?" – „Ein Tor!" lautete die lakonische Antwort.**

(Deutsche Schiedsrichter-Zeitung. 5(1923)14. S. 39)

Der Schiedsrichter verrichtete sein Amt nun auf dem Platz, die bisherigen Umpires mussten sich seinem Spruch fügen und rückten als Linienrichter an die Seitenlinien. Wenn ihm die Aktion eines Spielers gefährlich erschien, konnte der Referee jetzt einen Freistoß auch ohne vorherige Reklamation diktieren. Nur den Strafstoß, der auf einer Sitzung am 2. Juni 1891 in Glasgow auf Antrag der irischen FA eingeführt worden war, durfte er zunächst noch nicht nach eigenem Ermessen, sondern nur auf Verlangen verhängen.

Als das Reklamationsprinzip 1892 abgeschafft und die Endgültigkeit der Tatsachenentscheidung eingeführt wurde, war der Schiedsrichter endlich das, was er bis heute geblieben ist: der Mann mit der alleinigen und absoluten Eingriffs- und Strafgewalt. Weitere Bestimmungen, die in den nächsten Jahren und Jahrzehnten noch folgen sollten – etwa die Definition der Begriffe „vorsätzlich" und „absichtlich" zur Abstufung der Schwere eines Foulspiels, der Platzverweis für „unsportliches" Verhalten und andere Differenzierungen des Strafenkatalogs bis hin zur Einführung der gelben und roten Karte im Jahr 1970 –, bauten die Befugnisse des Schiedsrichters noch aus, fügten aber nichts prinzipiell Neues mehr hinzu.

Weder die Umbenennung der Linienrichter in Schiedsrichter-Assistenten noch die Einführung eines vierten Offiziellen hat an der grundsätzlichen Chefrolle des Schiedsrichters etwas geändert. Die Diskussionen darüber, ob man durch eine Erhöhung der Anzahl der Schiedsrichter die Quote der Fehlentscheidungen senken könne, sind zwar seit den 1920er Jahren nie abgerissen, da aber alle Versuche in dieser Richtung erfolglos waren, ist man konsequenterweise bis heute beim „Alleinherrscher" geblieben. Geblieben ist man auch beim Namen, obwohl der eigentlich inkonsequent ist: Denn seit der Abschaffung der Umpires ist der Referee nicht mehr derjenige, dem etwas zur Entscheidung übergeben wird, sondern ein Mann mit eigener Entscheidungsgewalt.

### DIE OPPOSITION GEGEN DEN SCHIEDSRICHTER

Die Erhöhung der Schiedsrichter-Macht und die Verschärfung der Strafen in den FA-Regeln stehen im Zusammenhang mit gravierenden Veränderungen des Associations-Spiels. Das Spiel war ganz offensichtlich brutaler geworden. Es mag nur ein Zufall gewesen sein, dass noch in derselben Saison 1880/81, als der Ausdruck „gewalttätiges Verhalten" erstmals in den Regeln auftauchte, auch ganz offiziell das Tragen von Schienbeinschonern empfohlen wurde. Für die Funktionäre der FA lag auf der Hand, womit die offensichtliche Brutalisierung des Spiels zu tun hatte: Es traten schon lange nicht mehr nur Gentlemen gegen den Ball, sondern zunehmend auch Männer aus anderen Schichten, vor allem Arbeiter. Aus Sicht der Gentlemen waren das rohe Menschen, die ebenso roh spielten. Neben dem Mangel an Selbstbeherrschung wurde den Arbeitern auch eine grundsätzlich andere Mentalität unterstellt. Das Auftreten der Männer, die ihr Geld im Gegensatz zu den Gentlemen im Schweiße ihres Angesichts verdienen mussten, sei nicht mehr vom „Geist des Spiels" getragen, sondern vom „Geist des Erwerbs", kurz: Das Erringen des Sieges um jeden Preis sei auf den Fußballplätzen immer wichtiger geworden.

Tatsächlich machten die Neunankömmlinge aus den unteren Schichten der Gesellschaft den Gentlemen schon bald das Siegesmonopol streitig. 1883 wurde mit Blackburn Olympic erstmals ein Arbeiterverein Sieger im FA-Cup. Im Endspiel schlugen sie das aus ehemaligen Eliteschülern gebildete Gentlemen-Team der „Old Etonians" mit 2:1. Und bereits mit diesem ersten Triumph war das Zeitalter, in denen die Gentlemen-Teams den Fußball dominierten, so gut wie beendet: Sie sollten nie mehr einen Cup gewinnen.

Die Dinge spitzten sich weiter zu mit der Einführung des Professionalismus im Juli 1885 und der Gründung einer professionellen Football League im Jahr 1888. Im Profitum, so die Offiziellen der FA, gehe es nur noch um das Gewinnen. Wie für den Arbeiter hänge die Existenz des Profis vom Erfolg seiner Arbeit ab. Man müsse sich daher nicht wundern, wenn immer mehr Spieler dazu übergingen, die für ein Foulspiel verhängten Strafen zu riskieren, da ihnen das als ein geringeres Übel erscheine als der ansonsten für ihr Team entstehende Nachteil. Außerdem sei das Spiel für Arbeiterprofis ein Mittel zum sozialen und wirtschaftlichen Aufstieg. Auch dies befördere die Brutalität auf dem Platz sowie ein Verhalten, das ein bewusstes Brechen der Regeln in Kauf nehme. Kurzum: Die Kontroverse um das Profitum entzündete sich vor allem am Begriff des „Fair Play" und damit insbesondere auch an der Frage der Strafgewalt des Schiedsrichters.

Hinter dem Gedanken des Fair Play stand die Annahme, dass sportliche Wettkämpfe ohne eine gewisse Selbstbeherrschung geradezu unmöglich seien. Daraus folgte zugleich die Überzeugung, dass diejenigen, die sich nicht selbst beherrschen könnten, den „Geist" des Spiels gefährden müssten. Je mehr daher der Fußball als allgemeines Freizeitvergnügen anerkannt war bzw. aufgrund des Druckes „von unten" anerkannt werden musste, desto mehr steigerte sich auch die Angst vor dem unfairen Spiel. Seit immer mehr Arbeiter am organisierten Fußball teilnahmen, stieg nach Ansicht der vornehmen Herren der Football Association die Gefahr, dass es auf dem Platz zu unfeinem Benehmen komme.

Als Gegenbild zum „Geist des Gewinnens" und zum „dreckigen" Profi entwickelte sich die Ideologie des „sauberen" Amateurs, für den das Spiel ausschließlich als Spaß definiert ist. Nur beim Gentleman-Amateur konnte der ursprüngliche Gedanke von Fairness, die freiwillige Unterwerfung unter die Regeln, bewahrt bleiben. Und tatsächlich ließen Gentlemen-Teams keinen Zweifel daran, dass sie ihre Händel selbst regulieren konnten. Fiel beispielsweise einmal ein Spieler durch Verletzung aus, so sorgten sie selbst für eine Wiederherstellung des Kräftegleichgewichts, indem ein Spieler der bevorteilten Mannschaft freiwillig den Platz verließ.

Es ist nicht erstaunlich, sondern nur logisch, dass sich bei den Gentlemen helle Empörung regte, als man ihnen zumutete, unter den neuen, für Arbeiter gemachten Regeln Fußball zu spielen. Besonders heftig war die Reaktion nach der Einführung des Strafstoßes. Durch eine Regel, die ein Foul durch einen Strafstoß ahndet, würde ihre Ehre mit Schmutz beworfen, protestierten sie, denn niemals käme es einem Gentleman in den Sinn, einen anderen absichtlich zu foulen. C. B. Fry, einer der berühmtesten Gentlemen-Fußballer dieser Zeit, meinte zu der neuen Regel: „Es ist eine Beleidigung des Ansehens von Sportsleuten, wenn sie unter einer Regel spielen müssen, die unterstellt, dass die Spieler ihrem Gegner absichtlich ein Bein stellen, treten und schlagen und sich benehmen wie üble Kerle der gewissenlosesten Sorte. Ich behaupte, dass die Linien, die den Strafraum markieren, eine Schande für das Spielfeld einer Public School sind." Die berühmten Corinthians, die aus ethischen Gründen nicht einmal am normalen Wettspielbetrieb teilnahmen, legten sich daher die Gewohnheit zu, Strafstöße absichtlich zu verschießen. Und hatten sie doch einmal aus Versehen einen Elfmeterpfiff verursacht, versuchten sie, die Scharte dadurch wieder auszuwetzen, dass sie den Schützen des Strafstoßes in ein leeres Tor schießen ließen.

Doch zu dem Zeitpunkt, als diese Kritik geäußert wurde, gehörten die Gentlemen sowieso bereits nicht mehr zur Fußball-Elite. Die Corinthians errangen zwar in Freundschaftsspielen noch einige bemerkenswerte Siege, aber der Top-Fußball blieb allein von Arbeiter-Teams dominiert. Viele der Gentlemen wechselten den Spielcode und wandten sich der nach wie vor „vornehmen" Rugby Union zu.

PFIFFE UND PFEIFEN

Auf den Plätzen der Football League zeigte sich indessen immer häufiger eine Realität, die mit Fairness-Idealen rein gar nichts zu tun hatte. So hieß es etwa in der Vorankündigung des im Jahr 1894 ausgetragenen Spiels zwischen dem Newton Heath FC und dem FC Burnley: „Wenn beide in ihrem üblichen Stil spielen, werden die Beerdigungsunternehmer eine Sonderschicht einlegen müssen." Überhartes Spiel, Unflätigkeiten der Spieler gegenüber dem Schiedsrichter und Pfiffe von den Rängen waren schon damals keine Seltenheit. Häufig kam es auch zu heftigeren Krawallen. Allein für den Zeitraum von 1895 bis 1914 errechnete der britische Soziologe Eric Dunning rund 200 Fälle von Zuschauerausschreitungen pro Jahr, und darunter waren keineswegs nur harmlose Vorfälle. Beispielsweise hatten im Jahre 1909 etwa 6.000 Zuschauer das Spielfeld des Hampden Parks in Glasgow gestürmt, Torpfosten, Zäune und Kassenhäuschen zu Brennholz zerschlagen, um dann im Mittelkreis ein Feuerchen zu machen und wilde Tänze aufzuführen. 60 Zuschauer und 54 Polizisten wurden bei dieser Aktion verletzt.

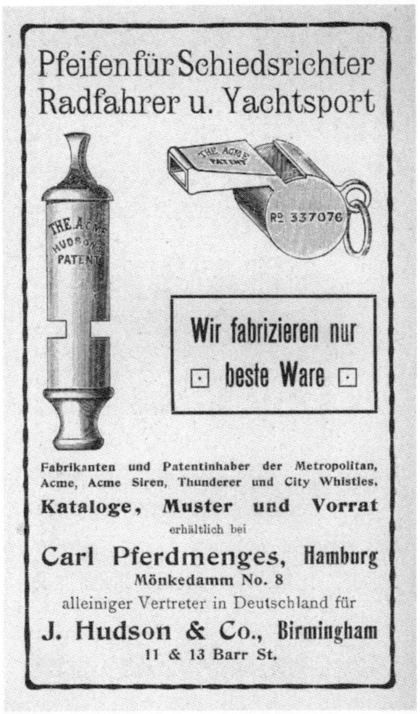

Historische Werbeanzeige für Pfeifen des Herstellers J. Hudson & Co.

Im Jahr 1898 schrieb ein deutscher Beobachter über die besondere „Aufmerksamkeit", die man in England den Schiedsrichtern zukommen ließ: „Nun kommt es gar häufig vor, dass ein solcher Mann entweder unabsichtlich einen falschen Ausspruch thut, oder in den Augen der Zuschauer parteiisch sein soll. Ist die Entscheidung nun gegen den Favoriten gefallen und bringt diesen vielleicht um den Sieg, so drängt nicht selten der Mob unter Gejohl und Gebrüll in den Spielplatz, um an dem parteiischen Unparteiischen eine Volksjustiz in der Art auszuüben, dass er entweder auf dem Felde schon halb tot geprügelt oder mit Schmutz oder faulen Äpfeln beworfen wird; die Polizei hat meistens Schwierigkeiten, ihn unter sicherer Eskorte auf den Bahnhof zu bringen, damit ihm unterwegs nicht das Schicksal blüht, dem er auf dem Spielfelde mit knapper Not entronnen ist."

In Anbetracht solcher Verhältnisse wäre es nicht erstaunlich gewesen, wenn man in die Regeln auch eine Vorschrift über die Bewaffnung von Schiedsrichtern aufgenommen hätte. Bis heute aber steht den Schiedsrichtern als Mittel, sich Respekt zu verschaffen, einzig eine Pfeife zur Verfügung. Erstmals angewendet wurde sie bei einem Cupspiel in der Saison 1878/79. Vermutlich handelte es sich um die „Acme City" des Herstellers Joseph Hudson aus Birmingham. In den 1880er Jahren begann Hudson mit der Serienproduktion von Pfeifen für die Londoner Polizei, die diese dann anstatt der bis dahin üblichen Handrasseln einsetzte. 1884 erfand der Hersteller mit der „Acme Thunderer" die erste Trillerpfeife mit gerundeter Kammer, in der eine erbsengroße Kugel für das typische Pfeifengeräusch sorgte. Die „Thunderer" war mit ihrem durchdringenden Ton das perfekte Gerät, um nicht nur der Polizei in den Straßen Londons, sondern auch den Schiedsrichtern auf dem Spielfeld die nötige Autorität zu verschaffen.

Pfeifen kannte man in den 1890er Jahren auch in Deutschland. „Der Schiedsrichter versehe sich mit einer lauttönenden Pfeife", heißt es in einem der frühen Lehrbücher, „die bei einem etwaigen erlaubten Einspruch überallhin das ganze Feld entlang gehört wird." Überall verbreitet war sie allerdings noch nicht. Am 5. August 1894 kam es bei einem Fußballspiel in Hamburg zu einem bemerkenswerten Rückgriff auf florentinische Bräuche, als ein Schiedsrichter-Assistent „nach einem anfänglich vergeblichen Versuch einige Töne aus seiner Trompete hervorstieß", um das Zeichen für den Beginn des Kampfes zu geben.

Der belgische Schiedsrichter John Langenus in seiner „Arbeitskleidung"

## MÄNNER MIT HUT UND ANZUG

Anders als in England machte man in Deutschland, als der Fußball sich offiziell in einem Nationalverband konstituierte, sofort auch mit dem Schiedsrichter ernst. Der im Jahr 1900 gegründete DFB verfügte bereits in den ersten von ihm herausgegebenen Regeln: „Ein Schiedsrichter ist bei Wettspielen unumgänglich notwendig. Seine Entscheidungen sind endgültig." Der Fußball-Pionier Philipp Heineken war bereits zwei Jahre zuvor in einem von ihm verfassten Lehrbuch noch weiter gegangen. Grundsätzlich seien, damit sich die Spieler gar nicht erst ans „Krakehlen" gewöhnten, auch bei allen Übungsspielen Schiedsrichter heranzuziehen. Heineken sah zudem, dass die Schiedsrichterei anspruchsvoll zu werden begann. Zu einem Zeitpunkt, als man es gewohnt war, die Spielleitung betagten Herren mit feinem Hut und Anzug zu übertragen, die während des ganzen Spiels ruhig auf Höhe der Mittellinie stehen blieben, forderte Heineken bereits, dass ein Schiedsrichter immer auf Ballhöhe sein müsse. Er dürfe keinen Mantel tragen, meinte er, denn der hindere ihn, der Bewegung des Spiels zu folgen. Gefordert sei aber, dass er sich in das Match „völlig hineinlebt, es quasi selbst mitspielt".

Fest steht, dass die deutschen Schiedsrichter mit dem im Laufe der Zeit nicht nur immer schneller, sondern auch – ähnlich wie in England – immer härter werdenden Spiel große Mühe hatten. Man möchte nicht auf dem Platz gestanden haben, wenn zutrifft, was 1910 in einer deutschen Tageszeitung über den „modernen" Fußball zu lesen stand: „Fußtritte in den Unterleib mit nachfolgenden Blasenbrüchen, Darmbrüchen und Unterleibsentzündungen sind an der Tagesordnung. Auch greift immer mehr die Unsitte um sich, den Schiedsrichter mit Ziegelsteinen und Eisenstangen anzugreifen, wenn eine seiner Entscheidungen das Missfallen einer Partei erregt."

Ganz so schlimm war es sicher nicht immer, Skandale aber, wie sie etwa in den Endrunden-Spielen um die deutsche Meisterschaft des Jahres 1907 stattfanden, kamen nicht selten vor. In einem Qualifikationsspiel in Süddeutschland (Hanau 93 – Freiburger FC 0:1) kam es zu Tumulten auf den Rängen und zu Protesten des unterlegenen Vereins, weil Schiedsrichter Keil weder das Spielgeschehen noch die ruppigen Spieler in den Griff bekam. In dem vom DFB-Präsidenten Gottfried Hinze geleiteten Halbfinale gewann Viktoria 89 Berlin gegen den SC Victoria Hamburg unter sehr umstrittenen Umständen mit 4:1. Zum endgültigen Skandal kam es schließlich vor dem Anpfiff des Finales zwischen dem Freiburger FC und Viktoria 89. Da der zum Endspiel angesetzte Schiedsrichter Otto Eikhof Mitglied des SC Victoria Hamburg war, befürchteten die Berliner einen Racheakt und lehnten ihn als „befangen" ab. Es kam zu hektischen Beratungen, schließlich meldete sich ein angeblich sachverständiger Zuschauer, der sich zufällig auf dem Gelände befand. Auf beide Mannschaften machte dieser Mann, ein Herr Bohne aus Bremen, einen soliden Eindruck, und so einigten sie sich auf den Pfeifenmann. Im Spiel zeigte sich der Ersatzmann dann aber recht überfordert, außerdem war es mit seinem Regelwissen nicht weit her. Als der Freiburger Torwart einen Ball zu lange in den Händen hielt, entschied Bohne nicht, wie es die Regeln vorsahen, auf indirekten Freistoß. Er verhängte einen Elfmeter, und der wurde auch prompt verwandelt. Auch danach war Bohne nicht souverän, aber immerhin gelang den Freiburgern ein gerechter 3:1-Sieg.

## DIE PROFESSIONALISIERUNG DER SCHIEDSRICHTER

Ähnlich wie Herrn Bohne interessierten auch andere Schiedsrichter die Regeln nicht die Bohne. Vor allem die „Schwächen" von (Heim-)Schiedsrichtern, die sich entweder vom Publikum einschüchtern ließen, sich von kleinen Geschenken im Sinne des Gönners beeindruckt zeigten oder aber der Liebe zu „ihrem" Verein in einer entsprechend parteiischen Auslegung der Regeln Ausdruck verschafften, machten die Notwendigkeit einer entsprechenden Organisation, Ausbildung und Anleitung der Spielleiter deutlich.

In England, wo man sich schon etliche Jahre früher mit ähnlichen Problemen herumzuschlagen hatte, gab es zu dieser Zeit bereits ernsthafte Bemühungen, wenigstens bei Top-Spielen gute Schiedsrichter zur Verfügung zu stellen. Seit 1883 bekamen bei der FA gemeldete Schiedsrichter Eisenbahn-Fahrkarten 2. Klasse, eventuell notwendige Taxifahrten und, je nach Bedarf, 5 bis 10 Shilling Spesen. Und im Jahr 1893 hatte man mit der Gründung der „Referee's Association" auf den nach Einführung der Football League sprunghaft gestiegenen Bedarf an kompetenten, zuverlässigen und wirklich unparteiischen Schiedsrichtern reagiert.

Die „Referee's Association" befasst sich mit allen relevanten Fragen rund um das Schiedsrichterwesen. Seit 1896 gibt sie eine regelmäßig aktualisierte „Referee's Chart" heraus, in der die richtige Auslegung der Regeln diskutiert und den Schiedsrichtern Empfehlungen für das richtige Verhalten auf dem Platz gegeben werden, etwa im Umgang mit „Meckerern". In Sachen Schiedsrichter-Beratung ist man auch in Deutschland schon lange tätig. Bereits 1895 konnte man in einem Artikel in der Zeitschrift „Fußball" lesen, dass von den Schiedsrichtern „eine gewisse Kaltblütigkeit und Geistesgegenwart" zu fordern sei, „die stets zur rechten Zeit das Richtige herauszufinden weiß". Wenn ein Schiedsrichter nämlich kopflos werde, so trieben die Parteien „mit dieser Karikatur und Trottel von Schiedsrichter ihren Spott". Auch solle er weder während noch nach der Begegnung mit Spielern oder Funktionären der Vereine diskutieren, vor allem aber solle er nicht „beim Verwarnen nur mit einem Finger oder der Faust einem Spieler drohen", sondern er solle „beim Rohspielen mit fester Hand dreingreifen, lieber hier etwas zu streng, als zu lässig".

Eine professionelle theoretische Unterrichtung erfolgte ab 1919 durch die von Carl Koppehel gegründete Schiedsrichter-Zeitung. Darin warb der Verfasser unter anderem auch um Verständnis dafür, „dass kein Mensch unfehlbar ist, auch der Schiedsrichter nicht". Weil das so ist und bleibt, reißen bis heute die Diskussionen nicht ab, wie die Leistungen der Schiedsrichter verbessert werden könnten. Die bessere Entlohnung, die Reduzierung der Zahl der Schiedsrichter in der Spitze sowie eine Verschärfung des Beobachtungs- und Bewertungssystems haben national und international, also bei DFB und FIFA, die Qualität der Top-Schiedsrichter verbessert. Zur Einführung des Profi-Schiedsrichters konnte man sich in Deutschland zwar bis heute nicht durchringen, aber immerhin gibt es inzwischen eine angemessene Entschädigung für das zeitaufwändige Pfeif-Hobby.

Trotz aller Professionalisierung in Ausbildung und Bezahlung werden auch in Zukunft Fehlentscheidungen nicht zu vermeiden sein. Fehler sind im Übrigen aus dem Fußball gar nicht wegzudenken. Man kann von keinem Torwart erwarten, dass er jeden Ball fängt, von keinem Verteidiger, dass er jeden Angriff abwehrt, von keinem Mittelfeldspieler, dass er jeden Pass auf den Punkt serviert, von keinem Stürmer, dass er jeden Schuss im Tor versenkt. Ohne Fehler wäre der Fußball berechenbar und langweilig. Man sollte daher auch den Schiedsrichtern, den zuweilen unfreiwilligen Dramaturgen des Spiels, ihre Fehlbarkeit zugestehen und sich mit Kritik zurückhalten. Es gilt noch immer der Text jenes Emailleschildes, das heute leider nur noch selten an den Kassenhäuschen der Fußballplätze zu sehen ist: „Wer den Schiedsrichter beschimpft oder beleidigt, muss mit der Verweisung vom Platz rechnen."

# DIE ERFINDUNG DES KURZPASSSPIELS

Schottlands Einfluss auf die Entwicklung des modernen Fußballs

von Richard McBrearty

## EINFÜHRUNG

Die traditionellen Ansichten darüber, wie sich das moderne weltweite Fußballspiel entwickelt hat, weisen insbesondere auf die Rolle der britischen Privatschulen ab der Mitte des 19. Jahrhunderts hin, die versuchten, Ordnung in die undisziplinierten Fußballwettkämpfe zu bringen, indem sie für ihre Schüler bestimmte Regelwerke vorschrieben. In dieser standardmäßigen Beschreibung der Entwicklung wird auch argumentiert, dass die wilden und ungebändigten „Volksfußball"-Spiele vom Aussterben bedroht waren und dass die Rolle der Privatschulen Großbritanniens von entscheidender Bedeutung dafür war, dass die jahrhundertealte Tradition am Leben gehalten wurde. Während diese Version sicher einen gewissen Teil an Wahrheit enthält, stellt sie doch gleichzeitig auch eine wesentliche Vereinfachung der Ereignisse dar. Um zu verstehen, wie sich der Fußball zu dem Weltspiel von heute gewandelt hat, müssen wir zurück zu seinen Wurzeln als Volksspiel gehen und dabei einige Mythen über die frühere Spielweise des Fußballs zerstören. Die Gewalt und die Gesetzlosigkeit, die die jährlichen Fußballspiele umgaben, die jahrhundertelang an Festtagen, wie z. B. am Faschingsdienstag (in Schottland als Fastern's E'en bezeichnet) gespielt wurden, werden dabei keineswegs bestritten. Es gibt viele Berichte über die Probleme bei derartigen Zusammenkünften und die behördlichen Versuche, solche Wettkämpfe zu unterbinden. Um die frühe Entwicklung des organisierten Spieles zu verstehen, sollten wir weniger die jährlichen Festspiele, sondern vielmehr die regelmäßig mit kleineren Spielerzahlen gespielten Fußballspiele betrachten, die ebenfalls über Jahrhunderte Bestandteil der britischen Kultur gewesen sind. Allerdings sind diese weitaus weniger dokumentiert, da sie zu weniger Störungen des öffentlichen Lebens führten. Die Geburt des modernen, geregelten Spieles wird, wie oben beschrieben, geschichtlich auf den Zeitraum von Anfang bis Mitte des 19. Jahrhunderts datiert, wobei den Privatschulen eine große Bedeutung beigemessen wird. Tatsächlich handelte es sich hier jedoch um eine allmähliche Entwicklung, die mindestens zwei Jahrhunderte zurückreichte. Hinsichtlich der Regelung des Fußballs gab es keine dramatische Revolution, sondern vielmehr einen Prozess der Evolution.

Wenn wir den dramatischen Aufstieg des Verbandsfußballs während der ungefähr 30 Jahre nach dem ersten Länderspiel im Jahr 1872 erklären wollen, dürfen die Regeln nicht isoliert betrachtet werden. Über diesen vergleichsweise kurzen Zeitraum hinweg hat sich das Spiel deutlich von seinen Ursprüngen als elitäres Spiel einiger weniger privilegierter Vereine in und um London hin zu einer weltweiten Sportart entwickelt, die die Menschen von Montevideo bis Shanghai und von Kopenhagen bis Kalkutta begeistert. In Verbindung mit der Verbesserung der Spielregeln und der Standardisierung des Spieles entwickelte sich eine neue Philosophie darüber, wie Fußball gespielt werden sollte. Das schottische „Kombinations"- oder Passspiel brachte neue Ebenen der Organisation und der Technik mit sich, die den Verbandsfußball zum beliebtesten Mannschaftssport der Welt machen sollten. Die zentrale Bedeutung des „systematischen" Ansatzes Schottlands für den Wandel des rauen und derben Sportes der 1860er und 1870er Jahre zu dem Weltspiel des frühen 20. Jahrhunderts wird leider weitgehend übersehen. In diesem Beitrag sollen hoffentlich stichhaltige Argumente für die Rolle des schottischen Kurzpassstiles in Zusammenhang mit der steigenden Beliebtheit des Fußballspiels geliefert werden.

## SCHOTTISCHE URSPRÜNGE

Seit Jahrhunderten wurden in Großbritannien wie auch in verschiedenen anderen Teilen der Welt viele Formen des Fußballs gespielt. Obwohl die Spiele in Schottland alles andere als einheitlich gewesen sind, können wir zumindest sagen, dass sie weit genug verbreitet gewesen sein müssen, um als Nationalsport angesehen zu werden. Für die schottische

Der auf die Zeit zwischen 1540 und 1570 zurückdatierende Stirling-Ball ist der älteste noch existierende Fußball der Welt. Er wurde hinter einer Wand im Schlafgemach der Königin im Stirling Castle gefunden. Der Ball ist kleiner als ein moderner Fußball und passt zu dem Zitat über das Spiel aus dem Jahr 1568, das von der „Kleinheit des Balles" berichtete. Die Qualität der Verarbeitung ist für dieses Zeitalter exzellent, was darauf hindeutet, dass der Ball einmal ein wertvoller Besitz war.



Krone des 15. Jahrhunderts war der Fußball ein nationales Problem, das die militärischen Vorbereitungen zu einem Zeitpunkt beeinträchtigte, als regelmäßig Kriege zwischen Schottland und England geführt wurden. Die „Wapinschaws" waren militärische Zusammenkünfte, bei denen sämtliche wehrtauglichen Männer in ganz Schottland zusammenkommen mussten, um ihre Waffen zu präsentieren. Diese Zusammenkünfte versetzten den König in die Lage, die potenzielle Stärke seiner Armee zu bewerten. Es scheint allerdings so, als wäre der Fußball bei den Wapinschaws zu einer wesentlichen Quelle der Ablenkung geworden, da während des 15. Jahrhunderts eine Reihe königlicher Proklamationen ergingen, in denen dieser Sport verboten wurde. Leider sind keine Berichte mehr darüber vorhanden, wie die Spiele gespielt wurden. Aus diesem Grund müssen wir bis ins 16. und 17. Jahrhundert gehen, um die ersten dokumentierten Belege für strukturierte Spiele zu finden.

Einen der frühesten Einblicke in eine geordnete Form des Fußballs erhalten wir ironischerweise eher vom königlichen Hof in Schottland. Als die schottische Königin Maria Stuart nach der Schlacht von Langside im Jahre 1568 nach Süden floh, wurde sie in Carlisle Castle gefangen gesetzt. Ihr Bewacher Sir Francis Knollys äußerte sich zu einem Fußballspiel, an dem ihre Höflinge teilnahmen. Das Spiel fand auf einem Rasenplatz statt, wo laut Knollys „20 Mitglieder ihres Gefolges vor ihr zwei Stunden lang sehr stark, gewandt und gekonnt ohne unfaires Spiel Fußball spielten". Obwohl in dieser Beschreibung keine Regeln spezifisch erwähnt werden, erhalten wir zumindest einen Einblick in ein Fußballspiel, das in starkem Kontrast zu den jährlichen Festspielen stand, an denen einen große Anzahl von Spielern beteiligt war und die sich durch einen beinahe vollkommenen Mangel an Organisation auszeichneten. Spielfelder oder Ballfelder waren die Fußballfelder des 15. und 16. Jahrhunderts, und sie waren durchaus nicht nur auf Schlösser beschränkt. Abteien, Priorate und selbst Dörfer hatten Spielfelder, auf denen eine ganze Reihe von Sportarten ausgeübt werden konnte. Außerdem waren die gekonnten Spiele, die den Höflingen von Maria Stuart Freude bereiteten, nicht nur auf die Aristokratie beschränkt. Es gibt auch Belege dafür, dass auf Fertigkeiten beruhende Spiele, die eine grundlegende Spielstruktur umfassten, ebenso in den niedrigeren Schichten der Gesellschaft existierten. Die Regeln dieser Spiele wurden nicht niedergeschrieben, sie existierten als ungeschriebene Gesetze.

Das beste Beispiel dafür findet sich wahrscheinlich im Nordosten von Schottland. Im Jahr 1633 verfasste David Wedderburn, ein Lehrer aus Aberdeen, eine Reihe lateinischer Texte, die auf den alltäglichen Freizeitaktivitäten seiner Schüler beruhten, um so den Lateinunterricht für sie interessanter zu gestalten. Einer dieser Texte bezieht sich auf ein von den Kindern betriebenes Fußballspiel und gibt uns bemerkenswerte Auskünfte darüber, wie das Spiel vonstatten ging. Auf der Grundlage dieser Informationen verfügen wir über Belege dafür, dass die Wettkämpfe Mannschaften mit gleicher Spielerzahl, Torwarte, das Zuspielen des Balles sowie das Decken und das Angreifen von Gegnern und – selbstverständlich – das Erzielen von Toren umfassten. Wie später noch erörtert werden wird, waren einige dieser grundlegenden Elemente, die im heutigen Spiel existieren, im ursprünglichen Regelwerk des britischen Fußballverbands FA aus dem Jahr 1863 nicht so klar erkennbar.

### DIE PRIVATSCHULEN UND DIE FRÜHEN FUSSBALLVEREINE

Im frühen bis mittleren 19. Jahrhundert, als Privatschulen wie Eton, Harrow und die Edinburgh Academy begannen, ihre eigenen Spielregeln festzulegen und niederzuschreiben, gab es bereits ganz eindeutig eine lange Tradition ungeschriebener Spielregeln. Selbst als Fußballclubs wie der Queen's Park FC (die erste, im Jahr 1867 gegründete Vereinsfußballmannschaft Schottlands) zu spielen begannen, war der Einfluss der traditionellen Spiele noch offensichtlich. In den alten Spielen im schottischen Jedburgh wurden die Spieler geografisch durch das Marktkreuz aufgeteilt, die „Uppies" waren „oberhalb" des Kreuzes und die „Doonies" „unterhalb" des Kreuzes geboren. Ähnlich dazu wurden – während der frühen Jahre des Bestehens des Queen's Park FC, als der Club Schwierigkeiten hatte, Gegner zu finden – die Spieler einfach in zwei Mannschaften eingeteilt. So wurde beispielsweise bei einer Gelegenheit die Einteilung zwischen denen, die nördlich eines bestimmten Wahrzeichens in Glasgow, dem Eglington Toll, lebten, und denen vorgenommen, die südlich davon lebten. Darüber hinaus verwendeten die Spieler von Queen's Park auch blaue und rote Abzeichen und Taschentücher, um eine Gruppe von Spielern von der anderen unterscheiden zu können. Desgleichen gab es auch bei einem Volksfußballspiel, das im Jahr 1819 in Wigton im Südwesten Schottlands stattfand, Spieler, die in eine rote und eine grüne Mannschaft eingeteilt waren. Somit waren die Privatschulen und die frühen Fußballvereine nicht immer innovativ, sondern übernahmen auch bereits bestehende Konzepte von älteren, halborganisierten Volksspielen.

Die Privatschulen können es sich sicher als Verdienst anrechnen, dass sie die ersten waren, die Regeln ausgearbeitet haben. Dies führte allerdings auch zu Problemen, da Dutzende unterschiedlicher Regelwerke aufgestellt wurden, wodurch es schwieriger wurde, wenn eine Institution gegen eine andere spielen sollte. Vielleicht war die Schaffung der Cambridge-Regeln in England zwischen 1848 und 1863 der erste ernsthafte Versuch, hier für eine Einheitlichkeit zu sorgen. Die Regeln sind sehr grundlegender Natur, so geben sie beispielsweise an, dass die Tore aus zwei 15 Fuß (ca. 13,70 m) auseinander stehenden Pfosten bestehen sollen. Abseits fand hierbei auf jeden Spieler Anwendung, der sich vor dem Ball befand, wenn seine Mannschaft im Ballbesitz war. Ein Spieler, der im Abseits war, wurde als nicht im Spiel befindlich angesehen und durfte den Ball nicht berühren. Der Ball durfte in jeder beliebigen Höhe zwischen den Pfosten durchtreten, um ein Tor zu erzielen, und alle Formen des Angriffs waren gestattet. Die maximale Abmessung des Spielfelds wurde mit 150 Yards (ca. 137,00 m) Länge und 100 Yards (ca. 91,40 m) Breite angegeben, es wurden allerdings keine Mindestabmessungen genannt. Die Dauer des Spiels und die Anzahl der Spieler legten die Mannschaftskapitäne fest. Diese Regelung ermöglichte es den Studenten in Cambridge, eine gemeinsame Basis für das Fußballspiel zu definieren. Die Cambridge-Regeln beeinflussten ganz sicher die noch in den Kinderschuhen steckende Football Association, als diese im Jahr 1863 zum ersten Mal die Spielregeln formulierte.

## DIE FRÜHE ENTWICKLUNG DES VERBANDSFUSSBALLS

Die Gründung eines Fußballverbandes in London war der Versuch von Fußballvereinen hauptsächlich aus dem Gebiet um London, die über die Vielzahl der Variationen der bestehenden Regeln frustriert waren, ein einheitliches Regelwerk zu schaffen. Insgesamt wurden 14 Regeln aufgestellt und die Abmessungen des Spielfeldes mit einer maximalen Länge von 200 Yards (ca. 182,88 m) und einer maximalen Breite von 100 Yards (ca. 91,44 m) angegeben. Eine Mindestgröße wurde wiederum nicht festgelegt. Viele der Regeln ähnelten den heutigen Rugbyregeln. So wurde beispielsweise das Spiel mit einem Platztritt begonnen, und die frühe Abseitsregel, die im Folgenden vollständig zitiert wird, verhinderte, dass der Ball einem Mannschaftskameraden nach vorn zugespielt wurde.
Regel 6 aus den Spielregeln der Football Association, 1863:

Wenn ein Spieler den Ball gespielt hat, befindet sich jeder Spieler der gleichen Seite, der näher an

**„Du Ekel", sagte sie, denn er hatte ihr soeben erklärt, dass er sie sitzen lassen wollte, „du Schuft, du Verbrecher!" Er aber rührte sich nicht und gab auch nicht einen einzigen Ton von sich. „Lump, Verräter, gemeiner Kerl!", rief sie in ihrem ohnmächtigen Zorn. Plötzlich aber hielt sie inne. Es hatte ja doch keinen Zweck, weiter zu schimpfen. Er war immun dagegen. Er war nämlich – Schiedsrichter.**

(DFB-Schiedsrichter-Zeitung, 17(1935)3, S.32)

der Torlinie des Gegners ist, im Abseits und darf den Ball nicht selbst berühren bzw. nicht auf jegliche andere Art und Weise verhindern, dass dies ein anderer Spieler tut, bis er sich wieder im Spiel befindet; allerdings befindet sich ein Spieler nicht im Abseits, wenn der Anstoß des Balles von hinter der Torlinie aus vorgenommen wird.

Mit bis zu zwanzig Spielern auf jeder Seite müssen die frühen Spiele des Verbandsfußballs dem Rugby auf vielerlei Weise geähnelt haben. Jeder Spieler durfte den Ball fangen, wenn dieser vom Boden abprallte, aber es wurde nicht auf einen Torwart im eigentlichen Sinn Bezug genommen. Außerdem konnten auch Touchdowns erzielt werden, wenn der Ball weit über die Torpfosten ging. Diese Methode wurde verwendet, um im Fall eines Unentschiedens eine Spielentscheidung herbeizuführen. In den Regeln wurde die Forderung nach zwei Torpfosten festgelegt, aber es wurde wiederum nicht auf eine Querlatte verwiesen, was bedeutet, dass für das Erzielen eines Tores keine Höhenbeschränkung bestand, sofern der Ball den Raum zwischen den Pfosten durchquerte. Die Regeln der FA, auch als die „Londoner Regeln" bekannt, wurden nicht in ganz England anerkannt. Im Norden spielten ab dem Jahr 1866 andere Fußballvereine nach einem anderen Regelwerk, das als die „Sheffielder Fußballregeln" bezeichnet wurde. (Eine andere Form des Fußballs existierte in Sheffield bereits seit dem Jahr 1857.) Ganz eindeutig musste der Kampf um Einheitlichkeit noch lange weitergehen, und selbst die Mitgliedsvereine der FA gaben ihre eigenen Regelwerke nur langsam zu Gunsten einer standardisierten Version auf. Neben den Londoner und Sheffielder Regelwerken gab es natürlich auch die Rugbyregeln und ungefähr noch ein Dutzend weiterer Regelwerke, die auf den Systemen der verschiedenen Privatschulen und Universitäten beruhten.

Bis zum Jahr 1870 hatte die FA die Spielregeln verbessert: Die Tore bestanden jetzt aus zwei jeweils 8 Yards (7,32 m) auseinander stehenden Pfosten mit einer Querlatte in einer Höhe von 9 Fuß (2,74 m). Darüber hinaus wechselten die Mannschaften auch die Spielfeldhälften, nachdem Tore erzielt wurden. Immer, wenn der Ball ins Aus ging, wurde anstelle eines Einwurfs ein Anstoß angeordnet, bei dem die Gegner eine Entfernung zum Ball von mindestens 6 Yards (ca. 5,50 m) einhalten mussten. Als Torwart wurde der Spieler der verteidigenden Mannschaft betrachtet, welcher sich in dem Moment, in dem der Ball gespielt wurde, am nächsten zu seinem eigenen Tor befand. Ein Tor konnte nicht mit einem Freistoß erzielt werden. Jede Mannschaft ernannte einen Unparteiischen, der die Spielregeln in derjenigen Hälfte des Spielfeldes durchsetzte, die sein jeweils eigenes Team verteidigte.

Als die Entwicklung anderer Fußball-Mannschaften in Schottland begann, die Queen's Park im Wettkampf herausforderten, gab es noch kein eindeutiges Regelwerk. Die Vereine, die Spiele untereinander organisierten, mussten Vereinbarungen darüber treffen, nach welchen Regeln gespielt werden sollte. Dies wird in einem 1868 von Robert Gardner von Queen's Park verfassten und an Andrew Holmes, den Sekretär des Thistle Football Club in Glasgow, gerichteten Schreiben deutlich. Hierbei handelt es sich um das erste bekannte Herausforderungsspiel nach den Regeln des Fußballverbandes in Schottland. Aus seinem Inhalt geht deutlich hervor, wie wenig entwickelt die Regeln damals waren.

Hier das Dokument, in dem das erste Herausforderungsspiel nach den Regeln des Fußballverbandes in Schottland beschrieben wird:

*Sehr geehrter Herr,*
*ich habe Ihr auf den 25. Juli dieses Jahres datiertes Schrieben pünktlich am Montag Nachmittag erhalten, da wir allerdings für den Abend, an dem das Schreiben zugestellt wurde, bereits eine Sitzung des Komitees angesetzt hatten, konnte ich Ihr Schreiben leider nicht früher beantworten. Ich bin vom Komitee im Namen des Vereins gebeten worden, die Herausforderung zu einem Freundschaftsspiel im Fußball auf unserem Spielfeld, Queen's Park, zu der von Ihnen erwähnten Zeit am ersten Sonnabend des nächsten Monats mit je zwanzig Spielern auf jeder Seite, die Sie uns freundlicherweise übermittelt haben und für die wir uns bei Ihnen bedanken möchten, anzunehmen. Wir erachten allerdings einen Zeitrahmen von zwei Stunden als vollkommen ausreichend für ein Spiel unter Witterungsverhältnissen wie den gegenwärtigen und hoffen, dass dies auch für Sie zufrieden stellend ist. Darüber hinaus möchten wir auch vorschlagen, dass, für den Fall, dass innerhalb der ersten Stunden von beiden Seiten keine Tore erzielt werden, Tore dann durch das Anstoßen des Balles von der Mitte des Spielfeldes durch die Partei, die auch den ursprünglichen Anstoß ausgeführt hat, ausgetauscht werden, so dass beide Parteien über die gleiche Chance im Hinblick auf die Wind- und Bodenverhältnisse verfügen. Wir halten dies für gerecht und überdies lässt sich dies auch vor dem Beginn des Spieles auf dem Spielfeld organisieren. Darüber hinaus möchten wir Sie bitten, für den Fall einer Beschädigung und zur Vermeidung von Unterbrechungen des Spiels freundlicherweise Ihren Ball mitzubringen. In der Hoffnung, dass das Wetter für Thistle und Queen's günstig sein wird, verbleibe ich mit freundlichen Grüßen,*
*Robert Gardner,*
*Sekretär.*

Im Zeitraum zwischen 1868 und 1870 wiesen die Spiele, an denen Queen's Park beteiligt war, beträchtliche Variationen der Mannschaftsstärke auf. Diese hatten eine Höchstzahl von zwanzig Spielern bis zu einer Mindestanzahl von zehn Spielern pro Mannschaft. Angesichts der wesentlichen Unterschiede in der Größe der verschiedenen Spielfelder sowie der Konflikte über die Regeln muss jegliche Einheitlichkeit bei den Wettkämpfen anfänglich beinahe unmöglich gewesen sein.

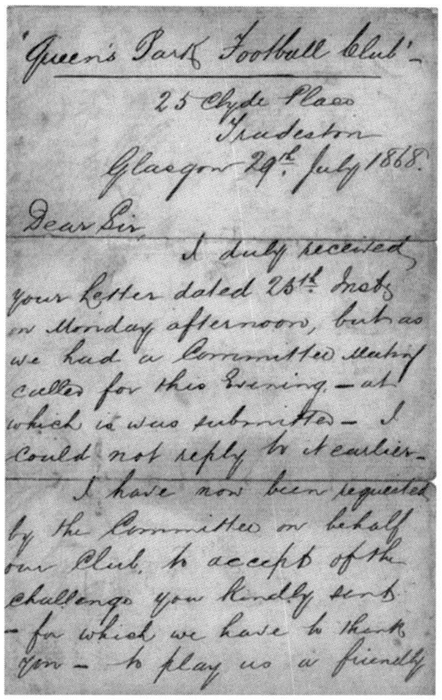
'Queen's Park Football Club' –
25 Clyde Place
Tradeston
Glasgow 29th July 1868.
Dear Sir
I duly received your letter dated 25th Inst. on Monday afternoon, but as we had a Committee Meeting called for this Evening — at which it was submitted — I could not reply to it earlier.
I have now been requested by the Committee on behalf our Club, to accept of the challenge you kindly sent — for which we have to thank you — to play us a friendly

Der Brief, in dem das erste bekannte Herausforderungsspiel nach den Regeln des Fußballverbandes in Schottland beschrieben wurde

## DAS ERSTE LÄNDERSPIEL

Das erste Länderspiel zwischen Schottland und England fand am St. Andrews Day im Jahr 1872 in Glasgow statt. Dieses Datum stellt vielleicht aus zwei Gründen den Beginn des modernen Fußballspiels dar: Als Erstes waren die Regeln soweit verbessert worden, dass selbst die Fans des modernen Fußballs die Grundzüge des heutigen Spiels erkennen können, was nur wenige Jahre zuvor unmöglich gewesen wäre. Bis zum Jahr 1872 wurde die Position des Torwarts zu einer Standardspielerposition, und auch die Spieleranzahl wurde mit elf Spielern pro Mannschaft vereinheitlicht und angenommen. Von entscheidender Bedeutung war, dass die ursprüngliche Abseitsregel, die verhinderte, dass der Ball nach vorn zugespielt wurde, im Jahr 1866 geändert worden war und es nun erlaubt war, den Ball einem Mitspieler nach vorn zuzuspielen, sofern sich auf der Seite des Tores drei gegnerische Spieler vor ihm befanden. Zweitens wurde von den Schotten eine neue Spielmethode eingeführt, die den Verlauf der Entwicklung des Verbandsfußballs radikal vom traditionellen „Dribbelstil", der ein Charakteristikum des Spiels in England war, wegführen sollte. Das Spielethos in England wurde stark durch die Privatschulen

Eintrittskarte für das erste offizielle Länderspiel im Jahr 1872. Ungefähr 4.000 Zuschauer sahen das Spiel im West of Scotland Cricket Ground in Glasgow.

beeinflusst, da viele der Mitgliedsvereine der FA Mannschaften aus „früheren Schülern" (die auch als „Old Boys"-Mannschaften bekannt wurden) der führenden Schulen wie Harrow, Eton und Charterhouse bestanden. An diesen Institutionen wurden die jungen Herren in den Prinzipien des Führungsstils sowohl in den Klassenräumen als auch draußen auf dem Spielfeld unterwiesen. Aus diesem Grund war der Spielstil eher der eines Dribbel- oder Laufspiels, bei dem der Spieler im Ballbesitz als Zeichen seines sportlichen Könnens nach vorn stürmte, bis der Ball nah genug für einen Schuss war oder er den Ball verlor. Der Gedanke, dass man sich den Ball zuspielen sollte, um im Ballbesitz zu bleiben, wäre für die Spieler der Privatschulen undenkbar gewesen, da dies buchstäblich bedeutet hätte, die Verantwortung abzugeben. Während der internationalen Wettkämpfe von 1872 bis in die frühen 1880er Jahre hinein hat sich die englische Nationalmannschaft weitgehend an diesen individualistischen Ansatz gehalten.

Schottland dagegen unterschied sich in seinem taktischen Ansatz sehr stark von dieser englischen Methode. Zwischen 1867 und 1873 war Queen's Park de facto der Organisator des Verbandsfußballs in Schottland und sollte nördlich der Grenze zu England bis zum Jahr 1893 eine dominierende Einflussgröße bleiben. Die herausragende Position dieses Vereins wurde schließlich durch den aufkommenden Professionalismus im Sport unterminiert.

Queen's Park war maßgeblich an der Entwicklung der schottischen Version der Spielregeln beteiligt. Diese Funktion übte der Verein von 1867 an, als er sein eigenes Regelwerk festlegte, das in Grundzügen auf den „Londoner Spielregeln" beruhte, sowie ab November 1870 als Vollmitglied der Football Association aus. Im Jahr 1873 trug er dann zur Gründung der schottischen FA als einzigem gesetzgebendem Gremium nördlich der Grenze zu England bei. Darüber hinaus organisierte Queen's Park im Jahr 1872 auch das erste Länderspiel und stellte sämtliche Spieler der schottischen Seite aus den Reihen seiner eigenen Mitglieder zur Verfügung. Der Verein organisierte auch die schottische Mannschaft für das zweite Länderspiel gegen England, bevor er die Führung an die neu gegründete schottische FA abgab (obwohl der Verein innerhalb des Komitees der neuen nationalen Organisation noch immer über großen Einfluss verfügte). Dies ermöglichte ab einer sehr frühen Phase nördlich der Grenze zu England ein gewisses Maß an Einheitlichkeit, da die Mannschaft aus Glasgow den anderen Vereinen vorschreiben konnte, wie am besten Fußball gespielt werden sollte.

Die Spieler von Queen's Park, die Schottland im Jahr 1872 vertraten, setzten den Spielstil ihres Vereins gegen die Macht Englands ein, und jeder einzelne Spieler stützte sich aufgrund des kontinuierlichen Trainings auf die profunden Kenntnisse des Spielstils seiner Mannschaftskameraden. Die englischen Spieler wogen durchschnittlich 12,7 kg mehr als ihre schottischen Gegner, was eindeutig auf die Bedeutung von Gewicht und Kraft in den frühen Verbandsfußballspielen hindeutet. Die Schotten konnten körperlich nicht mit der englischen Seite konkurrieren und verließen sich auf das Kombinationsspiel, um so die Gegner auszumanövrieren. Das Spiel endete mit einem torlosen Unentschieden, aber die Schotten hatten vielleicht einen moralischen Sieg erzielt, da sie eine Vereinsmannschaft waren, die gegen die besten Spieler antrat, die England zu bieten hatte. Außerdem sollte das

Passspiel mit weiterem Training zu einer vernichtenden Waffe gegen das traditionelle Dribbelspiel werden.

## DIE ÜBERLEGENHEIT DES SCHOTTISCHEN PASSSPIELS

Schottland siegte über den „Erzfeind" 1878 mit 7:2, 1881 mit 6:1 und 1882 mit 5:1. Die Dynamik des Passspiels fegte in den folgenden Jahren die individuelle Art des englischen Dribbelspiels beiseite. Ironischerweise kam anfänglich die Konkurrenz für die schottische Dominanz aus der Bruderschaft der Mannschaften „ehemaliger Schüler". N. L. Jackson, ein bekanntes Mitglied der Football Association, gründete die Auswahlmannschaft der „Corinthians", um die besten jungen Spieler aus der Oberschicht Englands zusammenzubringen, die über genügend Freizeit verfügten, um das Passspiel trainieren und vervollkommnen zu können. Damals bestand die Hoffnung, dass dadurch die Leistungen der Nationalmannschaft verbessert würden, und tatsächlich spielten viele der Corinthians auch auf internationaler Ebene für England. Die Gründung der Mannschaft der Corinthians läutete das Ende des traditionellen Dribbelspiels in England und die endgültige Annahme des schottischen Passspiels ein.

Auch die sich entwickelnden Vereine der Arbeiterklasse im Norden Englands waren sehr am Passspiel interessiert, da dieses für die Zuschauer sehr attraktiv war und große Besuchermassen garantierte. Ab den späten 1870er Jahren begannen Vereine aus dem Norden Englands, wie z.B. Darwen und die Blackburn Rovers, schottische Spieler über die Grenze zu locken. Diese Spieler, die die besten Vertreter des „systematischen" Passspiels waren, wurden als die „schottischen Professoren" bezeichnet. Als England im Jahr 1885 das professionelle Spiel einführte, wurde aus dem stetigen Strom schottischer Spieler nach Süden eine wahre Flut. Die diesbezügliche Statistik ist bemerkenswert: Die Mannschaft von Preston North End, die im Jahre 1889 sowohl die Ligameisterschaft als auch den FA-Pokal gewann, umfasste sieben Schotten sowie einen achten Spieler, der schottische Eltern hatte. Zwischen den Jahren 1886 und 1915 waren ein Drittel aller Spieler von Arsenal London Schotten, während die erste Liverpooler Mannschaft im Jahr 1892 vollständig aus Schotten bestand. Die „schottischen Professoren" beeinflussten Vereine wie Newcastle United, Sunderland und Middlesbrough sehr stark. Selbst die sich entwickelnden Mannschaften der Arbeiterklasse im Süden Englands, wie Chelsea und Fulham, die die Bedeutung der Mannschaften aus ehemaligen Schülern der Privatschulen, wie etwa der Old Etonians und Old Carthusians, übernahmen, wurden in großem Maße von schottischen Spielern geprägt.

## EINHEITLICHKEIT DER SPIELREGELN

Im Zuge der Reifung der schottischen FA zu einem nationalen Verband während der 1870er Jahre begann sich ihr Verständnis darüber, wie Fußball gespielt werden sollte, von dem der FA in London zu unterscheiden. Eine Reihe wichtiger Bereiche in den Spielregeln begann, für Spannungen zwischen den beiden Ländern zu sorgen. Ein solcher Unterschied war die Abseitsregel. Der englische Verband war der Ansicht, dass, wenn sich ein Spieler einmal im Abseits befand, er so lange im Abseits blieb, bis ein Gegner oder ein Mannschaftskamerad aus einer Position, die nicht im Abseits lag, den Ball berührt hatte, wogegen im schottischen Verband die Ansicht vorherrschte, dass ein im Abseits stehender Spieler wieder ins Spiel zurückkommen konnte, sobald drei gegnerische Spieler auf die Seite des Tores zurückgekehrt waren.

Der Hauptkonfliktbereich war der Einwurf. In England wurde ein einhändiger Wurf in eine beliebige Richtung eingesetzt, der der Bewegung des Werfers beim Kricket ähnelte. Dies gestattete es dem Spieler, den Ball von einer Seite des Spielfeldes auf die andere zu werfen. In Schottland wurde die Version des Wurfes mit zwei Händen von hinter dem Kopf aus wie beim heutigen Einwurf be-

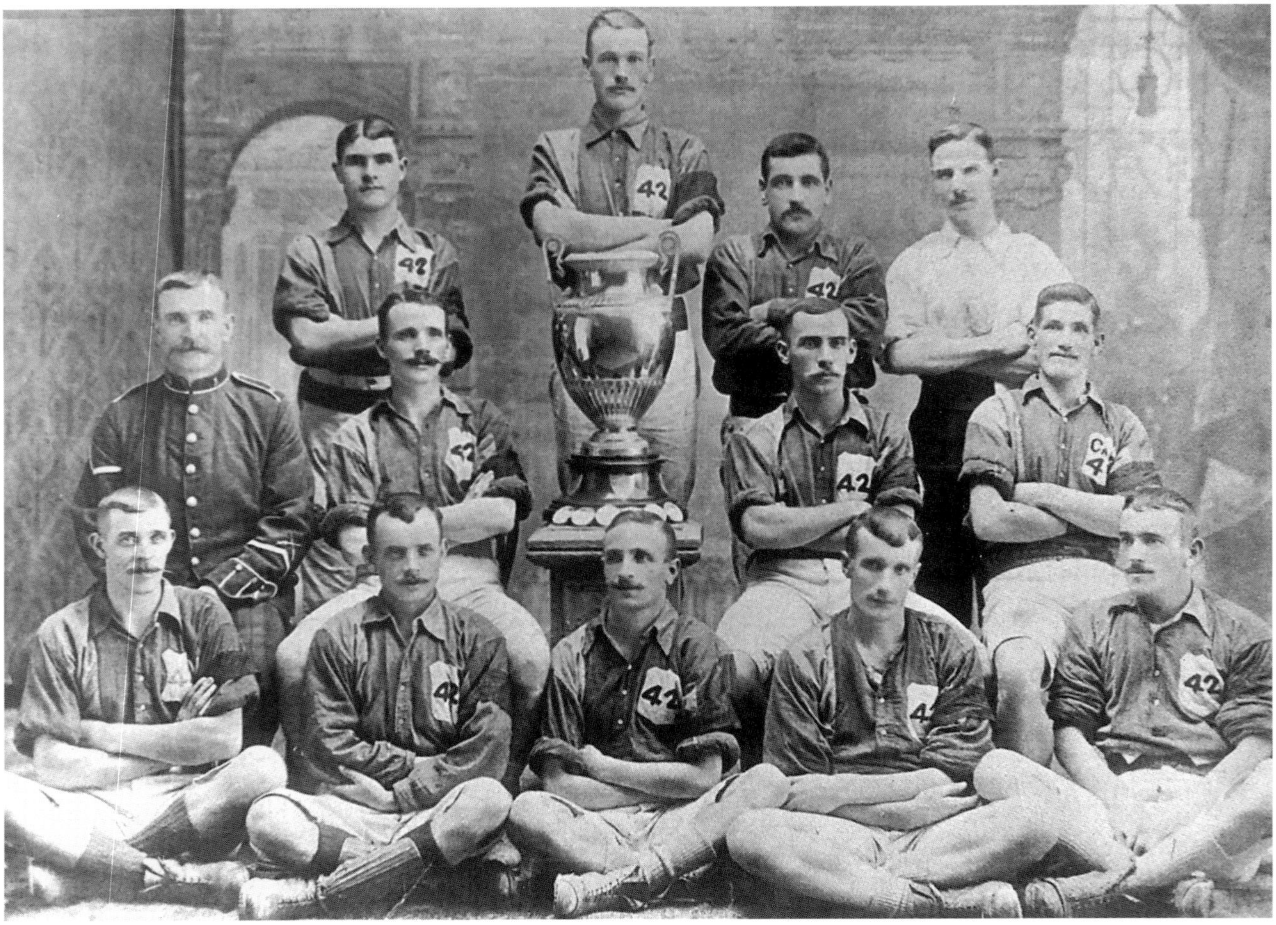

Mitglieder der Mannschaft des Black Watch Regiment mit dem Durand Cup. Dieser Cup, auch als All India Cup bekannt, ist der älteste nationale Fußballpokal außerhalb Großbritanniens.

vorzugt, wobei allerdings der Ball wie bei einem Rugby-Lineout im rechten Winkel zur Seitenlinie auf das Spielfeld kam. Oft war es nötig, im Hinblick darauf, wie Spiele gespielt werden sollen, Kompromisse zu schließen. Aus diesem Grund wechselten sich bei den frühen Länderspielen die schottischen und die englischen Regeln ab.

Während der 1870er und frühen 1880er Jahre hielt die englische Football Association ihren Anspruch aufrecht, die Dachorganisation für alle anderen Verbände zu sein – eine Position, die vom schottischen Verband strikt abgelehnt wurde. Diese bittere Pattsituation hat beinahe die Fortführung der jährlich festgelegten Länderspiele verhindert, letztendlich aber wurden die unabhängigen Positionen jedes nationalen Verbandes bestätigt, und die Nationalverbände begannen zusammenzuarbeiten, um die Einheitlichkeit des Spieles sicherzustellen. Die Konferenz von Manchester im Jahr 1882 brachte eine Anpassung im Hinblick auf den Einwurf mit sich, allerdings war es die Gründung des International Football Association Board im Jahr 1886, die letztendlich die Einheit-

# »Der Triumph des Passspiels«

lichkeit der Spielregeln einläutete. Dies ermöglichte dringend benötigte und weit reichende Reformen der Spielregeln, die im Jahr 1891 mit der Beförderung des Schiedsrichters gegenüber den Umpires als einzige Autorität, der die Auslegung der Regeln gestattet ist, und mit der Einführung des Strafstoßes ihren Höhepunkt erreichten. Das International Football Association Board besteht bis in die heutige Zeit als die alleinige Autorität bezüglich der Spielregeln.

## SCHOTTLAND UND DIE GEBURT DES WELTFUSSBALLS

Das Argument, das Schottlands zentrale Rolle bei der frühen Entwicklung des Verbandsfußballs unterstützt, kann auch zu einer allgemeinen, den Weltfußball umfassenden Theorie erweitert werden. Diese kann natürlich unter Umständen als kontrovers und vielleicht sogar als stark vereinfacht beurteilt werden, sie hat sich allerdings bemerkenswert gut gehalten, während immer mehr Informationen im Hinblick auf die Entwicklung des Fußballs als weltweitem Phänomen verfügbar geworden sind. Zur Untermauerung dieser Theorie möchte ich eine Reihe von Beispielen anführen, die jeden der drei Bereiche abdecken, die das dreiteilige schottische Modell ausmachen.

## DAS DREITEILIGE SCHOTTISCHE MODELL

1) Vor der Entwicklung des systematischen schottischen Passspiels existierten in vielen Ländern der Welt rückständige Formen des Fußballspiels. Diese wurden allerdings durch Gäste aus Schottland, die mit ihrem fortgeschrittenen technischen Spielstil Pionierarbeit leisteten, ersetzt.

2) Die Schotten führten das moderne Kombinationsspiel in Ländern, in denen es nur wenige Beweise dafür gibt, dass das Fußballspiel zuvor weit verbreitet gewesen war, direkt ein.

3) Als das schottische Kurzpassspiel den Fußball revolutionierte, lernten auch Nicht-Schotten die technischen Feinheiten von schottischen Lehrern und trainierten die schottischen Methoden dann mit Mannschaften im Ausland.

Die aktive Rolle Schottlands bei der Entwicklung des britischen Empires in Verbindung mit einer glühenden Begeisterung für den Verbandsfußball verlieh dieser Nation eine günstige Position bei der Förderung dieses Sportes. Der Fußball wurde für die Arbeiterklasse Schottlands schnell zu einer nationalen Leidenschaft, und das Spiel wurde durch schottische Ingenieure, Lehrer und Soldaten in die ganze Welt hinausgetragen.

Der ersten Regel des dreiteiligen schottischen Modells zufolge war England vielleicht das erste und wichtigste Land, das die schottische Form des Verbandsfußballs übernommen hat. Der Triumph des Passspiels über den traditionellen Dribbelstil ist in diesem Artikel bereits dargestellt worden, aber Schottland spielte auch eine wichtige Rolle beim Export des Spiels in andere Länder, in denen ebenfalls primitive Formen des Fußballs gespielt wurden. Im Jahr 1879 trat in Irland Queen's Park gegen eine andere Mannschaft aus Glasgow, die Caledonians, an, um das Spiel bekannt zu machen. Im darauf folgenden Jahr wurde die irische FA gegründet, die dann die Regeln der schottischen FA übernahm. Darüber hinaus diente Schottland im Jahr 1876 und 1877 auch als erster Gegner der neu gegründeten walisischen FA. In Uruguay, wo mindestens seit den 1880er Jahren Fußball gespielt wurde, begann sich in Montevideo das systematische Kurzpassspiel erst mit der Ankunft von John Harley, dem „Techniker“, bei Penarol im frühen 20. Jahrhundert maßgeblich zu entwickeln. Charles Millar, der Sohn eines schottischen Ingenieurs, führte im Jahr 1894 den Fußball in Brasilien ein, aber es war wohl eine spätere Welle schottischer Spieler und Trainer, wie Archie McLean and Jock Hamilton, die die schottischen Methoden während des frühen

Mit der Einführung des Strafstoßes im Jahr 1891 erschienen neue Linien auf dem Fußballfeld.

20. Jahrhunderts verbreiteten. In China, das über die älteste dokumentierte Fußballtradition verfügt, führte der Ingenieur John Prentice aus Glasgow das moderne Spiel im Jahr 1879 ein, und der Shanghai Marine Engineers FC war im Jahr 1888 sogar Mitglied im schottischen FA. Zu den weiteren bedeutenden schottischen Trainern gehörten auch der schottische Internationalist Jackie Robertson, der als Trainer in Budapest arbeitete, John Dick und Johnny Madden, die konkurrierende Fußballvereine in Prag trainierten, und John Cameron, der im frühen 20. Jahrhundert einer der ersten ausländischen Trainer in Deutschland war.

Das zweite Element des dreiteiligen Modells umfasst das Konzept, dass die Schotten das Spiel in Ländern direkt einführten, in denen nur wenig Beweise dafür existieren, dass bereits zuvor Fußball gespielt worden war. In Argentinien war Alexander Watson Hutton „der Vater des argentinischen Fußballs". Ab dem Jahr 1882 war er maßgeblich an der Etablierung des Verbandsfußballs beteiligt. Der schottische Lehrer wurde der erste Präsident der argentinischen Fußballliga, aus der später der argentinische Fußballverband hervorging. Schottische Mannschaften waren auch in Buenos Aires zu sehen, und die erste bekannte argentinische Ligameisterschaft im Jahr 1891 endete mit einem Entscheidungsspiel zwischen dem FC St. Andrews und dem FC Caledonians. Überdies verbreiteten die Schotten ihre Art des Fußballs auch direkt in Schweden, Dänemark und Kanada, um noch einige andere Staaten zu nennen.

Die dritte Regel unseres Modells deckt mit Sicherheit die größte Anzahl Länder ab und beruht auf

Ein Bild des International Football Association Board aus demJahr 1913. In diesem Jahr brachte die FIFA die vier britischen Verbände zum ersten Mal im International Football Association Board zusammen. Mit der Gründung des IFAB im Jahr 1886 wurde schließlich die Einheitlichkeit der Spielregeln erreicht.

Der Queen's Park FC, der erste Gewinner des schottischen FA-Pokals im Jahr 1874. Der Verein aus Glasgow war eine wichtige und bahnbrechende Einflussgröße innerhalb des frühen Verbandsfußballs. Queen's Park organisierte im Jahr 1872 das erste Länderspiel, stellte die schottischen Spieler zur Verfügung und schuf das systematische Passspiel.

der Annahme, dass Schottland der Geburtsort des Passspiels und aus diesem Grund die ursprüngliche Inspiration war. Der bekannte englische Trainer Jimmy Hogan ist wahrscheinlich das beste Beispiel für diese Theorie. Hogan bezeichnete seine Zeit als Spieler neben den schottischen Mannschaftskameraden beim Londoner Verein Fulham FC während des frühen 20. Jahrhunderts als Grundlage seiner Fußballausbildung. Jock Hamilton, der später der erste professionelle Trainer in Brasilien werden sollte, war während Hogans Zeit bei diesem Verein Assistenztrainer. Hogan wird weithin als wichtige Einflussgröße für den Fußball insbesondere in Österreich und Ungarn sowie im Allgemeinen für den Fußball auf dem europäischen Kontinent angesehen. Die österreichische „Wundermannschaft" der 1930er Jahre und die großartige ungarische Mannschaft der 1950er Jahre können ihre Fußballphilosophie bis auf die traditionelle Kurzpasstaktik der „schottischen Professoren" zurückverfolgen.

# DER STOLZ DES RUDI GLÖCKNER: NIE EINEN FALSCHEN BART

## Zum Schiedsrichterwesen in der Deutschen Demokratischen Republik

von Volker Kluge

Im Ostsektor von Berlin herrschte der Ausnahmezustand, den der sowjetische Militärkommandant mit Beginn des Aufstands am 17. Juni 1953 verhängt hatte. Acht Tage danach – das Kriegsrecht galt noch immer – bestieg der Dresdner Gerhard Schulz am Ostbahnhof den D-Zug Berlin–Bukarest, wo er als Einziger einen Platz im Schlafwagen belegte. Bei sich führte er einen Kasten Selterwasser, eine Dauerwurst, ein Brot sowie ein Stück Butter, das sich während der fünfzigstündigen Reise bei Temperaturen von vierzig Grad bald verflüssigt hatte. Einen Tag nach seiner Ankunft pfiff Schulz als erster Schiedsrichter aus der DDR ein Weltmeisterschaftsspiel, das Rumänien in der Qualifikationsgruppe VIII gegen Bulgarien mit 3 : 1 gewann. Sehr zur Zufriedenheit des Gastgebers, der Schulz spontan zu den fünf Wochen später in Bukarest beginnenden Weltfestspielen der Jugend und Studenten einlud, bei denen ihm „exotische" Spiele übertragen wurden: Bengal Club Calcutta gegen Libanon und Albanien (Nachwuchs) gegen Universität São Paolo.

### VORSPIEL

Gerhard Schulz – Jahrgang 1906 – stammte aus Dresden, wo mit dem Dresdner Sport Club (DSC), der 1945 auf Befehl der Siegermächte wie alle anderen Vereine auch aufgelöst werden musste, der letzte Deutsche Fußballmeister vor Kriegsende zu Hause war. Die Hoffnung, dass es auch in der Sowjetischen Besatzungszone (SBZ) ein Zurück zum bürgerlichen Sport der Weimarer Republik geben würde, erwies sich jedoch als Seifenblase. Der Wiederbeginn wurde nur als kommunale Sportgemeinschaft (SG) und innerhalb der Kreisgrenzen gestattet. Die Dresdner nannten ihre SG nach dem Stadtteil, in dem das DSC-Stadion lag: Friedrichstadt.

Wie die bekanntesten Dresdner Fußballer, allen voran Richard Hofmann und Helmut Schön, umgab auch den Schiedsrichter Gerhard Schulz eine besondere Aura: Er leitete am 18. Juni 1939 im Berliner Olympiastadion das Finale der Deutschen Fußballmeisterschaft zwischen Schalke 04 und Admira Wien, das die „Knappen" sensationell hoch mit 9 : 0 gewannen. Selbst Jahre später schwärmten die Fans noch von diesem Schalker Sieg, dessen Glanz auch den Schiedsrichter ein wenig adelte. Während andere, die einst im NS-Reichsbund für Leibesübungen Ämter ausgeübt hatten, vom 1948 gegründeten Deutschen Sportausschuss (DS) häufig ausgegrenzt wurden, sah man ihm seine Biografie nach. Gerhard Schulz – eine sächsische Schiedsrichter-Legende. Kein Wunder also, dass man ihn zum Leiter der Sparte Fußball berief, dessen erste große Aufgabe darin bestand, 1948 eine Ostzonenmeisterschaft auszurichten. Die Menschen hatten zwar wenig zu beißen, aber die Freude am Fußball ließen sie sich nicht nehmen. Vierzigtausend strömten am 4. Juli 1948 ins Leipziger VfB-Stadion, wo Schiedsrichter Kurt Liebschner aus Weißenfels das Endspiel zwischen SG Planitz und SG Freiimfelde Halle pfiff.

Ohne „Schiris" geht es nicht – auch im Osten war das so. Während Robert Riedel, der Technische Leiter des Deutschen Sportausschusses, in Berlin an einem „Fußball-Regelheft" und einer Wettspielordnung arbeitete, leitete Schulz an der gerade eröffneten Deutschen Sportschule im Leipziger Rosenthal den 1. zentralen Schiedsrichter-Lehrgang des DS. Vormittags stopfte er die 56 Teilnehmer aus allen Ländern der SBZ mit Theorie voll, deren Beherrschung sie nachmittags auf dem Rasen unter Beweis zu stellen hatten. Vor solchen „Länderspielen" erhielten die Akteure verschlossene Briefumschläge, in denen sie Regelverstöße fanden, die sie absichtlich zu begehen hatten. Alle fünfzehn Minuten wechselte Schulz die Schiedsrichter aus, während die übrigen Eleven am Rande des Spielfeldes die Fehler und Mängel schriftlich festhalten sollten.

Kaum war der Kursus vorüber, wurde Schulz dringend nach Berlin gerufen. Das neue Regelheft entsprach nicht den gültigen internationalen Fußballregeln, so dass das Manuskript umgeschrieben werden musste. DS-Leiter Waldemar Borde war ebenso abwesend wie sein Technischer Leiter.

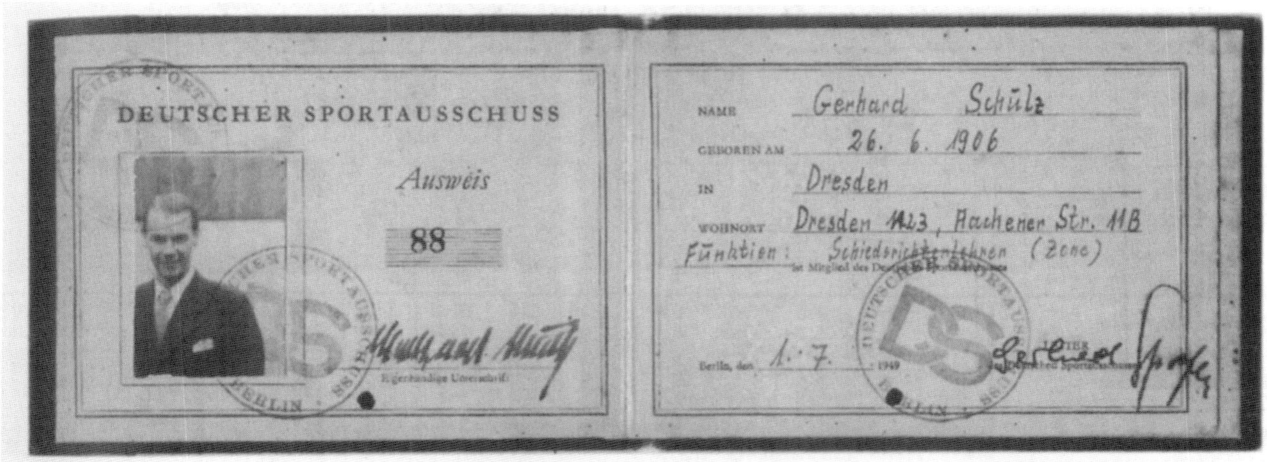
DEUTSCHER SPORTAUSSCHUSS
Ausweis
88
NAME Gerhard Schulz
GEBOREN AM 26. 6. 1906
IN Dresden
WOHNORT Dresden A23, Aachener Str. 11B
Funktion: Schiedsrichterlehrer (Zone)
Berlin, den 1. 7. 1949

Ausweis des Deutschen Sportausschusses für Schiedsrichter Gerhard Schulz

Erich Honecker, damals Vorsitzender der Freien Deutschen Jugend (FDJ), unter deren Fuchtel sich der Sport entwickeln sollte, hatte Borde nach den missglückten I. Wintersportmeisterschaften in Oberhof abgesetzt, und Riedel, der in Stuttgart seinen Urlaub verbrachte, war nicht zurückgekehrt, weil er den stalinistischen Kurs des DS nicht länger mittragen wollte.

An Fachleuten herrschte also ein ziemlicher Mangel. Leute wie Gerhard Schulz galten sogar als unersetzlich. Dabei war er nicht nur im Osten begehrt. Am 12. Juni 1949 leitete er im Berliner Olympiastadion das Finale der Westdeutschen Meisterschaft zwischen SV 92 Berlin und Borussia Dortmund, zwei Wochen später pfiff er das Endspiel der 2. Ostzonenmeisterschaft zwischen ZSG Union Halle und Fortuna Erfurt, das 50.000 Zuschauer in die Dresdner DSC-Arena lockte, die nun den Namen des ermordeten Arbeitersportlers Heinz Steyer trug.

„Gesch", wie Schulz genannt wurde, war seit dem 1. Juli 1949 bei DS als Schiedsrichterlehrer angestellt, so dass er den ganzen Sommer über den Nachwuchs unterrichten konnte. Anfang Oktober holte man ihn erneut nach Berlin, diesmal aber für immer. Er bekam das Amt eines Spartenleiters, er war also eine Art Fußball-Generalsekretär – anfangs nur ohne jedes Sekretariat. Schulz führte die Korrespondenz, schrieb Protokolle und Ansetzungen, organisierte Spiele, klebte Plakate, beschaffte Trikots, Lederbälle und Fußballstiefel. Unermüdlich reiste er durch die Republik, um neue Unparteiische zu gewinnen, zu qualifizieren und einzustufen, denn neben der Oberliga waren auch noch die Spiele der Jungliga, der Liga, der Landesklassen sowie der Bezirks- und Kreisklassen zu besetzen.

Wo Schulz auftrat, war er der „Chef auf dem Platz". Er war autoritär, aber auch korrekt. Einmal, 1952, war seinem Berliner Kollegen Walter Reinhardt in Leipzig ein Missgeschick passiert, als ihm die Leitung eines Spiels der dortigen Chemie-Elf gegen eine tschechische Mannschaft namens Ingstav Teplice aus den Händen glitt. Es kam auf dem Rasen zu Handgreiflichkeiten, von denen sich die 30.000 Zuschauer anstecken ließen. Verzweifelt suchte der Schiedsrichter in der Halbzeit die Kabine auf, wo ihm Schulz vorschlug, an seiner Stelle weiterzumachen, was nach den Regeln nur bei einer Verletzung möglich war. Widerstrebend willigte Reinhardt ein. Schulz übernahm die Leitung und brachte das Spiel problemlos zu Ende. Reinhardt wurde 1954 Vorsitzender des Schiedsrichterausschusses, den er zwanzig Jahre lang erfolgreich führte.

Lernende waren sie alle, die Aktiven genauso wie die Trainer, Journalisten und Zuschauer. Als der Internationale Fußballverband (FIFA) 1952 neue Sperrbestimmungen einführte, nutzte Schulz die Zeit vor dem Beginn des FDGB-Pokalfinales im Stadion an der Berliner Normannenstraße für eine halbstündige praktische Regelkunde mit zwei Jugendmannschaften. Die anwesenden Schiedsrichterkollegen bekamen anschließend noch eine Lektion in Sachen Lebensführung, denn während des Demonstrationsspiels hatten sie eine Schnapsflasche kreisen lassen.

Schulz hatte sein Leben ganz dem Fußball verschrieben, während er gegenüber der eigenen Familie rücksichtslos war. Er starb 1969, verarmt, verlassen und vergessen.

### TRAUERSPIEL

Der Deutsche Sportausschuss war mit einem Geburtsfehler zur Welt gekommen. Er gab sich gesamtdeutsch, doch er konnte in Wirklichkeit nur für die SBZ sprechen, die spätere Deutsche Demokratische Republik. Diese DDR nannte sich demokratisch, aber sie war es ebenso wenig wie die Demokratische Sportbewegung, die im Vergleich zum Deutschen Sportbund der restaurativen Bundesrepublik vorgab, etwas Neues, Besseres darzustellen. Doch die permanente Mangelwirtschaft und das repressive Vorgehen gegen jene, die sich den Verhältnissen widersetzten, konterkarierten die plakative Propaganda, die ein besseres Leben im Sozialismus verhieß. Lange vor dem 17. Juni 1953 war es ein Fußballballspiel, das sich zu einer kleinen Revolte gegen die Obrigkeit entwickelte.

Was war geschehen? Am Ende des ersten Spieljahres der DDR-Oberliga – damals noch DS-Liga genannt – hatte sich eine solche Konstellation ergeben, dass die Entscheidung über die Vergabe des Meistertitels erst im letzten Spiel zwischen SG Friedrichstadt und ZSG Horch Zwickau fallen sollte. Die „Bürgerlichen" gegen die „Proleten" – die Atmosphäre war von Anfang an vergiftet.

Der Ansturm im Heinz-Steyer-Stadion übertraf alle Erwartungen, zumal noch Tausende Zwickauer mit einem Sonderzug anreisten, von denen viele im Besitz gefälschter Eintrittskarten waren. Schließlich füllten 60.000 Zuschauer die Traversen, von denen 50.000 die Dresdner siegen sehen wollten. Und kaum waren drei Minuten Spielzeit vergangen, kannte der Jubel keine Grenzen mehr: Mit einem Flachschuss hatte Torjäger Kurt Lehmann für einen schnellen Führungstreffer des Hausherrn gesorgt. Doch kurz darauf stürzten die Gefühle jäh ab: Die Zwickauer erwiesen sich als besser aufgestellt und gut trainiert. Ihre knochenharte Gangart lag den Dresdnern nicht, die schon das Auswärtsspiel verloren hatten.

Als Schiedsrichter Willi Schmidt aus Schönbeck ein Foul an Torwart Kurt Birkner durchgehen ließ, geriet das Publikum erstmals außer Kontrolle. Wütend schwenkten die Kriegsinvaliden, die man mit ihren Rollstühlen auf der Plattform vor der Haupttribüne postiert hatte, ihre Krücken in Richtung Ehrentribüne, wo SED-Generalsekretär Walter Ulbricht Platz genommen hatte. Wenig später humpelte Verteidiger Walter Kreisch, dessen alte Meniskusverletzung wieder ausgebrochen war, vom Platz. Zur Halbzeit sah man lange Gesichter: Friedrichstadt lag mit 1 : 3 hinten.

Der Rest ist schnell erzählt. Nachdem Lehmann bald nach Wiederanpfiff den Ball versehentlich ins eigene Tor gelenkt hatte, setzten die Zwickauer in der 67. Minute einen Schlusspunkt: 1 : 5. Nun schlugen die Emotionen Purzelbäume. Noch während des Spiels hatten radikale Dresdner Anhänger versucht, die Partie gewaltsam zu beenden. Es kam zu Prügeleien, bei denen auch die Zwickauer Spieler Schläge einstecken mussten. Mit dem Schlusspfiff gab es dann kein Halten mehr. Die Massen stürmten den Platz, worauf berittene Polizei eingesetzt wurde. Das Schiedsrichter-Trio konnte nur noch mit einer Eskorte vom Platz geleitet werden.

Während draußen im Stadion eine Schlacht tobte, fand im Saale eine bescheidene Meisterehrung statt. Ulbricht überreichte den elf Zwickauern die Urkunden, wobei er seine Freude nicht verhehlen konnte, „dass es gerade die Mannschaft eines volkseigenen Betriebes sei, die die ersten Fußballmeisterehren in der Deutschen Demokratischen Republik erringen konnte".[1] Dann trollte sich alles. Vier Tage später teilte der DS seinen Beschluss mit, das Heinz-Steyer-Stadion für sechs Monate für alle Fußballspiele oberhalb der Bezirksklasse zu sperren. Außerdem wurde Ende April die Mannschaft der SG Friedrichstadt aufgelöst und zwölf ihrer Spieler in die Betriebssportgemeinschaft der VVB (Vereinigung volkseigener Betriebe) Tabak eingereiht. Einen Monat später, in Berlin stand das I. Deutschlandtreffen vor der Tür, verhaftete man den bisherigen Mannschaftsleiter und Buchhändler Carl Schultze wegen angeblicher Steuerhinterziehung, was sich jedoch als unberechtigt herausstellte, worauf er am 2. Juni 1950 freigelassen werden musste. Einen Tag später setzte er sich nach Westberlin ab und mit ihm, bis auf zwei Ausnahmen, die ganze Mannschaft, die fortan den Stamm von Hertha BSC bildete.

Das „Endspiel" jener ersten Fußballmeisterschaft wurde zu einem frühen Trauma des DDR-Sports. Referee Willi Schmidt aus Schönebeck ging als Buhmann in die Geschichte ein, dessen auch Helmut Schön, der es später zum Bundestrainer brachte, unschön gedachte: „Der Schiedsrichter pfiff, als hätte er Weisung, die Zwickauer um jeden Preis zum Meister zu machen."[2] Beweisen ließ sich das natürlich nicht. Doch der Stoff war gut genug, um daraus eine Legende zumachen.

### SPIELFÜHRER

Während der Olympischen Spiele 1952 in Helsinki wurde die DDR-Sektion als Vorläufer des Deutschen Fußball-Verbandes (DFV) international anerkannt. Noch im selben Jahr nahm die FIFA zwei DDR-Schiedsrichter in die Liste ihrer internationalen Referees auf: Gerhard Schulz und Walter Reinhardt. Beide wurden auch für die Weltmeisterschaft von 1954 gemeldet, dazu als Dritter Lothar Green, ein Industriekaufmann aus Limbach-Oberfrohna. Doch während der Endrunde in der Schweiz hatte man keine Verwendung für sie.

Bald nach seiner Berufung hatte auch Walter Reinhardt, der damals bereits auf eine 22-jährige Schiedsrichtererfahrung zurückschauen konnte, ein erstes Erfolgserlebnis: Am 4. Oktober 1953 betraute man ihn mit der Leitung des Länderspiels Tschechoslowakei – Ungarn, das die Magyaren, die mit allen ihren berühmten Assen angetreten waren, mit 5 : 1 gewannen. Drei Jahre später – am 6. Oktober 1956 – pfiff Reinhardt vor 110.000 Zuschauern im Leipziger Zentralstadion unter Flutlicht die Begegnung SC Wismut Karl-Marx-Stadt – 1. FC Kaiserslautern (3 : 5). Und noch lange danach sollten die Fußballanhänger von dem zweiten Lauterer Treffer schwärmen, den Fritz Walter, der Kapitän der Weltmeisterelf von 1954, mit einem artistischen Hackentrick erzielt hatte.

Für das Spieljahr 1958/59 bestätigte die FIFA dem DFV zum ersten Mal die Höchstzahl von sieben „Schwarzkitteln". Lothar Green amtierte erstmals in zwei Länderspielen, und er machte sich Hoffnung, sich als Erster mit dem FIFA-Abzeichen schmücken zu können, wozu damals sechs A-Länderspiele notwendig waren. Als aber weitere Berufungen ausblieben, trat er enttäuscht zurück.

Statt seiner erhielt Werner Bergmann, der von 1958 bis 1960 dreimal hintereinander das FDGB-Pokalfinale geleitet hatte, als erster DDR-Referee die begehrte Auszeichnung. Den gelernten Zwickauer Autoschlosser hatte es nach dem Zweiten Weltkrieg nach Thüringen verschlagen, wo er als Vorsitzender des DTSB-Kreisvorstandes Hildburghausen tätig war. Internationale Anerkennung erwarb er sich erstmals 1959 im Achtelfinalspiel des Europapokals der Nationalmannschaften in Oslo zwischen Norwegen und Österreich (0 : 1), als er couragiert genug war, der unterlegenen Mannschaft auf eigenem Platz ein Abseitstor abzuerkennen. Bergmann

Fritz Walters weltberühmtes Hackentor im Spiel zwischen DDR-Meister FC Wismut Karl-Marx-Stadt (Chemnitz) und dem 1. FC Kaiserslautern am 6. Oktober 1956 in Leipzig

wurde das FIFA-Abzeichen am 28. September 1963 zuerkannt, es war ihm jedoch nicht vergönnt, es noch zu tragen. Zweiundzwanzig Tage später erlag er einem Krebsleiden.

Mit dem FIFA-Abzeichen Nummer drei wurde 1964 Rudi Glöckner dekoriert. Seit seiner Schulzeit spielte er Fußball, wobei er Talent bewiesen hatte, denn er brachte es bis zur Leipziger Juniorenauswahl. Noch als Aktiver nahm er an den „Regelkunde"-Lektionen teil, die ab 1952 erfahrene „Schiris" wie Gerhard Schulz, Lothar Green, Walter Schaub oder der Bürgermeister von Wusterhausen, Fritz Köpcke, in mehreren Städten erteilten. Im Jahr darauf bestand Glöckner die Schiedsrichterprüfung.

Sein erstes Oberligaspiel absolvierte der Kaufmann aus Markranstädt mit dreißig Jahren. Und die nächsten Bewährungsproben folgten bald: Mit 32 Jahren kam er auf die FIFA-Liste, 33-jährig leitete er die erste internationale Partie – das Junioren-Länderspiel Polen – Ungarn. Mit 34 Jahren pfiff er sein erstes von später vier FDGB-Pokalendspielen, mit 35 reiste Glöckner zu den Olympischen Spielen in Tokio, wo er in drei Begegnungen als Schiedsrichter und in einer als Linienrichter amtierte.

In wenigen Jahren hatte sich Glöckner, der ab Mitte der sechziger Jahre als Geschäftsführer des Leipziger Bezirksfachausschusses Fußball arbeitete und in dessen Verantwortung auch die Organisation von Großsportveranstaltungen im Zentralstadion fiel, damit den Ruf eines souveränen Referees erworben. Besonders sein exzellentes Fachwissen, das er konsequent anwendete, verhalf ihm zu Ansehen. Ein großes Jahr erlebte er 1966, als er mit dem Europacup-Halbfinale Celtic Glasgow – FC Liverpool (1:0) beauftragt wurde – eine emotionsgeladene Partie, die er zur allgemeinen Überraschung problemlos meisterte.

Es war eine große Ruhe, die Glöckner ausstrahlte, und er hatte auch den Mut, nicht vor unpopulären Entscheidungen zurückzuschrecken. Johan Cruyff bekam das am 6. November 1966 in Amsterdam in seinem zweiten Länderspiel gegen die Tschechoslowakei zu spüren, als Glöckner den jungen Holländer wegen seiner wiederholt unfairen Attacken vom Platz stellte. Viele Jahre später bedankte sich Cruyff für diese „Erziehungshilfe", als er ihn neben anderen Persönlichkeiten, die in seinem Fußballerleben eine Rolle gespielt hatten, in eine Talkshow einlud.

Dennoch war Glöckner mit sechs Länderspielen beinahe noch ein Neuling, als er von der FIFA 1970 als erster DDR-Schiedsrichter zu einer WM-Endrunde eingeladen wurde. In der Vorrunde leitete er die Partie Italien – Uruguay, ein müdes 0:0-Spiel, das beiden Mannschaften zum Weiterkommen reichte. Zweimal amtierte Glöckner als Linienrichter, darunter im Viertelfinalspiel Uruguay – UdSSR.

Nur noch die Finalspiele standen aus, als Glöckner spät abends in seinem Hotelzimmer lag und er von einem Journalisten angerufen wurde. Was er zu der Entscheidung sage, dass er das Endspiel pfeifen sollte, wollte der von ihm wissen. Glöckner war erst einmal sprachlos. Konnte denn das stimmen? Bisher hatte man dafür doch meist einen der ganz Prominenten ausgewählt, der am Ende seiner Laufbahn stand. Etwa Männer vom Format eines Gottfried Dienst oder Nikolai Latyschew. Glöckner zweifelte noch immer, als er bereits die ersten Glückwunschtelegramme aus der Heimat empfing. Schließlich lag in seinem Hotelfach ein Briefumschlag, der einen Zettel enthielt. „Schiedsrichter beim Spiel Nummer 32“ las er. Das war die offizielle Bestätigung.

FIFA-Präsident Sir Stanley Rous persönlich hatte den Sachsen vorgeschlagen, der schon stolz war, zu den ausgewählten 32 WM-Schiedsrichtern zu gehören. Der Brite schätzte dessen Stil. So war es auch kein Zufall, dass Glöckner seine meisten internationalen Einsätze in Großbritannien hatte. Neunzehnmal pfiff er auf der Insel. Seine Berufung war aber auch eine Anerkennung für die Arbeit des DDR-Fußballverbandes.

Das WM-Finale, das Glöckner mit seiner geradlinigen und kompromisslosen Art führte, verlief unproblematisch, zu sehr waren die Brasilianer den Italienern überlegen. Nur die Südamerikaner verübelten Glöckner seine offensichtliche Respektlosigkeit, mit der er die legendären Auftritte des berühmten Masseurs Americo verhinderte, der zweimal minutenlang den „Fußballgott“ Pelé, der sich grundlos auf dem Rasen gewälzt hatte, auf dem Platz behandeln wollte.

Rudi Glöckner, der 1999 nach schwerer Krankheit starb, ist bis heute der einzige Deutsche, der je ein Weltmeisterschaftsfinale pfeifen durfte. Doch genauso stolz war er stets darauf, dass er die Stadien immer ohne falschen Bart und Polizeieskorte verlassen konnte. Dabei gab es durchaus Stationen, an die er ungern zurückdachte. Das Allerschlimmste, was er erlebte, war das EM-Viertelfinalspiel von 1976 zwischen Wales und Jugoslawien (0:2), als die Waliser meinten, sie müssten mit aller Macht die Ehre Britanniens retten. Auch sein tausendstes

Vor dem Anpfiff des WM-Finalspiels Brasilien - Italien in Mexico City am 21.06.1970. Giacointo Facchetti (Ital.), Rudolf Scheurer (Schweiz), Rudi Glöckner (DDR), Angel N. Coerezza (Arg.), Carlos Alberto (Bras.) (v. l. n. r.)

Spiel, das Pokalfinale zwischen Jena und Dresden am 13. April 1974 in Leipzig, hatte er in schlechter Erinnerung. Nachdem die Dresdner in der Verlängerung 1:3 verloren hatten, bekam er eine Flut von Schmäh- und Drohbriefen, die seine Frau allerdings mehr erregten als ihn. Günter Männig, ein Mathematik- und Physiklehrer aus Rötha und Ende der sechziger Jahre mit Glöckner der meistbeschäftigte Schiedsrichter der DDR, bewunderte vor allem diese Fähigkeit an ihm: „Wenn ein Spiel vorbei war, konnte er einen Haken dran machen.“

### SPIELRAUM

Ein Schiedsrichter besitzt eine herausgehobene Position, denn alles hat nach seiner Pfeife zu tanzen. Andererseits übt er ein undankbares Amt aus, denn selbst den guten Referee unterscheidet vom schlechten nur die Quote der geringeren Fehler, und Fehler macht jeder.

Für Glöckner war immer derjenige der ideale Unparteiische, der auf dem Rasen sicher und korrekt auftritt und ein Spiel so leitet, dass seine Anwesenheit auf dem Platz gar nicht auffällt. Wenn er einen Fehler gemacht hat, sollte er nie versuchen, das Versäumnis wieder ausgleichen zu wollen. Ein

## »Der Klempner und Installate 5.850 Spiele gepfiffen«

solches Lavieren geht mit Sicherheit schief, meinte er. Da Schiedsrichterpfiffe Tatsachen-Entscheidungen sind, kann nur er das Spiel zu Ende bringen – schlimmstenfalls mit einer schlechten Leistung. Die wichtigste Voraussetzung aber ist die gegenseitige Achtung zwischen Schiedsrichtern und Spielern, und als Mann in Schwarz hat es Glöckner immer so gehalten, keinerlei Kumpelhaftigkeiten aufkommen zu lassen.

Die gleiche Erfahrung machte Dr. Klaus Scheurell, der zwischen 1971 und 1990 in über 200 Erstliga-Duellen und als FIFA-Referee ab 1979 in 14 Länderspielen und 16 Europapokal-Begegnungen amtierte. Für ihn hat jeder „Schiri" seinen Stil. Es gibt Sprinttypen wie einst den gestenreichen Hans Kulicke aus Oderberg, der immer am „Tatort" war und der oft auch noch einen lockeren Spruch drauf hatte. Beispielsweise so: „Sportfreund Schade, hier pfeifen nur zwei, der Wind und ich!"

Jeder kennt auch den ganz Strengen, die absolute Respektsperson, wie sie Scheurells Schwiegervater Fritz Köpcke darstellte, der 1965 das FIFA-Abzeichen bekam und von 1968 bis 1980 die DFV-Schiedsrichterkommission leitete. Scheurell beschreibt ihn als „Hutträger", der mit seiner Kritik auch seinen Schwiegersohn nicht verschonte: „Wenn der in die Kabine kam und seinen Hut auf den Garderobenständer warf, wusste man gleich Bescheid. Doch nach der Standpauke war die Angelegenheit damit erledigt."

Schließlich gibt es den berühmten Kumpeltyp, der sich mit allen und jedem duzt – natürlich auch mit den Spielern, was diese nicht selten auch auszunutzen pflegen. Nicht zu vergessen jenen Referee, der sich überautoritär gibt und tatsächlich in seiner Art provozierend wirkt.

Scheurell zählte sich zu denjenigen, die nicht nur auf dem Platz „trällern", sondern mit den Fußballern auch reden wollten. Freilich nicht während des Spiels, dafür umso mehr anschließend unter der Dusche, wenn sie alle gleich waren. Vor allem bei solchen Hitzköpfen wie Peter Ducke sei das wichtig gewesen, um ihn zu verstehen. Mit seinen temperamentvollen Auftritten konnte der Jenaer Torjäger ein ganzes Spiel entscheiden, was ihm die gegnerische Abwehr nicht immer mit fairen Mitteln vergolten hat. Und manchmal gab er sich gegenüber den Schiedsrichtern einfach auch nur als „Bad Boy".

Günter Männig, der anfangs in solchen Fragen sehr dünnhäutig war, dachte seinetwegen sogar ans Aufhören. Mitte der sechziger Jahre hatte er in einem Oberligaspiel zwischen Jena und Halle die „Frechheit" besessen, den „Schwarzen Peter" schon nach 18 Minuten vom Platz zu stellen, worauf der Rest der Begegnung für ihn zu einem einzigen Spießrutenlauf wurde. Nach dem Abpfiff brauchte er Polizeischutz, um unbehelligt vom Platz zu kommen. In diesem Moment hatte er sich entschieden, die Trillerpfeife an den Nagel zu hängen. Diejenigen, die ihn am darauf folgenden Montag davon abbrachten, waren der Hallenser Trainer Heinz Krügel und der Vorsitzende des HFC Chemie. Männig ließ sich überreden, noch sehr lange dem Fußballsport treu zu dienen.

Bei einer Entschädigung einschließlich Tagegeld von 45 DDR-Mark, unabhängig von der Dauer des Einsatzes, musste man als Oberliga-Schiedsrichter schon viel Idealismus besitzen, um Wochenende für Wochenende in eine schwarze Montur zu schlüpfen. Ganz zu schweigen von den Kollegen, die in der Kreisklasse amtierten: für drei Mark am Ort und fünf Mark auswärts. Auch bei einem Kilometergeld von zwanzig Pfennig für den eigenen Pkw „Trabant" bzw. vierundzwanzig Pfennig für einen „Wartburg" kam bestimmt nicht der Verdacht auf, da wolle sich einer persönlich bereichern. Die Finanzordnung des DFV vom 1. November 1963 hatte aber auch keine Art der Fortbewegung ausgelassen. So durfte ein Schiedsrichter für jeden zu Fuß zurückgelegten Kilometer zehn Pfennig berechnen – allerdings erst ab einer Wegstrecke von mehr als vier Kilometern.

Ist eine solche Ehrenamtlichkeit wie die von Horst Di Carlo noch zu übertreffen? Der Klempner und Installateur aus dem sächsischen Burgstädt war von

r hatte in 26 Jahren

1954 bis 1980 als Schiedsrichter tätig und führte darüber akribisch Buch. Nach 26 Jahren wies seine Bilanz nicht weniger als 5.850 Spiele aus, die er entweder gepfiffen oder in denen er als Linienrichter agiert hatte. Durchschnittlich stand er alle 1,62 Tage auf dem Platz – manchmal auch mehrfach an einem Tag.

Während die Leistungsfußballer der DDR bereits seit Mitte der fünfziger Jahre über semiprofessionelle Bedingungen verfügten, blieben die Schiedsrichter bis zuletzt Amateure reinsten Wassers. Sicherlich, einige von ihnen waren Angestellte der Sportorganisation, auch die Möglichkeiten einer bezahlten Arbeitsfreistellung wurden vom Gesetz großzügig gehandhabt. Andererseits übten viele von ihnen anspruchsvolle Berufe aus, die vom Diplomjuristen über den Kriminalkommissar bis zum Diplomingenieur reichten.

Trotz 35 bis 40 Einsätzen im Jahr gab es auch akademische Karrieren. So promovierte der Diplomgärungstechnologe Klaus Scheurell zwischen 1983 und 1987 an der Berliner Humboldt-Universität. Wenn er dann allerdings auch noch zu Auslandsspielen angefordert wurde, rief das bei seinem Kombinatsdirektor alles andere als Freudenausbrüche hervor.

Das Training nicht zu vergessen. So wie die Spielgeschwindigkeit in den oberen Klassen immer mehr zunahm, wurden auch die physischen Anforderungen an die Schiedsrichter größer. Es erforderte ein ständiges Üben, um die Bedingungen des Cooper-Tests zu erfüllen. Obwohl Scheurell Ende der achtziger Jahre schon fast das damalige Schiedsrichter-Höchstalter von 50 Jahren erreicht hatte, war er noch immer so fit, innerhalb von zwölf Minuten 3.200 Meter zurückzulegen und die 400 Meter in 61 bis 62 Sekunden zu laufen.

In jeder Saison wurden 25.000 „Schiris" benötigt, um den Spielbetrieb in seiner ganzen Breite von der Knabenmannschaft bis zu den „Alten Herren" aufrechtzuerhalten. Dennoch war diese Zunft niemals ein Sorgenkind des DDR-Fußballverbandes. Die Schiedsrichter waren gut organisiert, sie hielten zusammen und waren lange hoch angesehen – bis …

„Schwarzer Mann" und „Schwarzer Peter", ein Rendezvous von Rudi Glöckner und Peter Ducke, Jena 1975

## SCHATTENSPIEL

An jedem Samstagabend starrten auch in der DDR Millionen Menschen auf die Bildschirme. Ein ganzes Volk spielte Schiedsrichter. Während die Fernsehkamera unbestechliche Bilder lieferte, die oftmals auch noch in Zeitlupe wiederholt wurden, drohte dem schwarzen Mann Schimpf und Schande, weil sein Auge in einem Sekundenbruchteil nicht eine spielentscheidende Szene erfassen konnte. Oder – so die Perspektive des TV-Sessels – sie nicht erfassen wollte?

Seit man Fußball spielt, werden Schiedsrichter des Betrugs beschuldigt. Auch in der DDR, im Rückblick vielleicht sogar besonders dort. Als ein typisches Beispiel für einen verschobenen Sieg gilt das FDGB-Pokalfinale vom 8. Mai 1965 im Berliner Jahnsportpark zwischen dem SC Aufbau Magdeburg und dem SC Motor Jena, als Schiedsrichter Wolfgang Riedel in der 89. Minute gegen Jena einen Foulelfmeter verhängte, den Günter Hirschmann zum 2:1 verwandelte. Peter Ducke bekam daraufhin einen seiner berühmten Ausraster, der mit einer zehnwöchigen Sperre geahndet wurde.

Nach Ansicht der früheren und heutigen Korrekturen hatte Schiedsrichter Wolfgang Riedel aus Falkensee den Strafstoß lediglich in seiner Not verhängt, um eine Verlängerung zu verhindern, da das Pokalfinale das Vorspiel zur Ankunft der Friedensfahrer auf ihrer ersten Etappe gewesen sei. Indes: Ein Blick in das damalige Programm zeigt, dass unmittelbar nach dem Spiel nicht etwa die Ankunft der Fahrer bevorstand, wie behauptet wird, sondern der Ehrenstart, der für 13 Uhr angekündigt war.[3] Ein unmittelbarer Druck, wie er durch eine Etappenankunft entstanden wäre, existierte tatsächlich also gar nicht.

**Der kleine Tom ist zum ersten Male mit seinem Vater bei einem Fußballwettkampf. „Vater", fragte er, „warum wird denn der Herr so ausgeschimpft?" – „Weil er mit einem Stein nach dem Schiedsrichter geworfen hat." – „Aber Papa, er hat ihn doch gar nicht getroffen." – „Na, darum schimpfen sie ja auch."**

(Deutsche Schiedsrichter-Zeitung. 20(1938)8, S. 88)

Als Ende der siebziger Jahre die nationale Siegesserie des Berliner FC Dynamo begann, wurde sie zum alles beherrschenden Thema.

Dabei mischte sich berechtigte Kritik häufig mit landsmannschaftlicher Abneigung gegen die bevorzugte Hauptstadt Berlin und einem Hass auf den „Trägerbetrieb" des „Schiebermeisters", das Ministerium für Staatssicherheit (MfS) mit seinem fußballverrückten Minister Erich Mielke.

Mit Karl Zimmermann musste erst ein neuer DFV-Generalsekretär her, um sich des Problems, das zunehmend zur Belastung geworden war, anzunehmen. Erstmals in der Saison 1984/85 ließ der Leipziger Informationen zusammentragen, mit denen sich eine mehr oder weniger große Bevorzugung des BFC in neun Begegnungen belegen ließ, während gleichzeitig leistungsstarke Mannschaften wie die SG Dynamo Dresden und der 1. FC Lokomotive Leipzig benachteiligt wurden. Diesen seinen Bericht, zu dem auch „weitere Fakten" gehörten, „die einen gezielten Einfluss anderer Instanzen auf die Schiedsrichter vermuten lassen", reichte Zimmermann bei dem sowohl für den Sport als auch für die Sicherheitsorgane zuständigen ZK-Sekretär Egon Krenz ein.[4]

Krenz lehnte anfangs eine „BFC-Diskussion" ab. Doch als sich die negative Tendenz auch im Pokalfinale von 1985 zwischen dem BFC und Dynamo Dresden fortsetzte, konnte er sich angesichts der aufgebrachten Stimmung in der Bevölkerung dem Thema nicht mehr länger entziehen, zumal die Videoauswertung bei den Entscheidungen von Schiedsrichter Manfred Roßner eine dreißigprozentige Fehlerquote ergeben hatte, meist zu Ungunsten der Dresdner.[5] Um nicht endgültig die Glaubwürdigkeit zu verlieren, verbannte die DFV-Führung den Geraer für ein Jahr in die Liga. In einem Brief an Krenz gab Roßner zwar zu, keine optimale Leistung gebracht zu haben, ansonsten zeigte er sich aber uneinsichtig.

Die nächste Meisterschaftssaison 1985/86 unterschied sich von den vorherigen durch eine mutigere Presse, die ihre frühere Zurückhaltung zunehmend ablegte und umstrittene Schiedsrichterentscheidungen nun auch benannte. Der BFC reagierte darauf mit wütenden Attacken. So beschimpfte Klubchef Manfred Kirste die Sportchefs des DDR-Fernsehens und der Jugendzeitung „Junge Welt" brieflich als publizistische Helfershelfer von Staatsfeinden, was selbst dem recht proletarischen Mielke zu viel war, worauf er unter dem Druck von Krenz eine Entschuldigung nachreichen ließ.[6]

Das Fass zum Überlaufen brachte dann der 18. Spieltag, der als „schwarzer Samstag" in die Geschichte des DDR-Fußballs einging und an dem in sechs Spielen von den Schiedsrichtern drei rote und 27 gelbe Karten verteilt wurden. Wenn es bis dahin noch Zweifel an der Bevorzugung des BFC Dynamo gegeben hatte, so wurden diese an jenem 22. März 1986 im Leipziger Bruno-Plache-Stadion ausgeräumt, wo der Abonnementmeister auf den 1. FC Lokomotive Leipzig traf. Beim Stande von 1 : 0 für die Gastgeber stellte Schiedsrichter Bernd Stumpf aus Jena in der 80. Minute den bereits mit einer „Gelben" belasteten Leipziger Nationalspieler Matthias Liebers vom Platz, weil dieser bei einem BFC-Freistoß zu früh aus der Mauer herausgetreten war. Mit zehn Mann versuchten nun die Sachsen aufopferungsvoll, sich über die restliche Spielzeit zu retten.

Neunzig Minuten waren vorüber, doch der Referee dachte gar nicht daran, das Spiel abzupfeifen. Bei einer Flanke in der 95. Minute kam der BFC-Stürmer Bernd Schulz im Leipziger Strafraum zu Fall, worauf Stumpf auf den Elfmeterpunkt zeigte und Frank Pastor den geschenkten Strafstoß zum 1 : 1 verwandelte.

Das irreguläre Ergebnis löste nicht nur bei den enttäuschten Fans einen Aufschrei der Empörung

Emblem des zehnmaligen DDR-Meisters, des Berliner FC Dynamo

aus, auch einflussreiche Funktionäre wie der Sportabteilungsleiter im ZK der SED, Rudolf Hellmann, der das Spiel auf der Tribüne miterlebt hatte, äußerten ihr Unverständnis. In einem chiffrierten Fernschreiben informierte der 2. Sekretär der SED-Bezirksleitung Leipzig, Helmut Hackenberg, die Berliner Zentrale über die „berechtigte Empörung" der Leipziger Bevölkerung.[7]

Nach diesen Vorkommnissen entschloss sich Krenz, den gordischen Knoten zu zerschlagen und das Übel an der Wurzel anzupacken. Mit seiner Billigung wurde der bisher für den Wettspielbetrieb verantwortliche DFV-Vizepräsident Dr. Gerhard Dylla abgesetzt. Als Oberst der Staatssicherheit stand er im Verdacht, im Hintergrund die Fäden zu ziehen. Auch der Vorsitzende der DFV-Schiedsrichterkommission Heinz Einbeck, ebenfalls Mitglied des BFC Dynamo, verlor sein Amt. An seine Stelle trat Rudi Glöckner, dessen Renommee schon Garantie genug schien, um auf eine positive Veränderung zu hoffen. Seine rechte Hand als Beobachter wurde Günter Männig, der Unbestechliche. Bernd Stumpf schließlich wurde lebenslang gesperrt; vergeblich wandte er sich deswegen an Erich Honecker.[8] Manche meinten allerdings, er wäre nur ein Bauernopfer gewesen.

Auch wenn definitive Beweise für manipulierte Spiele fehlten, so hatten einige so genannte Unparteiische damit aber noch lange keine weiße Weste. Da der Weg auf die FIFA-Liste in der DDR über die Bestätigung als „Reisekader" führte, erklärte sich solch willfähriges Verhalten, wie es manche Referees an den Tag legten, wohl am ehesten mit vorauseilendem Gehorsam.

## NACHSPIEL

Obwohl nach dem Eingreifen von Egon Krenz der BFC einen Bonus verloren hatte, blieb er weiter an der Spitze. Unterstützt wurde er nun nicht mehr durch zweifelhafte Entscheidungen, wohl aber durch die schwächelnde Konkurrenz. Erst in der Saison 1988/89 musste er den Titel an Dynamo Dresden abgeben.

Auch bei den „Schiris" tat sich einiges. Nach Erreichen der Altersgrenze trat Adolf Prokop, der 1978 und 1982 bei Welt- und 1980 und 1984 bei Europameisterschaften gepfiffen hatte, zurück. Er war international sehr geschätzt, während man ihn zu Hause eher zwiespältig sah, weshalb die DFV-Führung ihm 1985 auch untersagt hatte, weiterhin Spiele des BFC Dynamo zu leiten. Nach dem Ende der DDR stellte sich dann heraus, dass der Erfurter „Offizier im besonderen Einsatz" im Range eines Oberstleutnants des MfS gewesen war.[9]

Nun bekamen auch Schiedsrichter wie Siegfried Kirschen eine Chance. Der Armeeoffizier aus Frankfurt/Oder hatte schon bei den EM von 1980 und 1984 als Linienrichter fungiert, nun stieg er zum WM-Referee auf. 1986 pfiff in der Vorrunde Brasilien – Nordirland und im Viertelfinale Belgien – Spanien, 1990 amtierte er als Spielleiter der Begegnungen Belgien – Uruguay und ČSFR – Costa Rica.

Dann folgte die Vereinigung, in die die DDR nicht nur eine Menge talentierter Fußballer einbrachte, sondern auch viele qualifizierte „Schiris". Fünf von ihnen, Karl-Heinz Gläser (Breitungen), Günther Habermann (Sömmerda), Bernd Heynemann (Magdeburg), Klaus-Dieter Stenzel (Forst) und Wieland Ziller (Königsbrück) schafften 1991 den Sprung in die Bundesliga.

**Anmerkungen**

1 Neues Deutschland vom 18.04.1950.

2 Helmut Schön, Fußball, Frankfurt am Main/Berlin/Wien 1980.

3 Neues Deutschland vom 08.05.1965.

4 SAPMO IV 2/2.039/247, Bl. 88–92, Büro Krenz.

5 Ebd., Bl. 93–96.

6 SAPMO IV 2/2.039/251, Bl. 100–105. Büro Krenz.

7 Ebd., Bl. 154–156.

8 Ebd., Bl. 113–118.

9 Hanns Leske, Erich Mielke, die Stasi und das runde Leder. Der Einfluß der SED und des Ministeriums für Staatssicherheit auf den Fußballsport in der DDR, Göppingen 2004, S. 595.

# DER RICHTER IM SCHIEDSRICHTER UND DIE GERECHTIGKEIT

## Betrachtungen zum Schiedsrichter aus gesellschaftspolitischer und juristischer Sicht

von Manfred Fock

Der Begriff des Schiedsrichters geht auf das 16. Jahrhundert zurück und stammt aus dem Neuhochdeutschen. Aus dem Mittelhochdeutschen ist der Schid(e)man überliefert, wobei shid (auch shit, shiet) für Entscheidung steht. Zusammen also der „Mann (Richter), der die Entscheidung fällt". Der Begriff des „Richters" stammt wiederum aus dem Althochdeutschen (8. Jahrhundert). Die geschichtlichen Ursprünge des Richteramtes reichen bis in die Urzeit zurück. Der Richter, heißt es im Artikel 97 Grundgesetz, § 1 GVG, ist unabhängig und nur dem Gesetz unterworfen. Das bedeutet, er ist in seiner richterlichen Tätigkeit keinerlei Anweisungen vorgesetzter Behörden oder sonstiger politischer Kräfte unterworfen, und er kann wegen seiner richterlichen Tätigkeit nur im Falle strafbarer oder disziplinarrechtlicher Vergehen durch richterliche Entscheidung aus dem Amt entlassen, versetzt oder sonst wie benachteiligt werden.

Im offiziellen Regelwerk des Deutschen Fußball-Bundes heißt es unter Regel V – der Schiedsrichter: „Für jedes Spiel muss ein Schiedsrichter bestimmt werden. Seine Autorität und die Ausübung der Befugnisse, die ihm durch die Spielregeln gegeben werden, beginnen, sobald er das Spielfeld betritt. Seine Macht, Strafen zu verhängen, erstreckt sich auch auf Vergehen, die begangen werden, wenn das Spiel zeitweilig unterbrochen wurde oder wenn der Ball aus dem Spiel ist. Seine Entscheidungen über Tatsachen, die mit dem Spiel zusammenhängen, sind endgültig, soweit es um das Spielergebnis geht."

Die geschichtlichen Wurzeln des Fußballspieles reichen bekanntlich bis in das 3. Jahrtausend v. Chr. zurück. Seit 1871 findet sich auch ein Schiedsrichter auf dem Kampfplatz beziehungsweise dem Spielfeld. Also, seit über 132 Jahren mögen sie „Spiel um Spiel beleidigt und verflucht und beschimpft werden, aber sie erleben die Aufregung des Spiels aus nächster Nähe. Darauf möchten sie trotz der zu erduldenden Obszönitäten und trotz der kümmerlichen Bezahlung nicht verzichten. Und der Rest des Fußballstammes muss ihnen dafür dankbar sein, denn ohne sie würde Chaos herrschen, und die ganze Welt des Fußballs würde sich auflösen". Der Verhaltensforscher Desmond Morris hätte es treffender kaum formulieren können. Es charakterisiert und zeigt gleichzeitig die zeitlose Rolle des 23. Mannes auf dem Spielfeld. Solange es den klassischen Schiedsrichter gibt, wird er beschimpft, sei es von den Spielern, den Zuschauern oder Medieninszenierungen. Sollte anstatt seiner tatsächlich einmal ein ein- oder zweiköpfiger, elektronisch gesteuerter Zweibeiner mit Sensoren, Lichtschranken und ebensolchen Pranken auflaufen, ist es mit diesen menschlichen, allzu menschlichen Reaktionen auch vorbei. Sie würden verpuffen und dem Fußballspiel ein wichtiges dramaturgisches Element rauben, die Fehlentscheidung. So könnten wir uns gleichfalls die folgende Diskussion schenken, oder anders gesagt, es gäbe weder einen Anpfiff noch einen Abpfiff.

Der Schiedsrichter hat Regeln durchzusetzen, analog zum gemeinen Amtsrichter, der den Gesetzen oder der Gesetzgebung in ihren Entscheidungen, sprich Beschlüssen oder Urteilen, Geltung zu verschaffen hat. Recht und Ordnung muss gewahrt bleiben, um ein gesellschaftliches Miteinander zu ermöglichen. Auf dem Fußballfeld sind ebenfalls Regeln zu beachten und einzuhalten. Bei Zuwiderhandlungen drohen Strafen beziehungsweise Ahndungen. Der Schiedsrichter muss entscheiden und richten. Er hat in Sekundenschnelle zu reagieren. Hierin unterscheidet er sich vom gewöhnlichen Amtsrichter, auch Vorsitzender genannt. Auch das äußere Umfeld ist ein anderes. Jener sitzt nicht in einem Stadion vor Tausenden von Zuschauern, sondern im so genannten Gerichts- oder Sitzungssaal. Auch der Lärmpegel ist ein anderer. Hier herrscht Ruhe. Bis zur Entscheidung oder Urteilsfindung bleibt analog zum Sportgericht, in dem die gravierenden Regelverstöße verhandelt werden, Zeit. Und dies ist der entscheidende Punkt, es wird verhandelt. Auf dem Fußballplatz dagegen muss die Entscheidung, das Richten, sofort erfolgen. Lässt sich ein Schiedsrichter erst einmal auf eine Diskussion ein, hat er meist schon verloren und wird im

**Ein kurioser Protestfall in Italien weckt diese Gedanken. Da spielten die Reserven von Liguria und Juventus (Turin) in ihrer Meisterschaft. Liguria verlor 1:0, aber – sie protestierte. Grund: Der Linienrichter sei noch keine 18 Jahre alt gewesen, und das sei unstatthaft. Die Behörde musste wohl oder übel ein neues Spiel ansetzen, denn formal hatte der Verlierer Recht. Das Spiel wurde wiederholt. Als Linienrichter wirkte – derselbe junge Mann, der nämlich inzwischen seinen 18. Geburtstag gefeiert hatte.**

(Deutsche Schiedsrichter-Zeitung. 24(1942)11, S. 6)

weiteren Spielverlauf einen schweren Stand gegenüber den Spielern haben.

Der neben der Frohnatur Walter Eschweiler vielleicht fröhlichste Schiedsrichter, was seine, wenn man so will „unverkrampfte Beziehung“[1] zu Spielern angeht, war der Oberhausener Wolf-Dieter Ahlenfelder. Er stammt freilich aus einer anderen Zeit, einer Zeit, als das Fußballspiel noch nicht von der Schnelligkeit und Athletik heutiger Tage geprägt war. Auch an den Schiedsrichter wurden nicht die Anforderungen gestellt, die er heute, denkt man schon allein an die körperliche Fitness, zu erfüllen hat.[2] Mit der premieregerechten Totalüberwachung des Spielgeschehens via Fernsehkameras und der Beobachtung durch den Oberschiedsrichter seitens des DFB wird der Bundesliga-Schiedsrichter auf Schritt und Tritt, per Pfiff und Nichtpfiff überwacht. Schon von daher würde einer wie Ahlenfelder nicht mehr zurechtkommen, geschweige denn die Chance bekommen, in der obersten Deutschen Liga zu pfeifen. Ahlenfelder wortwörtlich: „Der Oberschiedsrichter würde denen doch am liebsten vorschreiben, dass sie 'ne Obstwaage zum Nachwiegen der Bälle mitbringen müssen. ... Aber ich hatte verdammt noch mal auch meine eigenen Richtlinien. Ich bin im Spiel immer der Mensch geblieben, der ich wirklich bin.“[3] Welchen Zwängen und Verlockungen der heute 62-jährige Ahlenfelder in seiner 14-jährigen Laufbahn als Bundesliga-Referee ausgesetzt war, wäre ein ganz anderes und womöglich interessantes und sehr unterhaltsames Thema. Um aber damit endlich die humoristische Seite abzurunden, und auch die darf und soll in einem solchen Beitrag nicht zu kurz kommen, sei die rein rhetorische Frage gestellt, was ihn zum Beispiel dazu veranlasste, in einem Bundesligaspiel die Mannschaften bereits nach dreißig Minuten in die Kabine zu schicken und ob für ihn das Pils beim Mittagsmahl vor einem Spiel eine eher rituelle Handlung darstellte? „Na ja, Sie wissen schon“, würde Herr Ahlenfelder, respektive „Ahli“, womöglich darauf antworten, oder anders gefragt: „Ahli, wo ist nur das fröhliche Gesicht der Schiedsrichterei geblieben?“[4]

Der Unparteiische ist in allen Fußball-Ligen Zwängen und Verlockungen ausgesetzt. Aus rein individualpsychologischer Sicht muss er sich als Person soweit es geht zurücknehmen. Seine Unparteilichkeit muss gesichert, muss gewahrt sein. (Sie wird in aller Regel durch so genannte Oberschiedsrichter von Spieltag zu Spieltag überprüft.) Diese immer wieder einzuhalten ist bekanntlich nicht allein seine Aufgabe. An dieser Stelle seien die beiden Schiedsrichter-Assistenten und der vierte „Schiri“ am Spielfeldrand erwähnt. Derjenige, der das Schiedsrichteramt ausführt, hat eine gewisse Macht. Er entscheidet. Er kann darüber befinden, ob zum Beispiel ein Spieler vorzeitig das Spielfeld verlassen muss. Er bestimmt, wann der Schlusspfiff erfolgt. Er ist auf dem Spielfeld tatsächlich der „Herr der Regeln“.

Gibt er Verlockungen nach, begeht er Machtmissbrauch. Diese Verlockungen müssen nicht unbedingt materialistischer Natur sein. Der Schiedsrichter unterliegt dabei Zwängen, die per se aus seiner Funktion herrühren. Diese können zum Beispiel auch Vorgaben des Verbandes sein, die wiederum Voraussetzung dafür sind, dass die Berufung beziehungsweise der Aufstieg in die nächst höhere Spielklasse gesichert wird. Der Profischiedsrichter, oder genauer gesagt der Berufsschiedsrichter im Jahre 2006, muss sich mehr denn je darüber bewusst sein, dass er Macht ausübt. Schon in der Machtausübung selbst, jetzt im streng politischen Sinne, liegt seit jeher die Verlockung, Handlungen zu begehen, die dazu führen, dass das (Schiedsrichter-)Amt durch die ausführende Person korrumpiert wird.

Werfen wir nun einen kurzen Blick auf die unteren Regionen des Fußballsports und lassen Zwänge und Verlockungen beiseite. Macht und Ohnmacht des Schiedsrichters sind hier viel augenfälliger als in der vermeintlich dünnen Bundesliga-Luft. Im Amateur- und Jugendbereich trifft der Unparteiische irgendwo zwischen Flensburg und Freilassing auf den am Spielfeldrand stehenden, zugegebenermaßen etwas anderen Ober-Schiedsrichter, der sich bekanntlich durch eine „profunde" Regelkenntnis auszeichnet. Das heißt, geschult durch jahrelanges Zappen an der Fernbedienung ist jener von der Fernsehwirklichkeit völlig umnebelt und steigt auf zum unfehlbaren „Schiri". Eine Spielsituation wird bekanntlich in mehreren Sequenzen „zerwirklicht" und mit verschiedenen Tempi unterlegt. Aus dem Bundesliga-Tele-Visions-Samstag rutscht unser Ober-Schiedsrichter also direkt aus seinem Fernsehsessel und läuft Sonntagnachmittag zum Spiel seines Clubs, der in der unteren oder oberen fernsehfreien Amateur-Fußballwelt gegen die Kugel tritt. Hier, in den unteren Regionen, wo der Fußballsport als Breitensport „wirkt" und mitunter in seiner ursprünglichen Form zur vollen Geltung kommt, lassen sich Akteure, Funktionäre, Zuschauer und deren Verhaltensweisen am besten beobachten. Auch die Trainer sind laut Amateur-Schiedsrichter Peter Mossmann aus München inzwischen eifrige Nachahmer der Sammers, Geyers und Henkes. Sowohl in der Hetze gegen den Schiri als auch im Aufheizen der Zuschauer. Die B-Klasse, ein Spiegelbild der Bundesliga. „Der Schiedsrichter ist bei uns inzwischen zum Freiwild geworden", konstatiert Mossmann.[5]

Dieser Fußballwildnis entwachsen freilich nur die besten Schiedsrichter, also die, die sich nicht unterkriegen haben lassen. (Spätestens an dieser Stelle fragt sich nicht nur ein Außenstehender immer wieder, was jemanden dazu veranlasst, das Schiedsrichteramt zu übernehmen.) Im Profifußball angekommen, muss der Unparteiische feststellen, dass „in den letzten Jahren die Hemmschwelle, anderen Menschen etwa anzutun, klar gesunken ist. Nur der persönliche Erfolg und das Ergebnis werden in das Zentrum des Verhaltens gestellt. In diesem Klima macht es keinen Spaß mehr zu arbeiten."[6] Der Fußball als Abbild der Gesellschaft, in der Aggressionen und Brutalität zunehmen? Diese Frage könnte leichthin mit einem Ja beantwortet werden. Doch diese Gleichung ist zu einfach und womöglich zu kurz gedacht.

Ein kurzer Abstecher in den Jugendbereich mag da einiges erklären. Wo, wenn nicht hier, sollten doch die Grundlagen gelegt werden, die Person des Schiedsrichters zu respektieren und dessen Entscheidungen zu akzeptieren. Dies zu vermitteln ist in erster Linie die Aufgabe des Trainers. Die Schulungen derselben übernehmen bekanntlich die Landesverbände des DFB. Der Schiedsrichter und dessen Rolle ist in den Übungsleiterkursen in aller Regel kein Thema. Anzumerken ist in diesem Zusammenhang, dass meistens Väter als Trainer agieren, deren Kinder in der Mannschaft spielen. Es ist zwar sehr löblich, wenn der per se zum Trainer berufene Vater an einem Übungsleiterkurs teilnimmt, mehr aber auch nicht. Ihm obliegt es, das Fußballspiel und dessen Regeln den Kindern und Jugendlichen zu vermitteln. Das negative Ergebnis dieser „Vermittlung" ist Woche für Woche bei Jugendspielen zu beobachten.[7] Zahlreiche Untersuchungen bestätigen immer wieder, dass der Nährboden für die oben erwähnten Verkehrsformen und Verhaltensmuster in der Fußballwildnis im Jugendbereich bereitet wird. Gutgemeinte Aktionen wie „Fair ist mehr" bleiben Versuche. Es gilt die Regel (so ein 14-jähriger Jugendspieler): „Fairness heißt, fair spielen und, wenn es sein muss, foulen".[8] Der Unparteiische hat folglich bereits im Jugendbereich einen sehr schweren Stand. Er muss sich, ganz abgesehen von den am Spielfeldrand keifenden Müttern und brüllenden Vätern, gegen Trainer und Spieler behaupten.

Festzustellen bleibt, dass die nicht hoch genug zu schätzenden positiven Einflüsse des Mannschaftssports auf den Jugendlichen und dessen Sozialisation oft genug konterkariert werden. Der Verein,

wenn es sein muss, foulen«

von Sportbundpräsident Manfred Richtofen als ein Ort von „Toleranz, Streitanstand und Regelakzeptanz" gepriesen, ist nicht mehr als ein Idealtypus. Gesellschaftspolitisch gesehen können in Sportvereinen, und hier vor allem über den Mannschaftssport, tatsächlich Werte vermittelt werden, die kein Elternhaus, keine Schule, kein Freizeitheim leisten kann oder gar ein gutmeinender Sozialpädagoge glaubt leisten zu können. Das große Manko in den Sportvereinen aber bleibt und ist evident: die vielen unausgebildeten Trainer („Ich hab' es ja nur gut gemeint") und mangelhaft ausgebildeten Trainer („Ich hab' es ja nur besser gemeint").

Und irgendwo dazwischen hören wir den Schiedsrichter pfeifen und kommen zu dem Ergebnis: Das Unparteiisch-Sein, vor allem im Jugendbereich, war noch nie so schwer wie heute.

Verlassen wir die unteren Regionen, den Jugendbereich und die „Hammelliga", respektive die gemeine Amateurliga. Auch ein gewisser Herr Hoyzer hat ganz unten angefangen und zielstrebig seine Karriere als Schiedsrichter verfolgt. Eines Tages, es war der 21. August 2004, empfing Hoyzer Herrn Ante S. in einem Paderborner Hotel. Letzterer bot Hoyzer eine „Siegprämie" von 20.000 Euro an, falls der Regionalligaclub SC Paderborn den Bundesligisten Hamburger SV aus dem DFB-Pokal werfe. Jörg Marwedel hat die Ereignisse dieses Tages in seinem Artikel „Was Sie pfeifen, ist das Allerletzte" nachgestellt:

„15:00 Uhr: Hoyzer pfeift die Partie im Hermann-Löns-Stadion an. 7.000 Zuschauer sind da, die meisten hoffen auf eine Pokal-Sensation. Auch Ante und Filip S. sitzen erwartungsfroh auf der Tribüne.

15:13 Uhr: Der HSV geht durch Rahn 1:0 in Führung. Hoyzer unterbindet fortan auffällig oft Aktionen der Hamburger mit Freistoß für Paderborn.

15:20 Uhr: HSV-Trainer Klaus Toppmöller beschwert sich bei Schiedsrichter-Assistent Stephan Kammerer: ‚Hier ist doch was faul.'

15:30 Uhr: Mpenza erzielt trotzdem das 2:0, die Hamburger wirken souverän und kontrollieren das Spiel.

15:35 Uhr: Hoyzer raunt Paderborns Kapitän Waterink zu: ‚Mach' doch mal was.' Kurz darauf fällt Waterink im Strafraum. Der in der Nähe stehende Hamburger Rahn hat ihn nicht gefoult, doch Hoyzer gibt Elfmeter, und Spork verkürzt auf 1:2.

15:36 Uhr: Die HSV-Profis können sich nicht beruhigen. Emile Mpenza läuft auf Hoyzer zu und ruft zweimal: ‚Arschloch.' Der Schiedsrichter zeigt die rote Karte.

15:41 Uhr: Gegen zehn aufgebrachte Hamburger schießt Müller das 2:2. Die Zeitlupe zeigt: Müller hat sich bei einem Gegenspieler aufgestützt – ein nicht geahndeter Regelverstoß.

16:10 Uhr: Der HSV-Profi Sergej Barbarez, 33, reklamiert bei Hoyzer nach einer erneut umstrittenen Entscheidung. Der Schiedsrichter kontert: ‚Reg' dich nicht auf, deine Zeit ist eh vorbei.'

16:18 Uhr: Der Paderborner Cartus nutzt eine Konfusion in der Hamburger Abwehr und erzielt das 3:2.

16:20 Uhr: Hoyzer pfeift einen Freistoß für den HSV, Christian Rahn sagt zu ihm: ‚Das ist der erste den ich bekomme.' Hoyzer spottet: ‚Da kannst du mal sehen, wie selten du am Ball bist.'

16:30 Uhr: HSV-Profi Stefan Beinlich kommentiert Hoyzers Wirken ironisch: ‚Was Sie pfeifen, ist das Allerletzte.' Der Schiedsrichter antwortet: ‚Pass auf, das kann ich noch viel besser.'

16:37 Uhr: Paderborns Stürmer Löbe lässt sich wie ein Kartoffelsack im Strafraum fallen. Ein Gegner hat ihn nicht berührt. Hoyzer gibt erneut Strafstoß, Spork verwandelt zum 4:2.

Später Nachmittag: Die HSV-Profis werden von mitgereisten Fans bespuckt und als ‚Versager' beschimpft. Stefan Beinlich ist da schon von einem Bekannten zugetragen worden, was Hoyzer zu einem Paderborner Spieler in der Halbzeit gesagt haben soll: ‚Spielt ihr mal so weiter, den Rest erledige ich.' Und: ‚Die können spielen, wie sie wollen, die haben hier keine Chance.' Die Information macht im Mannschaftskreis die Runde. Hoyzer steigt ins Auto von Filip S. und fährt mit ihm zurück nach

> **Vor kurzem pfiff ich ein Turnier. Zu meiner Freude sah ich als Zuschauer den Vorsitzenden des Vereins, einen ehemaligen Schiedsrichter-Kollegen, an der Seitenlinie stehen. In der Pause erzählte er mir, dass er 6 Richtige im Lotto gehabt und 2,1 Millionen DM gewonnen hätte. Daraufhin bat ich ihn, im nächsten Spiel bei mir als Linienrichter zu fungieren. Er war sofort bereit. So bildeten wir ein gutes Gespann. Das gute Spiel feierten wir natürlich mit ein paar Gläschen. So kann ich meinen Enkeln später mal erzählen, dass ich einen Millionär als Linienrichter hatte.**
>
> (DFB-Schiedsrichter-Zeitung, 69(1992)4, S. 31)

Berlin, wo der Referee sein Geld bekommen soll.

Abends: Hoyzer trifft im Café King ein und wird von ‚Freunden' gefeiert."

Es ist schon erstaunlich – und es scheint, ich müsste fast alles, was ich in diesem Zusammenhang oben ausgeführt habe, revidieren –, dass trotz der „Totalüberwachung", dem „Oberschiedsrichter" und so weiter ein Spiel-Betrug wie dieser heute noch möglich ist. Ist nun ein korrupter Schiedsrichter wie Robert Hoyzer nur ein Einzelfall oder die Spitze des Eisbergs, und wo liegen die Ursachen für ein solches Fehlverhalten? Um es kurz zu fassen, es ist müßig, darüber zu diskutieren. Auch der Fußballsport ist gegen Korruption nicht immun. Sie wird es immer geben. Der Profisport ist eingebettet in einem gesellschaftlichen Rahmen. Der Profisport ist keine Insel der Glückseligen und wird nicht ausschließlich von moralisch integren Menschen geführt, geleitet und bestimmt. Es sei an dieser Stelle auch an den Bundesliga-Skandal in den siebziger Jahren erinnert, in den einige namhafte Nationalspieler verwickelt waren, oder an das unselige Drama um „Heinzi" Wildmoser und den Bau der Allianz Arena in München anno 2004.

In einer offenen, durchlässigen Gesellschaft mit demokratischen Grundwerten wird Korruption immer existent sein. Die Ursachen können nicht pauschal beantwortet, sie können nur untersucht werden. Unzählige Veröffentlichungen sind ein Beleg dafür. Sie sind zuvorderst am Einzelfall festzumachen, zum Beispiel an der Person eines Herrn Robert H. Das Netzwerk der Korruption, das heißt, die weit verzweigten Strukturen und die daraus folgenden Absprachen, von Wettbüros bis hin zu Baufirmen und so weiter, gehören zu den ungeschriebenen kapitalistischen Gesetzen. Weiter wäre es in diesem Zusammenhang durchaus nützlich, sich darüber bewusst zu sein, dass eine Gesellschaft ohne Kriminalität nicht existieren kann. Die Geschichte der „Strafe" – und in welchen Strukturen sie zur Anwendung kommt und funktioniert – hat der französische Historiker Michel Foucault hinlänglich diskutiert. Der Korruption Einhalt zu gebieten ist im Sport ein genauso schwieriges Unterfangen wie in der Gesellschaft. Vergleicht man, wie Wirtschaftskriminelle und im Gegensatz dazu kleine Drogendealer behandelt werden, könnten sehr schnell Zweifel an der Rechtssprechung aufkommen.

Schlussbemerkung. Und wie im wirklichen Leben lautet der Satz: Gerechtigkeit gibt es nicht. Es wird Recht gesprochen. Es ist in unserem Fall der Schiedsrichter, der die Entscheidung fällt, und die kann und muss bekanntlich nicht immer richtig sein. Dies zu wissen und gleichzeitig zu akzeptieren ist auch im gesellschaftspolitischen Kontext gesehen ein im Grunde genommen nie endender Lernprozess.

**Anmerkungen**

1 Wolf-Dieter Ahlenfelder in einem Interview mit dem Münchner Merkur vom 19.11.2002. – Anmerkung: Ahlenfelder leitete zwischen 1975 und 1989 106 Bundesligapartien.

2 Pierluigi Collina in der Süddeutschen Zeitung vom 31.12.2003: „Beim Cooper-Test über neun Minuten Dauerlauf legte 1990 der beste WM-Referee 2.400 Meter zurück. Vor der WM in Japan und Korea sind mehrere Unparteiische über drei Kilometer gerannt. Im Durchschnitt haben sich die Schiedsrichter in den vergangenen zwölf Jahren läuferisch um über zwanzig Prozent verbessert".

3 Wolf-Dieter Ahlenfelder in einem Interview mit dem Münchner Merkur vom 19.11.2002.

4 Ebd.

5 Florian Kinast: Wie die Amateur-Schiedsrichter in Bayern leiden, in: Abendzeitung München vom 23.11.2002.

6 Carsten Kardach (Bundesliga-Schiedsrichter-Assistent) in der Frankfurter Allgemeinen Sonntagszeitung vom 17.11. 2002.

7 Manfred Fock: Jugendfußball gestern und – heute?, Adelshofen 1994.

8 Marcus Anhäuser: Schwalben, Fouls und Meckereien, in: Süddeutsche Zeitung vom 31.08.2005.

# TERRORMANN UND REGELWÄCHTER

## Die letzte Instanz: der Schiedsrichter

von Rainer Moritz

Nicht immer handelt der Mensch so, wie er handeln könnte, nicht immer gründet sein Tun auf jener Moralität, die ihn von anderen Lebewesen abhebt. So weiß oder ahnt jeder Vernunftbegabte, dass nicht jeder des anderen Wolf sein darf, dass Auge um Auge, Zahn um Zahn auf Dauer keine sinnvolle Anweisung im sozialen Verhalten darstellt ... und dennoch fällt es schwer, diese Maximen im täglichen Daseinskampf zu beherzigen. Der spielende Mensch zum Beispiel: Nur da, wo der Mensch spielt, ist er, wie Friedrich Schiller in seinen Briefen „Über die ästhetische Erziehung des Menschen" betonte, wahrhaft bei sich und bringt die auseinander strebenden Kräfte von Vernunft und Sinnlichkeit zusammen. Der „homo ludens" (Johan Huizinga) begründet die Kultur und lässt sich von der Unfreiheit der Arbeitswelt nicht bestimmen.

Wer spielt, so der Tenor, vergisst die Zwänge des Lebens. Er stellt sein Tun nicht unter die Anforderungen des Gewinnen- oder Geldverdienen-Müssens. Um der Schönheit und Freiheit willen gibt sich der Spielende seinem Treiben hin. Schnöde Sekundärziele dürfen sein Tun nicht belasten, und wer dies anders sieht, hat vom Wesen des Spiels wenig verstanden.

So die Theorie – doch wie immer beginnen die Probleme, wenn der moralisch sich nicht auf seiner potenziellen Höhe bewegende Mensch seine Möglichkeiten in der Praxis umsetzen will oder muss. Versuchungen umzingeln den Spieler, locken ihn in die Falle der Abhängigkeit. Viele Spiele kreisen nicht selbstgenügsam um und in sich selbst, sondern sind mit zähl- und messbaren Resultaten verknüpft. Spiele führen zu Hotels in der Schlossallee, zu Toren, Körben oder Satzgewinnen, und das Schielen auf den denkbaren Sieg überlappt die pure Spielfreude, vor allem wenn Triumphe mit schnödem Mammon oder gesellschaftlichem Ruhm honoriert werden.

Einer nur, so will es heutzutage scheinen, stellt sich dem Verlust des reinen Spielvergnügens unbeirrt entgegen: der Schiedsrichter. Er allein macht

Der „russische Linienrichter" Tofik Bachramow aus Aserbaidschan beim Einzug ins Wembley-Stadion 1966 mit Schiedsrichter Gottfried Dienst und Linienrichter Karol Galba (v. l.)

sich auf, der Gerechtigkeit – nach Aristoteles der höchsten aller Tugenden – Gehör zu schaffen, sie den erfolgsversessenen Spielern in Erinnerung zu rufen bzw. zu pfeifen. Der Unparteiische schießt keine Tore, er waltet seines Amtes unabhängig davon, wie Akteure und Zuschauer sein Wirken kommentieren. Jedes Wochenende, jeder Spieltag der Fußball-Bundesliga dokumentiert es anschaulich: Der Schiedsrichter ist die Hassfigur der modernen Gesellschaft, mal der Lächerlichkeit preisgegeben, mal dem blanken Zorn ausgeliefert. Gewiss, sein Renommee war stets überschaubar: Wer denn, so die Spötter, ist bereit, sich allwöchentlich dem Geifer schnaubender Spieler auszusetzen und von TV-Kameras auf Schritt und Tritt verfolgt zu werden? Wer schon will übelste Beschimpfungen geduldig ertragen, von denen die „Bratwurst", mit der Fredi Bobic einst Schiedsrichter Kasper bedachte, eine der harmlosesten ist?

Der Schiedsrichter ist an allem schuld, so einfach ist das. Wenn hoch bezahlte Leverkusener Profis gegen Wolfsburg nicht treffen, wenn Bayern München skandalöserweise mit Feldverweisen bedacht wird, wenn die Torwartverrückten von Lehmann bis Kahn wieder ausrasten – immer findet sich in Sekundenschnelle ein Sündenbock, und der heißt Markus Merk, Knut Kircher, Michael Weiner oder Franz-Xaver Wack. Der Referee erfüllt in dieser Hinsicht eine zentrale Kompensationsfunktion. Er lenkt ab vom eigenen Unvermögen und erlaubt es den Nicht-Unparteiischen, selbstbewusst in den Spiegel zu schauen, auch wenn man am Tag zuvor drei hundertprozentige Torchancen vergeigt hat und sein Monatssalär wohltätigen Einrichtungen stiften müsste.

Arturo Yamasaki (Peru) mit seinen Linienrichtern Guillermo Vealsquez (Kolumbien) und Rafael Diaz Hormazabal (Chile) bei der WM 1970 in Mexiko

Die Schuldzuweisung an den Schiedsrichter ist ein leicht zu durchschauendes und doch allwöchentlich gern praktiziertes Verfahren, Unmut der anderen von sich zu weisen – in der Hoffnung, die eigene Haut zu retten. Vor diesen psychologisch simplen Verhaltensmustern ist kaum ein Spieler oder Coach geschützt. Selbst Bundestrainer lassen sich mitunter dazu verleiten, derart unwürdige Schauspiele abzuliefern: 1998 zum Beispiel, als sich die deutsche Nationalelf sang- und klaglos mit einem peinlichen 0:3 gegen Kroatien aus dem Weltmeisterschaftsturnier verabschiedete, ließ es sich Berti Vogts in seiner ersten Erregung nicht nehmen, Verschwörungstheorien aufzubauen („Das haben andere zu verantworten") und die Schuld beim norwegischen Schiedsrichter Rune Pedersen zu suchen, der Christian Wörns nach einem üblen Tritt – völlig zu Recht – des Feldes verwiesen hatte.

Falsche oder vermeintlich falsche Schiedsrichterentscheidungen graben sich tief ins kollektive Gedächtnis der Anhänger und erregen die Gemüter noch Jahrzehnte später. Über fünfzig Jahre nach dem „Wunder von Bern" sind die seinerzeit so deprimierten Ungarn weiterhin davon überzeugt, dass ihnen, kurz nach Helmut Rahns Siegtreffer, ein korrekter Treffer von Puskas wegen Abseits aberkannt worden sei. Filmaufnahmen, die vor kurzem auftauchten, sollen, sagt man in Budapest, den Fehler des Schiedsrichtergespanns um den Briten William Ling endlich beweisen.

Unvergessen auch Tofik Bachramow, der Mann aus Riga, der anno 1966 als Linienrichter fatalerweise entschied, dass Geoff Hursts 3:2 gegen Deutschland ein richtiges Tor gewesen sei – ein grausamer Irrtum, wie alle zivilisierten Menschen (Engländer ausgenommen) wissen, und einer, der dem schnauzbärtigen Bachramow ein lebenslängliches Image als fahnenwedelnder Spielverderber einbrachte. Oder Jack Taylor, der Metzgermeister aus Wolverhampton, dem es die Holländer nie verzeihen werden, dass er im WM-Finale 1974 einen Hölzenbein-Sturz mit Elfmeter ahndete. Oder Arturo Yamasaki aus Peru, dessen Fehlpfiffe beim Jahrhundertspiel Italien gegen Deutschland 1970 Reporter Kurt Brumme die Tränen in die Augen trieben („Er sieht nichts", „Wen er alles verwarnt, weiß ich nicht") und sogar auf die Weltliteratur Einfluss nahmen. Der Dichter Ror Wolf beispielsweise widmete sich in einem WM-Gedicht dem unangenehmen Peruaner: „Der Catenaccio knirscht. Die Riesen wanken. / Mazzola fällt vor lauter Elend um. /

# es und hört nicht alles«

Als Seeler blutet, bleibt die Pfeife stumm. / Das hat man Yamasaki zu verdanken". Und auch Bernward Vespers autobiografischer Roman „Die Reise" hielt im historischen Abstand von mehreren Jahren fest, wie selbst linke Wohngemeinschaften in Fußballfragen lautstarken Patriotismus nicht scheuten: „Ja, diese verdammten Spaghettifresser, die verzögern, die den Vorsprung halten wollen, die foulen, die sich mit flehender Gebärde an den Schiedsrichter wenden, die sich auf den Rasen schmeißen, als wären sie tödlich getroffen ... ‚Kann man den Schiedsrichter auswechseln?' ‚Wie kann man einen offensichtlichen Fehler des Schiedsrichters korrigieren?' Ja, verdammt, der bestechliche Gott der Schlachten: der Schiedsrichter, der Verräter, der heimliche Überläufer, der den deutschen Sturm zersetzt."

Oder Alfons Berg aus Konz, der Eintracht Frankfurt im Saisonfinale 1991/92 im Spiel gegen Hansa Rostock einen „sonnenklaren" Elfmeter (nach Foul von Stefan Böger an Ralf Weber) verweigert und der Eintracht, so alle Hessen, dadurch die Meisterschale entrissen habe. Oder Markus Merk, Deutschlands Vorzeigeschiedsrichter, der in den Augen der Fans von Schalke 04 den Münchner Bayern am 34. Spieltag der Saison 2000/01 beim Spiel gegen den Hamburger SV den Titel schenkte, als er sehr lange nachspielen ließ, eine Rückgabe zu HSV-Torhüter Schober als unerlaubt interpretierte und den Münchnern somit den meisterschaftsentscheidenden indirekten Freistoß bescherte. Oder zuletzt Bryan Moreno, jener junge FIFA-Vertreter, der es aus der Sicht des jammernden italienischen Volkes allein verschuldete, dass Giovanni Trapattonis ängstliche Mannen die Weltmeisterschaft 2002 frühzeitig verlassen mussten. Kein Italiener wird den Namen dieses „Pfeifenkopfes" je vergessen, und der prompt der Korruption verdächtigte Mann aus Ecuador sollte es in den nächsten dreißig Jahren tunlichst vermeiden, Urlaub in Bibione oder am Gardasee zu machen.

Der Schiedsrichter ist der letzte Mohikaner gelebter Ethik. Manager, Trainer und Spieler, die sich allesamt und immer von ihm betrogen fühlen, stempeln ihn zum Versager, zum Bösen schlechthin. Er ist der „Spielverderber", der die Freude am scheinbar unschuldig ausgeübten Spiel raubt, weil er ahndet, was er sieht. An „Fingerspitzengefühl", einer im Regelwerk nicht vorgesehenen Eigenschaft, habe es dem Mann in Schwarz (oder Grün, Gelb, Rot) gemangelt, monieren jene Furien auf Vereinsbank oder Tribüne, denen zum Sieg normalerweise jedes Mittel recht ist. „Ich hasse Schiedsrichter, ich könnte sie manchmal sogar umbringen", hat Trainer-Opa Udo Lattek dies kurz und bündig zusammengefasst, und andere notorische Nörgler wie Franz Beckenbauer, Matthias Sammer oder Ewald Lienen tun es ihm nach und erweisen sich immer wieder als (meist nicht regelkundige) „schlechte Verlierer".

Schiedsrichter versuchen die Regeln des Spiels umzusetzen. Sie interpretieren sie und wissen bei jedem Pfiff, dass hundertprozentige Eindeutigkeit jeder ihrer Entscheidungen nicht zu gewährleisten ist. Die meisten Einwurf- oder Abstoßpfiffe bieten keinen Deutungsspielraum, doch ganz anders sieht es aus, wenn ein Rempeln oder Stoßen im Strafraum auszulegen und wenn bei Abseitsentscheidungen zu prüfen ist, ob ein Akteur wirklich Einfluss auf das Spiel nimmt und somit strafwürdig positioniert ist. Die Abseitsregel lässt zwangsläufig eine Grauzone der subjektiven Wahrnehmung zu, und je nach Einschätzung würden unterschiedliche Schiedsrichter unterschiedlich entscheiden.

Dieses Dilemma werden auch Fernsehaufnahmen nicht beseitigen können. Seitdem die Stadien bei großen Spielen von zahllosen Kameras besetzt sind und seitdem sich im Nachhinein die Richtigkeit von Pfiffen aus mehreren Perspektiven beurteilen lässt, hat der Erregungsgrad in der Beurteilung von Schiedsrichterentscheidungen stark zugenommen. Der Ruf nach dem umfassenden „Videobeweis" erschallt bei jedem Fehlurteil, ohne dass über die Grenzen dieses Einsatzes nachgedacht würde. Was wäre per Fernsehkamera während des Spiels zu

> **In der St.-Paulus-Kirche der englischen Stadt Kingston fand vor kurzem ... ein Gottesdienst für Fußballfreunde ... statt. An den Querbalken unter der Kirchendecke waren Fußbälle aufgehängt ... Die Kirchenstühle waren mit bunten Fußballjerseys verhängt, in den Gängen standen Linienrichter mit Fähnchen, während im Mittelschiff ein richtiges Tor mit Pfosten und Latte aufgestellt war.**
>
> (DFB-Schiedsrichter-Zeitung. 15(1933)15, S. 180)

überprüfen? Jeder Einwurf, jedes Foulspiel oder nur die fundamentalen (wer entscheidet darüber?) Abseits-, Strafstoß- oder Torentscheidungen? Und weshalb soll ein TV-Bild bei umstrittenen Strafraumstürzen Eindeutigkeit herstellen, wo selbst erfahrene Schiedsrichter solche Szenen noch im Nachhinein unterschiedlich interpretieren?

Natürlich wird es künftig technische Entwicklungen – der Chip im Ball als aktuelles Beispiel – geben, die dazu beitragen, unübersichtliche Spielmomente klarer als bisher zu überblicken. Solche Hilfsmittel beeinträchtigen den Charakter des Spiels nicht, doch fatal für das Spielsystem Fußball wäre es, wenn die Autorität der Schiedsrichterentscheidung grundsätzlich untergraben würde. Das Spiel lebt davon, dass ein einzelner Mann oder eine einzelne Frau, unterstützt von den beiden Assistenten an der Seite, unabhängige Urteile fällt, gegen die kein Widerspruch möglich ist. Von dieser Konstruktion hängt die Balance des Spiels ab, und wo immer solche eindeutigen Urteile gefällt werden, bleibt die Gefahr fehlerhafter Rechtssprechung. Ein Gang in die Revision ist beim Fußball (außer bei krassen Regelverstößen) nicht möglich, und das macht die ethisch-juristische Dimension jedes einzelnen Pfiffes aus – und auch die ohnmächtige Wut darüber, wenn falsch entschieden wurde und wenn dieser unantastbare Irrtum klaglos akzeptiert werden muss.

Diese Machtposition des Schiedsrichters mag als Anachronismus erscheinen. Wo keine Debatten, keine herrschaftsfreien Diskurse, keine demokratischen Abstimmungen und keine Wiederaufnahmen vorgesehen sind, herrscht eine richterliche Macht, wie sie die Gesellschaft kaum noch kennt. So gesehen ist es logisch, dass Forderungen, diese Autorität zu brechen und die Hierarchien auf dem Rasen einzuebnen, oftmals aus Ecken kommen, wo generell eine vom Gedankengut der 68er-Bewegung geprägte Abneigung gegen nicht demokratisch legitimierte Machtverhältnisse herrscht.

Zuletzt etwa hat der Kulturphilosoph Klaus Theweleit in seinem Buch „Tor zur Welt. Fußball als Realitätsmodell" (2004) seinem altlinken Zorn über die Willkür der Pfeifenmänner freien Lauf gelassen und das durch die Befugnisse des Schiedsrichters konstituierte System des Spiels in Frage gestellt: „Der Schiedsrichter und seine Assistenten als Willkürherrscher auf dem Platz sind ein schändliches Überbleibsel vergangener Herrschaftsformen. Wir haben jetzt in der BRD 57 Jahre Fußball unter demokratischen Umfeldbedingungen, aber den Schiedsrichter mit Befugnissen, die wilheminisch sind. Er kann gut und umsichtig pfeifen, er kann aber auch zum diktatorischen Terrormann mutieren, wenn er seine Rechte schlecht gebraucht. Und dies ohne eine reale Einspruchs- oder Kontrollinstanz. Für mich ist das ein Fall für Brüssel. Die päpstliche Rechteausstattung der Schiedsrichter widerspricht jeder europäischen Rechtsnorm."

Theweleits Frontalangriff, der sich je nach Blickwinkel komisch oder töricht liest, verkennt, welche Folgen die Einführung einer „Kontrollinstanz" (das Fernsehgericht tagt?) hätte und dass das Richteramt auf dem Spielfeld mit europäischen Rechtsnormen nichts zu tun hat. Seine Attacke auf die „Terrormänner" verkennt, dass selbst haarsträubende Fehlentscheidungen zum Ritual des Spiels gehören und die Erregung darüber eine zentrale Entlastungsfunktion ausübt, ja, indirekt zur Faszination des Spiels gehört. Der Verhaltensforscher Desmond Morris hat in seinem Buch „Das Spiel" anschaulich dargestellt, wie auch Irrtum und Ungerechtigkeit das Gesamtbild des Fußballs ausmachen und wie unbefriedigend es sein könnte, willkürlich dieses Gebäude in Frage zu stellen.

Spieler, Trainer und Zuschauer wissen im Vorhinein, dass sie sich – so will es die Regel – einem Schiedsrichter ausliefern, der allein entscheidet, was rechtens ist und was nicht. Dieses System funktioniert indes nur, wenn ein Vertrauen in die Integrität jener Richter besteht. Selbst die entsetzlichste Fehlleistung muss unter der Grundvoraussetzung stehen, dass sie versehentlich und nicht absichtlich geschah. Der Schiedsrichter ist als Instanz nur tragbar, solange seine Unbestechlichkeit und seine Unvoreingenommenheit nicht angezweifelt werden. Ein Skandal wie um den Zweitligaschiedsrichter Robert Hoyzer erschütterte die Fußballwelt deshalb so stark, weil er das Fundament des Spiels bedrohte. Ein Schiedsrichter, der willentlich Spielszenen so deutet, dass ein ihm genehmes Ergebnis wahrscheinlich wird, stellt sich ins ethische Abseits und gefährdet die Existenz des Spiels: Wer als Spieler oder Zuschauer nicht mehr die Gewähr hat, dass dieser – vielleicht blinde oder unfähige – Mann an der Pfeife sein Bestes gibt und nicht den Einflüsterungen des Geldes erliegt, fühlt sich im mehrfachen Sinne als betrogen – unter anderem weil Fehlentscheidungen vor diesem Hintergrund nicht mehr tolerierbar sind. Sie sind es nur, wenn die Wahrnehmung durch den Schiedsrichter vor Spielbeginn von niemandem gesteuert wird und allein dem Gewissen unterliegt.

+++ Geständnis unter Tränen: Ja, ich habe Spiele manipuliert +++ Er will als Kronzeuge auspacken und viele belasten +++ Muß er sogar um sein Leben fürchten?

Betrüger-Schiri Robert Hoyzer (25) gestern bei seinem Geständnis in Essen
Foto: STEFANO LAURA

Ein Jahr lang hat er Fußballspiele manipuliert, darauf gewettet und kassiert. Jetzt hat Betrüger-Schiri Robert Hoyzer (25) alles gestanden! Dazu will der Berliner als Kronzeuge beim Staatsanwalt gegen die Wett-Mafia aussagen. Ist jetzt sein Leben in Gefahr? Das Geständnis, wer ihn mit dem Zocker-King sah – SPORT

Der Fall Hoyzer in den Medien

Die meisten Schiedsrichter sind sich ihrer Ausnahmerolle bewusst und leiden, wenn sie ihr Amt fehlerhaft ausüben. Sehr deutlich hat dies der französische Schiedsrichter Joël Quiniou zum Ausdruck gebracht. Quiniou, der sein Land dreimal bei Weltmeisterschaften vertrat und Berühmtheit dadurch erlangte, dass er 1986 im WM-Spiel Uruguay gegen Schottland in der ersten Minute – zu Recht – die rote Karte zückte, stand seinem Neffen, dem Schriftsteller Christophe Donner, Rede und Antwort, als dieser sich mit Quiniou beschäftigte und darüber das Buch „Mon oncle" (1995) schrieb. Quiniou beschreibt darin die existenzielle Traurigkeit, die den reflektierten Schiedsrichter befällt, sobald er während des Spiels merkt, falsch entschieden zu haben: „‚Manchmal bin ich sehr traurig', sagte er. Und tatsächlich sah man ihn, Joël, als wäre man selbst dabei gewesen, auf dem Rasen irgendeines riesigen Stadions stehen, inmitten dieser heulenden Menge, die er nicht mehr hört, man sah seine Einsamkeit und seine Traurigkeit in dem Augenblick, da er sich bewusst wird, einen Irrtum begangen zu haben."

Quiniou litt unter der Ungerechtigkeit, die er dann einem Spieler zufügte, und hatte dennoch nie Zweifel daran, dass ein einmal gemachter Fehler nicht durch eine andere Entscheidung, eine so genannte Konzessionsentscheidung, wettzumachen sei: „Jede Entscheidung muss für sich genommen werden, ohne Rücksicht darauf, was zuvor geschehen ist. Darin liegt ein Prinzip des Schiedsrichterwesens. Keine Fehlentscheidung ist Gegenstand von Verhandlungen; es geht darum, gerecht und aufrichtig zu sein, aber immer unangreifbar."

Quinious Bericht, der auch festhält, dass Schiedsrichter „schwache Momente" haben und nicht immer die Stärke, eine als richtig anerkannte persönliche Strafe auszusprechen, zeigt anschaulich, dass Makellosigkeit nicht die alleinige Richtschnur sein kann. Und er verdeutlicht indirekt auch, dass nicht jede Regelanwendung praktikabel ist. „Ein guter Schiedsrichter sieht alles und hört nicht alles" – dieser Lehrsatz für angehende Novizen an der Pfeife besagt, dass die Regel, wie sie auf dem Papier steht, keineswegs immer konsequent umgesetzt werden kann. Obschon es das Regelwerk zum Beispiel vorsieht, dass reklamierende Spieler zu verwarnen sind, ist allen Beteiligten insgeheim klar, dass nie alle reklamierenden Spieler verwarnt werden. Absolute Gerechtigkeit ist nicht zu erzielen, was von Schiedsrichtern die Fähigkeit zum Abwägen fordert, für die es in den Regeln selbst kaum Hilfestellung gibt.

Diese Machtbefugnis bekommt nicht allen Menschen, und so nimmt es nicht wunder, dass Schiedsrichter mitunter zur Selbstdarstellung neigen und ihr Richteramt telegen zelebrieren. Je schneller und athletischer das Spiel in den letzten Jahrzehnten geworden ist, desto seltener freilich sind in höheren Spielklassen jene Schiedsrichter anzutreffen, die sich als Primadonnen oder Diven gerieren. Figuren wie Walter Eschweiler, Wolf-Dieter Ahlenfelder oder der Elsässer Robert Wurtz, der sich gerne in Bodennähe begab, um im Strafraumgetümmel den Überblick zu wahren, sind Relikte aus einer Zeit, als das Bundesliga- und Europacupgeschehen noch Raum für schiedsrichterliche Extravaganzen gewährte.

Wer wie der Schiedsrichter im Sperrfeuer der Kritik steht, wer als einsamer Verfechter des Gerechten sein Amt verrichten muss, ist nicht ganz von dieser Welt. Magische Aura umgibt ihn, und so überrascht es nicht, dass auch Bundesliga-Schiedsrichter von Groupies verfolgt werden. Schon in „Scharfrichter Josef Lang's Erinnerungen", erschienen 1920, sind solche Phänomene eindrucksvoll beschrieben: Frauen suchten die Nähe des gesellschaftlich geächteten Henkers und versprachen sich auserwählte erotische Erfüllung von jenem Mann, der das Lebenslicht der Delinquenten ausblies. Der Herrscher über Sein und Nicht-Sein verfügt gemäß des Amtes über eine außergewöhnliche Ausstrahlung.

Der Unparteiische fällt aus dem Rahmen, und wer sich damit eingehend beschäftigt, stößt bald auf erstaunliche Parallelen. Der Ballhistoriker Christoph Bausenwein hat in seinem tiefschürfenden Werk „Geheimnis Fußball" darauf hingewiesen, dass die Zahl „11" in Mythologie und Kultur häufig mit Verfehlung und Sünde zusammengebracht wurde.

# nichts anderes als die tretung«

> **Cesar Muniz Fernandez wird als erster Schiedsrichter mit eigenem Fan-Klub in die Geschichte des spanischen Fußballs eingehen. In seinem Heimatort Langreo in der Nähe von Oviedo haben sich 14 Personen zu einem offiziell eingetragenen Klub zusammengeschlossen, der den 30 Jahre alten Studenten der Wirtschaftswissenschaften bei sämtlichen Einsätzen in der Primera Division begleiten und mit Plakaten anfeuern will.**
>
> (DFB-Schiedsrichter-Zeitung. (2001)4, S. 22)

Seine Folgerung: „Eine Fußballelf ist offensichtlich nichts anderes als die zur Mannschaft gewordene Übertretung; in ihr personifiziert sich sozusagen die im Fasching praktizierte ‚Verkehrung' der Welt." Und ein Strafstoß, ein Elfmeter, wird, so Bausenwein, folglich gegen eine Mannschaft verhängt, weil sie „die Fußballgesetze übertreten" hat.

Der Schiedsrichter und seine Assistenten passen nicht in das Gefüge des Gesetzesverstoßes. Sie gehören nicht zum Kosmos der sündhaften Elf, sie tragen Sorge dafür, dass dem rechtsfreien Raum vorgebeugt wird. Der Fußball hat, wie viele Studien dokumentieren, tiefe Verbindungen zu althergebrachten Festkulten und betritt damit auch – es muss offen ausgesprochen werden – erotisch besetztes Terrain. Wer Fußball spielt, genauer: wer Tore schießt, erlebt sexuelle Erfüllung. Goalgetter wie Jürgen Klinsmann oder Giovane Elber wiesen freimütig darauf hin, dass der geglückte Schuss einem vollkommenen Orgasmus in nichts nachstehe. Und Lolita Morena, Lothar Matthäus' Ex-Gattin, notierte, wenn auch in eigentümlicher Logik, den Zusammenhang nicht minder eindeutig: „Psychologisch gesehen, sind alle Fußballer eigentlich Vergewaltiger, außer dem Libero und dem Torwart, die verhindern, dass was weitergeht."

Die zentrale Figur des Vereitelns freilich vergaß Frau Morena: den Schiedsrichter. Er, dem es nie gestattet ist, ein Tor zu schießen und damit erotische Rasenerfüllung zu genießen, kommt mitunter nicht umhin, das Glück anderer zu verhindern. Und in der Tat: Was gibt es Schlimmeres für einen Stürmer, als ein fantastisches Tor per Fallrückzieher oder Distanzschuss erzielt zu haben, sich voll überschäumender Freude seines Trikots (man beachte die erotische Symbolik!) entledigen zu wollen und anschließend seines Triumphes wegen eines – natürlich nur vom Schiedsrichter wahrgenommenen – Regelverstoßes beraubt zu werden? Der Höhepunkt als Irrtum – wen verwundert der geballte Zorn, der sich dann über dem Kopf des Erotikverhinderers an der Pfeife entlädt?

Der Schiedsrichter ist im zum Kommerz gewordenen Spiel ein Relikt aus alten Tagen. Und daher rührt seine Faszination: Selbst wenn seine Leistungen in den höheren Spielklassen inzwischen angemessen vergütet werden, bleibt er ein Außenseiter, dessen anachronistisches Wirken daran erinnert, dass das Spiel seinen ursprünglichen Charakter längst verloren hat. Das „interesselose Wohlgefallen" (Immanuel Kant) gilt in der AOL-Arena oder „Auf Schalke" nur bedingt, und der unerschrockene 23. Mann mahnt uns an dieses verlorene Paradies. Und manchmal tut er dies, trotz aller Anfeindungen, auch noch gerne: „Pfeifen begeistert und macht mich glücklich", ließ der frühere FIFA-Schiri Hans-Joachim Weyland verlauten. Wer so wahrhaftig und freudig sein Richteramt ausübt und wer sich nicht darum schert, als „Sündenbock" und „Spielverderber" verfemt zu werden, der verdient Hochachtung, zumindest neunzig Minuten lang. Ohne ihn wäre der Fußball nicht denkbar – auch wenn ein Rekordnationalspieler wie Lothar Matthäus diesen Zusammenhang nicht sofort erfasste, als er einst nach seinen Zukunftsplänen befragt wurde: „Schiedsrichter kommt für mich nicht in Frage, schon eher etwas, das mit Fußball zu tun hat."

# DIE ROLLE DES SCHIEDSRICHTERS IN VERGANGENHEIT, GEGENWART UND ZUKUNFT

Die Wandlung vom Siegen im Sinne des Fair Play zum „Siegenmüssen um jeden Preis“

von Gunter A. Pilz

„Wenn der Schiedsrichter nicht gepfiffen hat, war es kein Handspiel“ (Bundesligaspieler zu einem Fernsehreporter, nachdem ihm per Zeitlupe nachgewiesen wurde, dass er das Tor mit der Hand erzielt hatte).

„Das Fair Play wird viel zu hoch gehängt. Ich werde bezahlt, um erfolgreich zu sein, und da kann ich keine Rücksichten auf Fair-Play-Bemühungen nehmen. Wenn ein Mittelstürmer durchgeht, dann erwarte ich von meinem Libero oder Vorstopper, wenn der andere zu schnell ist, dann erwarte ich nicht, dass er ihn ummäht, um das einmal so zu sagen, aber es wird auch viel geredet von einem humanen Foul. Zum Beispiel, dass er sich davor stellt, ihn blockt, d. h. sperrt ohne Ball. Das ist aber immer noch eine vernünftige Sache, d. h. ja nicht, dass er ihn gesundheitlich schädigen soll. Aber das erwarte ich von einem Spieler, und da zeigt sich sicherlich einerseits eine gewisse Unsportlichkeit, die durch die Regeln auch geahndet wird, aber auf der anderen Seite auch eine gewisse Cleverness. Und wenn das nicht mehr der Fall ist, dann werden wir im Fußball sicherlich viele Einbußen haben“ (Horst Stockhausen, Jugendauswahltrainer beim Niedersächsischen Fußballverband).

„Kohler muss damit rechnen, dass sich ein van Basten wehrt. Der Jürgen Kohler ist einer, der austeilt, also muss er auch damit rechnen, dass er mal was einzustecken hat, und der van Basten ist einer, der sich nichts gefallen lässt, sondern der auch – wenn es notwendig ist und wenn es sogar sein muss – mit unfairen Mitteln zurückzahlt, und dafür ist dann wieder der Schiedsrichter da, dies zu unterbinden“ (Franz Beckenbauer in einem Filmbeitrag der ZDF-Sportreportage vom 27.05.1990 zu Foulszenen aus dem Europacup-Spiel Bayern München – AC Mailand).

Diese drei Zitate weisen auf einen ebenso interessanten wie pädagogisch problematischen Sachverhalt hin: Der Schiedsrichter als Wächter der Regeln und des Fair Play, als, wie der Bielefelder Jugendforscher Klaus Hurrelmann auf dem DFB-Sozialkongress treffend formulierte, „Symbol für die Einhaltung der Regeln“ wird ungewollt zur entlastenden Institution des Fehlverhaltens von Spielern und Trainern. Frei nach dem Motto, erlaubt ist, was der Schiedsrichter nicht pfeift bzw. nicht sieht. Man möchte angesichts mancher Anfeindungen und zum Teil heftigster verbaler wie körperlicher Attacken von Spielern und Trainern hinzufügen: Wehe, er sieht es und er pfeift sogar!

Dies war nicht immer so. Ich möchte deshalb diesen Gedankengang im Rahmen eines sozialhistorischen Exkurses über das Prinzip Fairness, das einer der Schlüssel fast aller Schiedsrichterprobleme zu sein scheint, ein wenig detaillierter verfolgen und daraus Konsequenzen für die künftige Rolle des Schiedsrichters ableiten.

### ZUR ENTSTEHUNGSGESCHICHTE DES FAIR PLAY UND EINFÜHRUNG DES SCHIEDSRICHTERS

Es waren die Mitglieder der englischen Mittel- und Oberschicht, die Werte und Normen der Fairness „erfanden“. Das Fair Play erfuhr im viktorianischen Zeitalter Englands seine eigentliche, heutige inhaltliche Ausformung und Festlegung auf die Herstellung der Chancengleichheit, die freiwillige Unterwerfung unter die Regeln und die Achtung des Gegners als Partner im sportlichen Wettkampf.

Das Wesen des Fair Play lässt sich nach Gutmann (1987) in vier Sätzen zusammenfassen: Der faire Spieler muss sich selbstverständlich an die Regeln halten; er muss sein Bestes tun, das Spiel innerhalb der Regeln zu gewinnen; er muss, um zu seiner Bestleistung herausgefordert zu werden, den bestmöglichen Gegner suchen und diesem Gegner jede Möglichkeit geben, seine Bestleistung hervorzubringen; der faire Zuschauer muss unparteiisch sein.

Fair Play bedeutet also mehr, erheblich mehr, als nur die Regeln einzuhalten. Die englische Freizeitschicht betrieb dabei im Wesentlichen den sportlichen Wettkampf als reinen Selbstzweck. „Einem Aristokraten war der Sieg gleichgültig, ja

Angriff auf den Schiedsrichter

verdächtig. In der Presse – außer den Hofblättern – genannt und gerühmt zu werden, galt als unfein" (Lenk/Pilz 1989). Das Ergebnis war weniger wichtig als das gemeinsame sportliche Handeln, der Weg wichtiger als der Sieg. Diese Einstellung scheint nur so lange realisierbar, als der Sport Selbstzweck bleibt. Genau aufgrund dieser Überlegungen und Einsichten führte die englische Oberschicht Amateurregeln ein. Da deren Einführung auch auf einen zentralen Punkt der Fairness-Problematik des heutigen Sports hinweist, lohnt es sich an dieser Stelle, die Entstehungszusammenhänge der Amateurregeln kurz zu skizzieren.

In ihrem ursprünglichen Sinne dienten die Amateurregeln dazu, die Arbeiterklasse aus bestimmten Sportarten auszuschließen. Durch die Amateurregeln wollte die Oberschicht die Arbeiterklasse vom sportlichen Wettkampf fernhalten, um den Sport „sauber", sprich: fair zu halten. Die Arbeiterklasse verstehe, so die Oberschicht, das Prinzip der Fairness und des Gentleman-Sports nicht. Die englischen Soziologen Dunning und Sheard fassten 1979 die Prinzipien, die sich hinter diesem Amateurethos verbergen, wie folgt zusammen, und es lohnt, sich zu jedem dieser Punkte einmal bildhaft in die heutige (Profi-)Fußballpraxis hineinzuversetzen:

1. Sport wird als „Selbstzweck", einfach um des Vergnügens willen, das damit verbunden ist, betrieben. Damit korrespondiert die Verachtung von Einstellungen, die den Sieg um jeden Preis anstreben.

2. Selbstbeherrschung und vor allem die Zurückhaltung von Gefühlsausbrüchen sind gefragt bei Sieg und Niederlage.

3. Die Vorstellung des „Fair Play", d. h. der Chancengleichheit zwischen den am Wettkampf beteiligten Seiten, ist verbunden mit der freiwilligen Unterwerfung unter die Regeln und einer ritterlichen Haltung, der „freundschaftlichen Rivalität" zwischen den Opponenten.

Gemäß diesem Ethos folgt der Sport im Idealfall allein dem Ziel, Spaß, Vergnügen und Freude zu bereiten. „Ein solches Ethos drückt den Wohlstand und die Unabhängigkeit der Public-School-Elite aus, drückt aus, dass die Angehörigen dieser Schicht, die sich diese Muße leisten konnten, glaubten, sie könnten Sport hauptsächlich zum eigenen Vergnügen betreiben. Grundlegend für dieses Ethos war die strenge Unterscheidung von Arbeit und Muße. Professionalisierung, so glaubte man, würde aus dem Spiel, das Sport war, Arbeit machen und so sein Wesen zerstören. Es war zu logisch, dass die Public-School-Elite sich gegen Pokalwettbewerbe und Ligen aussprach. Dies würde eine zu ernste Haltung gegenüber dem Sport einnehmen, und der Sport würde gewalttätiger" (Dunning/Sheard 1979).

So zeigt auch die historische Entwicklung des Regelwerks im Fußballsport, wie stark Regelvereinbarungen und Rigidität bzw. Offenheit sozialer Kontrolle im Spiel voneinander abhängen. Die „Cambridge-Rules", die Vorläufer unserer heutigen Fußballregeln, waren auf die sozialen Haltungen der Ober- und Mittelschicht des viktorianischen Englands zugeschnitten. Die soziale Kontrolle über das Verhalten der Spieler übte einen wesentlichen Einfluss auf das Standesethos der Gentlemen und den Geist des Fair Play aus. Bestimmungen über den Strafstoß, den Schiedsrichter oder gar über den Platzverweis fehlten völlig. Der Schiedsrichter als externe Kontrollinstanz zur Verschärfung der Sanktionen und Effektivierung der sozialen Kontrolle wurde erst um 1870 nötig und, als sich der Spielbetrieb auf die unteren Sozialschichten ausdehnte, 1884 offiziell eingeführt. Dies erforderte neue Mittel der Kontrolle. Das Standesethos der Gentlemen war eben nicht mehr für alle in gleicher Weise verbindlich. So lassen sich die Entwicklung des Regelwerks und die Verschärfung der Sanktionen im Spiel deuten.

Angesichts der sozialen Öffnung des Wettkampfsports für untere Schichten konnten nur festgelegte Regeln und zusätzliche externe Kontrollinstanzen die soziale Kontrolle gewährleisten. Die Professionalisierung des Fußballsports, die gesellschaftliche Aufwertung des Sports und sportlicher Erfolge führten zu einer Wandlung des aristokratischen Fairnessverständnisses, die der französische Soziologe Pierre Bourdieu 1986 auf den Punkt brachte, als er von der „vulgären Verbissenheit des Siegens" und „Siegen-Müssens um jeden Preis" sprach, die den „Willen zum Siegen gemäß vorgegebener Regeln" im Geiste der Fairness ersetzten. Mit der Aufweichung der Amateurbestimmungen gewann das Problem der Unfairness an Dringlichkeit. Wird sportlicher Wettkampf nicht mehr als Selbstzweck betrieben, gilt etwa gar der sportliche Erfolg als Mittel des Klassenkampfes, als Kanal zum sozialen oder wirtschaftlichen Aufstieg, als Demonstration der Überlegenheit eines politischen Systems, dann erweist sich das klassische Fairnessverständnis schlicht als untauglich. Es verliert – wie der Trierer Soziologe Eckert treffend bemerkt – seine soziale Basis.

Damit und erst damit wird der Schiedsrichter zur zentralen Institution der Wahrung der Regeln und zum Hüter des Gedankens des Fair Play. Ich möchte den sich dahinter verbergenden Wandel, diese Aufweichung des Fairnessideals, am Beispiel unserer Befragungen von Jugendfußballspielern etwas näher beleuchten.

## DAS „FAIRE FOUL" – LEITENDE HANDLUNGSMORAL IM JUGENDFUSSBALL?!

Eine 1999 von mir durchgeführte Befragung von C-, B- und A- Jugend-Fußballspielern ergab, dass Jugendliche, die schon mehr als vier, und erst recht solche, die schon mehr als sieben Jahre im Verein Fußball spielen, deutlich häufiger Regelverletzungen im Sport akzeptieren oder sie signifikant eher als nicht unfair bezeichnen als Jugendliche, die erst ein bis drei Jahre Fußballerfahrung haben. Darüber hinaus weisen Untersuchungen von jungen Sportlern und Sportlerinnen auf ein nach Alter, Geschlecht und vor allem Leistungs- wie Erfolgsorientierung unterschiedliches Fairnessverständnis hin. Vornehmlich von Kindern und Jugendlichen, die nicht oder kaum leistungssportlich engagiert und orientiert sind, wird Fairness mit dem ursprünglichen informellen Fair Play und mit dem Wert Gerechtigkeit in Verbindung gebracht. „Fairness ist, dass alle gleich behandelt werden; wenn jemand etwas schlechter kann, dann soll man ihn nicht als Versager abstempeln, denn er hat das geleistet, was er kann."

Mit zunehmendem Alter verschiebt sich die Balance vom informellen Fair Play als leitender Handlungsmoral zunehmend auf das formelle Fair Play. Fairness heißt nun, nur das zu tun, was man darf, und nichts anderes, also die Regeln einhalten ohne Wenn und Aber. Überall dort schließlich, wo der Erfolg das Maß aller Dinge ist, wo der sportliche Erfolg wichtiger ist als das gemeinsame Kämpfen im sportlichen Wettstreit, und dies nimmt mit der Dauer der Vereinszugehörigkeit zu, überwiegt ein Fairnessverständnis, das Regelverletzungen bis zu einem gewissen Grad noch toleriert oder nicht mehr als unfair bezeichnet. Der Inhalt des Fair Play wird somit bestimmt durch die Bedeutung, die Wertigkeit des Erfolges. Je ausgeprägter die Erfolgsorientierung, desto stärker verkümmern informelles und formelles Fair Play zu einer fiktiven Handlungsmoral des Leistungssports und umso weniger Nachwuchsspieler werden diesem eher altbacken wirkenden Fairnessverständnis und vor allem den faktischen Einstellungen der Wettkämpfer gerecht. Der Sportverein kann somit als Sozialisations- und/oder Selektionsagentur der erfolgssportlichen Handlungsmoral des „fairen Fouls" interpretiert werden. Aussagen von jugendlichen Fußballspielern wie die eines 14-jährigen Verteidigers „Ich finde alles fair, was für mich von Vorteil ist. Unfairness gehört zum Geschäft. Ich werde lieber unfair Meister, als fair Verletzter" belegen dies.

> **Das seltsamste Fußball-Land scheint Dänemark zu sein, das doch eigentlich so nahe bei uns liegt. Doch schier jede Woche kommen von dort neue Merkwürdigkeiten. In Rörvig verlangte der Schiedsrichter bei einem Freundschaftsspiel ein Pferd. Der Pfeifenmann war der Fabrikant Axholt, der in seinen jungen Tagen in der ersten Mannschaft des bestklassigen Kopenhagener Vereins „K. B." gespielt hat. Nach einer Razzia in den umliegenden Koppeln gelang es, einen gutmütigen Gaul aufzutreiben, der sich überreden ließ, Schiedsrichter Axholt auf den Rücken zu nehmen. Axholt pfiff dann hoch zu Ross.**
>
> **(Deutsche Schiedsrichter-Zeitung. 21(1939)18, S. 206**

Wie ein roter Faden zieht sich durch diese Fairnessdefinitionen der Begriff des „fairen Fouls", die Legitimation absichtlicher Regelverstöße im Interesse sportlichen Erfolges. Dabei haben die Jugendlichen im bewussten Widerspruch zwischen erfolgsorientiertem Handeln und dem Gedanken des Fair Play das „faire Foul" als Hilfskonstrukt eingeführt. Unter befragten 15- bis 16-jährigen B-Jugend-Auswahlspielern hatten bereits 92,3 Prozent die Moral des fairen Fouls verinnerlicht. Erfolgsorientierte und Regelverstöße legitimierende gesellschaftliche Verhaltensmuster werden also in der sportvereinsbezogenen und wettkampforientierten Sozialisation zwar nicht herausgebildet, aber zumindest verstärkt. So überrascht es denn auch kaum, dass die Akzeptanz von Fairnessinitiativen von den C-Jugend- zu den A-Jugend-Auswahlspielern ebenso signifikant abnimmt wie die Einschätzung, dass solche Bemühungen einen Beitrag zu mehr Fairness zu leisten vermögen.

Mehr noch, und damit sind wir im Profibereich angelangt, Regelverletzungen werden entsprechend nicht als pathologisch, sondern als durchaus rationale Form der Konfliktlösung angesehen. Dies kann sogar so weit gehen, dass der Verzicht auf Regelverstöße als dumm und naiv gebrandmarkt, der Einsatz illegitimer Mittel nicht selten aber als clever gepriesen wird. Foulspiel wird zur erwarteten, ja aufgegebenen Notwendigkeit. So stand in einem Bericht über das Bundesligaspiel zwischen Borussia Mönchengladbach und Schalke 04 u. a. zu lesen: „In der Situation" (in der 87. Minute, als sich die Schalker noch ein Ausgleichstor einfingen), sagte der Trainer, „gab's nur eine Lösung: Umhauen." Und der Mittelstürmer pflichtete bei: „Rasieren, den Schützen vor dem Schuss rasieren!" Der Vereinspräsident hielt „unsere Jungs" für „zu naiv". Der Reporter als Stimme des Publikumsgewissens ging noch weiter: „Diese Naivität eskalierte in der 87. Minute zur Dummheit." Ist der Verzicht auf das rasierende Foul generell nur noch eine Eskalation der Dummheit? Es muss uns in diesem Kontext schon zu denken geben, dass absichtliche Fouls von den Vertretern der Medien als „Notbremse" oder „Nickligkeiten" verniedlicht bzw. mit den Begriffen „Cleverness" und „Schlitzohrigkeit" kommentiert werden. Auch die Unterscheidung zwischen „nötigen" und „unnötigen Fouls" sorgt mit für ein aufgeheiztes Klima.

Der türkische Fußball-Nationalspieler Alpay Özalan hat dies während der Fußball-EM in England am eigenen Leibe erfahren. Sein Verzicht, durch ein Foulspiel den Treffer und damit das Siegtor zum 1:0 für Kroatien zu verhindern, hat ihm einerseits zwar nach dem Spiel den Fair-Play-Preis der UEFA, anderseits aber auch schwere Vorwürfe und üble Beschimpfungen eingebracht: „Ich hätte ihm eine Prämie gegeben, wenn er Vlaovic zu Fall gebracht hätte und vom Platz geflogen wäre", so sein Trainer Farith Terim. „Bei einem Foul wäre der Schaden weniger groß gewesen", meinte Karl-Heinz Feldkamp als ZDF-Kokommentator während des Spiels vor einem Millionenfernsehpublikum, und in der türkischen Presse stand zu lesen: „Keine Mannschaft, die aus hundertprozentigen Profis besteht, hätte dieses Tor kassiert … das entscheidende Tor war ein Geschenk Alpays, weil dieser professionelles Denken vermissen ließ."

Halten wir fest: Profihaft ist der, der im richtigen Moment auch richtig hinlangt. Ein nicht begangenes Foul und die öffentlichen Reaktionen darauf entlarven die Beschwörung des Fair-Play-Gedankens als verlogenes PR-Getöse. Der Erfolg ist das Maß aller Dinge, erst kommt der Sieg, dann die Moral. Trainer und Journalisten machten in seltener Einmütigkeit einen Mann für eine Niederlage verantwortlich, der sich nur eines Vergehens schuldig gemacht hat, die Regeln einzuhalten. Uns sollte aber noch mehr zu denken geben, dass ein solches Verhalten bereits als Fair Play gefeiert wird. Dass Alpay Özalan seine Lektion gelernt hat, zeigt die rote Karte, die er bei der EM 2000 erhalten hat.

Die Folge einer kompromisslosen Wahrnehmung des eigenen Vorteils um nahezu jeden Preis, nötigenfalls (?) auch mit unfairen Mitteln, ist: Zwischen verschärftem Erfolgsdruck und hehren Fairnessidealen hin- und hergerissen, bleibt, wenn nur noch der Erfolg zählt, der gutwillige Akteur mit seinen Idealen auf der Strecke und wird zudem noch als „blauäugig", als unverbesserlicher Idealist, Amateur, Dummkopf u. ä. verhöhnt. Wenn aus: "Nice guys finish last!" durch logische Kontraposition messerscharf folgt, dass Gewinner ausgekocht-durchtriebene Meister des Dschungelgesetzes sein müssen: Wer möchte da noch ein „nice guy" bleiben?

Die Trainer spielen dabei neben den Eltern eine wichtige, ja ganz offensichtlich die zentrale Rolle als Sozialisationsagenten unfairen Verhaltens. Beim Tag des Jugendfußballs, einem Turnier für 6- bis 10-jährige Kinder haben wir mit versteckten Mikrofonen hinter Eltern innerhalb kürzester Zeit u. a. folgende Aufforderungen und „Ermutigungen" aufgenommen:

„Hau ihn doch", „drauf", „nicht ducken lassen", „auf ihn, los, mach ihn fertig", „beiß", „zieh mal", „pack ihn", „tret ihm in die Knochen", „geh an ihn ran, der kann doch gar nichts", „Blinder", „jabbel nicht, dreh dich um", „schlimmer geht es doch gar nicht", „komischer Vogel", „Idiot", „diese blöden Kinder", „ich glaube, ich werde blind", „Bewegungslegastheniker", „dahinten brauchen die keinen, der in der Nase bohrt", „schlafen kannst du zu Hause", „das war eine Zangengeburt eben". Die Krönung des Tages war der Zuruf einer besorgten Mutter zu ihrem etwas desorientierten Sohn: „Spiel endlich richtig, du Kackarschmongole"!

Auch Reaktionen von Trainern auf Fair-Play-Bemühungen, weisen auf den fast unlösbaren Konflikt zwischen erzieherischen und erfolgssportlichen Verhaltensorientierungen hin: „Nun müssen wir aber aufpassen", so ein C-Jugend-Trainer bei der Einführung des Fair Play Cups, „dass die Jungs nicht vor lauter Fairness vergessen, erfolgreich zu spielen". Der Trainer, der die Mannschaft, die den Fair Play Cup gewann, in die B-Jugend übernahm, dazu: „Scheiß Fair Play Cup, die Jungs spielen zu fair, die müssen bissiger werden."

In einem Zeitungsartikel der Hannoverschen Allgemeinen Zeitung vom 11.03.2000 ruft der damalige Trainer von Hannover 96, Horst Ehrmanntraut, zum Überlebenskampf auf und verspricht für das kommende Spiel: „Am Sonntag ist für uns Krieg." Er erwarte bis zum Saisonende „ein einziges Hauen und Stechen". Es passt Ehrmanntraut deshalb „gar nicht, dass sich seine Spieler auf dem Platz, gemessen an den gelben Karten, so zahm verhalten. 48-mal sind Spieler von Hannover 96 bisher verwarnt worden, das macht Rang 12 in der Zweitligastatistik aus, immerhin noch einen Platz besser als in der sportlichen Wertung." Der besorgte Trainer weiter: „Was ist da bei uns los? Da muss mehr Feuer rein. Wenn es die Mannschaft nicht lernt, aggressiver und dynamischer aufzutreten, ist der Abstieg unvermeidbar." Hier wird der Gedanke des Fair Play mit Füßen getreten, die geringe Zahl von gelben Karten als schreckliches, bedenkliches Zeichen einer nicht ausreichend aggressiv und feurig zur Sache gehenden Mannschaft gewertet! Anstatt Fairness zu lernen, wird vielen Jugendlichen und erst Recht den Profis in den Vereinen genau das Gegenteil vermittelt. Die Trainer fördern den erfolgssportlichen Prozess der Erziehung zur Unfairness.

Es mag in diesem Kontext bezeichnend sein, dass der damalige Manager von Bayer 04 Lever-

# »Am Sonntag ist für uns Krieg«

kusen, Reiner Calmund, den öffentlich kritisierten Trainerwechsel von Saftig zu Stephanovic mit den Worten rechtfertigte: „Lieber einen erfolgreichen Drecksack als Trainer, als einen lieben Jungen ohne Erfolg" (SZ 10.05.1993). Der Erfolg heiligt (fast) alle Mittel, oder: Erst kommt das Siegen, dann die Moral. Der Schiedsrichter also ein Wächter der Moral? Oder nur „Moralapostel"? Foulspiel und Hooliganismus als Modernisierungsrisiko? „Foulplayer" und Hooligans als Avantgarde eines neuen Identitätstyps?

B. Blinkert hat dokumentiert, dass sich im „Verlauf industriewirtschaftlicher Modernisierung in zunehmendem Maße ein ganz spezifischer Typ der Orientierung gegenüber sozialen Normen durchsetzt". Diesen bezeichnet er als „utilitaristisch-kalkulative Perspektive". Der mit der industriewirtschaftlichen Modernisierung verbundene Trend zur Ökonomisierung und der Prozess der Rationalisierung und Individualisierung führen dazu, dass verstärkt Situationen entstehen, so Blinkert, in denen „eine größere Zahl von Normadressaten die Kosten für illegitimes Verhalten als niedrig und den Nutzen von abweichendem Verhalten als relativ hoch einschätzen".

Aufgrund der Ökonomisierung, Individualisierung und Rationalisierung des heutigen Leistungssports sind Hooligans wie Fußballspieler, die im Interesse des Erfolges die Regeln bewusst verletzen, die Vorkämpfer eines neuen Identitätstyps. Dieser verhält sich gar nicht abweichend, sondern ist in einer „fatalen Weise überangepasst an die Mobilitäts- und Flexibilitätserfordernisse" des modernen Leistungssports. Soziale Normen und Regeln haben unter diesen Bedingungen nur die Bedeutung von Alternativen. Man kann sich für, aber auch gegen sie entscheiden, und zu welcher Entscheidung man kommt, hängt von Opportunitätserwägungen ab. Die Vorherrschaft der technokratischen Moral des „Alles oder Nichts" wie auch den Hooliganismus im Fußball können wir entsprechend als eine Folge der Modernisierungsprozesse und der Professionalisierung des Fußballsports begreifen. Sie enthalten in exakter Spiegelung die einseitigen Werte und Verhaltensmodelle des verbreiteten Zeitgeistes: „Elitäre Abgrenzung, Wettbewerbs-, Risiko- und Statusorientierung, Kampfdisziplin, Coolness, Flexibilitäts- und Mobilitätsbereitschaft, Aktionismus Aggressionslust, Aufputschung und atmosphärischen Rausch".

Dem Schiedsrichter wächst aus dieser Entwicklung eine zusätzliche Funktion hinzu, er ist nicht nur der Wächter des Fair Play, sondern auch derjenige, der andere an dem Ausnutzen der Vorteilnahme durch Regelverstöße hindern muss.

### VERLUST DER SELBSTREGULIERUNGSMECHANISMEN

Wie problematisch, ja dramatisch gerade dieser letzte Punkt ist, zeigt die Tatsache, dass nahezu alle Fußballspieler, wie auch Hooligans, keine Schuldgefühle bezüglich ihrer Regelverstöße entwickelt haben, dass die früher in großem Maße noch vorhandenen Selbstregulierungsmechanismen in der Fan- und Hooliganszene wie auch im Wettkampfsport immer mehr zurückgehen. Hooligans verhalten sich wie die Fußballspieler. Sobald Fußballspieler den Platz betreten, lassen sie die Verantwortung für ihr Verhalten in der Kabine oder übergeben sie der Trillerpfeife des Schiedsrichters. Erlaubt ist nicht nur das, was das Regelwerk vorgibt, sondern alles, was der Schiedsrichter nicht sieht bzw. nicht pfeift. Bei den Hooligans ist dagegen nicht das, was das Gesetz verbietet, sondern das, was die Polizei nicht unterbindet, erlaubt. „Wenn es Verletzte oder Tote gibt, sind nicht wir schuld, sondern die Polizei, die nicht rechtzeitig genug eingegriffen hat".

Dabei entwickeln Hooligans, und hier unterscheiden sie sich in nichts von ambitionierten Fußballspielern, Trainern, ja selbst Sportjournalisten, ein sehr ambivalentes Verhältnis zur Polizei bzw. zum Schiedsrichter. Auf der einen Seite wird beklagt, wenn die Polizei oder der Schiedsrichter konsequent eingreifen und damit mögliche Auseinandersetzungen bereits im Keime ersticken. Bei Sportjourna-

Nach dem Spiel: Hooligans bei wilden Schlägereien und Verfolgungsjagden auf dem Platz nach dem 4 : 0-Sieg von Hannover 96 gegen Rot-Weiss-Essen im Juni 1994

listen liest sich dies dann so: „Der Schiedsrichter hat durch seine kleinliche Regelauslegung", was ja im Klartext nur bedeutet, dass er regelkonform gepfiffen hat, „das Spiel zerpfiffen". Auf der anderen Seite finden sie es aber auch nicht gut, wenn die Polizei oder der Schiedsrichter gar nicht oder zu spät eingreifen. Dann werden Schiedsrichter oder Polizei für die Eskalation der Gewalt verantwortlich gemacht.

Im Spielbericht der Hannoverschen Allgemeinen Zeitung vom 30.10.1986 über das Fußball-Freundschafts-Länderspiel Österreich gegen Deutschland wird dies dann folgendermaßen dargestellt: „Dem Schiedsrichter war anzulasten, dass das Duell, auf den Eintrittskarten als freundschaftliches Länderspiel angekündigt, schon früh durch hässliche Fouls geprägt wurde." So stufen Fans und Hooligans Bundesligastädte und -stadien danach ein, wie gut oder wie schlecht man sich dort prügeln kann, und entsprechend stellen sie sich auch darauf ein. Ganz ähnlich wie Fußballspieler und Trainer, für die die Person des Schiedsrichters und seine Art der Regelauslegung zu einem festen Bestandteil bei der Festlegung von Spieltaktik und bei Mannschaftsbesprechungen geworden sind.

Halten wir fest: Ein großzügig pfeifender Schiedsrichter oder eine zu sehr wegschauende Polizei werden zum Problem, da Spieler und Trainer, ähnlich wie die Hooligans, diese Großzügigkeit nicht nur für einen flüssigen Spielverlauf nutzen, sondern oft hemmungslos ausnutzen. Pfeift er das Spiel konsequent nach den Regeln, wird er ebenfalls zum Problem und Störfaktor. Er ist dann zu „kleinlich", zerpfeift es oder verhindert einen flüssigen Ablauf. „Wie hätten Sie es denn gerne?", möchte man Spieler, Trainer wie auch Fußballjournalisten fragen.

Schiedsrichter wie Polizei werden dabei immer mehr in die Rolle des, wie die Aggressionsforscher sagen würden, „situativen aggressiven Hinweisreizes" gedrängt, womit ich auch das Kapitel Zuschauer/Schiedsrichter aufgeschlagen habe.

### DER SCHIEDSRICHTER ALS SITUATIVER AGGRESSIVER HINWEISREIZ

In einer Untersuchung zum Zuschauerverhalten im Fußballsport wurde nachgewiesen, dass nach dem Erleben von Fußballspielen allgemein die Bereitschaft zu aggressiven Handlungen ansteigt. Mehr noch, vor allem bei Spielen, in denen es sehr hektisch zuging, bei Spielen mit vielen Fouls, mit gelben und roten Karten steigt die Gewaltbereitschaft der Zuschauer signifikant an. Die Gewalt auf dem Rasen verstärkt also die Emotionalität und Aggressivität, die Gewaltbereitschaft auf den Rängen.

Mit dieser Erkenntnis gewinnen die Ergebnisse meines 1982 erstellten Gutachtens „Sport und Gewalt" eine zusätzliche Brisanz: Daraus geht hervor, dass die von den Fußballspielern verinnerlichte Moral des fairen Fouls auch die Erwartungshaltung der Zuschauer beeinflusst. Regelverletzungen im Interesse des Erfolgs der eigenen Mannschaft werden als legitim angesehen und entsprechend gefordert. Hier entsteht ein gefährlicher Kreislauf, der nur sehr schwer zu durchbrechen ist. Die Spieler machen im Interesse des Erfolges absichtliche Fouls, die Zuschauer wiederum erwarten von den Sportlern, dass sie im Interesse des sportlichen Erfolges auch die Regeln übertreten. Verhalten diese sich entsprechend, verstärken sie wiederum die gewaltförmige Erwartungshaltung der Zuschauer. Die dabei oft starke Identifikation eines Teils der Besucher mit der eigenen Mannschaft führt zu einer äußerst subjektiven und einseitigen Bewertung gewaltförmiger Verhaltensweisen. Fouls der eigenen Mannschaft werden bejubelt, verharmlost und damit verstärkt. Fouls der gegnerischen Mannschaft umgekehrt dramatisiert. Auch in diesem Kontext gewinnt die These vom Schiedsrichter als „situativem aggressivem Hinweisreiz" eine besondere

## »Die gewaltförmige Erwartungshaltung der Zuschauer«

Bedeutung. Gerade beim Fußballspiel ergeben sich Ausschreitungen unter den Zuschauern häufig als direkte Reaktion auf Schiedsrichterentscheidungen. Dabei tragen die Spieler selbst nur zu oft durch gestenhaftes Verhalten („Schwalben", ungerechtfertigtes Reklamieren eines Einwurfs oder Eckstoßes) dazu bei, dass die Zuschauer gegen den Schiedsrichter aufgebracht werden, was zu einer gefährlichen Emotionalisierung der Zuschauer führt.

Fußballspieler scheinen dabei im Laufe ihrer Fußballkarriere so etwas wie einen „angeborenen Reflex" entwickelt zu haben, denn immer wenn der Ball ins Tor- oder Seitenaus geht, gehen automatisch die Hände oder Arme aller sich in der Nähe des Balles befindenden Spieler hoch, ganz egal, wer den Ball ins Aus befördert hat. Damit wird dem Schiedsrichter signalisiert, wem der Einwurf zugesprochen werden muss, bzw. ob er auf Eckball oder Abstoß erkennen soll. Zu Recht wird deshalb im Gewaltgutachten der Bundesregierung gefordert, dass im Interesse der Kontrolle und Prävention der Gewalt im Stadion verstärkt Nachdruck auf das Fair Play gelegt wird, dass Regelverletzungen stärker geahndet und Schiedsrichter besser geschult werden. Auch Regelveränderungen im Sinne der Verhinderung, zumindest Reduzierung absichtlichen Foulspiels und Förderung des Fair Play, dürfen kein Tabu mehr sein

So verwundert es eigentlich wenig, dass fußballinterne Diskussionen über mögliche Regeländerungen, Veränderungen des Meisterschaftsmodus oft weniger darüber geführt werden, wie man der Gewalt auf dem Rasen begegnen und dem Fair Play zu mehr Beachtung verhelfen kann, als vielmehr, wie man das Fußballspiel spannender machen und die das Geschäft erst belebenden Emotionen der Zuschauer zusätzlich wecken kann. Hier scheint mir ein Umdenken erforderlich. Vor allem gilt es, die Position der Schiedsrichter zu stärken, denn egal was und wie sie entscheiden, Schiedsrichter befinden sich in einem Konflikt. Sie können es eigentlich keinem Recht machen und kommen aus diesem Dilemma auch nicht so recht heraus.

### FOLGERUNGEN: WAS KÖNNEN, WAS MÜSSEN WIR TUN?

Wenn es stimmt, dass die Existenz der Polizei und die Anwesenheit eines Schiedsrichters vor allem in erfolgsorientierten Situationen dazu führt, dass die Handelnden die Verantwortung für ihr Verhalten der sozialen Kontrollinstanz überantworten, wäre es am folgerichtigsten, die Kosten für Regelverstöße so hoch anzusetzen, dass man daraus keinen Nutzen mehr ziehen kann. Hier könnte und müsste der Fußballverband seinen Schiedsrichtern den Rücken stärken. Der Deutsche Fußball-Bund ist, ähnlich wie FIFA und UEFA, gut beraten, die Schiedsrichter dazu anzuhalten, resolut nach dem Regelwerk zu pfeifen und gelbe und rote Karte konsequent zu ziehen, auch wenn sie sich dann der Kritik der Spieler, Trainer und leider auch Sportjournalisten aussetzen.

Eine Bestrafung unfairer Handlungen ist ein wichtiger, erster Schritt in die richtige Richtung, und die Erfahrungen seit der Fußball-Weltmeisterschaft 1994 in den USA bestätigen dies. Ja mehr noch, die Europameisterschaft 2004 hat auch gezeigt, dass durch konsequentes und hartes Ahnden von Regelverstößen das Spielerische im Fußball gegenüber dem Kämpferischen wieder die Oberhand gewinnt. Davon kann der Fußball, können wir alle, die wir diesen Sport so lieben, nur profitieren.

Zum Zweiten wäre zu überlegen, ob nicht vor allem im Jugendbereich so lange wie möglich ohne Schiedsrichter gespielt wird, um den Kindern und Jugendlichen mehr Eigenverantwortung für ihr Verhalten zu vermitteln. In Untersuchungen konnte nachgewiesen werden, dass es bei Fußballspielen ohne Schiedsrichter in Schule wie Freizeitbereich zu erheblich weniger Streitereien, Fouls und Ausfällen kommt und die Jugendlichen sich mehr mit den Regeln auseinander setzen und diese verinnerlichen als bei Spielen mit Schiedsrichtern. Junge Fußballspieler fühlen sich bei Spielen ohne Schiedsrichter mehr für ihr Verhalten verantwortlich und zur Einhaltung der Regeln verpflichtet als bei Spielen, wo die Verantwortung leicht der Tril-

Fans des Hamburger SV

lerpfeife des Schiedsrichters übertragen werden kann. Auch Hooligans fühlen sich bei Auseinandersetzungen ohne Polizei ihren Ehren- und Verhaltenskodexen verpflichtet und für ihr Verhalten selbst verantwortlich und nehmen sich damit auch mehr zurück.

Zum Schluss möchte ich noch kurz auf die Forderungen und Vorschläge bezüglich der Einführung von Profischiedsrichtern, von zwei Schiedsrichtern, der Zulassung von Fernsehbeweisen usw. eingehen, die angesichts der Folgen, die Schiedsrichterentscheidungen haben können, nur zu verständlich sind. Wo es um immer mehr geht, wo von einem Pfiff oder Nichtpfiff Millionenverluste oder -gewinne abhängen, ganze Existenzen bedroht werden können, da wird, und dies haben wir von Blinkert gelernt, gerne auch hingelangt. Dabei gerät der Schiedsrichter natürlich noch mehr ins Kreuzfeuer der Kritik, da sind Fehlentscheidungen aber auch umso schmerzlicher und setzen Emotionen auf dem Platz wie auf den Rängen frei, die nicht selten eskalierend gewaltförmig enden. Die Schiedsrichter geraten unter einen zusätzlichen Druck, die Anforderungen an die Schiedsrichter steigen ins schier Unermessliche. Von daher sind Bemühungen, den Schiedsrichter zu entlasten, Schiedsrichterleistungen zu optimieren nicht nur verständlich, sondern auch unverzichtbar und dringend geboten. Ob die hier vorgeschlagenen Mittel allesamt der richtige Weg sind, darüber streiten sich aber die Fachleute, und es ist zu hoffen, dass Änderungen, Modifizierungen mit der erforderlichen Bedachtheit und einem sorgfältigen Abwägen von Vor- und Nachteilen sowie Kosten und Nutzen getroffen werden.

Bei allem Verständnis für die Optimierung der Schiedsrichterleistungen – es gilt auch ein „Pfund“ nicht aus der Hand zu geben, das meines Erachtens auch einen wichtigen Teil der Faszination des Fußballsports ausmacht: die Tatsachenentscheidung des Schiedsrichters und damit auch seine Fehlbarkeit. Was wäre ein Fußballspiel, ohne dass man sich auch einmal über eine (vermeintliche oder tatsächliche) Fehlentscheidung aufregen kann? Das Fußballspiel ist, wie Rüdiger Fleisch in seinem Workshop treffend bemerkte, ein menschliches Drama, und der Schiedsrichter spielt in diesem Drama nicht zuletzt auch aufgrund seiner Fehlbarkeit und der Tatsachenentscheidung eine wichtige Rolle, eine durchaus nicht nur im Sinne der These vom „situativen aggressiven Hinweisreiz“ problematische, gewaltfördernde, sondern durchaus auch im Sinne des griechischen Dramas kathartische, also läuternde Rolle.

Unser Alltag wird ja zusehends (zivilisations- und gesellschaftsbedingt) erlebnis-, spannungs- und abenteuerärmer. Die Menschen moderner Industriegesellschaften sehen sich zunehmend einem zivilisatorischen Druck ausgesetzt, sich und ihr Verhalten ständig und stetig unter Kontrolle zu halten, ihre Affekte und Emotionen zurückzudrängen, zu unterdrücken oder, wie N. Elias es nennt, ihren Trieb- und Affekthaushalt zu kontrollieren. Wir haben uns praktisch laufend unter Kontrolle, im wahrsten Sinne des Wortes „in der Gewalt". Wir unterdrücken unsere aktuellen Befindlichkeiten und Bedürfnisse, um andere nicht zu stören, und ermöglichen so ein hoch komplexes Zusammenleben, wie dies in modernen Industriegesellschaften erforderlich ist. Dies bleibt nicht ohne Folgen. Dies umso mehr, als Spannung und Affektivität wesentliche Triebfedern menschlichen Verhaltens sind. Die Dämpfung des Trieb- und Affekthaushaltes führt so zu einem verstärkten Bedürfnis nach affektiven Erlebnissen, das nun zusätzlich dadurch verstärkt wird, dass es in unserer verwalteten (ja „zer"-walteten), verrechtlichten und verbürokratisierten Gesellschaft immer weniger Möglichkeiten gibt, gefühlsbetonte Bedürfnisse zu befriedigen.

Das Stadion, das Fußballspiel sind eine der letzten erhaltenen öffentlichen Bastionen für das Ausleben dieser Emotionen. Vielleicht ist es gerade das, was die Beliebtheit, die Faszination des Fußballsports ausmacht. Wer aus dem Fußballsport die Emotionen ganz herausnimmt, wer die Fehlbarkeit des Schiedsrichters in Frage stellt, der nimmt dem Fußballsport die Seele. Wenn wir es schließlich ernst meinen mit den acht Buchstaben auf gelbem Grund, die vor jedem großen internationalen Spiel von Kindern über den Rasen getragen werden, wenn wir es also ernst meinen mit dem Fair Play, dann dürften Tatsachenentscheidungen nicht das Problem der Schiedsrichterrolle in den nächsten 100 Jahren sein, oder, wie der von mir sehr geschätzte Rudi Michel so treffend geschrieben hat: „Dem Schiedsrichter steht bei allen erforderlichen ‚Sofort-Entscheidungen' nach einer Definition aus der Sozialethik das Recht des menschlichen Irrtums zu. Seit mehr als hundert Jahren." Dass dies auch weiterhin gelten möge und vor allem dass sich dies Spieler, Trainer, Betreuer und Sportjournalisten wieder mehr zu Herzen nehmen und akzeptieren, dies wünsche ich den Schiedsrichtern und im Interesse des Erhalts der Faszination des Fußballsports allen Fußballbegeisterten von ganzem Herzen.

Fans unter Polizeiaufsicht

# FRAU SCHIEDSRICHTERIN, ÜBERNEHMEN SIE!

## Nur zwei Prozent aller deutschen Fußball-Referees sind weiblich

von Beate Fechtig

Der Spieler mit der Nummer 10 sank vor der jungen Nicole Schumacher auf die Knie. „Bitte nicht", flehte er. Gerade hatte die damals 19-jährige Fußball-Schiedsrichterin die gelbe Karte gezückt und wollte eine Verwarnung aussprechen. „Diese Szene werde ich nie vergessen", sagt sie heute, „ich wusste absolut nicht mehr, was ich machen sollte." Mit vielem hatte die Oberhausenerin bei ihrem ersten Kreisliga-B-Spiel gerechnet, aber nicht mit männlichen Unterwerfungsszenen. Die gelbe Karte hat er dann trotzdem gesehen, nachdem er wieder aufgestanden war. Und nachtragend ist Nicole Schumacher kein bisschen: „Das kam schon eher nett rüber, er wollte mich nicht lächerlich machen."

Nicht alle Männer zeigen so viel Charme bei der überraschenden Begegnung mit einer Schiedsrichterin auf dem Fußballplatz. „Ach süß, schau mal", heißt es dann zunächst, „da ist ja eine Assistentin dabei." Aber wenn die „Assistentin" den Mittelkreis partout nicht verlassen möchte und Anstalten macht, höchstselbst die Partie zu leiten, dann ist die Überraschung groß. Deutschlands ranghöchste Schiedsrichterin Bibiana Steinhaus spricht hier von einem „gewissen Aha-Effekt, einer Überbrückungsphase, bis man akzeptiert wird". Das ist freundlich formuliert und heißt nichts anderes, als dass sich Frau Schiedsrichterin den ein oder anderen Spruch nicht zu Herzen nehmen sollte. Von der Empfehlung, besser in der Küche zu bleiben, bis hin zum alten Frauen-haben-auf-dem-Platz-nichts-zu-suchen-Genöhle reicht das Repertoire. Wobei sich die Spieler aus verständlichen Gründen eher zurückhalten, Frauenfeindlichkeit ist eine Spezialität des hochverehrten Publikums.

„Am schlimmsten sind die Rentner", findet DFB-Schiedsrichterin Marina Wozniak, ganz im Gegensatz zu ihrer Kollegin Schumacher, die eher „im Jugendbereich Schwierigkeiten hatte, weil die Eltern mit ihren Kommentaren einem den Job wirklich schwer machen". Prinzipiell aber gelten im Fußball die gleichen Regeln wie im wirklichen Leben: Nach einer gewissen Eingewöhnungszeit haben sich die Männer an die neue Chefin gewöhnt. Vereinzelte Platzhirsche und Tribünen-Machos verbuchen die Schiedsrichterinnen dann nur noch unter der Rubrik „Geräuschkulisse". Oder wie Nicole Schumacher so schön sagt: „Als Schiedsrichterin darf man eben nicht alles hören, man muss nur alles sehen."

Nicole Schumacher, Bibiana Steinhaus und Marina Wozniak gehören zu den mutigen Frauen, die sich in die Männerdomäne Fußball hineingewagt haben. Und keine von ihnen hat das mit Weitsicht getan – es war purer Zufall. Fußball zu spielen mag ja heutzutage für eine Frau normal sein, weibliche Schiedsrichter aber sind die absolute Ausnahme. Gerade zwei Prozent der rund 77.000 Fußball-Schiedsrichter sind Frauen, vor zehn Jahren waren es auch schon 1,5 Prozent. Von einem Boom mag man da nicht sprechen. „Wenn wir im Vergleich auf die rasante Entwicklung der aktiven Fußballerinnen schauen, gibt es hier natürlich noch einiges nachzuholen", räumt auch Willi Hink ein, der DFB-Verantwortliche für den Schiedsrichterbereich, „aber die Geschichte der Schiedsrichterinnen ist ja noch nicht so alt."

Da liegt er allerdings nicht ganz richtig. Schon in den 1960er Jahren, noch bevor es den Frauen offiziell gestattet war, Fußball zu spielen, wurden in Deutschland Schiedsrichterinnen ausgebildet. Das war weniger ein Zeichen emanzipatorischen Denkens, vielmehr fehlten in Deutschland jahrelang ausreichend Schieds- und Linienrichter. Der inzwischen verstorbene Horst Schmidt vom Deutschen Fußball-Bund (DFB) klagte noch Mitte der 1990er Jahre: „Wir bräuchten rund 7.000 Unparteiische mehr, um alle Spiele problemlos besetzen zu können." Natürlich waren unter diesen Bedingungen auch Frauen herzlich willkommen. In bundesweiten Plakataktionen, die sich ausdrücklich auch an Frauen wandten, suchte der DFB damals Leute „mit Pfiff", wandte sich

Christine Frai gehört zu den Pionierinnen, schon seit 1991 pfeift die Bremerin in der Frauen-Bundesliga. Im Jahr 2004 war sie als erste deutsche Schiedsrichterin bei einem Olympischen Frauenfußballturnier. Ebenfalls 2004 wurde sie als „Schiedsrichterin des Jahres" ausgezeichnet.

selbst an die Arbeitsämter zur Personalgewinnung. Wobei der einmal erworbene Schiedsrichterschein in früheren Zeiten keineswegs eine Erfolgsgarantie in sich barg. „Es dauert oft ewig, bis die Schiedsrichterinnen vom Kreis nach oben gemeldet werden", sagte die erfahrene Schiedsrichterin Silke Janssen damals, „Frauen müssen mehr Leistung bringen als Männer, bestimmt 120 Prozent, um anerkannt zu werden."

Das stimmt so heute nicht mehr. Während die jetzt 40-jährige FIFA-Schiedsrichterin Christine Frai insgesamt elf Jahre brauchte, um die höchste Amateurklasse der Männer zu erreichen, machte die junge Bibiana Steinhaus denselben Durchmarsch in der halben Zeit. „Und jetzt bin ich schon so etwas wie ein alter Hase", blickt die 26-Jährige auf fast fünf Jahre Regionalliga-Erfahrung zurück, „ich gehe viel gelassener mit schwierigen Spielsituationen um." Sollte sie auch, denn noch immer steht sie unter besonderer Beobachtung: Sie ist die einzige Frau unter 40 Regionalliga-Schiedsrichtern und damit auch die einzige Linienrichterin in der 2. Fußball-Bundesliga. „Und dann bin ich auch noch blond", flachst sie, „da ist der Wiedererkennungswert auch bei Fehlentscheidungen viel höher."

Die Polizeibeamtin Bibiana Steinhaus ist ein Leben unter Männern gewohnt, sie nimmt es mit Humor: „70 Prozent meiner Dienstkollegen sind Männer, 98 Prozent meine Schiri-Kollegen auch." Doch nach drei Dingen sollte man sie nicht fragen: Hast du schon mal eine Leiche gesehen? Hast du schon mal geschossen? Und duschst du nach dem Fußballspiel mit den Männern zusammen? „Ich kann es nicht mehr hören, immer wieder diese Frage nach dem Duschen." Speziell wenn sie zum ersten Mal in einem Stadion auftaucht oder wenn das zu reportierende Fußballspiel eher dröge war, wenden sich die Reporter der örtlichen Presse mit diesem wichtigen Detailproblem an Frau Steinhaus. „Ich hatte noch nie, niemals ein Problem mit dem Duschen", gibt sie dann trotzdem höflich Auskunft, „manchmal spreche ich die baulichen Gegebenheiten schon beim Anpfiff kurz an und bitte einfach um zehn Minuten Vorsprung nach dem Spiel." Meistens hilft sie so dem überforderten Platzwart aus einer argen Verlegenheit: Auf alles sind die Kabinentrakte der Stadien ausgelegt, aber in den seltensten Fällen auf eine Schiedsrichterin.

Im Ausland ist das ein bisschen anders. Ausgerechnet die konservative Schweiz leistet Pionierarbeit, mit Nicole Petignat pfeift hier sogar eine Frau in der höchsten Männerliga – und weder von hygienischen noch von fußballfachlichen Problemen drang je etwas über die Landesgrenzen. Im Gegenteil, vor zwei Jahren machte Petignat sogar als Schiedsrichterin der UEFA-Pokal-Partie Solna Stockholm gegen das isländische Team aus Fylkir international Schlagzeilen, zum ersten Mal wagte sich eine Frau auf dieses Männerparkett. Auch in England, Kanada, Rumänien und sogar in Brasilien gibt oder gab es Frauen

Elke Günthner nach ihrer Auszeichnung als Schiedsrichterin des Jahres 2005 am 20.10.2005 in Bayreuth

in den jeweiligen männlichen Profiligen, was vor allem im südamerikanischen Raum an ein Wunder grenzt. Weniger verwunderlich war die Reaktion des brasilianischen Stürmers Luis Fabiano, dem die Schiedsrichterin Silvia de Oliveira beim Derby der Corinthians gegen den FC Sao Paulo nach einem Kopfstoß die rote Karte zeigte: „Idiotin", nannte er sie wenig charmant, „genau das hatte ich von einer Frau erwartet." Dem Bösewicht brachte das vier Spiele Sperre, Senhora de Oliveira ist seither in Brasiliens Fußballwelt eine hoch angesehene Persönlichkeit.

Auch in Deutschland pfeifen die Frauen in der höchsten Klasse, der Bundesliga. In der Frauen-Bundesliga allerdings. Seit Ende der 1990er Jahre werden nach Möglichkeit ausschließlich weibliche Schieds- und Linienrichter in der Frauen-Bundesliga eingesetzt, gleiches gilt für die Zweite Liga. Das hat Vor- und Nachteile: Einerseits werden durch den erhöhten Bedarf an Schiedsrichterinnen den Frauen die Wege geebnet, und Blitzkarrieren sind für motivierte Schiedsrichter-Aspirantinnen heutzutage keine Seltenheit – nimmt „sie" doch keinem Mann den Platz weg. Andererseits gibt es eine Zweiklassengesellschaft: Hier die Frauen, da die Männer. „Das ist dann auch unbefriedigend", findet Nicole Schumacher, „ich möchte mich schon direkt mit der Männerkonkurrenz messen, so wie das im Oberliga-Bereich der Fall ist."

Denn erstens ist im Männersport Fußball letztendlich doch der Mann das Maß aller Dinge, ob beim Kicken oder beim Pfeifen. Und zweitens ist die Schiedsrichterei der einzige vom DFB gestattete gemischtgeschlechtliche Wettbewerb. Fußballspiele der Männer gegen Frauen sind selbst auf freundschaftlicher Ebene offiziell untersagt, ein Relikt aus früheren Zeiten zum Schutz der schwachen Frau. Natürlich wird diese diskussionswürdige Regelung gerne aufgeweicht, regelmäßig spielen Frauen-Bundesligateams zu Trainingszwecken gegen männliche Jugendmannschaften. Im Schiedsrichterbereich aber ist die Männer-Frauen-Konkurrenz offiziell und auch gewollt. „Hier sind die Leistungsanforderungen auf die Männerwelt zugeschnitten", sagt der international erfahrene Schiedsrichter Hellmut Krug, „da kriegen Frauen keine Sonderrechte." Natürlich gibt es auch auf die Frauen-Bundesliga ausgelegte weibliche Leistungsnormen. Wer aber als Schiedsrichterin im Männerbereich aufsteigen will, und das wollen fast alle Bundesliga-Schiedsrichterinnen, der muss die Männernormen erfüllen. In Zahlen heißt das: 2.700 Meter Laufen in zwölf Minuten, 200 Meter Sprint in 32 Sekunden und 50 Meter in 7,5 Sekunden.

> **Als bester Fußball-Schiedsrichter Frankreichs gilt der Leiter des Weltmeisterschafts-Endspiels 1958, Monsieur Guigue, von Beruf Gendarm. In der letzten Zeit beginnt allerdings Monsieur Barberan, dem Weltmeisterschafts-Schiedsrichter den Rang abzulaufen. Barberan ist von Beruf Friseur; im französischen Fußball-Volksmund nennt man ihn deshalb „Figaro". Bei seinen Linienrichtern ist er besonders beliebt, da er ihnen vor dem Spiel kostenlos Haar und Bart zu stutzen pflegt, damit das Spielleiter-Trio in jeder Hinsicht wohlgepflegt auf dem grünen Rasen erscheint.**
>
> (DFB-Schiedsrichter-Zeitung, (1959)7, S. 12)

„Von den 38 Schiedsrichterinnen auf der DFB-Liste schaffen das sieben oder acht", schätzt DFB-Schiedsrichterreferent Klaus Löw, „und mindestens drei brauchen einen zweiten Versuch."

Spielraum gibt es dabei übrigens nicht. Zwei Mal verfehlte Christine Frai die Norm um zwei Zehntel – es war ihr Abschied aus der Männer-Regionalliga. „Das war schon einer der bittersten Momente meiner Karriere", sagt die Exportkauffrau. Die 40-jährige Bremerin gehört zu der ersten Generation von Fußball-Schiedsrichterinnen, die in den 1980er Jahren Kurs auf die höheren Männerligen nahmen. Und damals war der Weg nach oben noch eine wirkliche Ochsentour. Sechs Jahre brauchte zum Beispiel Gertrud Gebhard, die damals noch Gertrud Regus hieß, nur um aus dem Kreis in die Bezirksliga aufsteigen zu dürfen. Vergleichbares dauert heutzutage gerade ein Jährchen. „Auf Kreisebene werden Frauen oft links liegen gelassen", beklagte sich Silke Janßen noch vor zehn Jahren über die mehr oder minder offene Frauendiskriminierung. Über Wohl und Wehe entscheiden hier die Schiedsrichter-Obmänner, und die waren zu jener Zeit nicht wirklich begeistert von der Verwirklichung der Gleichberechtigung im Fußball.

Aber Schiedsrichterinnen zeichnen sich durch eine enorm hohe Frustrationstoleranz aus. Mit Geduld und Spucke kämpften sie sich durch alle Unwägbarkeiten, unter Zuhilfenahme der einen oder anderen List. Renate Krumpen zum Beispiel hatte es sich anfangs zur Gewohnheit gemacht, sich zu Schiedsrichterlehrgängen nur unter „R. Krumpen" anzumelden, damit das Anmeldeformular nicht wieder mit der ihr wohlbekannten Begründung abgelehnt wurde: „Sie können an dem Schiedsrichter-Lehrgang nicht teilnehmen, da am Ort keine Damentoiletten vorhanden sind." Beliebt, so berichtete noch 1993 das Frauenfußball-Magazin „DIEDA", war auch das Argument: „Es gibt leider nur Doppelzimmer." Heutzutage wäre das kaum mehr ein Problem, damals aber war das Schiedsrichterinnen-Dasein noch ein einsamer Kampf.

Immerhin hat sich für die Pionierinnen Christine Frai, Gertrud Gebhard oder auch Elke Günthner aus Bamberg die Mühe bezahlt gemacht. Alle hatten sie die großen Ehre, irgendwann und irgendwo als erste Frau zu pfeifen. Frai und Günthner waren 1991 die ersten Schiedsrichterinnen in der Frauen-Bundesliga, beide vertreten außerdem seit 1995 als erste Frauen den DFB beim Weltfußballverband FIFA. Das heißt: Sie werden eingesetzt bei Europa- und Weltmeisterschaften im Frauenfußball. Christine Frai war im vergangenen Jahr als erste deutsche Schiedsrichterin bei den Olympischen Spielen vertreten: „Das war einmalig." Auch Gertrud Gebhard schaut zurück auf eine stattliche Anzahl von Premieren: Die heute 43-jährige Hallstädterin leitete 1991 als erste das Pokalendspiel der Frauen in Berlin, sie pfiff 1991 als erste Deutsche bei der Frauen-WM in China. Und – das ist wohl das sensationellste Debüt – sie war als erste Frau in der Bundesliga aktiv. In der Bundesliga der Männer, jawohl.

Es war das Spiel Schalke – Kaiserslautern, man schrieb das Jahr 1995. „Es war einfach schrecklich", schaut sie heute darauf zurück, „alle Kameras waren nur auf mich gerichtet." Dabei war

»Ihr Mann Thomas kommt sonnta
regelmäßig mit auf den Fußball

sie nicht einmal als Schiedsrichterin im Einsatz, sie „winkte“. Das ist Schiedsrichter-Deutsch und heißt so viel wie: Sie war die Linienrichterin. Schon im Vorfeld dieser Fußball-Sensation wurde der Presserummel so groß, dass die Verwaltungsangestellte auf Tauchstation ging. Das „Fußball-Madla“, wie sie auf gut fränkisch zu Hause bezeichnet wurde, war einen Spieltag lang die Hauptperson im Stadion, dann ging die Bundesliga wieder zum Alltag über. Fehler hatte die Linienrichterin bis dahin keine gemacht.

Ihr Abgang zwei Jahre später war vergleichsweise leise. „Die Bundesliga-Linienrichterin Gertrud Gebhard aus Hallstadt fiel durch die interne Qualifikation des Fußball-Bundes und fehlt deshalb auf der Liste der sechs weiblichen Unparteiischen aus Deutschland, die 1997 vom Internationalen Fußball-Verband eingesetzt werden“, so formulierte es die Presse in einer Nebenbeimeldung. Das aber ist nur die halbe Wahrheit. „Ich hätte damals einfach meine Meinung nicht so deutlich sagen sollen“, weiß Gertrud Gebhard heute. Tatsächlich hatte sie damals die Leistungsnormen für die Regionalliga nicht erfüllen können, im Normalfall aber hätte sie selbst als Absteigerin wenigstens für eine Weile in der Zweiten Liga weiter winken dürfen. So wurde das jedenfalls bei der männlichen Konkurrenz üblicherweise gehandhabt. Durfte sie aber nicht, angeblich mangels sportlicher Perspektive. „Dagegen habe ich mich massiv geäußert und wurde daraufhin auch von der FIFA-Schiedsrichterinnen-Liste gestrichen“, so Gebhard. Solchermaßen zurückgestuft, gab sie ihre Schiedsrichter-Karriere auf. Nach 17 langen Jahren.

Damals war sie sehr böse. Und mit Manfred Amerell, dem Chef des Süddeutschen Fußball-Verbandes, würde sie selbst heute noch kein Wort wechseln wollen. „Er hat grundsätzlich etwas gegen Frauen“, da ist sich Gertrud Gebhard ziemlich sicher. Nur interessiert sie sich heute nicht mehr dafür. „Für mich ist der Käse gegessen“, sagt sie und mit „Käse“ meint sie wohl die Schiedsrichterei. Wenn nicht gar das gesamte Fußballgeschäft. „Ich habe meinen Schritt niemals bereut. Wenn ich sehe, womit die Schiedsrichter in diesem Millionengeschäft fertig werden müssen: Die seelische Belastung ist riesig. Ganz zu schweigen vom Zeitaufwand.“ Und dann hat sie noch ein sehr wichtiges Argument gegen ein Dasein als Fußball-Schiedsrichterin: Das heißt Anja und ist sieben Jahre alt. „Wer weiß“, sagt die Mama mit einem Anflug von Wehmut, „ob ich im anderen Fall meine Kleine überhaupt hätte.“

Die Vereinbarkeit von Familie und Beruf ist schon schwer, wenn dann noch die Schiedsrichterei und ein Kleinkind dazukommen, kann man schon von Management-Aufgaben sprechen. „Alles eine Frage der Organisation“, findet Marina Wozniak. Die 26-Jährige aus Herne ist die einzige Bundesliga-Schiedsrichterin mit Kind, allein das spricht schon Bände. „Man muss schon eine tolle Familie haben, so wie ich“, räumt sie ein. Ihr Mann Thomas kommt sonntags mit Söhnchen Maximilian regelmäßig mit auf den Fußballplatz, und Oma wohnt auch nur 200 Meter entfernt. Mindestens dreimal die Woche betreut sie den fast Dreijährigen, denn dann ist seine Mutter beim Joggen mit der Schiri-Laufgemeinschaft. Noch ist Marina Wozniak im Mutterschutz, aber im Sommer will die Einzelhandelskauffrau wieder zurück in den Beruf. Und außerdem den Sprung in die Männer-Oberliga schaffen. Denn: „Je höher man im Herren-Bereich pfeift, umso einfacher wird's.“

Nur wird es nicht weniger zeitaufwändig. Schon als Regionalliga-Schiedsrichterin legt man Hunderte von Kilometern zurück, in der Frauen-Bundesliga sind die Spielorte logischerweise über ganz Deutschland verteilt. Oft ist es für die Rückreise dann zu spät, und das private Wochenende ist futsch. Für Bibiana Steinhaus kommt noch ein weiterer Stressfaktor hinzu: Sie ist Polizeibeamtin

s mit Söhnchen Maximilian
latz«

„Die große Blonde mit der Pfeife": Bibiana Steinhaus leitet als einzige Frau Fußballspiele der Herren-Regionalliga. Sie ist Deutschlands ranghöchste Schiedsrichterin.

und hat häufig Wochenenddienst. „Erst kürzlich habe ich einen neuen Rekord aufgestellt", schildert die Hernerin köstlich, „ich habe nach dem Spiel in sieben Minuten geduscht und mich dann in Jena todesmutig zwischen die sich schließenden Zugtüren geworfen, denn diesen Zug musste ich unbedingt erreichen." Bombenräumung in Osnabrück, das war ihr sofortiger Anschlusstermin bei der Bereitschaftspolizei Hannover um vier Uhr früh. Fragt sich erstens, wann diese Frau schläft. Und zweitens, welcher Termin eigentlich der gefährlichere war.

Nicht viel besser ergeht es Nicole Schumacher. Die ist ebenfalls Polizeibeamtin und hat genau ein Wochenende pro Monat frei. Also dienstfrei, spielfrei hat sie mehr oder weniger nie. „Es gibt ja die Sommerpause", antwortet die 26-Jährige mit einem Anflug von Galgenhumor auf die obligatorische Frage nach dem Disko-Besuch am Samstagabend, „und sonst muss man eben verzichten." Bei Weihnachtsfeiern, Silvesterpartys und beim Ostereiersuchen fehlt Nicole Schumacher ebenfalls, denn auch da arbeitet sie in der Regel. Um die Kollegen zu versöhnen, die ihr Wochenende für Wochenende entgegenkommen wegen ihrer Pfeiferei. „Es ist immer ein Hickhack, aber zum Glück sind die Kollegen so fußballbegeistert und helfen alle mit", sagt sie. Warum sie sich aber diesen Stress antut, das steht in den Sternen. „Es ist positiver Stress", behauptet die Oberhausenerin. Nach außen mutet es eher an wie Fanatismus oder, freundlicher gesagt, Passion.

Der Schiedsrichterei wird alles untergeordnet – fast alles. „Es wäre zuviel verlangt, die Familienplanung nach dem Rahmenterminkalender des DFB zu gestalten", erklärt Bibiana Steinhaus, dass auch diese Opferbereitschaft Grenzen haben könnte. Und auch Nicole Schumacher sagt klipp und klar: „Ich werde nicht zu Gunsten des Schiedsrichterinnen-Daseins auf eine Familie verzichten." Aber erstens sind die beiden noch sehr jung, und zweitens gibt es wohl selbst beim DFB so etwas wie eine Babypause. Überhaupt haben beide Damen vor dem Kinderkriegen noch große Ziele. „Mein nächstes sportliches Ziel heißt Regionalliga", sagt Nicole Schumacher. Ihr Bruder Karl-Markus Schumacher hat diese Hürde bereits genommen. Vor sieben Jahren nahm er das Schwesterchen mit zu einem Schiedsrichterlehrgang, just for fun. Heute bilden die Schumachers in der Regionalliga ein familiäres Referee-Gespann: Er ist der Schiri, sie winkt an der Linie. „Und unsere Eltern beschützen uns von draußen vor bösen Zuschauerkommentaren", sagt Nicole,

Schiedsrichterin Nicole Schumacher, Oberhausen
Nicole Schumacher gilt als großes Schiedsrichtertalent. Die Polizeibeamtin kam durch ihren Bruder Karl-Markus (l.) zum Pfeifen.

Dieser Werdegang ist typisch für eine Fußball-Schiedsrichterin. Nach ein paar mäßig erfolgreichen Jahren als aktive Fußballerin, so sagen es die Frauen von sich selbst, wechseln sie auf Anregung irgendeines männlichen Verwandten hin in den Schiedsrichterbereich. Nicole Schumacher spielte bei SC Glückauf Sterkrade, Bibiana Steinhaus beim SV Bad Lauterberg. „Ich war nicht gerade klasse", räumt Bibiana Steinhaus ein, die im Gegensatz zu Nicole Schumacher heute innerfamiliär die absolute Nummer eins ist. „Mein Vater war Schiedsrichter im Kreis. Erst hat er mich als Linienrichterin mitgenommen und dann habe ich ihn mitgenommen." Und natürlich kam es gelegentlich zu Situationen, in denen die Schiedsrichterin den Herrn Papa überstimmen musste. Oder besser gesagt durfte. „Da hatte ich wenigstens mal 90 Minuten was zu sagen, obwohl ich mir das dann eine Woche lang zu Hause anhören musste", macht sie heute ihre Späßchen darüber. Klar ist aber, dass sowohl ihr Vater wie auch ihre Mutter die sportliche Karriere der angehenden Fußball-Schiedsrichterin genauso wohlwollend verfolgt haben wie die der jüngeren Schwester Kim. Die ist eine studierte Balletttänzerin, was Bibiana Steinhaus irgendwie nicht fassen kann: „Und meine Mutter behauptet steif und fest, dass wir denselben Vater haben."

Zehn Jahre Erfahrung hat Bibiana Steinhaus jetzt auf dem Buckel: Mit 16 hat sie ihren Schiedsrichterschein gemacht, heute pfeift sie in der Regionalliga als ranghöchste deutsche Fußball-Schiedsrichterin. Das bringt absonderliche Geschichten mit sich, über die sie sich amüsieren kann: „Im ersten Jahr wurde ich zur Einkleidung ständig nach meiner Kragengröße gefragt, jetzt aber ist die logistische Meisterleistung perfekt: Unser Sponsor liefert zuverlässig 88 Schiedsrichterhemden und eine Bluse. Das klappt wunderbar." Locker-flockig erzählt die junge Harzerin solche Episoden, aber natürlich macht Bibiana Steinhaus einen Knochenjob. Allein unter Männern bewegt sie sich – ihren Leistungen nach zu schließen – kontinuierlich auf die Bundesliga zu, in Schiedsrichterinnen-Kreisen kursieren Wetten, wann diese letzte Tür zum Glück auch einer Frau aufgetan wird. „Ich bin ziemlich sicher, dass ich das mit meinen 53 Jahren noch erlebe", sagt der DFB-Schiedsrichterreferent Klaus Löw. „Sie hat es verdient, Bibiana hat die Erfahrung, und sie bringt auch die Leistung", das findet Kollegin Marina Wozniak. Und Christine Frai mag sich nicht festlegen, welche Schiedsrichterin diese Männerdomäne letztendlich erobern wird. „Aber ich denke, es könnte in zwei Jahren so weit sein."

Bibiana Steinhaus selber gibt sich in dieser Frage ungewohnt zurückhaltend. „Ich bin froh, dass es in der Regionalliga so gut läuft. Das ist für mich das wichtigste." Über alles andere möchte sie, bitte schön, nicht spekulieren. Vielmehr hofft sie auf Verstärkung in Person von Nicole Schumacher, deren bisherige Karriere zeitversetzt in ähnlichen Bahnen verlief. Oder auf die Linienrichterin Inka Müller, bekannt geworden durch ihren beherzten Einsatz gegen die Hoyzer-Manipulationen. „Sie ist an der Linie unschlagbar", sagt Bibiana Steinhaus über die Assistentin aus Stendal. Ein bisschen weibliche Gesellschaft wäre ihr angenehm da oben, wo die Luft für Schiedsrichterinnen deutlich dünner wird und der Druck größer. Weder mag Bibiana Steinhaus die Quotenfrau sein, noch will sie die Grundsatzfrage nach der ersten Schiedsrichterin in der Männer-Bundesliga auf ihre Person beschränkt sehen. Glaubt man den DFB-Oberen, dann gilt hier außer dem Leistungsprinzip auch eine gewisse Sorgfaltspflicht. „Natürlich wäre das Aufsehen erregend und unheimlich attraktiv, wenn eine Frau ein Bundesligaspiel pfeifen würde", meint Hellmut Krug als Mann der Praxis, „aber wenn die mit ihrer Entscheidung mal danebenliegt, dann ist aber was los. Im bezahlten Fußball weht ein anderer Wind, das kann ich Ihnen sagen."

Der Deutsche Fußball-Bund hat in Frauenfragen nie großartigen Pioniergeist gezeigt. Erst 1970, nachdem es wirklich nicht mehr anders möglich war, wurde Frauenfußball offiziell eingeführt. Was dann folgte, ist eine einzige Erfolgsgeschichte. Sechs Mal wurden die deutschen Frauen Europameisterinnen, es gibt eine eingleisige Bundesliga und auch Zweite Ligen. Die Krönung aber war der Gewinn der Weltmeisterschaft des Nationalteams im Jahr 2003, heutzutage gibt es wohl keine Gegner des Frauenfußballs mehr beim DFB. Nur, und das ist der Unterschied zur Schiedsrichterinnen-Frage, bewegen sich die Fußball spielenden Frauen auf einem rein weiblichen Feld. Kein Mann musste weichen, weil die Fußballfrauen siegten.

Es gibt im DFB aufgeschlossene Männer und es gibt andere. Es gibt einige, für die ist Frauenförderung nur ein Lippenbekenntnis. Und dann gibt es solche wie Willi Hink, Chef der Direktion „Amateursport, Schiedsrichter, Frauenfußball". Seit 18 Jahren befasst sich der Mann mit der Etablierung des Frauenfußballs auf DFB-Ebene, und stets verstand er es, seine anders denkenden Kollegen diplomatisch in Schutz zu nehmen. Trotzdem hat man gerade bei ihm das Gefühl, er würde hinter verschlossenen Türen für die weibliche Minderheit in der Fußballbranche eine Lanze brechen. Es ist nicht zu unterschätzen, wenn einer wie er meint: „Wir erwarten von unseren Schiedsrichterinnen die Bereitschaft, auch im Männerbereich erfolgreich zu sein. Und selten waren die Rahmenbedingungen so gut wie heute. Die deutschen Fußballerinnen sind amtierende Weltmeisterinnen, der Frauen- und Mädchenfußball boomt, und unser DFB-Präsident Theo Zwanziger ist ein bekennender Förderer der Frauen."

Bleibt hinzuzufügen, dass Angela Merkel auch Bundeskanzlerin geworden ist, obgleich einige mächtige Männer versucht haben, sie zu verhindern. Vielleicht schafft es dann in Deutschland auch eine Schiedsrichterin in die erste Bundesliga. Und das vielleicht sogar vor der Ernennung der ersten Frau zur Päpstin, das wäre doch was.

# SCHIRIS IM STRESS

## Zur Beanspruchung von Schiedsrichtern und Schiedsrichterinnen im Fußball

von Reinhild Kemper und Dieter Teipel

### EINLEITUNG

Mit der Gründung der Football Association 1863 entstanden in London die ersten Fußballregeln, doch wurde erst im Jahre 1891 der Schiedsrichter als alleiniger Leiter des Spiels eingeführt. Obwohl von zwei Helfern unterstützt (früher nannte man sie Umpires, dann Linienrichter und heute Schiedsrichter-Assistenten), gibt es vielfältige Situationen vor, während und nach einem Spiel, die sehr oft auch mit hohen Beanspruchungen an den Schiedsrichter verbunden sind, man denke nur an die Beschimpfungen seitens der Zuschauer bis hin zu Morddrohungen enttäuschter Fans nach einem verlorenen Spiel, wobei der Schiedsrichter für die Niederlage verantwortlich gemacht wird. Für die Schiedsrichter ist es ein nicht immer leichtes Unterfangen, mit solchen Situationen umzugehen.

Doch trotz der nicht immer einfachen Spielleitung und der oft schwierigen Auseinandersetzung mit Spielern, Trainern und Fans ist erfreulicherweise über die Jahre hinweg ein Anstieg der Schiedsrichter im Deutschen Fußball-Bund (DFB) zu verzeichnen. Laut den Angaben des DFB stieg die Anzahl der Unparteiischen von 75.510 im Jahr 2003 auf 77.145 Schiedsrichter im Jahr 2004 um weitere 1.636 Schiedsrichter bzw. 2.17 Prozent an. Zu der Gruppe der insgesamt 77.145 Schiedsrichter gehörten 62.693 erwachsene Schiedsrichter, 12.922 jugendliche Schiedsrichter unter 18 Jahren und 1.531 weibliche Schiedsrichter.

Der DFB erwartet von den Schiedsrichtern nicht nur eine sichere Regelkenntnis und ein hohes Maß an körperlicher und psychischer Fitness. Auch Selbstbewusstsein, Selbstkontrolle, Selbstmotivation bei Negativerfahrungen, Kameradschaftlichkeit, Pünktlichkeit und unparteiisches Verhalten sind gefordert.

Da die meisten Fußballspiele an Wochenenden stattfinden, müssen Schiedsrichter und Schiedsrichterinnen ihr Freizeitverhalten ihrem Sport anpassen bzw. auf ihn ausrichten. Sie müssen ihre Tätigkeit mit Familie, Freundeskreis und Beruf in Einklang bringen. Darüber hinaus müssen sie sich durch eine gesunde Lebensweise und regelmäßiges Training körperlich fit halten, um den physiologischen Anforderungen eines schnellen Spiels gerecht zu werden. Bis auf geringfügig niedrigere Leistungen in den Fitnesstests, die die Schiedsrichter in allen Spielklassen jährlich absolvieren müssen, stellt der DFB die gleichen Ansprüche an die weiblichen wie an die männlichen Schiedsrichter.

Dem Zuschauer im Stadion oder am Fernseher sind diese Anforderungen an den Schiedsrichter oftmals nicht bekannt. Für die Zuschauer zählt, ebenso wie für die Spieler, die Trainer und die Funktionäre, dass der Schiedsrichter das Spiel „sauber" pfeift, sich keine Unentschlossenheiten und schon gar keine Fehlentscheidungen erlaubt. Ein fehlerfrei geleitetes Spiel des Schiedsrichters findet kaum Beachtung, wohingegen er bei einer umstrittenen Entscheidung oder gar einer Fehlentscheidung schnell zum „Prügelknaben der Nation" abgestempelt wird.

Wenn man an die Beanspruchung von Schiedsrichtern im Fußball denkt, so erinnert man sich an einige umstrittene Entscheidungen von Schiedsrichtern, z. B. an das so genannte Wembley-Tor von 1966 oder an das Phantom-Tor im Spiel Nürnberg – Bayern München. Es scheint kaum eine vergleichbare Tätigkeit mit derart hohen physiologischen und psychischen Belastungen zu geben, bei der eine Person vor den Augen so vieler Beteiligter bzw. Zuschauer im Stadion oder am Fernsehen ihre Leistungen erbringen und unmittelbar bewerten lassen muss.

### KÖRPERLICHE BEANSPRUCHUNG

Welche Art der Beanspruchung sich für Schiedsrichter und Schiedsrichterinnen vor, während und nach einem Spiel ergeben können, wurde in einer Untersuchung zum „Stress von Schiedsrichtern" näher untersucht. Um herauszufinden, welchen körperlichen Strapazen Schiedsrichter ausgesetzt sind, wurde zum einen die Pulsfrequenz der Schiedsrichter gemessen, zum anderen per Video

Schiedsrichter-Assistent Harry Ehing beim Ligapokalfinale 2005 in Leipzig

aufgezeichnet, welche Strecken unter welchen Bewegungsformen (z. B. Gehen, Traben, Laufen, Gehen rückwärts) die Schiedsrichter in einem Spiel zurücklegten. Darüber hinaus wurden die unterschiedlichen Aktionen (Entscheidungen auf Foul, gelbe Karte, rote Karte, Elfmeter) während des Spiels dokumentiert. An der Untersuchung nahmen mehrere männliche Schiedsrichter in ausgewählten Spielen von der Bundesliga bis zur Bezirksliga und mehrere weibliche Schiedsrichter in Spielen der 2. Bundesliga teil.

Anhand der gemessenen Pulsfrequenzen konnte aufgezeigt werden, dass bei den Schiedsrichtern und Schiedsrichterinnen vom Aufwärmen vor dem Spiel über längere Sprints während des Spiels bis hin zum Abpfiff des Spiels Pulswerte zwischen 70 bis 188 Puls/min erreicht wurden. Bedenkt man, dass ein sehr gut trainierter Läufer in der Leichtathletik bei einem 100-m-Sprint Pulswerte um die 190 Puls/min erreicht, dann wird deutlich, welche körperlichen Leistungen Schiedsrichter in einigen Spielszenen bei einer Spielfeldlänge von mehr als 100 Metern erbringen müssen. Es wird ferner erkennbar, dass Schiedsrichter sehr gute konditionelle Fähigkeiten benötigen und sich in einem sehr guten Trainingszustand befinden müssen.

Schaut man auf die Strecken, die Schiedsrichter und Schiedsrichterinnen während eines Spiels zurücklegten, so lassen die Ergebnisse der Studie erkennen, dass ein Schiedsrichter in der 1. Bundesliga mehr als 10.800 Meter (das entspricht der Strecke eines agilen Mittelfeldspielers) und ein Schiedsrichter in der Bezirksliga mehr als 7.800 Meter im Spiel „unterwegs" war.

Dass ein Schiedsrichter in der 1. Bundesliga eine Strecke von knapp 2.500 Meter mehr bewältigte als ein Schiedsrichter in der Bezirksliga, lag an seinen besseren konditionellen Fähigkeiten und an der schnelleren Spielweise der Spieler in der höheren Liga.

Hinsichtlich der Bewegungsformen (vgl. Tab. 1) zeigte sich, dass der Schiedsrichter der 1. Bundesliga sehr viel laufend im Einsatz war. Er legte im Lauf eine Strecke von mehr als 3.900 Meter während eines gesamten Spiels zurück und stand insgesamt nur 10:32 Minuten. Der Schiedsrichter in der Bezirksliga hingegen stand während des Spiels länger (14.44 Minuten) und legte die weiteste Strecke nicht im Laufen, sondern im Gehen zurück (mehr als 3.800 Meter).

Zusammenfassend kann festgestellt werden, dass – bezogen auf die gemessenen Pulsfrequenzwerte, Laufstrecken und Bewegungsformen während des Spiels – die Schiedsrichter, insbesondere in den höheren Spielklassen, hohen körperlichen Beanspruchungen ausgesetzt waren. Diese glichen den Belastungen eines Leistungssportlers mit hohem Trainingspensum bei gesunder Lebensweise.

Hinsichtlich der unterschiedlichen Aktionen während des Spiels, wie z. B. Entscheidungen auf Elfmeter und Vergabe der gelben Karte, zeigte sich, dass der Schiedsrichter in einem schwierigen Spiel der Bezirksliga wesentlich mehr Entscheidungen zu fällen hatte als der Schiedsrichter in einem leichten Spiel in der Bundesliga. Die Schiedsrichterin eines leichten Spiels der Bundesliga musste vergleichsweise die wenigsten Aktionen durchführen.

## PSYCHISCHE BEANSPRUCHUNG

Welchen psychischen Stress die Schiedsrichter und Schiedsrichterinnen neben den körperlichen Belastungen vor, während und nach einem Spiel zu bewältigen haben, wird im Folgenden dargestellt.

An der Befragung zur psychischen Beanspruchung von Schiedsrichtern nahmen insgesamt 260 männliche und 26 weibliche Schiedsrichter teil. Die Schiedsrichter und Schiedsrichterinnen füllten einen Fragebogen in Hinsicht auf die Belastungen und deren Bewältigungen vor, während und nach dem Spiel aus.

Vor dem Spiel nahmen die Schiedsrichter sowie die Schiedsrichterinnen die langen Anfahrten zum Spielort und die Wahrnehmung der eigenen Nervosität als ziemlich belastend wahr. Im Vergleich zwischen weiblichen und männlichen Schiedsrichtern empfanden die männlichen Schiedsrichter beim Umgang mit den Vereinsbetreuern mehr Stress, hingegen war für die Schiedsrichterinnen die eigene Nervosität vor dem Spiel ein höheres Belastungsmoment.

Während des Spiels (vgl. Tab. 2) waren folgende Situationen für Schiedsrichter und Schiedsrichterinnen hoch belastend: ein Elfmeter nach einer deutlichen „Schwalbe", die Gefahr des Verlustes der Kontrolle über das Spiel, das Übersehen einer Tätlichkeit hinter dem Rücken des Schiedsrichters und das Übersehen einer Grätsche eines Spielers von hinten.

Schaut man auf die Unterschiede zwischen den männlichen und weiblichen Schiedsrichtern, so wird deutlich, dass die Schiedsrichter den deutlichen Sieg der Heimmannschaft, die Notwendigkeit einer auffälligen Spielleitung zu Beginn des Spiels und die Vergabe der gelb-roten Karte nach wiederholtem Foulspiel als stressender empfanden als ihre Schiedsrichterkolleginnen. Auch wenn nach einem harten engagierten Kampf das Spiel unentschieden ausging, war das für die Schiedsrichter von höherer Belastung als für die Schiedsrichterinnen.

Darüber hinaus bedeutete es für die Schiedsrichter mehr Stress, wenn beide Mannschaften viele Fouls verursachten und wenn sie selbst ein passives Abseits übersahen. Die Schiedsrichterinnen hingegen gaben an, dass das Fällen einer Konzessionsentscheidung aufgrund vorheriger Benachteiligung und Entscheidungsprobleme bei Abseits für sie höher belastend waren.

Nach dem Spiel stellte für die Schiedsrichter und Schiedsrichterinnen die Vermutung einer schlech-

| BEWEGUNGSZEITEN | SCHIEDSRICHTER IM SPIEL DER 1. BUNDESLIGA | SCHIEDSRICHTER IM SPIEL DER BEZIRKSLIGA |
|---|---|---|
| 1. Stehen | 10:32 min | 14:44 min |
| 2.–7. Andere Bewegungsformen | 80:59 min | 77:29 min |
| **Gesamtzeiten** | **91:31 min** | **92:13 min** |
| **Bewegungsformen** | **Gesamt** | **Gesamt** |
| 2. Gehen | 2.381,0 m | 4.358,5 m |
| 3. Traben | 2.120,5 m | 1.272,5 m |
| 4. Laufen | 3.931,5 m | 1.676,0 m |
| 5. Sprint | 333,5 m | 52,0 m |
| 6. Gehen rückwärts | 492,0 m | 393,0 m |
| 7. Traben rückwärts | 1.123,0 m | 49,5 m |
| **Gesamt** | **10.381,5 m** | 7.802,0 m |

**Tab. 1: Bewegungszeiten der Schiedsrichter im Spiel der 1. Bundesliga und Schiedsrichter im Spiel der Bezirksliga**

ten Bewertung durch den Schiedsrichterbeobachter die belastendste Situation dar. Aber auch die Erwartung einer negativen Bewertung durch nachgewiesene Fehlentscheidungen in der Öffentlichkeit war für beide Gruppen eine hoch stressauslösende Bedingung.

Im Vergleich zeigte sich, dass die männlichen Schiedsrichter nach dem Spiel den Umgang mit der nicht erfolgreichen Mannschaft sowie die Interaktion mit normal engagierten Zuschauern der Verlierermannschaft als belastender empfanden als die Schiedsrichterinnen.

Wie Schiedsrichter und Schiedsrichterinnen versuchen, die verschiedenen belastenden Situationen zu bewältigen, wird in dem folgenden Kapitel erörtert.

## STRESSBEWÄLTIGUNG

Um den Stress vor dem Spiel möglichst gering zu halten, war es den befragten Schiedsrichtern und Schiedsrichterinnen wichtig, frühzeitig die Anreise anzutreten und rechtzeitig am Spielort anzukommen. Hierdurch versuchten sie, ausreichend Zeit für die unmittelbare Spielvorbereitung zu haben und eine spezielle Besprechung im Schiedsrichterteam vornehmen zu können. Auch die frühzeitige Kontrolle der Spielerpässe sowie ein gutes Aufwärmen wurden von beiden Gruppen als wesentliche Bewältigungsstrategien vor dem Spiel genannt.

Klare Entscheidungen mit entsprechenden Bestrafungen und ein bestimmtes sowie energisches Auftreten waren für die Schiedsrichter und Schiedsrich-

| RÄNGE | SCHIEDSRICHTER | SCHIEDSRICHTERINNEN |
|---|---|---|
| **1. Rang** | Elfmeter nach einer deutlichen „Schwalbe“ | Übersehen einer Tätlichkeit hinter dem Rücken des Schiedsrichters |
| **2. Rang** | Gefahr des Verlustes der Kontrolle über das Spiel | Gefahr des Verlustes der Kontrolle über das Spiel |
| **3. Rang** | Übersehen einer Tätlichkeit hinter dem Rücken des Schiedsrichters | Übersehen einer Grätsche von hinten |
| **4. Rang** | Übersehen einer Grätsche von hinten | Elfmeter nach einer deutlichen „Schwalbe“ |
| **5. Rang** | Fehlerhafte Kooperation mit den Schiedsrichter-Assistenten bei Abseits | Fällen einer Konzessionsentscheidung aufgrund vorheriger Benachteiligung |
| **6. Rang** | Schwere Verletzung eines Spielers nach einem groben Foulspiel | Schwere Verletzung eines Spielers nach einem groben Foulspiel |
| **7. Rang** | Vorwurf einer spielentscheidenden Fehlentscheidung | Ungenaue Entscheidungen |
| **8. Rang** | Ungenaue Entscheidungen | Entscheidungsprobleme bei Abseits |
| **9. Rang** | Viele Fouls beider Mannschaften | Fehlerhafte Kooperation mit den Schiedsrichter-Assistenten bei Abseits |
| **10. Rang** | Übersehen eines passiven Abseits | Vorwurf einer spielentscheidenden Fehlentscheidung |

**Tab. 2: Vergleich der hoch belastenden Situationen während des Spiels zwischen Schiedsrichtern und Schiedsrichterinnen**

terinnen probate Mittel, um Belastungssituationen während des Spiels angemessen zu bewältigen. Die „Damen in Schwarz" bedienten sich in stärkerem Ausmaß als ihre Kollegen des lauten Pfeifens, um belastende Situationen im Spiel zu regeln.

Nach dem Spiel war für Schiedsrichter und Schiedsrichterinnen die Aussprache mit den Schiedsrichter-Assistenten hinsichtlich der Bewältigung von belastenden Situationen im Spiel bedeutsam. Aber auch das ausgedehnte Duschen wurde in beiden Gruppen als Wohltat zum Abbau von Stress genannt. Auffallend war, dass die Schiedsrichter eher das Gespräch mit Familienangehörigen suchten, um die Vorkommnisse während des Spiels zu verarbeiten.

Trotz der sicherlich auch für die Schiedsrichter und Schiedsrichterinnen vielen anregenden, interessanten und motivierenden Situationen beim Fußball als der „wichtigsten Nebensache der Welt" konnte aufgezeigt werden, dass ihre Tätigkeit vor, während und nach dem Spiel mit hohen körperlichen und psychischen Belastungen verbunden war.

Die Verbesserungsvorschläge zur Vorbereitung auf die belastende Tätigkeit von Schiedsrichtern (aus deren Sicht) bezogen sich auf eine Verbesserung der individuellen Betreuung durch die Verantwortlichen in zahlreichen Amateur-Vereinen und die konsequente Unterstützung von jungen Schiedsrichtern und insbesondere Schiedsrichterinnen durch ältere bzw. bereits ausgeschiedene Schiedsrichter in Form des Patensystems. Ferner sollte das Ansehen der Tätigkeit der Schiedsrichter insbesondere im Amateurbereich durch eine ausführliche Information von Spielern, Trainern, Zuschauern und Journalisten und eine verstärkte sachorientierte Berichterstattung erhöht werden.

Aufgrund der zunehmenden Tendenzen der Professionalisierung im Männerfußball und auch im Frauenfußball sollten Vorteile und Nachteile der Aktivität als Halbprofi- bzw. Profi-Schiedsrichter berücksichtigt werden. In höheren Spielklassen sollten auch entspannende psychologische Trainingsformen in die Vorbereitung von Spielen integriert werden, um das Erleben von Belastungen stressfreier zu gestalten und die Strategien der Bewältigung von Schiedsrichtern und Schiedsrichterinnen zu optimieren.

Die vielfältigen Befunde der Studie zur körperlichen und psychischen Beanspruchung sollten in die Ausbildung und Weiterbildung von Schiedsrichtern und Schiedsrichterinnen von den niedrigen bis zu den hohen Spielklassen in angemessener Weise integriert werden.

# DER MANN IN SCHWARZ UND DIE MATTSCHEIBE

## Zur Beziehung von Medien und Schiedsrichtern

von Christiane Zehrer

### SPEKTAKEL UM DEN 23. MANN

Kaum jemand wird abstreiten wollen, dass Fußball heutzutage ein Medienspektakel ist. Bei wichtigen Begegnungen übersteigt die Zahl der Fernsehzuschauer die der Stadionbesucher bei weitem. Und die Medien messen dem Fußball Bedeutung und entsprechende Sendezeiten bei. Im Gegenzug drängen fast alle Akteure bereitwillig ins Rampenlicht. Gelegentlich entsteht so der Eindruck, das Spiel könne auch nach dem Abpfiff des Schiris noch herumgedreht werden: in Interviews und bei Fernsehauftritten. Um über eigene Patzer auf dem Platz hinwegzutäuschen, überschreiten Stars und Sternchen dabei nicht selten die Grenzen sportlicher Fairness. Ein extremes Beispiel ist hier sicher der damalige Wolfsburger Trainer Wolf, der nach einigen strittigen „Kartenvergaben" zum Aufstand gegen alle Schiedsrichter aufrief.

Selbst wenn es scheinbar sachlich zugeht, hagelt es häufig verdeckte Kritik gegen die Unparteiischen. Offenbar gehört es zum Schicksal der „schwarzen Zunft", dass gute Leistungen kaum gewürdigt werden. Wessen Mission die Neutralität ist, muss sich durch Nichtbeachtung geehrt fühlen. Irrtümer werden dagegen häufig gnadenlos hochstilisiert, und die Medien haben an dieser Stimmungsmache einen entscheidenden Anteil.

Der mühsame Lernprozess der Schiedsrichter zu einem professionellen Umgang mit den Medien sei durch deren Boulevardisierung wieder neutralisiert worden, bedauert Lutz Lüttig in der Schiedsrichter-Zeitung des DFB. Denn Medien, die von einem einfachen Meinungsschema, von Spannungsaufbau durch Parteinahme sowie dem Gegensatz zwischen „gut" und „böse" leben, brauchen strahlende Sieger und schwadronierende Verlierer, die sich selbst zum tragischen Opfer stilisieren. Wenig Platz bieten sie dagegen für die Herren und Damen in Schwarz.

Zwar können diese durch einen kooperativen Umgang mit den Medienvertretern dem Verhalten der größten „Schauspieler" unter den Akteuren den Boden entziehen. Dennoch passen die Unparteilichkeit und Neutralität, die dem Auftreten eines glaubwürdigen Schiedsrichters zugrunde liegen müssen, nicht zu den medialen Erwartungen. Dies erfuhr beispielsweise auch Eugen Strigel bei seinen regelmäßigen Auftritten im ZDF-Sportstudio. Nach und nach wurden seine Stellungnahmen nach journalistischer Manier im Sinne der Berichterstatter vereinnahmt. Wer erklärt statt provoziert und Zusammenhänge statt Schlagworte zu bieten hat, wandelt beim Fernsehen auf einem schmalen Grat. Trotz diplomatischer Annäherungsversuche der Schiedsrichterfraktion wird sofort nach Spielende immer noch nach einer anderen Pfeife getanzt.

### EIN UNGLEICHER KAMPF

„Sportkommunikation ist der breiteste Ansatz, wie ‚Sport' in das Leben der Menschen hineinreicht", stellen die Sportwissenschaftler Trosien und Dinkel in ihrer Untersuchung zu den Wechselwirkungen von Sport und Medien fest. Auch Bundesliga-Schiedsrichter wissen, dass die Fernsehbilder einer Begegnung den Eindruck der Beobachter prägen. „Aus dem Stadionspiel wird ein Fernsehspiel", fasste Lutz Lüttig in der Schiedsrichterzeitung diese Tendenz zusammen.

So ist das Publikum am Bildschirm häufig fassungslos, dass Schiri und Assistenten eine „eindeutige" Szene nicht erkennen. Entsprechende Kommentare der Sportreporter verstärken dann nicht selten den Eindruck, dass die Kameras dem Schiedsrichter stets den entscheidenden Schritt voraus sind. Natürlich würde kein seriöser Referee abstreiten, dass die Medien mit ihren unzähligen Aufnahmewinkeln und Zeitlupen gelegentlich einen Schiedsrichterirrtum aufdecken. Das Amtsethos der Unparteiischen verlangt dazu, auf Ausreden und Schönmalerei vor laufender Kamera zu verzichten, ganz im Gegensatz zu den anderen Akteuren. Doch die klare Linie passt nicht

> **Krankenhausreif schlug ein Linienrichter (35) den Schiedsrichter eines Fußballspiels zweier Dortmunder Kindermannschaften. Jetzt folgte die Quittung. Gefährliche Körperverletzung befand das Gericht und verurteilte den Polizeibeamten zu 1.800 Mark Strafe. Den Tumult hatte ein nicht gepfiffenes Foul am Sohn des Linienrichters ausgelöst. An der Strafraumgrenze prügelten und traten die beiden Unparteiischen aufeinander ein. Die acht- bis zehnjährigen Kicker staunten. Sie mussten ihre Sachen packen. Denn als er vom Platz getragen wurde, brach der Schiedsrichter das Spiel ab. Richter Esken, zugleich Chef eines Eishockey-Clubs: „Hindernis für fairen Sport sind meist die Eltern.“**
> (DFB-Schiedsrichter-Zeitung, 71(1994)6, S. 21)

zum Sensationshunger der Medien. In solch ebenso unrühmlichen wie unvermeidlichen Situationen steht der Schiri dann schnell mit dem Rücken zur Wand – und das in der Nachberichterstattung manchmal noch tagelang. Auch ehrlich gemeinte Versuche, einen anderen Blickwinkel auf den Schiedsrichter zu entwickeln, scheitern des Öfteren an der Logik der Medien: Die täuschende Echtheit des Fernseheindrucks lässt trotz entsprechender Hinweise vergessen, dass sich die „klare“ Situation aus Schiedsrichtersicht ganz anders darstellt. Und da es in erster Linie die Medien sind, die uns einen Eindruck vom Fußballgeschehen verschaffen, bildet sich das Publikum eine entsprechende Meinung.

### EIN VOLK VON OBERSCHIEDSRICHTERN

Eine Live-Partie hinterlässt beim Zuschauer einen ganz anderen Eindruck als ein Fernsehabend. Das wissen nicht nur eingefleischte Fans. Wie groß die Unterschiede tatsächlich sind, wird dem Fernsehpublikum allerdings nur sehr selten bewusst. Fest steht, dass Fernsehen mehr ist als nur eine Technologie, die uns das Ereignis wie ein ausgeklügeltes Fernrohr auf den Bildschirm projiziert. Vielmehr ist das, was der Zuschauer am Bildschirm sieht, ein Zusammenschnitt der Bilder von über 20 Kameras, zu denen noch Zeitlupen, Standbilder und weitere Visualisierungen kommen, zum Beispiel Hilfslinien in Abseitsszenen oder bei der Abwehrmauer.

Die Fernsehmacher zeigen jede Spielsituation aus einem bewusst ausgewählten Kamerawinkel und bedienen sich für ihre Übertragungen gezielt weiterer technischer Raffinessen. Damit stimmen sie den visuellen Eindruck des Fernsehmatches perfekt auf das Unterhaltungsbedürfnis des Zuschauers ab. Spannende Szenen sollen aufeinander folgen, ohne dabei die Sinne des Zuschauers zu überfordern. Die Regeln des Fußballs prädestinieren diesen dabei durch eine ideale Spielfeldgröße und Spieldauer zur Publikumssportart Nummer 1. Grundsätzlich sorgen Sportregeln zudem für eine Beschleunigung des Spielgeschehens und damit für eine Vermehrung der spannenden Momente in einem Match. Was das Publikum zunächst freut, fällt von einem bestimmten Punkt an der begrenzten Wahrnehmungsfähigkeit zum Opfer: Was in zu kurzen Zeitabständen auf uns einprasselt, nehmen wir nicht mehr bewusst wahr. Doch ohne Abgleich des Gesehenen mit den Regeln können wir nicht ausmachen, wer von zwei mit seltsamem Gebärden um eine Lederkugel ringenden Gestalten sich wohl gerade einen Vorteil verschafft – und können so die Spannung des Augenblicks nicht genießen (s. Abb. S. 136).

Genau an dieser Stelle verbessern Zeitlupen künstlich die Wahrnehmungsfähigkeit des Publikums: Die schnellen Bewegungsfolgen eines hitzigen Zweikampfes lassen sich so bequem am Bildschirm verfolgen. Gleichermaßen erleichtern uns Standbilder mit Hilfslinien die Erfassung der entscheidenden Bildkomponenten in komplexen Spielsituationen wie dem Abseits. Diese bequeme Fernseh-Sicht auf das Geschehen erweckt beim Publikum den Eindruck, nicht nur einen Logenplatz inne zu haben, sondern sich vor allem auf Augenhöhe mit dem Schiedsrichter zu befinden.

Der Mensch traut fast immer seinen Augen, und durch den oberflächlichen Verarbeitungsmodus, der mit visueller Wahrnehmung einhergeht, wird das Publikum einen kritischen Kommentar kaum hinterfragen, solange dieser durch entsprechende Bilder eindrucksvoll illustriert wird.

Die subtile Wahrnehmungslenkung, die die Medien durch die Bildauswahl erreichen, wird uns deshalb auch kaum bewusst: Zeigt das Fernsehen eine unübersichtliche Torraumszene aus der Halbtotalen, gewinnt das Publikum eine für den Referee unerreichbare Übersicht. Im Irrtumsfall kommt dann schnell Kritik auf: „Das habe ja selbst ich ganz klar erkannt." Selten weist ein Reporter in solchen Situationen relativierend auf die andere Perspektive des Schiedsrichters hin.

Zurückhaltender sind die Journalisten, wenn es darum geht, eigene Fehler zuzugeben. Neben einer falschen Bildauswahl ist fehlende Regelkenntnis hier eine große – und nicht unamüsante – Fehlerquelle. Da machen die „Reflexhand" oder die „unabsichtliche Notbremse" erfolgreich in den Medien die Runde, ohne dass es für diese Begriffe eine Entsprechung in den „echten" FIFA-Regeln gäbe. Im Zusammenspiel mit zahlreichen Vereinfachungen bilden diese Pseudo-Fachbegriffe dann die von den Sportwissenschaftlern Franz und Köpke so getauften „Zuschauerregeln": eine informelle Sammlung von Standard-Deutungen, mit denen das Publikum ohne große Anstrengung das Geschehen passabel interpretieren kann. „Das Runde muss eben in das Eckige" werden die Fußballregeln oft schon fast sträflich verkürzt. Doch selbst das zu sehen, fällt von der Couch in der Zeitlupe leichter als unter Stress auf dem Platz.

## SCHNELL, SPANNEND – ABER SCHWER ERKENNBAR

Ständige „Action" auf dem Platz ist das Erfolgsrezept der Publikumssportart Fußball. Ihre Regeln schränken Raum, Zeit und erlaubtes Bewegungsrepertoire (z. B. kein Handspiel) so ein, dass ein Match den Bildschirm ebenso ideal ausfüllt wie einen Fernsehabend. Die Leipziger Sportwissenschaftler Manfred Franz und Detlef Köpke sprechen in diesem Zusammenhang vom „Schauwert" eines sportlichen Wettkampfs. Noch wichtiger ist aber, dass die Regeln möglichst häufig Situationen schaffen, in denen „die Zuschauer aus dem Spielgeschehen auf einen realistischen Zwischenstand schließen können". Franz und Köpke definieren so die „Spannungsmomenterkennbarkeit", einen Gradmesser für die Attraktivität einer Sportart beim Publikum.

Tatsächlich ergibt sich die benötigte Vermehrung spannender Momente aus dem für den Sport charakteristischen Siegesstreben. Räumliche und zeitliche Beschränkung geben zunächst vor, dass Leistungsverbesserung auf individueller wie auf Teamebene nur durch Beschleunigung erreicht werden kann. Denn nur wer in begrenzter Zeit mehr Torchancen verwandelt als der Gegner, kann aus dem Spiel siegreich hervorgehen. Torchancen wiederum entstehen aus dem geschickten Balltransport in Richtung der gegnerischen Hälfte. Und auch dabei ist der Raum begrenzt. Ein erfolgreicher Spieler kann den Gegner nicht beliebig weit umlaufen, sondern muss ihn durch Dribbling auf engem Raum überlisten, indem er in kurzer Zeit mehr täuschende Bewegungen zur Ballkontrolle ausführt als sein Widersacher. Ein schnelles Abspiel schließt sich möglichst an, auf welches ein umso schnelleres Abspiel folgt, je geschickter sich auch der folgende Spieler gebärdet, bis zum Torabschluss. Eine Mannschaft, deren Spieler in diesen Situationen zu raffinierteren Dribblings, Zweikämpfen und Spielzügen in der Lage sind, wird letztlich das Spiel gewinnen und mit der Zeit möglicherweise in höhere Spielklassen aufsteigen. Das erklärt, warum ein Bundesligaspiel normalerweise mehr spannende Momente bietet als ein Kreisligaspiel.

Sportliches Verbesserungsstreben und die Bedürfnisse der menschlichen Wahrnehmung gehen allerdings nicht unendlich weit Hand in Hand. In spannenden Szenen muss der Schiedsrichter in einem gegebenen (sehr kurzen) Zeitraum immer mehr Sinneseindrücke geistig auf ihre Regelkonformität „abklopfen". Hinzu kommt, dass mit der Menge der Eindrücke, die eine Situation prägen, auch die Beurteilung von deren Zusammenspiel immer komplexer wird. „Rennt" ein Spieler klassisch ins Abseits, genügt ein waches Auge auf das Abspiel und den vorletzten Gegenspieler. Wird der Ball dagegen nach einem Zweikampf aus dem Strafraum zurückgespielt, gewinnt zusätzlich die genaue Position von Ball und Mitspieler Bedeutung. Bei dieser Reizdichte schaltet das Fernsehen um auf Zeitlupe, damit das Publikum die kraftvolle Ästhetik des spannenden Moments dennoch auskosten kann.

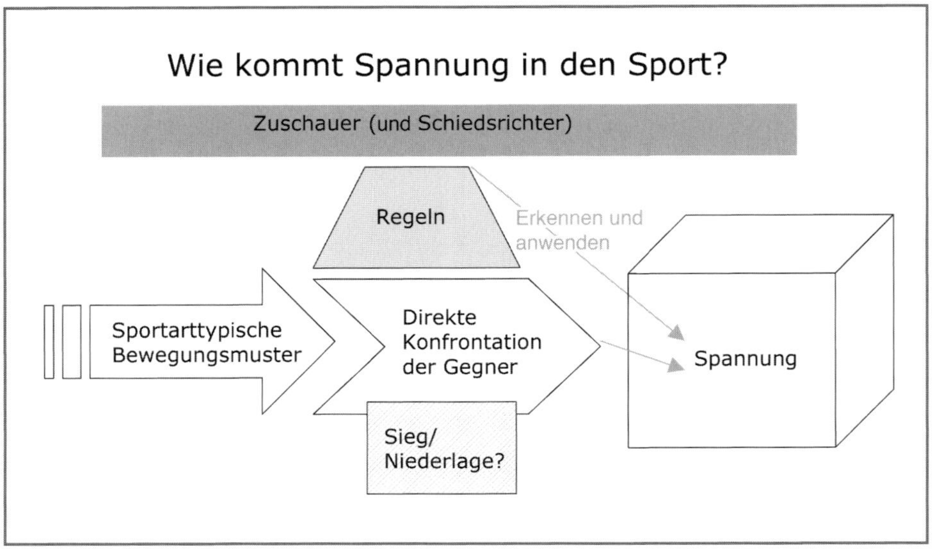


© Christiane Zehrer

Der Schiri dagegen schafft es erstaunlicherweise und meist auf einen Blick, Notbremsen zu erkennen und Abseitsstellungen konsequenter zu pfeifen, als es die vereinigte Fernsehgemeinde nach langen Diskussionen zustande bringt. Intensives Wahrnehmungstraining bildet die Grundlage solcher Entscheidungen. In mentalem Training setzen sich die Schiedsrichter immer wieder mit kniffligen Szenen auseinander. Dadurch bilden sich kognitive Schemata, eine Art Schnellstraße für komplexe Überlegungen, die die Entscheidungsfindung extrem beschleunigen. Parallele Verarbeitung verschiedener Faktoren ermöglicht dabei eine dynamische Anpassung der Entscheidungskriterien an eine Vielzahl von Situationen. Die Entscheidungsfähigkeit des Schiedsrichters gleicht somit eher dem „genialen Riecher" eines brandgefährlichen Stürmers als den zerstückelten Bildsequenzen einer Zeitlupe und setzt wohl genau so viel Trainingsanstrengung voraus. Denn hierfür gilt immer noch, was der Zuschauer nur selten unverzerrt vor Augen hat: Fußball ist schnell und dynamisch und dadurch schwer erkennbar.

### DIE ANDERE ABSEITSFALLE

Komplexität und Geschwindigkeit sind die Faktoren, die gleichzeitig das Fußballspiel spannend und die Entscheidungen des Schiedsrichters schwierig machen. Im Gegensatz zu den Zuschauern müssen die Unparteiischen dabei auf das echte Regelwerk der FIFA bzw. ihres nationalen Verbandes zurückgreifen.

Interessanterweise können die Referees mit ihrer besonderen Form der Intuition in vielen Situationen nicht nur schneller entscheiden als die Zuschauer auf der Basis ihres Faustregelwerks. Sie pfeifen auch korrekter, als es jeder Beobachter selbst unter Zuhilfenahme aller denkbaren technischen Hilfsmittel schafft. Die Abseitsregel zum Beispiel ist relativ kompliziert. Die Anwendungsvorschrift zum „passiven Abseits" fügt ihr noch eine weitere spielentscheidende und zugleich knifflige Facette hinzu. Zusammen mit den unübersichtlichen Situationen, auf die sie häufig angewandt werden muss, illustriert sie mustergültig die Wahrnehmungsleistung des Unparteiischen sowie charakteristische Reibungspunkte mit den Medien.

Erst Zeitlupe und Hilfslinien entzerren die Komplexität typischer Abseitsszenen und senken die Geschwindigkeit der Bilder auf ein für den ungeübten Betrachter erkennbares Maß. Diese Techniken sind allerdings fehleranfälliger, als es die Glaubwürdigkeit der Bilder vermuten lässt. Nicht selten wird durch den Kamerawinkel, die Zeitlupe oder das Standbild ein falscher Eindruck vom Spielgeschehen vermittelt. Ein Film besteht aus 23 Einzelbildern pro Sekunde. Hält der Techniker die Aufnahme nur 1/12 Sekunde vor der tatsächlichen Ballabgabe an, steht der betreffende Spieler noch nicht im Abseits. Das zerstückelte Bild zeigt „deutlich", was eigentlich nur Nuancen sind. Seltener wird bei der Auswahl der Bilder sogar die Schwelle vom Irrtum zur Manipulation überschritten. So wenn der Kommentator seine falsche Meinung durch eine bewusst täuschend wirkende Zeitlupe untermauert.

Gelegentlich scheitert die richtige Fernsehdarstellung auch mehr am Unwissen des betreffenden Journalisten denn an einer verzerrten Darstellung – wie gesagt, gilt es beim „Abseits", viele Faktoren in die Entscheidung mit einzubeziehen. Eine Abseits-Stellung wird nur dann als solche angesehen, wenn der betroffene Spieler sich beim Abspiel vor dem Ball befindet. Ein Spezialfall dieser Regel ist der klassische Treffer nach Eckball. Da der Ball besitzende Spieler hier stets näher am Tor steht als derjenige, der den Ball annimmt, findet konsequenterweise „Abseits" keine Anwendung. Dennoch geistern auch bei Rückpässen immer wieder Hilfslinien auf Höhe des vorletzten Abwehrspielers über die Bildschirme. Die Medien überführen so mit einem entsprechenden Kommentar den Schiedsrichter eines nicht begangenen Fehlers. Gleichzeitig sorgen sie dafür, dass sich beim Publikum falsche Annahmen über die Regeln festsetzen. Unter diesen Umständen schnappt die Abseitsfalle vor allem einen: den Schiedsrichter.

Ist es möglich, hier zwei „Standbilder" einer Abseits-Stellung, in der sich der Ball vor dem Angreifer befindet, einzufügen, eines mit der „falschen" Linie auf Höhe des vorletzten Abwehrspielers und eines mit Hilfslinie auf Höhe des Balles?

### KRASSE FEHLENTSCHEIDUNG?!

Selbstverständlich besteht ein Fußballspiel nicht nur aus Abseitspositionen und -fallen. Doch stellen diese kniffligen Situationen ein markantes Beispiel dafür dar, wovon die Publikumssportart Fußball eigentlich lebt: von der winzigen Nuance, dem gekonnt verzögerten Hackentrick, der zeitlich perfekt abgestimmten zusätzlichen Drehung oder dem Pass im exakt richtigen Moment. Fußball ist ein „fließendes Spiel", dessen einzelne Spielzüge und Spielhandlungen sich nicht klar voneinander abgrenzen lassen.

Gerade diese Dynamik des Spielgeschehens macht menschliche Schiedsrichter für den Fußball unersetzlich, der Schrei nach technischen Hilfsmitteln, also dem Videobeweis in all seinen Varianten, erweist sich dagegen häufig als kurzsichtig. Denn ein Schiedsrichter leistet wesentlich mehr, als eine Szene aus dem richtigen Blickwinkel zu beobachten. Dass die meisten Fernsehkommentatoren auch unter Aufbietung etlicher technischer Tricks nicht zu einem einstimmigen Urteil gelangen, illustriert diese Tatsache nicht ohne Ironie.

Natürlich existieren auch Beispiele, in denen eine Kamera ein Foul außerhalb des Schiri-Gesichtsfelds eingefangen hat. Pech für den Sünder, denn natürlich sehen auch die obersten Regelwächter des Fußballs ein, dass 20 Kameras das Spielfeld umfänglicher abdecken als zwei Augen – und leiten die Szene an die Gerichtsbarkeit des Deutschen Fußball-Bundes weiter.

Allerdings betreffen solche Wahrnehmungsfehler nur selten das spielentscheidende Geschehen rund um den Ball, auf das ein geübter Schiedsrichter stets sein Hauptaugenmerk lenkt. Für die Schiedsrichterleistung insgesamt spielen sie deshalb auch eine geringere Rolle, als es die stolze Präsentation durch die Medien vermuten lässt. Das heißt jedoch nicht, dass die Instanzen der FIFA nicht daran interessiert wären, mit technischen Verfahren die Entscheidungsqualität zu verbessern. Im Ligabetrieb einiger Länder und bei Begegnungen im Junioren-Bereich wird so zum Beispiel die Torlinienkamera erprobt. Bei positiver Prognose käme diese vielleicht schon 2006 zum Einsatz, würde so das menschliche Auge in Sachen Schnelligkeit und Präzision unterstützen und knappe Tore zu sicheren Toren machen.

Die Technik schafft aber, genau genommen, nur in Situationen wie den beschriebenen Abhilfe. Dort kann ein Schiedsrichterfehler allein durch Verlangsamung oder Gewährung eines besseren Einblicks vermieden werden. Zur Lösung kniffliger Regelfragen kann sie dagegen keinen Beitrag leisten. Denn neben klaren Richtlinien bieten die Fußballregeln auch Freiräume, innerhalb derer die Mannschaften ihr Können entfalten, die sich aber auch mit der besten Hochtechnologie kaum sinnvoll überwachen lassen. Aus Schiedsrichtersicht stellen sich diese Freiheitsgrade als Ermessensspielraum dar. Der Schiedsrichter wacht dementsprechend darüber, dass die Grenze zwischen ideal ausgereizter Methode zum Torerfolg und Regelwidrigkeit nicht überschritten wird. Relevante Aktionen müssen dabei nicht nur schnell erfasst, sondern vor allem auch mit fundierten Regelkenntnissen abgeglichen werden. Erwiesenermaßen „punktet" der geübte Blick des Schiedsrichters in solchen Situationen durch die Regelanwendung „in Echtzeit" und ihre Treffsicherheit gegen die gesamte Armada der technischen Bildaufbereitung.

Den größten Nachteil des Videobeweises beim Fußball stellt ohnehin die Langsamkeit des Verfahrens dar. Zunächst muss auf die technisch aufbereiteten Bilder gewartet werden. Dann folgt die unvermeidliche Spielunterbrechung, die hier im Gegensatz zum American Football kein natürlicher Bestandteil des Spiels ist. An welcher Stelle sollte also bei nachträglichen Protesten das laufende Spiel möglichst elegant unterbrochen und wie fortgesetzt werden? Und öffneten nicht diese künstlichen Unterbrechungen – selbst bei Einschränkung ihrer Häufigkeit oder der Gründe für ihre Einberufung – Tür und Tor für eine mentale Übervorteilung des Gegners?

Aus diesem und ähnlichen Gründen steht die Einführung des Videobeweises im Umfeld der WM 2006 bei der FIFA und ihren Mitgliedsverbänden nicht zur Debatte. Nüchtern betrachtet, besteht dazu auch gar kein Anlass: Studien haben nachgewiesen, dass hochklassige Referees ohnehin mit 95 Prozent ihrer Entscheidungen richtig liegen.

Beim Rest handelt es sich um schwierige Grenzfälle, in denen der Schiedsrichter seinen Ermessensspielraum ausgeschöpft hat. Ein fachkundiger Beobachter findet dann vernünftige Gründe für beide mögliche Interpretationen. Entsprechende Experimente im American Football haben in diesem Zusammenhang ebenfalls gezeigt, dass die Bildanalyse die Schiedsrichterleistung nicht wesentlich verbessert. Auch Deutschlands unfreiwilliger Oberschiedsrichter Eugen Strigel zeigte sich in der Schiedsrichterzeitung – angesichts eines selbst in Zeitlupe schwer erkennbaren und in den Medien heiß diskutierten Handspiels – erleichtert, dieses Amt nicht tatsächlich innezuhaben. Mit dieser Konstellation würde man wohl nur allzu häufig ein strittiges Urteil des 23. Mannes auf dem Feld durch ein ebenso strittiges des Oberschiedsrichters auf der Tribüne ersetzen, kommentiert ein anderer Experte. Insofern wird die Videoanalyse im Wettkampffußball weiterhin nur an einer Stelle Konjunktur haben: dort, wo sich nach „krasser

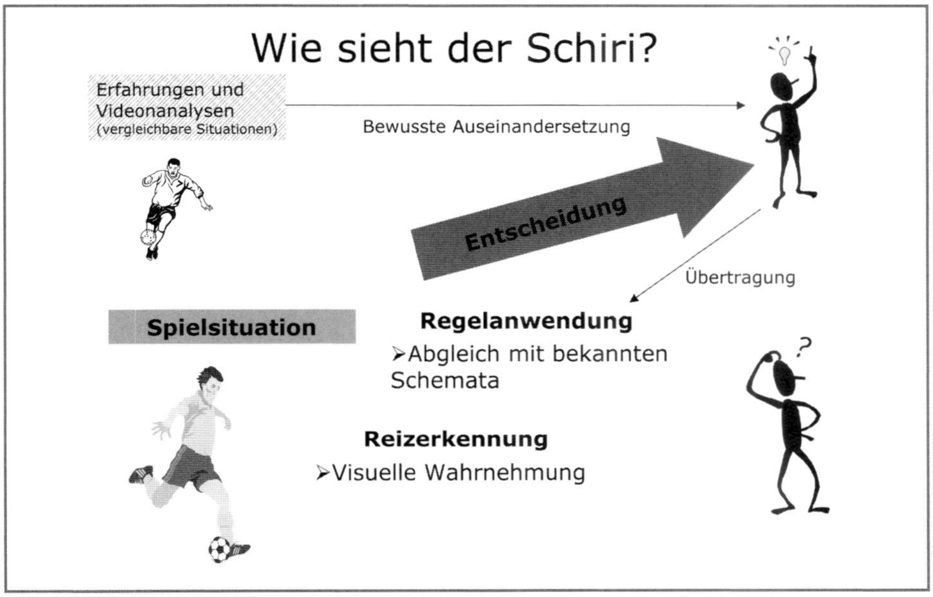

© Christiane Zehrer

## ES LEBE DIE SPORTLICHE FAIRNESS

Nicht nur vor den Objektiven der Bundesliga- und WM-Berichterstatter stellen sich Wochenende für Wochenende Tausende Schiedsrichter ihrer kniffligen Aufgabe. Ohne das Engagement dieser Damen und Herren in Schwarz wäre ein spannendes Match nicht möglich. Um in Sekundenschnelle schwierige Entscheidungen treffen zu können, müssen sie nicht nur körperlich, sondern vor allem geistig stets auf Ballhöhe bleiben. Allein die Dauer der halbautomatischen Erstellung und Bewertung eines einzigen Standbildes würde inakzeptabel lange Unterbrechungen nach sich ziehen. Schließt man davon auf die Zeit oder auch auf die hypothetische Rechenleistung, die ein ausgeklügeltes Computersystem für die vollautomatische Entscheidungsfindung benötigen würde, lässt sich erst ermessen, welch große Leistung wir den menschlichen Schiedsrichtern wie selbstverständlich abverlangen. Hinzu kommen noch die gar nicht kalkulierbaren Situationen, in denen das fußballerische Ausnahmetalent auf einen Schiedsrichter mit Fingerspitzengefühl angewiesen ist, um unvergessliche Szenen zu zaubern. Um sie fürchtet FIFA-Präsident Joseph Blatter, wenn er in eine Zukunft blickt, in der eine „von Technologie überwachte Domäne menschliches Versagen eliminiert".

Trotz ihrer entscheidenden Mitgestaltung dessen, was Millionen auf Fußballplätze und in die Stadien treibt oder vor dem Bildschirm fesselt, wer-

Fehlentscheidung" ein verlegener Kommentator die Haare rauft.

Letztlich treffen Schiedsrichter also nur sehr selten „krasse Fehlentscheidungen". Vor diesem Hintergrund besteht keine Eile, ihnen fehleranfällige und nur schwer ins laufende Spiel integrierbare technische Bildaufbereitungen zur Seite zu stellen. Eine kategorische Ablehnung solcher Verfahren durch das Schiedsrichterwesen sollte man dahinter allerdings nicht vermuten: Fernsehbilder leisten wertvolle Dienste in der Schiedsrichterausbildung. Mit ihrer Hilfe imprägnieren sich die Referees mit den relevanten Eindrücken kritischer Augenblicke. Die Schiedsrichterfraktion nimmt auch kritische Anstöße aus Medienberichten an. So rückte zum Beispiel das Stellungsspiel in den Fokus, als Schiedsrichter gehäuft Strafraumfouls falsch sahen. Allerdings geschieht dies mit kritischer Distanz und nicht als Reaktion auf journalistische Kritiktiraden.

„Amore“ wird auch in Italiens Fußball groß geschrieben: Mit Küssen auf beide Wangen von Schiedsrichterin Anna Di Toni zeigte Stürmer Alessandro Veronese von US Battaglia beim Amateurligaspiel gegen AS Rocca (2:0) äußerst charmante Reue für seine rote Karte. Die Unparteiische hatte den „Casanova“ zunächst wegen Handspiels verwarnt und später per gelb-roter Karte vom Platz gestellt, nachdem Veronese beim Torjubel sein Trikot entgegen der Regeln ausgezogen hatte. Vor der „Kussattacke“ hatte sich Veronese noch mit Handschlag bei der Schiedsrichterin verabschiedet.

(DFB-Schiedsrichter-Zeitung. (1997)6, S. 17)

den Schiedsrichter fast nie für das bewundert, was Lutz Lüttig zu Recht einmal als „Spezialbegabung“ betitelt hat – und was sie sich mit fortdauernder Übung erarbeiten. Dabei würde die Medienberichterstattung ihren korrekten Leistungen weniger reserviert im Wege stehen, nähme sie das manchmal scherzhaft unterbreitete Angebot zum Rollentausch ein einziges Mal an. Stattdessen werden Fehler, und seien es nur vermeintliche, in der Berichterstattung breitgetreten, und Stammtisch-Referees schwören Stein und Bein, alles genauer gesehen zu haben als der Schiri.

Dadurch, dass die Virtuosität des Dribblings in ihre Einzelbilder herunterdekliniert und die Abseitsposition mit Hilfslinien so stark verdeutlicht wird, wie sie es nie war, wächst bei den fernsehenden Fans ein vielfach ungerechtfertigtes Vertrauen in die eigenen Sinne. Vor dem Hintergrund der augengerechten Aufbereitung der Spiele in den Medien gerät somit das Verständnis für den Schiri ins Hintertreffen. Selbst Bundesligatrainer sollen gelegentlich versuchen, sich durch einen hastigen Blick auf die gerade gesendete Aufnahme von Fernsehleuten zumindest einen moralischen Vorteil für die Konfrontation mit dem Unparteiischen zu verschaffen. Eine von vielen Strategien, mit denen die schwarze Zunft zum Sündenbock für Fehler gestempelt wird, die andere auf dem Platz begangen haben. Natürlich finden sich auch in den unteren Spielklassen Nachahmer für das, was die Profis mit fulminantem Medienerfolg vormachen.

Dabei sollte nicht übersehen werden, dass ein Fußballspiel nur so spannend sein kann, wie es fair und sein Ausgang offen ist. Diesen speziellen Nervenkitzel eines jeden Sports garantieren die Regeln, denen die Unparteiischen allwöchentlich ein menschliches Gesicht geben. Angesichts dessen sollten Fans und Spieler sich gründlich überlegen, ob sie sich wünschen, was technisch im Moment ohnehin unmöglich erscheint: einen Fußball ohne menschlichen Schiedsrichter. Von deren Auftritten profitieren ironischerweise übrigens auch die Medien. Zwar gehen den Kommentatoren die Schlagworte „Videobeweis“ und „Oberschiedsrichter“ manchmal allzu flüssig von der Zunge. Womit aber wollten sie ihr Programm füllen ohne „klare Abseitsstellungen“, „unabsichtliche Notbremsen“, „internationale Härte“ und andere sportjournalistische Standardsituationen?

Eine zweifellos fehlerfreie Leistung menschlicher Schiedsrichter wird es ebenso wie perfekt automatisierbare Entscheidungen nie geben. In jedem Fall verlöre im ersten Fall die sportliche Fairness ihr Gesicht. Und spätestens im zweiten das Spiel seine Seele.

## DIE HARMONIERENDE WIR-AG IM WOHNWAGEN NACH IZMIR

### Eine Reise zu den Schiedsrichtern Markus Merk und Rudolf Kreitlein

von Thomas Roth

Die Sonne scheint: Birgit, Markus und Benedikt

Ein Leitsatz von Dr. Markus Merk heißt: „Wir Schiedsrichter sind die 19. Mannschaft der Bundesliga." Damit meint er: Die Unparteiischen sind für das Spiel mindestens ebenso wichtig wie Fußball oder Trainer, und sie stellen ein gut funktionierendes Team dar. Doch in der Ausübung ihrer Funktion sind die Männer an der Pfeife letztinstanzlich Individual- und keine Mannschaftssportler. Hilfestellung von den Assistenten wird in jüngerer Vergangenheit immer stärker forciert und vehement gefordert. Doch ganz am Ende gibt es nur einen einzigen Verantwortlichen, bekommt nur einer die öffentlichen Prügel ab, wenn durch sezierende Fernsehbilder eine manchmal sogar nur angebliche Fehlentscheidung aufgedeckt wird, und nur einem werden in den einschlägigen Zeitungen Tomaten auf die Augen montiert, wenn etwas falsch gelaufen sein soll, nämlich dem Schiedsrichter.

Und so lautet eine gängige Weisheit: „Wenn du auf dem Platz unsicher wirkst, hast du schon verloren, dann fressen die Profis dich auf." Ein permanenter Kampf einer gegen alle im millionenträchtigen Spiel, vor Zehntausenden von Zuschauern, die a priori parteiisch sind und unter ständiger Beobachtung mehrerer Kameras, die jeden Winkel des Platzes zu jeder Sekunde unter Bewachung stellen. Big brother is watching you.

Unter diesen Prämissen ist das Menetekel schnell an die Wand gemalt, dass sich aus Spitzen-Referees schon bald egozentrische Entscheidungsmaschinen entwickeln, die eine dicke Mauer um ihr Ego bauen und auch in ihrem privaten Umfeld niemanden mehr an sich heranlassen.

Doch was passiert aus anderer Sicht? Haben Angehörige darunter zu leiden, wenn öffentliche Kritik auf einen Schiedsrichter niederprasselt? „Wenn wir gut pfeifen, interessiert das niemanden. Reaktionen gibt es nur bei angeblich schlechten Leistungen", ist die gängige Meinung unter den Aktiven. Volker Roth, Vorsitzender der Schiedsrichter beim Europäischen wie beim Deutschen Fußball-Verband, sagt: „Ich habe noch nie ein Interview mit einem Schiedsrichter gehört oder gesehen, in dem es um positive Inhalte ging."

Werden demzufolge Ehefrauen beim Metzger oder Bäcker, Kinder in der Schule oder im Sportverein mit den negativen Auswüchsen des Schiedsrichterdaseins direkt konfrontiert und haben darunter zu leiden? „Nein", sagt Deutschlands Top-Mann Markus Merk, und sein privates Umfeld belegt diese Einschätzung.

Auffallend ist, dass seine Ehefrau, ebenso wie die Gattinnen vieler Kollegen von ihm, sich eigentlich nicht für Fußball interessieren. Dennoch haben sich im Lauf der Jahre Strukturen und Möglichkeiten entwickelt, wie sie an den sportlichen Aktivitäten ihrer Partner teilhaben können und wie sie diese dabei unterstützen. „Birgit und ich sind in dieser Beziehung eine hervorragend harmonierende Wir-AG", sagt Dr. Markus Merk. Das fängt bei der Abnahme von rein praktisch-organisatorischen Dingen an. Die Sporttasche packt immer Frau Merk. Das ist Usus geworden, seit ihr Mann einmal in der Zahnarztpraxis in Kaiserslautern, in der er früher tätig war, wegen zu vieler noch zu behandelnder Patienten in arge zeitliche Bedrängung geraten war. Birgit Merk arbeitet auch schon einmal die eingegangenen E-Mails durch und bannt einschlägige Sportsendungen auf Video, falls später eine Kontrolle strittiger Szenen notwendig sein sollte. Sie beurteilt nicht unter sportlichen Gesichtspunkten, ob ihr Mann richtig oder falsch gepfiffen hat, dennoch weiß sie schnell, wie das Spiel für ihn gelaufen ist. „Sie erkennt sofort meinen Gefühlszustand, wenn ich wieder nach Hause komme. Trotz meiner Fernseherfahrung, trotz meiner Erfahrung, kritische Entscheidungen in ausverkauften Fußballarenen sicher und souverän zu präsentieren, ihr kann ich nichts vorspielen. Sie ist keine Fußball-, aber

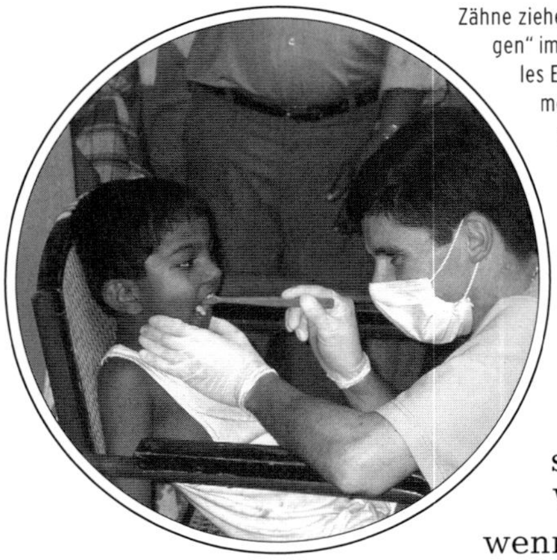

Zähne ziehen auf der grünen Wiese: Eine Anzeige in den „Zahnärztlichen Mitteilungen" im Jahr 1990 war für Dr. Markus Merk der Anstoß, ein umfangreiches soziales Engagement in Indien zu beginnen. Unter seiner Leitung sind inzwischen mehrere Kinderdörfer bei Trichy im Süden des Landes entstanden. Er fliegt mehrere Male im Jahr dorthin, seine Frau Birgit und Sohn Markus begleiten ihn, wenn es die Zeit zulässt.

eine Markusexpertin", so der Schiedsrichter.

Was passieren kann, wenn der Weltschiedsrichter 2004 dann doch einmal seine Sachen selbst zusammensucht, beschreibt er in seinem Buch „BeWEGEnd: Merk & More", das im Herbst 2005 erschienen ist. Bei seinem ersten Spiel in der „Pälzer Ausles", einer Mannschaft ehemaliger und noch aktiver Sportler, hockte Markus Merk vor dem Anpfiff in der Kabine – und hatte zwei rechte Fußballschuhe dabei. „Schnell hatte ich die Lacher auf meiner Seite", erinnert er sich. Als er dann nach zehn Minuten den Ball aus 20 Metern unter die Latte hämmerte, notierten die Statistiker zwangsläufig einen Rechtsschuss, und die gutmütigen Spötter waren verstummt. Es entspricht Merks trotz seiner großen Popularität weiterhin ehrlichen Bescheidenheit, dass er seine Tat als „ohne Frage ein Glücksschuss" beschreibt.

Die Familie lebt in Otterbach, einem Örtchen mit rund 4.000 Einwohnern vor den Toren Kaiserslauterns. Hier ist ein Schiedsrichter von der Qualität, der Reputation und dem Bekanntheitsgrad eines Markus Merk eine Person des öffentlichen Lebens, dem mit großer Sympathie und viel Respekt begegnet wird. Die Leute freuen sich an seinem Erfolg und gönnen diesen ihrem prominenten Mitbewohner von Herzen. Nach der Europameisterschaft 2004, bei der Merk das Finale geleitet und unisono positive Kritiken dafür eingeheimst hatte, wurde flugs ein überschwänglicher Empfang mit Autokorso, Festzelt sowie allem Drum und Dran organisiert. Klar, hier, im direkten Umfeld, erfahren der Unparteiische und seine Familie ausschließlich positives Feedback.

Otterbach hat eine Spitzenstellung inne, es ist aber keine Ausnahme. „Der Respekt vor der Funktion des Schiedsrichters in der Öffentlichkeit ist größer geworden, die Akzeptanz insgesamt gestiegen", hat Markus Merk im Laufe der Jahre festgestellt. Das kann dann schon dazu führen, dass er mit seiner Familie unterwegs ist und sein „Mini" Benedikt im Alter von sechs Jahren am Bahnhof in Stuttgart erlebt, wie wildfremde Menschen den Papa um ein Autogramm bitten. Da ist dann schon etwas Aufklärungsarbeit nötig, denn an den Rummel um seine Person hat sich der Ausnahme-Schiedsrichter gewöhnt, einen Starkult will er jedoch keineswegs aufkommen lassen.

Benedikt wächst auf wie Tausende seiner Altersgruppe auch. Im Hof des Bauernhauses in Otterbach hängt ein Basketball-Korb, der Knabe kickt in der Bambini-Elf des Ortes. Vorgaben für seine sportliche Zukunft bekommt er keine: „Er soll machen, was ihm Spaß macht." Der einzige Druck, den der Vater bisher entwickelt hat, war augenzwinkernd. Merk: „Als Benedikt am 31. August 1999 das Licht der Welt erblickte, habe ich ihm erklärt, was ich erwarte: Spätestens mit fünf Jahren muss er in der Nachbarschaft eine Scheibe eingeschossen haben, sonst müssen wir uns ernsthaft unterhalten. Zu dieser Unterhaltung ist es nie gekommen, er hat es geschafft. Zugegeben, ich habe etwas nachgeholfen."

Eine ganz normale Vater-Sohn-Beziehung also. Nur die häufigen Abwesenheiten des Papas stellen ein Problem dar, das sich noch etwas verschärft hat, seit Benedikt im vergangenen Sommer eingeschult wurde. Da schlagen die häufigen Wochenendverpflichtungen stärker ins Kontor. „Und", so Markus Merk, „für einen Schiedsrichter finden alle Spiele auswärts statt." Was natürlich zur Folge hat, dass sie alle auch reise- und somit zeitaufwändig sind. Diese Belastung verarbeitet Birgit Merk sehr relaxed: „Natürlich bedeutet dies weniger Zeit für die Familie. Doch wer weniger Zeit hat, muss diese intensiver nutzen und konzentrierter leben."

Doch Hobby/Beruf/Berufung, von allem etwas, des Vaters bringt für dessen Kind auch Vorteile mit sich, die die Mehrheit der Gleichaltrigen nicht genießen kann. Welcher Sechsjährige kann schon mit seiner Mama ganz kurzfristig nach Lissabon fliegen und sich dann dort das

Spieler-Ausweis von Rudolf Kreitlein, 1950, mit Bestätigung des Stuttgarter Sportclubs von 1949

Finale der Europameisterschaft Portugal gegen Griechenland anschauen? Aber das ist eher die Ausnahme, die Familie ist nur bei außergewöhnlichen Spielen von Markus Merk vor Ort. Bei Ehrungen oder anderen Veranstaltungen dieser Art begleiten Birgit und Benedikt ihren Markus häufiger – wenn es die schulischen Verpflichtungen des Sohnemanns zulassen.

Die „Wir-AG" Merk funktioniert auf mehreren Ebenen gut. Ein Schiedsrichter von Weltruf zu sein ist eine von ihnen. Alle drei Beteiligten versuchen, die Vorteile dieser Tätigkeit gemeinsam zu genießen und die Nachteile gegenseitig abzufedern und so möglichst gering zu halten.

Während bei der Familie Merk die Zusammen- und Wechselwirkung des Dienstes an der Pfeife und des Privatlebens aus aktuellem Anlass noch in ständiger Entwicklung begriffen ist, können die Kreitleins bereits auf ein langes, erfülltes Dasein zurückblicken.

Der ehemalige FIFA-Schiedsrichter Rudolf Kreitlein feierte am 14. November 2005 seinen 86. Geburtstag. Wer bei ihm und seiner Ehefrau Anneliese in der Wohnung im Wacholderweg in Stuttgart, wo die beiden nun seit über 50 Jahren leben, auf der Couch sitzt und den Erzählungen der beiden lauscht, der kann nur zu einem einzigen Schluss kommen: Die Kombination Schiedsrichter, Berufsleben und private Welt war und ist höchst gelungen, sie hat zu einem erfüllten, glücklichen Leben geführt. Um dies nachvollziehen zu können, ist ein Blick in die Historie, kurz vor Beginn des Zweiten Weltkrieges, notwendig.

1938 haben sich die beiden kennen gelernt, ganz kurz nur, als Rudolf Kreitlein in Gemmrigheim seinen Militärdienst ableistete. „Meine Familie hatte damals keinen Bezug zum Fußball und ich somit auch nicht", erinnert sich Anneliese Kreitlein. Die Wirren des Krieges drohten das erste zarte Pflänzchen ihrer Beziehung wieder zum Absterben zu bringen. Der Unparteiische in spe, zu dieser Zeit noch Fußballer, wurde bald nach Russland und danach nach Afrika abkommandiert, geriet in Gefangenschaft und kam nach Amerika, wo er zum Polizisten ausgebildet wurde. Erst im Februar 1946 ging es nach Deutschland zurück, zunächst mit dem Schiff nach Le Havre, dann per Bahn Richtung Fürth, der Heimatstadt Rudolf Kreitleins. Doch im Zug erinnerte er sich seiner Kurzbekanntschaft von vor acht Jahren und stieg kurz entschlossen in Heilbronn aus dem Zug. Dies war der Auslöser der Hochzeit noch im Jahr 1946 und eines gemeinsamen Lebensweges, der auf den Säulen einer Schiedsrichterpfeife, an welcher der über Jahre beste Mann in Deutschland seinen Dienst verrichtete, eines Mode-Ateliers in Stuttgart sowie der neuen Tätigkeit seiner Frau beim Württembergischen Fußballverband, später beim Württembergischen Landessportbund, fußte und später, sehr viel später, zu einem intensiven internationalen Austausch führte.

Doch der Reihe nach. Zunächst einmal musste Rudolf Kreitlein eine schwere sportliche Enttäuschung verkraften. Der Lebensmittelpunkt der beiden war inzwischen Stuttgart geworden, weil Rudolf dort als Vertragsspieler beim Sportclub in der Süddeutschen Amateurliga aktiv war. Doch 1951, im Alter von 32 Jahren, zwang ihn eine schwere Knieverletzung zum Ende der Karriere.

Was zunächst wie ein herber Schlag ins Kontor aussah, erwies sich im Nachhinein als Glücksfall. Denn Rudolf Kreitlein forcierte fortan seine Karriere als Schiedsrichter, die erste Prüfung hierfür hatte er bereits 1938 abgelegt. 1953 Süddeutsche Zweite Liga, 1954 Endrunde der Deutschen Meisterschaft hießen die schnell erklommenen Stufen der Leiter für Kreitlein, und jetzt dauerte es auch nicht mehr lange, bis seine Laufbahn direkten Einfluss auf die berufliche Entwicklung seiner Frau nehmen sollte. Im Jahr 1955 gab es ein Länderspiel in Stuttgart, Deutschland verlor gegen Italien 1:2.

„Das tapfere Schneiderlein" beim Verlassen des Wembley-Stadions in London unter Polizeischutz, 1966

Adolf Reinhardt, selbst FIFA-Schiedsrichter und Geschäftsführer beim Württembergischen Fußballverband, fragte Rudolf Kreitlein, ob er jemanden kenne, der beim Kartenvorverkauf und Verschicken der Tickets helfen könne. Seine Frau, zu dieser Zeit noch beim Finanzamt tätig, brachte die nötigen Voraussetzungen mit und sprang gerne ein. Dies war ein weiterer Schritt zu der gelungenen Symbiose zwischen gemeinsamer Sport- und Arbeitswelt. Denn der Freundschaftsdienst entwickelte sich für Frau Kreitlein zum Sprungbrett für die weitere Karriere. Sie wechselte den Arbeitsplatz und war von 1955 bis 1965 als Jugendsekretärin beim Württembergischen Fußballverband tätig, danach schlossen sich weitere neun Jahre beim Württembergischen Landessportbund an.

Doch der Sport bildete nicht die einzige Schnittmenge in den Tätigkeiten der Familie Kreitlein. Die Haupteinnahmequelle war Rudolf Kreitleins Mode-Atelier. Immerhin errangen seine Entwürfe und Arbeiten zwei Goldmedaillen auf Bundesebene. Seine Frau erledigte den gesamten Schriftverkehr und kümmerte sich, nahe liegend als ehemalige Angestellte beim Finanzamt, um alle steuerlichen Belange und hielt dem Schiedsrichter so den Rücken für seine zahlreichen Reisen frei. „Meine Frau hat mir sehr viel geholfen. Ohne sie wäre ich nicht so leicht und befreit in die Spiele gegangen", sagt der ehemalige FIFA-Referee noch heute.

So arbeitete er sich kontinuierlich bis in die Weltspitze vor. In den 60er Jahren war Rudolf Kreitlein, der unter anderem mit dem Bundesverdienstkreuz ausgezeichnet wurde, eine anerkannte Größe in Deutschland. Der große Fritz Walter galt als sein Freund. Unvergessen, wie er vor dem Anpfiff des Bundesliga-Spiels 1. FC Köln gegen Hannover 96 Wolfgang Overath auf der Toilette im Gespräch mit seinem Mannschaftskollegen Weber über den Strohhut des Schiedsrichters reden hörte und den Kölner dann später mit seinem Insider-Wissen beeindruckte.

International gesehen war – nach dem Weltpokal-Endspiel zwischen Inter Mailand und In-

rkung des Dienstes an der Pfeife«

dependiente Buenos Aires am 8. September 1964, dem WM-Qualifikationsspiel Schottland gegen Italien am 9. November 1965 und dem UEFA-Pokal-Finalspiel zwischen Real Madrid und Partizan Belgrad in Brüssel am 11. Mai 1966 – die Weltmeisterschaft 1966 in England sicher das größte Highlight in seiner Karriere. Und Rudolf Kreitlein wäre nicht Rudolf Kreitlein, wenn seine Beteiligung an diesem Turnier nicht von sportlichen Leistungen ebenso wie von zwischenmenschlichen Anekdoten begleitet wäre. So kleidete der DFB deutsche Spieler und Schiedsrichter bei einer Firma in Augsburg ein. „Aber ich bin Schneidermeister, ich werde meinen Anzug selbst herstellen", stand für den Auserwählten schnell fest, und er ließ sich lediglich den Stoff schicken, um das Design dann selbst zu entwerfen, denn auch seine Schiedsrichter-Kleidung wurde von ihm schon immer selbst angefertigt. In dieser selbst genähten Kluft stellte er im Viertelfinale England gegen Argentinien Alberto Rattin, den Kapitän der Südamerikaner, vom Platz.

Wegen der angeblichen Sprachprobleme nahm dieser Vorgang über sieben Minuten in Anspruch und war der Anstoß für die Einführung gelber und roter Karten im Fußball. Als der FIFA-Offizielle Ken Aston am nächsten Tag mit seinem Auto an einer Ampel warten musste, kam ihm die Idee, mit farblich unterschiedlichen Karten auf jedem Fußballplatz der Welt ausdrücken zu können, was ein Unparteiischer will. Kurz darauf unterbreitete er Kreitlein seinen Einfall, und die Dinge nahmen ihren Lauf. Vier Jahre später, beim WM-Turnier in Mexiko, zeigte der deutsche Kurt Tschenscher im Eröffnungsspiel des Veranstalters gegen die UdSSR erstmals eine gelbe Karte. Die Krönung blieb Rudolf Kreitlein 1966 übrigens aus Gründen, für die er nichts konnte, versagt: Weil die deutsche Mannschaft das Endspiel in Wembley erreichte, durfte er diese Partie nicht leiten, wie es eigentlich schon fest geplant war.

Rudolf Kreitlien ... der beste Mann auf dem Platz

1966 beendete Rudolf Kreitlein seine Karriere als Schiedsrichter. Im DFB-Lehrstab war er noch bis 1980 und auf Wunsch des Präsidenten des Türkischen Fußballverbandes, Halim Corbali, als Schiedsrichter-Ausbilder auch in der Türkei noch bis 1990 tätig. Mit der Türkei begann daraufhin ein internationaler Austausch, der seine Wurzeln in der Leitung des türkischen Pokalfinales Besiktas gegen Fenerbahce am 18. Februar 1964 hatte. Bei diesem Spiel lernte Rudolf Kreitlein Halim Corbali als Betreuer kennen, und dieser Kontakt blieb bestehen. Nun sollte sich der FIFA-Referee Kreitlein um die Förderung der Kollegen in der Türkei kümmern. In dieser Mission reisten die Kreitleins im Frühsommer 1969 gemeinsam mit Claire Würz, einer Angestellten aus ihrem Mode-Atelier, mit der sie bis heute ein sehr freundschaftliches Verhältnis pflegen, mit einem Wohnmobil über Venedig nach Izmir. Nach freundlicher Aufnahme fuhren sie anschließend mit einem Chauffeur mehrere tausend Kilometer durch die Türkei und besuchten alle großen Städte und Sehenswürdigkeiten. „Die Gastfreundschaft war unbeschreiblich", sagen die Kreitleins.

Der Kontakt zu Halim Corbali besteht noch heute. Gegenseitige Besuche wurden realisiert, wann immer es die Zeit erlaubte und sich eine Gelegenheit bot. Fünf, sechs Jahrzehnte, nachdem Rudolf Kreitlein die damals noch Fußball uninteressierte Anneliese kennen gelernt hatte, sind Fußball und Schiedsrichterei noch immer der gemeinsame Lebensmittelpunkt der beiden.

# IMMER AUF BALLHÖHE MIT DEN MÄNNERN

## Die Schweizer Super-League-Schiedsrichterin Nicole Petignat

von Jürg Gohl

Am 30. Juli 1966 war es: Aus halbrechter Position jagt Geoff Hurst in der 101. Spielminute des verlängerten Finales zwischen Gastgeber England und Deutschland den Ball an die Unterkante der Torlatte. Diese ist zu jener Zeit noch viereckig und aus Holz. Die Hintertorkamera ist weit davon entfernt, erfunden zu werden. Hans Tilkowski im Tor der Deutschen ist gegen den Schuss macht- und der Schiedsrichter danach ratlos. Der Schweizer Unparteiische Gottfried Dienst begibt sich mit kurzen Schritten nach außen zu seinem Linienrichter, dem Russen Tofik Bachramow. Gemeinsam entschied das Duo auf Tor: 3:2 für die Engländer, die dank dieses entscheidenden Treffers das WM-Endspiel schließlich mit 4:2 gewinnen. Damit darf sich das so genannte Mutterland des Fußballs erstmals und zugleich bisher letztmalig als Weltmeister feiern lassen. Hursts Treffer zum 3:2 wurde aber zum legendärsten Tor, das bisher je in einem WM-Endspiel erzielt – oder eben doch nicht? – worden ist.

Damals war die Jurassierin Colette Petignat, eine Landsfrau des Finalschiedsrichters, schwanger. Sie und ihr Mann George wussten noch nicht, dass Madame Petignat Zwillinge erwartete. Das Ehepaar hatte erst recht keine Ahnung, dass eine der beiden Zwillingsschwestern im Bauch der Mutter dereinst im Fußball für ähnlich großes Aufsehen sorgen sollte wie damals der Basler Unparteiische im Wembley-Stadion. Nach dieser Stätte wurde hinterher dieses entscheidende Finaltor benannt – und seither so mancher ähnlich umstrittene Treffer.

Seit dem Wembley-Tor sind 40 Jahre vergangen, und eine der beiden Zwillingstöchter der Frau aus dem markanten Landeszipfel im Nordwesten der Schweiz bildet inzwischen vorerst das Ende der beeindruckenden Linie der herausragenden Schweizer Schiedsrichter-Persönlichkeiten. Offenbar gedeihen in dem kleinen Land, das sich gerne auf seine Neutralität beruft, Unparteiische etwas besser.

Diese Ahnengalerie beginnt bei Gottfried Dienst, der 1966 bereits seine zweite WM bestritt. Sie geht weiter über Rudolf Scheurer, der ebenfalls bei zwei Weltmeisterschaften pfiff. Danach folgte der fleißige Bruno Galler, der 1992 in Göteborg das EM-Endspiel leitete, in welchem Deutschland gegen die als Ferien-Fußballer belächelten Dänen mit 0:2 den Kürzeren zog. Der Nächste war Kurt Röthlisberger, der Schiedsrichter mit dem höchst unrühmlichen Abgang. Die vorerst letzten großen Auftritte auf der Welt-Fußballbühne blieben Urs Meier vorbehalten. Er steht mit 43 Einsätzen in der Champions League, darunter einem Finale, sowie je zwei Teilnahmen an EM und WM zu Buche. Er führt als Höhepunkt seiner Karriere stets das historische WM-Spiel zwischen den USA und dem Iran bei der WM 1998 an.

Und nun endet diese Reihe außerordentlicher Schweizer Schiedsrichter vorerst bei ihr, bei Nicole Petignat. Im Gegensatz zu ihren Vorgängern leitete Nicole Petignat bisher nie ein WM- oder EM-Finale der Männer. Doch sie hat vielleicht noch mehr erreicht als die genannten fünf Landsmänner: Sie schaffte es, sich als Frau in der Männerwelt des Fußballs zu etablieren, als wäre dies eine Selbstverständlichkeit, etwas Alltägliches.

Im Fußball der Frauen ist sie bereits 1999 auf dem Gipfel angelangt: Sie konnte im Rose-Bowl-Stadium von Pasadena vor 93.000 Zuschauern das WM-Endspiel zwischen den USA und China leiten. Das verdankte sie unter anderem auch einem weiteren ihrer Landsmänner: FIFA-Präsident Sepp Blatter hatte sich dafür stark gemacht, dass das schwache Geschlecht bei einer Frauen-WM die Spiele leiten soll. Auch an den beiden letzten Frauen-Europameisterschaften 2001 in Deutschland und 2005 in England gelangte die blonde Schweizerin – es ist schon fast selbstverständlich – als Spielleiterin zu Einsätzen und pfiff unter anderem in Ulm das Endspiel. Sieg und Titel holten sich dort die deutschen Gastgeberinnen. Deutschland kann also trotz der gegenteiligen Erfahrungen mit Gottfried Dienst und Bruno Galler tatsächlich auch Fußball-Finale unter Schweizer Spielleitung gewinnen.

Kein Wunder, es ist immer mal der Beisatz „beste Schiedsrichterin der Welt" zu lesen, wenn über Nicole Petignat geschrieben wird. Dieses Attribut lässt

Nicole Petignat beim Schweizer Super-League-Spiel FC Basel - FC Aarau am 9. August 2003 in Basel

die Jurassierin aber ihre Contenance doch etwas verlieren. Obwohl ihr niemand diesen Satz in den Mund legen wollte, weist sie entschieden zurück, so etwas je über sich geäußert zu haben. „Im Gegensatz zur Leichtathletik mit ihren Chronometern und Messbändern lässt sich die Leistung im Fußball nicht messen, erst recht nicht bei den Schiedsrichterinnen, die alle ihren eigenen Stil pflegen", kontert sie sofort.

Eines ist aber dennoch sicher: Keine Schiedsrichterin der Welt konnte sich im Männerfußball so weit oben einen Platz sichern. Heute ist sie regelmäßig in der höchsten Schweizer Spielklasse, der Super League, im Einsatz. Sporadisch erhält sie auch Angebote aus den obersten Ligen Österreichs oder Deutschlands, und am 14. August 2003 wurde sie in Stockholm als Schiedsrichterin der UEFA-Cup-Begegnung zwischen AIK Solna Stockholm und dem isländischen Vertreter Fylkir eingesetzt. Damit ist sie die erste Frau, die in einem internationalen Wettbewerb des Männerfußballs mit der Leitung einer Begegnung betraut worden ist. Normalerweise wäre diese Partie außerhalb Schwedens und Islands kaum zur Kenntnis genommen worden, doch wegen der Premiere der Schiedsrichterin stieg das Spiel zu einem internationalen Medienereignis auf. Ihr, der Figur im Mittelpunkt dieser Partie, war damals völlig klar, was auf ihren Schultern lastet. Versagt sie, so wird das erste zugleich auch das letzte Spiel in einem internationalen Wettbewerb gewesen sein, in welchem Männer nach der Pfeife einer Frau spielen. Macht sie ihre Sache gut, könnte sie den Schiedsrichterinnen auf ihrem Vormarsch den Weg ebnen. „Ich spürte in jener Partie einen unglaublichen Respekt der Spieler", erinnert sie sich, „sie wollten mich unterstützen."

Zum Vergleich: Als Nicole Petignat in Stockholm den Ball freigab, hatte es in Deutschland erst eine von 139 DFB-Schiedsrichterinnen geschafft, wenigstens in der 2. Bundesliga mitzuwirken, aber nur als Linienrichterin. Zur selben Zeit war in der obersten Schweizer Männer-Liga mit Vroni Schluchter noch eine zweite Frau im Einsatz. Sie assistierte ihrem Ehemann, FIFA-Schiedsrichter Andreas Schluchter, an der Seitenlinie.

Nach ihrem Stockholmer UEFA-Cup-Spiel haben sich die Auftritte außerhalb der Schweiz für Nicole Petignat nicht wesentlichgeändert. Noch immer gilt ihr gleich alle Aufmerksamkeit. „Der Druck ist im Ausland viel höher", sagt die Frau in Schwarz, „entweder bin ich der Star oder aber die große Verliererin." Die Erinnerungen an ihre Auslandseinsätze fallen aber vorwiegend positiv aus. So baten sie zum Beispiel nach der legendären UEFA-Cup-Begegnung in Stockholm die unterlegenen Isländer, sie möge sich mit ihnen doch noch zu einem gemeinsamen Mannschaftsfoto aufstellen. „Wer unter meinen Kollegen kann da schon etwas Ähnliches berichten?", fragt sie – nicht bar eines gewissen Stolzes.

Für Erinnerungsbilder muss Nicole Petignat in der Schweiz längst nicht mehr herhalten. Seit sie 1999 die Meisterschaftspartie zwischen Xamax Neuchâtel und dem FC Basel geleitet und damit in der obersten Liga ihres Landes als Schiedsrichterin debütiert hat, bildet sie einen festen Bestandteil der Fußball-Männerwelt in ihrem Heimatland, das, wohlgemerkt, erst seit 1971 das Frauenstimmrecht kennt. Der Sicherheitsabstand, den die Spieler anfänglich zwischen sich und der Spielleiterin legten, verringerte sich von Spiel zu Spiel. Heute zählen die Fotos, die zeigen, wie Petignat

Jüngst fand auf dem Heeressportplatz in Wien ein Spiel statt, dem unter andern auch Herr Alfred Hermannsdorfer als Zuschauer beiwohnte. Vor Beginn des Spieles trat ein etwa fünfundzwanzigjähriger, mittelgroßer Mann mit schwarzem Haar und blauem Anzug auf ihn zu und bat ihn, ihm seine Uhr zu leihen, denn er sei der Schiedsrichter und benötige sie. Herr Hermannsdorfer nahm sein Chronometer aus der Tasche – eine silberne Uhr – und gab es dem Manne. Aber wie erstaunt war er, als das Treffen begann, den vermeintlichen Schiedsrichter nicht im Felde zu sehen. Er war einem Betrüger aufgesessen, der mit der Uhr im Gewühl verschwunden ist.

(Deutsche Schiedsrichter-Zeitung. 19(1937)10. S. 120)

einem Tunichtgut im wahrsten Sinne des Worts die Stirn bietet, bereits nicht mehr zu den Schnappschüssen.

Selbstverständlich ist auch sie nicht gefeit vor einem schlechten Tag, doch sie wird von den Spielern und Trainern nicht härter, aber auch nicht milder kritisiert als ihre männlichen Kollegen. „So soll es auch sein", sagt sie, „schließlich geht es hier um Fußball, es geht nicht um Mann oder Frau." Dass sie in der Hitze des Gefechts auf dem Spielfeld als Frau angefeindet wird, erlebte sie in der Schweiz nie oder höchstens ausnahmsweise. Auf den Rängen aber gehören „Hure" und „Schlampe" zum festen Repertoire der Anhänger. Und auch im Matchheft des FC Thun, dem Verein, dem im vergangenen Jahr in der Schweiz alle Sympathien zuflogen, wurde vor etwas mehr als einem Jahr gegen sie gewettert. Sie war im entscheidenden Spitzenspiel zwischen dem nachmaligen Meister FC Basel und den Thunern auf zwei, wie es heißt, „Basler Schwalben" reingefallen und hatte Strafstoß gepfiffen. „Männerfußball ist Männersache", lautete der Titel des Textes, in welchem Nicole Petignat große Schuld an der Niederlage der Thuner, den damals letzten Verfolgern des Meisterschaftsdominators, gegeben wurde. Der Beitrag endet mit der Aufforderung an den Verband, er solle „weibliche Schiedsrichter" – das Wort „Schiedsrichterinnen" wollte dem männlichen Autor partout nicht in den Sinn kommen – nur im Frauenfußball einsetzen.

„Kritik nehme ich immer ernst, lasse sie aber nicht zu nahe an mich herankommen", sagt sie, „und auf das Niveau, das die Anhänger vorgeben, lasse ich mich erst gar nicht runter." Dass sie sich gegen diese unangenehmen Nebenerscheinungen einer jeden Schiedsrichterkarriere nicht einfach abschottet, zeigt sich daran, dass ihre Telefonnummer sowie ihre Wohnadresse – sie lebt heute gemeinsam mit dem zurückgetretenen Spitzen-Schiedsrichter Urs Meier in Watt ganz in der Nähe von Zürich – in jedem Telefonbuch stehen. Selbst ihre Handy-Nummer findet sich dort leicht.

Wenn Benjamin Huggel, der Schweizer Nationalspieler und WM-Teilnehmer in Diensten des Bundesligisten Eintracht Frankfurt, tatsächlich die Optik aller Schweizer Fußballer wiedergibt, so hat sich Nicole Petignat in ihrem Heimatland längst etabliert. „Ich finde, sie pfeift gut", lautet sein Eindruck, der auf etlichen Partien fußt, die er mit dem FC Basel und der blonden Schiedsrichterin ausgetragen hat. Sein Lob gilt allerdings nicht uneingeschränkt: Ihre Gestik sei für ihn zu übertrieben, das tue sie wohl, um ihre geringe Körpergröße von 166 Zentimetern zu kompensieren, urteilt der groß gewachsene Mittelfeldspieler. „Zudem könnte sie noch etwas lockerer sein und auch mal einen Spruch fallen lassen."

Auf dem Spielfeld mal zu lachen und zu flachsen, wie das viele ihrer berühmten Kollegen selbst in den hitzigsten Partien zu tun pflegen, das unterlässt sie tatsächlich. Dass sie ihre Haare vor jeder Partie mit einem Stirnband züchtigt, lässt sie auch optisch streng, ja abweisend wirken. Ein kumpelhaftes Benehmen würde auf dem Feld auch nicht zu dieser zierlichen und athletischen Frau passen, die im Herbst dieses Jahres 40 Jahre alt wird. Sie nimmt jede Partie sehr ernst und bemüht sich erst gar nicht, dies auf dem Feld zu kaschieren. Denn in jedem einzelnen Match steht, wie sie selber sagt, ihr Ruf als Schiedsrichterin und der Ruf aller Schiedsrichterinnen auf dem Spiel. Ebenso wie die Offside-Regeln kennt sie auch die Mechanismen des Geschäfts bestens. Eine dieser Erfahrungen besagt, dass eine schlecht geleitete Partie mit einer tadellosen noch lange nicht aufgewogen ist. Jedes Spiel pfeift sie deshalb mit dem festen Vorsatz an, die Fehler, auf die sie nach der Selbstanalyse ihrer letzten Begegnung gestoßen ist, nicht zu wiederholen.

Einmal wurde sie von Benjamin Huggel nach einer Partie des FC Basel im Schnee von St. Gallen

# »Entweder bin ich der Star oder aber die große Verliererin«

aufgefordert, auf dem Video nochmals eine Szene zu studieren, nach welcher ihm die Schiedsrichterin in seinen Augen ungerechtfertigt die gelbe Karte hingestreckt hatte. Darauf herrschte sie ihn an, er solle doch auf dem Video besser seine Fehlzuspiele analysieren. Obwohl es Nicole Petignat eigentlich bedauert, dass die Schiedsrichter im Fußball vor und nach den Matchs von Spielern und Trainern völlig abgeschirmt sind, so scheint sie diesen künstlichen Schutzwall doch sehr zu schätzen. Das Spitzeneishockey, das in der Schweiz nicht weniger populär als der Fußball ist, kennt diese Distanz nicht, was folgende Episode treffend veranschaulicht: Bei einem Erfahrungsaustausch der Spitzen-Referees dieser beiden Sportarten soll ein Vertreter der Fußball-Gilde seinen Eishockey-Kollegen erstaunt gefragt haben: „Was, ihr duzt die Spieler?" Darauf antwortete dieser ähnlich überrascht mit der Gegenfrage. „Was, ihr siezt die Spieler?"

Die Gründe dafür liegen wohl in den unterschiedlichen Traditionen und Wurzeln der beiden Sportarten: Dass sie diesen Sicherheitsabstand im Fußball schätzt, habe nichts mit Angst zu tun, sagt Nicole Petignat, Angst habe sie nie vor, während oder nach einem Spiel. „Denn wenn ich mir auch nur ein bisschen Angst anmerken ließe, hätte ich die Partie bereits verloren", sagt sie. Gleichwohl würde sie sich wünschen, dass die Fußballer ganz allgemein mehr Respekt vor dem Schiedsrichter an den Tag legen. Sie könnte Entgleisungen jeglicher Ausprägung und aus allen Ligen aufzählen, denn sie kennt sich in der Spitze, aber auch in den Niederungen des Fußballs gut aus. Einen Aufsehen erregenden Zwischenfall auf höchstem Niveau erlebte sie aus allernächster Nähe mit: Als ihr Lebenspartner Urs Meier bei der zurückliegenden EM den Engländern, den vermeintlichen Erfindern des Fair Play, völlig zurecht ein Tor aberkannte, wurde er von den britischen Boulevardblättern nicht nur auf das Unflätigste beleidigt, man publizierte auch seine Telefonnummer und Adresse und eröffnete damit eine Hetzjagd, wie sie im Königreich zumindest auf Tiere eigentlich verboten ist.

Doch im Fußball zählen die Tore, nicht das Fair Play. „Wenn ich im Fernsehen mal Rugby schaue, fällt mir immer sofort auf, dass in dieser sehr physischen Sportart nie jemand beim Schiedsrichter reklamiert", sagt sie, „weshalb können wir das im Fußball nicht auch so halten?" Um den Respekt vor den Schiedsrichtern sei es immer schlechter bestellt, und nach Nicole Petignats Meinung tragen einzelne Trainer und vor allem die Medien einen großen Teil der Schuld an dieser Entwicklung: Jedes Tor, jedes Foul, jede elfmeterreife Szene, jede Karte wird mit verschiedenen Einstellungen seziert und in die bereitgehaltenen Mikrofone kommentiert. Nicole Petignat bemüht erst gar nicht den berühmtesten Schiedsrichter-Allgemeinplatz, den Satz, der besagt, dass der Spielleiter in Sekundenbruchteilen und ohne jede Zeitlupe seine Entscheidung zu treffen hat. Die Kritiker auf der Pressetribüne oder daheim auf dem Sofa können sich hingegen erst noch andere Meinungen einholen, ehe sie sich festlegen, ob nun der Elfmeter berechtigt war oder nicht, und zur Schiedsrichter-Schelte ausholen.

„Das Fernsehen verzerrt die Perspektive. Und Zeitlupen sind ohnehin immer Verfälschungen, weil sie die Szenen nicht in der Echtzeit zeigen", schreibt die Schiedsrichterin ihren Kritikern ins Stammbuch. „Noch wesentlicher aber ist, dass nur die Leute unten auf dem Rasen den Geist spüren, der in einer Begegnung herrscht", sagt sie. Deshalb kann eine harte Partie einmal ohne viele Pfiffe und Karten über die Runden gebracht werden, ein anderes Mal aber ist, wenn man selber mitten im Geschehen ist, eine verborgene Aggressivität auszumachen, die sich nur mit strenger Regelauslegung und dem schnellen Griff zur Karte im Zaum halten lässt.

Nicole Petignat weiß, wie sie sich den Respekt der Fußball-Profis verschaffen kann: indem sie sich akribisch auf jedes einzelne Spiel vorbereitet und Woche für Woche intensiv trainiert. Mit ihren läuferischen Leistungen muss sie sich hinter den Männern in ihrer Gilde nicht groß verstecken. Wenn sich die Schweizer Schiedsrichter in der Winterpause jeweils in ihr Trainingslager auf Gran Canaria begeben und dort

Nicole Petignat beim Super-League-Spiel FC Basel - SR Delèmont am 20. Juli 2002 in Basel

unter anderem einen Konditionstest absolvieren, hat sie bisher am Abend ihr Gesicht nie schamvoll verbergen müssen. Einmal schloss sie den Test, zu dem auch ein schweißtreibender Lauf durch die berühmten Dünen von Maspalomas zählt, unter den rund 150 überwiegend männlichen Teilnehmenden im 17. Rang ab. Einen Frauenbonus hat sie nie geltend gemacht in solchen Vergleichswettkämpfen. „Der weit größere Unterschied zwischen Männern und Frauen besteht im Trainingsaufwand." Wenn sie sich mit Lebenspartner Urs Meier vergleicht, der als laufstarker Schiedsrichter galt, so stellt sie fest, dass sie stets weit mehr an der Kondition arbeiten musste als er. Der Aufwand lohnt sich, weil sie das Trainieren nicht als Plage oder Pflicht betrachtet und weil sie im Spiel ihren Erfolg messen kann. „Denn die Spieler haben vor einem Schiedsrichter nicht Respekt, weil er ein Mann oder sie eine Frau ist. Sie haben Respekt, wenn sie sehen, dass der Schiedsrichter immer auf Ballhöhe ist, wenn er pfeift."

Bei den Männern stets auf Ballhöhe zu bleiben, lernte sie von klein auf. Sie wuchs im jurassischen Dörfchen Alle auf, unweit der französischen Grenze und ganz in der Nähe der Kleinstadt Porrentruy. Dieser ziemlich vergessene Landesteil rief sich in den vergangenen Jahren der Restschweiz auf zwei Arten in Erinnerung: Die Jurassier rangen trotz ihrer wirtschaftlichen Armut hartnäckig und teils auch unzimperlich darum, sich vom mächtigen Kanton Bern abzuspalten. „Jura libre" skandierend erreichten sie ihr Ziel: Am 1. Januar 1979, nachdem zuvor über 80 Prozent der Schweizer Stimmbürger die Pläne der Jurassier abgesegnet hatten, wurde der Kanton Jura als 26. und jüngster Kanton in die Eidgenossenschaft aufgenommen. Auch der Vater der Schiedsrichterin kämpfte mit für die jurassische Sache. Allerdings nicht auf der Seite der militanten Separatisten, sondern „mit offenem Visier", wie seine Tochter heute erzählt. Mit rund 34.000 Franken Volkseinkommen pro Einwohner liegt der neue Kanton am Schluss der Schweizer Wohlstandsrangliste. Im Kanton Zug, dem nationalen Spitzenreiter in dieser „Sportart", wird pro Kopf mehr als das Doppelte verdient.

Zudem ist in Porrentruy oder Pruntrut, wie das Städtchen auf Deutsch heißt, der HC Ajoie zu Hause, der einzige Verein im Schweizer Profi-Eishockey, der nach einer Region benannt ist. Die Mannschaft genießt keinen Sonderstatus, denn in dieser teuren Sportart bieten in der Schweiz immer wieder einzelne Clubs aus Randregionen den Großen und Reichen aus Zürich, Lugano, Zug und Bern die Stirn. Noch bekannter als der HC Ajoie sind der HC Ambri-Piotta, der Dorfverein aus der Tessiner Bergwelt, Langnau, der Club, der das Image der armen Emmentaler Bauern am Rockzipfel des Berner Adels kultiviert, und schließlich der äußerst populäre Rekordmeister HC Davos, der die Heidi-Geschichte auf Eis serviert.

Ein bisschen von dieser Mischung – bestehend aus dörflichem Landleben, wirtschaftlicher Randregion, Aufbegehren, Selbstbewusstsein – muss auch in Nicole Petignat stecken. Die Behauptung sei gewagt: Wäre Nicole Petignat in Genf, Lausanne oder Neuchâtel aufgewachsen, so wäre aus ihr nie die Frau geworden, die sich heute bei den Männern und gegen sie in deren ureigenster Domäne, dem Fußball, durchzusetzen weiß. Nicole Petignat spricht inzwischen gut „Schwyzerdütsch", doch sind in ihrer Sprache ihre Wurzeln in der Romandie noch immer sehr klar zu erkennen. Auch die offenere, herzlichere Art, die Romands gegenüber ihren deutschsprachigen Landsleuten in der Schweiz voraushaben sollen, hat sie trotz ihres Ehrgeizes, der nun gar nicht mehr ins Klischee passen will, bewahren können. „Ja, im Kanton Jura haben wir Wille und Charakter", pflichtet sie bei – und aus dem Hintergrund fügt Urs Meier ungefragt an: „Und einen dicken Schädel."

„In Alle gab es nur Fußball", erzählt Nicole Petignat, die sich als Mädchen früh der Musik zuwandte, sich aber gleichwohl auch sportlich betätigen wollte. Ein Turnverein, wie es ihn im deutschsprachigen

Landesteil in fast jedem Dorf gibt, existierte in ihrem Geburtsort nicht, und der Eislaufsport war schlicht zu teuer. Die Idee kam von ihrer Zwillingsschwester Dominique: Sie ließ sich von einem Aufruf, sich als Schiedsrichter zu melden, begeistern, zumal im Nachsatz darauf hingewiesen wurde, dass auch Frauen hochwillkommen sind. Weil sich Dominique dann aber doch nicht alleine in die Männerdomäne wagen wollte, bat sie ihre Schwester Nicole, sie doch zu begleiten. Ihre Eltern, die Fußball beide völlig kalt ließ, hätten an den ungewöhnlichen Plänen ihrer Töchter wenig Freude gehabt. So behielten Nicole und Dominique das Geheimnis ihrer neuen gemeinsamen Leidenschaft zu Hause lange für sich. Das war 1983. Nicole Petignat fand damals sogar die Zeit, um neben der Schiedsrichterei auch noch selber in der höchsten Frauen-Liga des Landes mitzukicken. Als sie mit 17 Jahren auf Provinzplätzen in den untersten Ligen und Juniorenklassen zu ihren ersten Auftritten als Schiedsrichterin gelangte, musste sie sich anfänglich gegen den Argwohn der Männer durchsetzen. Damals tat Mann sich halt noch schwer, nach der Pfeife einer jungen Frau zu tanzen. Das Wort „damals" wiederholt die Schiedsrichterin mit Nachdruck, um so anzudeuten, dass dies heute in der Schweiz ganz anders ist. In dieser Anfangsphase kam ihr sehr zustatten, dass ihre Zwillingsschwester das Gleiche durchmachen musste wie sie selber.

Die beiden konnten ihre Auftritte miteinander besprechen, was man heute nachbereiten nennt, sich gegenseitig trösten, wenn sie harte Kritik traf, und sich schließlich motivieren, es beim nächsten Mal bestimmt besser zu machen. Und: „Wenn eine von uns beiden nach einem Spiel auf der Straße angesprochen und kritisiert wurde, konnte sie immer sagen, dass nicht sie, sondern die Schwester diese Partie gepfiffen hat", erzählt Nicole Petignat schmunzelnd.

Dominique Petignat gab nicht nur ganz zu Beginn den Ausschlag, dass ihre Schwester für viele heute als die weltbeste Schiedsrichterin gilt. In den ersten Jahren trainierte das Duo gemeinsam. „Wir führten eine Art sportlichen Zweikampf", berichtet Nicole Petignat, „jede wollte die andere als Schiedsrichterin übertreffen." Ob sie mehr Talent für diese Aufgabe besaß, will sie nicht einmal behaupten. Das Schwestern-Duell endete erst, als Dominique Petignat schwanger wurde. Nicole aber kletterte Liga um Liga nach oben. Sie räumt ein, dass ihr dabei auch entgegen kam, dass in den unteren Ligen akuter Schiedsrichtermangel herrschte. Das war ihre Chance, die sie zu nutzen wusste. Der Weg nach oben war frei für sie. „Damals hätte ich aber nie auch nur zu träumen gewagt, dass ich es je einmal bis dorthin schaffen könnte, wo ich heute stehe", sagt sie.

Mit ihrem Aufstieg rückte ihr anfängliches Hobby immer mehr ins Zentrum ihres Lebens. Heute, so schätzt sie, nimmt der Fußball rund die Hälfte ihrer Arbeitswoche und den Großteil des Wochenendes in Beschlag, wenn sie das Training, die Kurse, die Pflege der Schiedsrichter-Ausrüstung sowie die Spiele inklusive Reise, Nach- und Vorbereitung einrechnet. Einträglich ist das nicht: Die 22 Fußballer, die auf dem Feld rennen und stoppen, wenn sie pfeift, verdienen alle ein Mehrfaches. Finanziell sind ihre Kollegen etwa in England, Italien und Deutschland weit besser gestellt als in der Schweiz, wo man zwar im Eishockey, nicht aber im Fußball Profi-Schiedsrichter kennt.

Wenn sie abends daheim in Watt sitzt und zufällig sieht, wie der kahlköpfige Pierluigi Collina über die Schweizer Bildschirme flimmert und für eine Automarke wirbt, dann fühlt sie sich mit einer anderen Welt konfrontiert: Collina musste sich gegen seine Schiedsrichterkarriere oder die Zurückstufung in die zweitoberste Spielklasse Italiens entscheiden, weil die Automarke, für die er werben sollte und die ihm einen Millionenvertrag unterbreitete, gleichzeitig als Sponsor der AC Milan auftritt. So verschwand im Fernsehen das markante Gesicht aus den heiklen Szenen der Spitzenspiele. Es wurde wegtransferiert in die Werbeunterbrechungen.

Neiden will sie ihm das viele Geld nicht, denn sie ist sich völlig bewusst, dass der Italiener für das Ansehen der Schiedsrichter Großartiges geleistet hat. Sie

> **Bei einem Fußballspiel in der italienischen Ortschaft Corvisio versuchte einer der Zuschauer, gegen den Schiedsrichter tätlich zu werden. Plötzlich sprang ein großer Wolfshund auf den Fußballrowdy los, zerfetzte ihm den Hosenboden und hätte ihn zweifellos sehr übel zugerichtet, wenn nicht einige beherzte Männer dazwischengetreten wären. Wie sich erwies, gehörte der Hund dem Schiedsrichter. Er begleitet Herrchen bei allen Spielen und gewährt ihm dabei manchmal eine wirksamere Unterstützung als Polizisten und Platzordner. „Ich kann meinen Kollegen nur empfehlen, sich ebenfalls einen Begleithund anzuschaffen", erklärte der findige Pfeifenmann. „Dann wird es bald keine Gewaltakte mehr gegen Fußballschiedsrichter geben."**
>
> (DFB-Schiedsrichter-Zeitung, (1956)11, S. 8)

erwähnt nach Collina auch die Namen Anders Frisk, Markus Merk und, nach einem Zögern der Befangenheit, Urs Meier. Diese Leute hätten dafür gesorgt, dass im Fußball den Spielleitern allmählich mehr als nur die Randnotizen der Zeitungen gewidmet werden. Diese vier Spielleiter stellt sie auf eine Stufe weit über ihrer eigenen.

Ihr ist es sogar ganz recht, dass sie bisher ihre Seele nicht ganz dem Fußball verkaufen musste. Gut: Die beiden Außenspiegel des Kleinwagens vor ihrer Haustür sind als halbe Fußbälle angemalt, bei der Tageszeitung auf dem Küchentisch liegt der Sportbund zuoberst, und überdies war sie vor ihrer Partnerschaft mit Urs Meier bereits mit einem Fußball-Profi aus der Nationalliga A, wie die oberste Schweizer Liga damals noch hieß, verheiratet gewesen, mit dem Nordafrikaner Simo Mouidi, der einst für St. Gallen spielte.

Gleichwohl bemüht sie sich doch, sich nicht ganz vereinnahmen zu lassen vom runden Leder. So wendet sie sich als ehemalige Musiklehrerin wieder ihrer alten Liebe, dem Klavierspielen, zu und befasst sich auch ausgiebig mit ihrem Hund. Dafür lässt sie ihre vorzüglichen Beziehungen zur Sportwelt ungenutzt und verzichtet darauf, in ihrer Massagepraxis Sportler zu behandeln. „Fußballer sind doch meist eindimensional", sagt die Frau, „ich möchte auch mal über andere Dinge sprechen als über den Match vom Vorabend." Auch in ihrer Partnerschaft ist sie darauf bedacht, dass der Fußball nicht zum zentralen Thema wird.

Und wenn dann halt doch vom Fußball gesprochen wird, meidet sie Gespräche über den „Sonderfall Petignat". Denn sie gehört – ungeachtet ihres Geschlechts – längst zu den festen Größen des Schweizer Spitzenfußballs. „Natürlich bin ich schon sehr emanzipiert", sagt Petignat über Petignat, „sonst würde das alles ja nicht gehen. Aber ich bin keine Emanze." Das belegt sie auch ungewollt mit ihren Sätzen, die aus der Sichtweise der Gleichberechtigung politisch nicht immer ganz korrekt formuliert ausfallen: Die Bezeichnung „wir Schiedsrichter" kommt unentwegt über ihre Lippen. In die Männerdomäne schlechthin einzubrechen, war nie eines ihrer erklärten Ziele gewesen in ihren 22 Jahren als Schiedsrichterin.

Im Vordergrund stand für sie immer die Liebe zum Fußball, ihre Begeisterung für dieses einfache Spiel, das wie kein zweites die ganze Welt in Atem hält. Und dass sie 13 Jahre nach ihrem ersten Schiedsrichterkurs als erste Frau zu den Nationalliga-Schiedsrichtern zählt und weitere sieben Jahre später als erste Frau eine Partie in einem internationalen Wettbewerb leitet, das hätte sie am Anfang nicht einmal zu träumen gewagt.

Ihr überraschend steiler Aufstieg hat sie gelehrt, auch keine Prognosen über ihre Zukunft anzustellen. Es bleiben ihr noch fünf Jahre Zeit, bis die „Alters-Guillotine" fällt. Dann muss sie, wie sie es selber formuliert, in Schiedsrichter-Pension gehen. „Ich erkenne meine Grenzen schon", sagt sie. Einmal bei einer Europa- oder sogar Weltmeisterschaft der Männer eine Partie zu leiten, das liege jenseits dieses Limits, ganz davon zu schweigen, das Finale eines solchen Turniers zu leiten. So gesehen gehört sie nicht ganz in die Reihe von Dienst, Scheurer, Galler, Röthlisberger und Meier, wenn sie tatsächlich Wert darauf legt, ohne Rücksicht auf ihr Geschlecht gewogen zu werden.

Sie will ohnehin nicht zu weit nach vorne blicken, sondern es weiterhin so halten wie bisher: die Fehler aus der letzten Partie in der nächsten verbessern. Ihr Fokus richtet sich immer nur auf das nächste Spiel, nie auf das übernächste: „Mit diesem Vorsatz habe ich es schließlich als Schiedsrichterin sehr weit gebracht. Dass ich es so weit nach oben schaffe, hatte mir niemand zugetraut. Auch ich mir selber nicht."

## VOM KONZERTFLÜGEL ZUR TRILLERPFEIFE

### Der Schiedsrichter Herbert Fandel

von Christian Eichler

Schiedsrichter müssen tun, was Menschen meist schwer fällt: sich entscheiden. Und das schnell. Und stets ohne Fehler. Ein Fall für Superman? Nein, Schiedsrichter sind auch nur Menschen. Und sind deshalb nicht immer und überall jene Muster an Entschlossenheit, die sie auf dem Fußballplatz darstellen. Herbert Fandels Horror sind Parkhäuser. Immer dann, wenn zu viele freie Parkplätze zur Verfügung stehen. „Dann kann ich mich einfach nicht entscheiden. Meine Frau wird ganz verrückt."

Von Schiedsrichtern wird aber nicht nur erwartet, schnell zu entscheiden und die Regeln zu hüten, nicht nur, geistig und läuferisch immer auf der Höhe des Geschehens zu sein. Man verlangt ihnen, wenn sie all das geschafft haben, auch noch eine besondere Fähigkeit ab: das so genannte Fingerspitzengefühl. Ein Begriff, so delikat und speziell, dass er als „fingerspitzengefuhl" sogar den Weg in die englische und niederländische Sportsprache gefunden hat. Wer aber könnte von Haus aus mehr Fingerspitzengefühl mitbringen als die beiden deutschen FIFA-Schiedsrichter: Markus Merk, der bis Ende 2004 als Zahnarzt praktizierte, und Herbert Fandel, der ausgebildeter Konzertpianist ist.

Der Mann aus der Eifel trifft nicht nur mit der Pfeife, sondern auch mit der Taste den richtigen Ton. Fandel verbindet die Gelassenheit und Feinfühligkeit, mit der Musiker an Piano und Pfeife ihre Bühne beherrschen. „Durch meinen Beruf habe ich gelernt, mit Lampenfieber umzugehen", sagt der Berufsmusiker, der seine Chopin- oder Mussorgski-Abende nur noch zu wohltätigen Zwecken gibt. In den Monaten vor der Weltmeisterschaft 2006 türmten sich die Anfragen für Auftritte in einer Weise, dass Fandel gar nicht mehr zum Pfeifen käme, würde er der Nachfrage als Pianist nachkommen. Nur ganz wenige sagte er zu, etwa ein deutsch-amerikanisches Konzert mit Gershwins „Rhapsody in Blue". So wie er als Sportler, als Entscheidungssportler, im täglichen Training bleiben muss, so muss er es auch als Musiker: „Nach Möglichkeit täglich ein bis zwei Stunden Training am Klavier."

Dieser Kontrast, diese Distanz zum Fußball ist wichtig, wenn man unabhängig bleiben will – die Voraussetzung für die schwierige Aufgabe auf dem Platz. Denn Schiedsrichter sind auch nur Menschen. Nur entsteht ihnen manchmal unmenschlicher Druck. Durch die Schmähungen der Fans, die Forderungen der Klubs, die Drohungen der Trainer, die Tricks der Spieler, den Lärm der Medien, die Zeitlupen des Fernsehens, dann auch noch durch die Bestechlichkeit von Kollegen – zwischen all diesen widerstrebenden Interessen soll ein Einzelner, ein Einziger, Überblick und Unabhängigkeit bewahren – einsamer Wahrer von Regel und Moral, tapferer Sheriff im Wilden Westen des Fußballs. Für diese Gary-Cooper-Rolle hat ihnen niemand ein Drehbuch gegeben. „Manchmal frage ich mich schon, wo ich hier gelandet bin", sagt Fandel. Vor den Spielen schläft er so gut, dass er sich mittags den Wecker stellen muss, um nicht den Zug zu verpassen. Nach hitzigen Partien aber findet er oft schwer in den Schlaf, weil „mir viele Dinge noch durch den Kopf gehen".

In den Jahren im Top-Fußball hat Fandel gelernt, „dass es zwei Wirklichkeiten gibt: die Wirklichkeit auf dem Platz, für die ich verantwortlich bin, und die andere Wirklichkeit, für die die Medien verantwortlich sind." Diese Parallelwelt macht Schiedsrichtern „das Leben schwer".

Der Fußball und das richtige Leben – zwei Welten für sich, deren Reibungen nur die Schiedsrichter aushalten müssen, während Fußballer gern in ihrer geschlossenen Welt bleiben. Durch den Beruf als Pianist und als Leiter der Kreismusikschule Bitburg und durch sein Privatleben hält Fandel die nötige Distanz zum großen Geschäft, zur Glamour-Welt des Fußballs. „Ich suche keine Freundschaften zu Spielern und Offiziellen", sagt Fandel. „Ich komme zum Spiel und bin wieder weg. Das ist ein Selbstschutz."

Das ist aber beileibe kein Desinteresse am Fußball. Im Gegenteil. Fandel ist von klein auf mit dem Fußball verbunden. Der Vater war Geschäftsführer

# »Mit dem Regelbuch allein kann man kein Spiel leiten«

des DJK Utscheid, und wie seine drei Brüder wurde Herbert Fandel Fußballer und Schiedsrichter. Nur wer den Sport mit so viel Herzblut auch als Aktiver erlebt hat, wer mit ihm so verwurzelt ist, ist in der Lage, nicht nur dem Regelbuch gerecht zu werden, sondern auch jener besonderen Anforderung, die Fandels Kollege Markus Merk „das Gefühl für das Spiel" nennt. Auf dem Niveau der besten Fußballer und der besten Schiedsrichter kommt diesem Gefühl, diesem Abwägen von Schwingungen und Stimmungen in einer Partie, eine besonders wichtige Rolle zu.

Es sind die entscheidenden Fragen, die sich ein guter Schiedsrichter stellen muss: Lässt er es laufen oder greift er ein? Pfeift er kleinlich oder großzügig? Macht er sich klein oder groß als Schiedsrichter? Greift er durch oder guckt er weg? All das ist so entscheidend für die Qualität eines Spiels wie die Qualität der Spieler. Vielleicht noch entscheidender: „Je schlechter der Fußball, desto schwieriger die Arbeit des Schiedsrichters", sagt Fandel. Er hat gelernt, „dass man mit dem Regelbuch allein kein Spiel leiten kann". Fehlerfreiheit könne kein Schiedsrichter garantieren – aber erreichen, dass „die Spieler ihn akzeptieren, ihm vertrauen".

Für den Schiedsrichter, der diese Kunst beherrscht, trifft zu, was Merk über diese Rolle sagt: Er ist ein „Spielmacher". Spielmacher ohne eine Nummer 10 auf dem Rücken, aber genauso wichtig. Wenn ihm seine Arbeit gelingt, wenn er Vertrauen und Spielfluss schafft, wenn dann auch noch das Können der Kicker stimmt, dann bekommen das Lob fürs gute Spiel zwar immer nur die Spieler, aber der Schiedsrichter weiß, dass er es mindestens ebenso verdiente. Er erlebt es als stiller Genießer. Einen solchen Abend hatte Herbert Fandel im März 2005, als er beim Champions-League-Spiel Milan gegen Manchester „eines der schönsten Spiele der letzten Jahre erlebte: 22 Klassefußballer, alle mit dem nötigen Respekt".

Nicht immer macht der Job solchen Spaß. Schiedsrichter werden angegriffen, glücklicherweise zumeist nur verbal, doch ist diese Art von Attacke eine fast schon gängige Methode von Profis oder Trainern geworden, die Verantwortung für einen Misserfolg von sich abzuwälzen: Ich war's nicht, der Schiedsrichter war's. So erhielt im März 2005 der schwedische Schiedsrichter Anders Frisk Morddrohungen gegen sich und seine Familie, nachdem er von José Mourinho, dem Trainer des FC Chelsea London, indirekt der Begünstigung des Chelsea-Gegners FC Barcelona in der Champions League beschuldigt worden war. Frisk, der in derselben Saison bei einem Spiel in Rom von einem Wurfgeschoss am Kopf verletzt worden war, erklärte nach den Drohungen seinen sofortigen Rücktritt.

Besonders durch die Entwicklung des Fußballs zum Fernsehsport sind die Schiedsrichter unter Druck geraten. Mit jeder Fehlentscheidung, die das Fernsehen mit vielen Kamerablickwinkeln und Zeitlupen nachweist, wo der Schiedsrichter nur einen Blickwinkel, nur seine beiden Augen und einen Sekundenbruchteil für die Entscheidung hat – mit jedem Fehler wächst die Aggression der Fans. Es wächst auch die Forderung nach neuen Methoden, nach neuen technischen Hilfsmitteln. Fandel ist solchen Ideen gegenüber aufgeschlossen. „Nur her damit", sagt er, „wenn sie funktionieren und eine echte Hilfe sind."

Vor allem bei der wichtigsten Entscheidung im Fußball – Tor oder nicht – kann sich Fandel eine Unterstützung vorstellen. „Man sollte nicht alles von außen kontrollieren", weil man sonst in Gefahr gerate, den Spielfluss zu zerstören, „das Spiel zu verhindern". Aber eine verlässliche technische Hilfe, ob ein Ball die Torlinie überschritten hat, wäre willkommen: „Sie nähme Druck vom Schiedsrichter." Die Betonung liegt aber auf „verlässlich". Fandel weiß von Versuchen mit dem so genannten „Chip-Ball" zu berichten, einer Erfindung, die stets die exakte Lokalisierung des Spielgerätes erlauben soll, also vor allem die Frage beantworten soll, ob der Ball drin war oder nicht. „Ein Testspiel, bei dem der Chip-Ball eingesetzt wurde, endete 0 : 0. Der

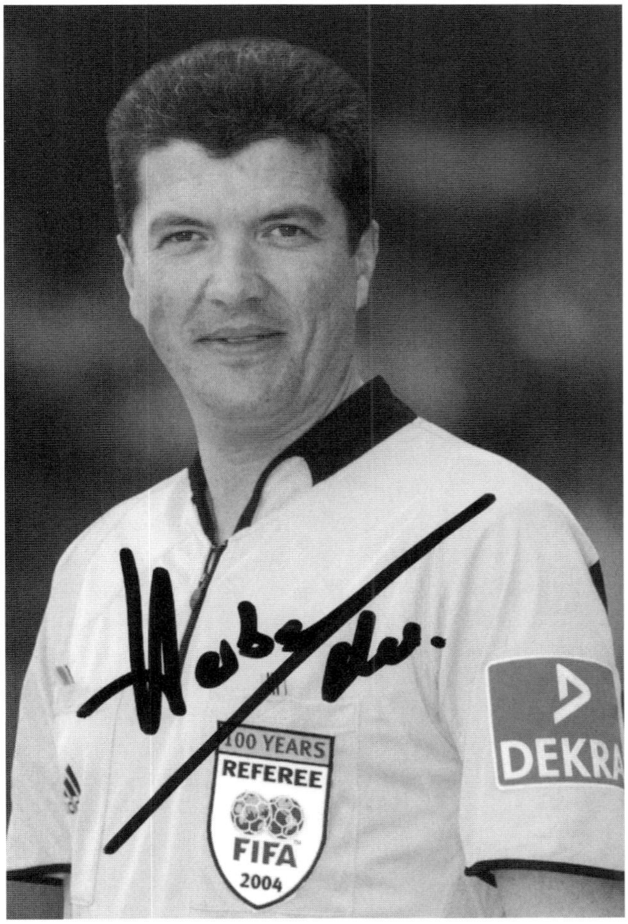


Wie seine drei Brüder Fußballer und Schiedsrichter: der FIFA-Schiedsrichter Herbert Fandel

der Chip-Ball eingesetzt wurde, endete 0:0. Der Chip hatte sechs Tore angezeigt, nämlich jedes Mal, wenn der Ball übers Tor ging, als Tor gewertet."

Als wäre ihre Arbeit nicht schon schwer genug, hat Fandel und Kollegen der Wettskandal um den Berliner Schiedsrichter Robert Hoyzer zusätzlich beschwert. Die ersten Befürchtungen, dass daraus ein Flächenbrand werden und die Reputation der deutschen Schiedsrichtergilde ernsten Schaden nehmen könnte, haben sich nicht bestätigt. Es blieb ein Einzelfall. „Doch ist damit ein großer Stein herausgebrochen aus dem Haus, eine Sache, die nicht völlig wieder gutzumachen ist", sagt Fandel. Der Fall des korrupten Kollegen und seines Umganges im kriminellen Wett-Milieu habe „die Fußballfamilie ein Stück enger zusammenrücken lassen". Doch das Thema verfolgt die vielen ehrlichen und ehrbaren Schiedsrichter mittlerweile bis zu fast jedem Arbeitseinsatz. Denn der „Fall Hoyzer" und die billige Schiri-Schelte, die sich daraus machen lässt, sind längst zu einem Teil der Fan-Folklore geworden. „Na Schiri", so oder ähnlich schallt es ihnen entgegen, „auf wie viel Tore hast du denn gewettet?"

Doch gibt es auch andere Erlebnisse, vor allem bei den internationalen Einsätzen als FIFA-Schiedsrichter. Eine Krönung seiner Karriere erlebte Fandel im September 2005, als er das entscheidende WM-Qualifikationsspiel zwischen Irland und Frankreich leitete – „das schönste Spiel meiner Karriere, unvergesslich". Frankreich, für das Zinedine Zidane sein Comeback gab, machte durch Thierry Henrys Siegtor den entscheidenden Schritt zur WM in Deutschland. Fandel konnte alles vom besten Zuschauerplatz der Welt erleben. Die dichte Atmosphäre an der Lansdowne Road in Dublin, einem altmodischen Stadion mit einer Schiedsrichter-Umkleidekabine „so winzig wie eine Herrentoilette" – diese Arena von unglaublicher atmosphärischer Dichte hat Fandel tief beeindruckt. Noch mehr aber, dass die Emotionen und die Begeisterung allein auf das Spiel gerichtet waren, allein auf den Fußball, nicht auf das Provozieren des Gegners oder das Schmähen des Schiedsrichters. Höchst intensiver Fußball in einer bei aller Erregung positiven Atmosphäre: „In solch einem Fall kann man als Schiedsrichter auch Fan sein", sagt Fandel. „Ein Fan des Fußballs."

# NACH ALLEN REGELN DER (FUSSBALL-)KUNST

## Einblicke in die Schiedsrichterausbildung des Leipziger Fußballverbandes

von Ursula Gundlach

Samstag, 8. Oktober 2005, 8.45 Uhr. Der wolkenlose Himmel verspricht einen sonnigen Herbsttag. Mehr als 23° C hat der Wetterbericht für heute angekündigt. Man könnte sich mit Freund oder Freundin zu einem Stadtbummel treffen, in die Dübener Heide radeln oder vielleicht in Naunhof „abbaden". Stattdessen aber packt man seine Tasche und marschiert zur Sportschule des Sächsischen Fußball-Verbandes nach Leipzig-Abtnaundorf, und das auch noch in aller Herrgottsfrühe. Was haben die sich bloß dabei gedacht, den Beginn der Veranstaltung auf 9.00 Uhr festzulegen – vor dem Aufstehen? Auf den müden Gesichtern der Jungen, die vor dem Gebäude der Fußballschule „Egidius Braun" auf den Bänken hocken oder vor der Eingangstreppe lümmeln, spiegelt sich eine Mischung aus Unsicherheit, gespielter Langeweile und Anspannung. Schnell wird noch eine Zigarette geraucht, der Kumpel aus dem Nachbarverein begrüßt und der „Rest" der Runde in Augenschein genommen …

Treffpunkt der Schiedsrichter-Anwärter: die Sportschule „Egidius Braun" des Sächsischen Fußball-Verbandes in Leipzig-Abtnaundorf

Bewegung kommt in die bunt gemischte Truppe. Der Vorsitzende des Schiedsrichterausschusses Franz-Josef Hauer, ein stattlicher Mann Anfang 50 mit ebenso „stattlicher" Stimme, ruft die Wartenden in den Unterrichtsraum. Die Jagd nach den vermeintlich besten Plätzen beginnt, die hinterste Reihe wird zuerst in Beschlag genommen. Unter den 43 Lehrgangsteilnehmern, deren Mehrzahl sich im Teenyalter befindet, sind fünf Mädchen. Vier von ihnen suchen sich freie Plätze im Mittelfeld und lassen sich dort als „Frauenfraktion" nieder. Die fünfte junge Dame ist in männlicher Begleitung. Die zwei Stühle, die das Pärchen braucht, findet es in der zweiten Reihe. Viel später hätten die beiden nicht kommen dürfen, jetzt sind nur noch verstreute Einzelplätze frei. Der Raum füllt sich, und die allgemeine Unruhe nimmt zu. Während sich die einen um den Schulungsleiter scharen, um die Anmeldeformalitäten zu erledigen, decken sich die anderen mit Getränken ein, die die Veranstalter für den Tag bereitgestellt haben. Hier wird noch Zeitung gelesen, dort wird eine SMS an die Freundin geschrieben. Franz-Josef Hauers Assistent Peter Funke, der im Schiedsrichterausschuss für die Organisation verantwortlich ist, teilt Unterrichtsmaterial aus, nun hat jeder etwas zum Blättern und Schmökern.

In der Warteschlage der Anmeldewilligen steht ein älterer, beleibter Herr, der lautstark mit einem Bekannten über ein Fußballmatch debattiert und ein „Insider-Wissen" erkennen lässt, das sich die anderen Anwesenden in den kommenden Tagen erst noch aneignen wollen. Ist das vielleicht einer der Referenten? Oder ein Hospitant? Wie sich später herausstellt, ist der 61-jährige Manfred Georgi aus Borsdorf „nur" ein Lehrgangsteilnehmer, der seinen Ruhestand nutzen will, um sich „wieder mehr zu bewegen und im Sport zu engagieren". Und da er früher schon einmal als Schiedsrichter tätig war und – wie er betont – „alle Regeln beherrscht", lag es nahe, für seine SG Taucha ins Rennen zu gehen. Der Ältestenstatus scheint ihn dabei nicht im Geringsten zu stören.

9.15 Uhr geht es dann richtig los: Franz-Josef Hauer gibt einen Überblick über den Lehrgangsablauf und die bevorstehende Prüfung. 30 Fra-

Kein Referent, sondern der älteste Lehrgangsteilnehmer: Manfred Georgi

gen werden zu beantworten sein, „doch wer die nächsten Tage nicht verschläft, hat gute Aussichten, diesen Raum als Schiedsrichter-Anwärter zu verlassen". Er verweist auf das Regellehrbuch des DFB, das allen ausgehändigt wurde, und meint: „Wenn ihr das im Kopf habt und auf dem Spielfeld anwenden könnt und noch dazu 3.000 Meter in zwölf Minuten schafft, seid ihr auf dem besten Weg, als Referee Karriere zu machen. Aber erfahrungsgemäß wird nur jeder Dritte von euch eine solche Laufbahn einschlagen." Die Anwesenden erfahren, dass es Frauen auf dem Weg nach oben leichter haben, weil sie in der Minderheit sind, nicht so viele Zwischenstufen bis zu einem Einsatz in der Bundesliga absolvieren müssen, die bessere Regelkenntnis haben und im Allgemeinen auch ehrgeiziger sind. „Aber auf dem Rasen haben sie mehr auszustehen als ihre männlichen Kollegen. Noch gibt es jede Menge Vorurteile gegen Schiedsrichterinnen oder Assistentinnen. Da müssen sie durch."

Wer ist für das Amt des Unparteiischen besonders geeignet? Welche Charaktereigenschaften und Verhaltensweisen muss man mitbringen, um neben 22 Ballakteuren bestehen zu können? „Man muss selbstkritisch sein und bleiben, muss zu Fehlern stehen, die einem unterlaufen. Hohe Sachkenntnis ist wichtig und ein ausgeprägtes Konzentrationsvermögen. Ein guter Referee muss mit dem einen Auge nach rechts und mit dem anderen nach links schauen können. Und man darf nicht zu empfindlich reagieren, wenn es zu verbalen und gar körperlichen Attacken kommt. Das Geldverdienen sollte kein Motiv sein, Schiedsrichter zu werden. Das wird erst auf der Ebene der FIFA wirklich reizvoll."

Während einige das soeben Gehörte „kommentieren", legt Franz-Josef Hauer die erste Folie auf den Overheadprojektor: „Regel Nr. 1: Das Spielfeld." Och, schon tausendmal gesehen ... Einige der angeblich „Wissenden" gähnen demonstrativ und nehmen auf ihren Stühlen eine „Bequemhaltung" ein. Den Lehrgangsleiter schreckt das nicht. Er schreitet durch die Reihen und bringt durch provokative Fragen Bewegung in die Köpfe: „Was bezweckt der Teilkreis am Strafraum?", „Dürfen Eckfahnen aus Eisen verwendet werden?", „Und was macht ihr bei Schnee, wenn keine Begrenzungslinien mehr zu erkennen sind?" Von wegen, alles schon gewusst.

Zwei Jungen möchten gern auf die „Quizfragen" antworten. Sie sitzen in der ersten Reihe und wedeln mit den Armen. Obwohl sie mit Abstand die kleinsten und wohl auch jüngsten Lehrgangsteilnehmer sind, nehmen sie es mit den Großen auf. Geschwister sind sie nicht, auch wenn das auf den ersten Blick so scheint. Der 11-jährige Lucas Schumann kommt aus Trebsen, der 12-jährige Florian Pfaff aus dem Nachbarort Neichen. Beide spielen in einer D-Jugend-Mannschaft Fußball – Lucas beim SV Grimma, Florian beim SV Trebsen. Die Jungen haben sich durch Florians Vater vom Nutzen der Schiedsrichterei überzeugen lassen. Wenn sie die Prüfung bestehen, wollen sie neben dem Kicken auch „ab und an einmal als Schiedsrichter eingesetzt werden. Weil das sicher Spaß macht und noch dazu ein bisschen das Taschengeld aufbessert." Lucas wird mit dem Pfeifen auf dem Spielfeld allerdings noch etwas warten müssen, denn er hat das Mindestalter für Referee-Anwärter (12 Jahre) noch nicht erreicht. Was ihn aber nicht daran hindert, sich hier eifrig am Unterricht zu beteiligen.

„Zwei Stück brauche ich, und sie müssen Druck haben." Aha, es geht um die Regel Nr. 2: Der Ball. Das bewährte Frage-Antwort-Spiel, das auch die unruhigen Geister in der hinteren Reihe erreicht, wird fortgesetzt. Was für Situationen sich dieser Mann nur ausdenkt! Da haut ein Tormann den Ball ins eigene Tor, weil dem Objekt der Begierde die nötige Luft fehlt, und nun sollen wir sagen, ob

»Jeder möchte wissen, was auf i
so kann er sich auch bewusst d

das ein anzurechnender Treffer ist. Oder: Mitten im Spiel platzt der Ball, so dass das Spiel unterbrochen und der Ersatzball geholt werden muss, und wir sollen antworten, wo und wie das Spiel nun fortgesetzt wird. Hoffentlich kommen solche Fragen nicht in der Prüfung …

Während Franz-Josef Hauer zügig fortfährt und die Regel Nr. 3: Zahl der Spieler, zu erklären beginnt, machen sich bei den Zuhörenden die ersten Ermüdungserscheinungen bemerkbar. Einer öffnet das Fenster und lässt frische Luft herein. „Noch ein Viertelstündchen, dann ist Pause!" – der Referent hat begriffen. Das allgemeine Stimmengewirr legt sich vorübergehend, und so lässt sich gut verfolgen, was über die berühmte Elf zu sagen ist. Man erfährt, dass das Spiel beginnen kann, sobald sich sieben Spieler einer jeden Mannschaft auf dem Feld befinden, dass es während eines Matchs im Männerbereich maximal drei Auswechslungen geben darf, dass jeder Feldspieler seinen Platz mit dem Torwart tauschen darf usw. Manche schreiben wie wild mit, manche lesen im Regelbuch nach, was sie soeben gehört haben, manche schauen erwartungsfroh auf die Uhr: Ja, jetzt ist Pause!

Die Raucher und Sonnenhungrigen streben nach draußen. Zehn Minuten wollen gut genutzt sein! Franz-Josef Hauer, der in der zurückliegenden Stunde fast durchgängig auf den Beinen war, setzt sich und gönnt sich ein Glas Mineralwasser. Nebenbei gibt er allen, die noch irgendetwas wissen wollen, bereitwillig Auskunft. Er macht diesen Job schon seit Jahren. In den 70er Jahren ist er selbst Referee gewesen und hat Spiele in der DDR-Liga gepfiffen. Später hat er im Kreis Leipzig-Land und Leipzig-Stadt die Ausbildung von Schiedsrichtern übernommen, und seit 1998 ist er für diese Lehrgänge im Bezirk Leipzig verantwortlich. Sein Hauptaufgabengebiet aber ist und bleibt die Lenkung und Leitung der Referees im Bezirksverband Leipzig. Hinzu kommt der allwöchentliche Einsatz als Schiedsrichter bei Nachwuchsspielen der sächsischen Vereine von der Kreisklasse bis zur Bezirksliga. Da Franz-Josef Hauer an den Wochenenden meist unterwegs ist, um die Spielleitung der angesetzten Matchs abzusichern, sieht ihn seine Familie nur in Ausnahmefällen. Und heute? „Nach der Mittagspause muss ich noch zu einer Weiterbildungsveranstaltung im Hause. Und morgen erwartet man mich in Markranstädt zur Beobachtung des Landesligaspiels." Lohnt sich diese Vollzeitbeschäftigung wenigstens finanziell? „Das mache ich alles ehrenamtlich!"

10.20 Uhr, es geht weiter. Die Frage, die der Referent stellt, wird zur allgemeinen Diskussionsgrundlage: „Was macht ihr als Schiedsrichter, wenn ein zusätzlicher Spieler das Feld betritt und statt elf plötzlich zwölf Akteure einer Mannschaft auf dem Rasen sind?" Florian Pfaff meldet sich wieder einmal, wird aber „übersehen". Franz-Josef Hauer geht durch die Reihen und animiert die weniger Aktiven zu einer Antwort. Trotz zahlreicher Vorschläge hat keiner des Rätsels Lösung parat. Schließlich klärt der Nachbar von Manfred Georgi auf: „Der zwölfte Spieler bekommt eine gelbe Karte und muss sofort das Feld verlassen. Die Mannschaft wird nicht bestraft." So ist das also.

„Regel Nr. 4: Ausrüstung der Spieler". Der Schulungsleiter geht ins Detail und beschreibt die Beschaffenheit von Hosen, Trikots, Schuhen und Schienbeinschützern der Spieler. Als er auf das Schmuckverbot zu sprechen kommt, geht ein Raunen durch die Reihen. Was, nicht einmal Piercings sind erlaubt? Und wenn sie am Körper gut versteckt sind? „Solange sie nicht zum Vorschein kommen, kann sie der Schiedsrichter auch nicht bemängeln!" Einige der Anwesenden scheint das sehr zu beruhigen. Und während sich ein Teil der Lehrgangsteilnehmer noch mit der Brillen- und Haarbandfrage auseinander setzt, springt Franz-Josef Hauer gedanklich zurück zur Regel 2 und fragt eines der Mädchen: „Kurze Wiederholung: Der Ball prallt beim Spiel an die Querlatte des Tores, platzt, und das größere Stück fällt in den Torraum. Ist

**, zukommt, denn nur
für oder dagegen entscheiden«**

das ein Treffer oder nicht? Und wie geht das Spiel weiter?" Die soeben Angesprochene zuckt zusammen, gibt aber nach der ersten Schrecksekunde eine richtige Teilantwort. Florian Pfaff ergänzt um den noch fehlenden Teil und freut sich sichtlich über sein Regelwissen. Bei der „Frauenfraktion" hält sich dagegen die Freude über die ihr zuteil werdende Aufmerksamkeit in Grenzen. Sie musste im Laufe des Vormittags schon häufiger Rede und Antwort stehen und kann sich nicht erklären, „warum immer die Mädchen ran müssen".

Die 15-jährige Stefanie Zimmermann, die sich vom Referenten nicht aufs Glatteis führen ließ, kommt – wie auch zwei weitere Schiedsrichterinnen in spe – von Fortuna Leipzig. „Ich dachte immer, als Fußballspielerin die Regeln gut zu kennen, und hatte nichts dagegen, als mein Verein mich für diese Ausbildung anmeldete. Jetzt merke ich, dass ich noch jede Menge lernen muss. Aber ich bin sicher, dass ich das schaffe und eines Tages ein Match leiten werde." Und was ist so reizvoll am Schiedsrichterinnenamt? „Ich kann auf dem Platz für Ordnung sorgen, Streitfälle schlichten und letztlich entscheiden, was Recht und Unrecht ist. Und das würde ich auch ganz gern auf höchster Ebene machen." Sie sagt das so überzeugend, dass man nicht daran zweifelt.

Wieder zehn Minuten Pause. Diesmal bleiben mehr Lehrgangsteilnehmer im Schulungsraum. Einige füllen ihren Getränkevorrat auf, andere essen schon mal was, schließlich hat Muttern vorsorglich ein paar Schnitten eingepackt. In einer Ecke wird noch über den gerade behandelten Unterrichtsstoff debattiert: Darf man nun in Badelatschen spielen oder nicht? Die Antwort bekommen sie wenig später: „Badelatschen setzen nackte Füße voraus – ein Unding, so Fußball zu spielen. Aber gegen Gummistiefel wäre nichts einzuwenden." Franz-Josef Hauer ist um keine Antwort verlegen. Er ist ein Mann der Praxis und könnte, wenn er wollte, so manche kuriose Story erzählen.

Bevor der Referent eine neue Lektion beginnt, beschreibt er den Anwesenden, was sie nach erfolgreich bestandener Prüfung erwartet. Als Schiedsrichter-Anwärter haben sie sich in ihrem Kreis zu melden und fünf bis zehn Probespiele, die von erfahrenen Referees kontrolliert werden, zu absolvieren. Gibt es von denen keine massiven Einwände, darf man einen Schiedsrichter-Ausweis beantragen. Aber nur, wer regelmäßig die Weiterbildungsveranstaltungen der Kreisverbände besucht und mindestens 15 Spiele im Jahr leitet, hat das Recht, als Schiedsrichter geführt zu werden. „Wer weiterkommen will, sollte 20-jährig bereits in der Bezirksliga pfeifen und im wahrsten Sinne des Wortes ‚am Ball bleiben'. Schließlich ist mit 48 Jahren die große Karriere vorbei. Im Bezirksverband Leipzig darf man bis zum 60. Lebensjahr als Unparteiischer aufs Spielfeld, im Kreisverband so lange, wie man noch laufen kann." Manfred Georgi hat also noch eine gute Chance, in Taucha und Umgebung zum Einsatz zu kommen und seinen späten Traum vom „Richten und Schlichten" zu verwirklichen. Das wird auch seinen Fußball spielenden Sohn freuen …

Die jungen Leute stellen ihre Fragen: ob man Kicken und Schiedsrichtern auf Dauer unter einen Hut bekommt, wie der Schiedsrichtereinsatz im Kreisverband geplant wird, wie hoch die Vergütung pro geleitetem Spiel ist usw. Jeder möchte wissen, was auf ihn zukommt, denn nur dann kann er sich auch bewusst dafür oder dagegen entscheiden. Franz-Josef Hauer gibt bereitwillig Auskunft und verweist obendrein auf die Unterrichtsmaterialien. Tatsächlich, im Stapel der Broschüren und Dokumente findet sich neben der Schiedsrichterordnung des Sächsischen Fußball-Verbandes auch das Amtliche Ansetzungsheft „Fußball im Regierungsbezirk Leipzig" für das Spieljahr 2005/06. Kann man ja zu Hause mal lesen.

Mittagspause. Die Lehrgangsteilnehmer stärken sich an einem reich gedeckten Büffet, das zu mehreren Gängen verführt. Viele nutzen die halbstündige Freizeit auch zu einem Bummel über das Gelände. Der Wetterbericht hat Recht behalten, der Herbst zeigt sich von seiner besten Seite. Die Sonne brennt, so dass man auf die Jacken getrost verzichten kann. Wie schön wäre es jetzt, ein paar Bälle zu treten ...

Der neue Referent ist eingetroffen. Jens Rohland, 24-jährig und Oberliga-Schiedsrichter aus Regis-Breitingen, bespricht mit seinem Leipziger „Chef" den weiteren Lehrgangsverlauf. Punkt 12.30 Uhr übergibt Franz-Josef Hauer mit den Worten „Pünktlichkeit ist eine der Haupttugenden des Schiedsrichters!" den Staffelstab an seinen Nachfolger, der – wie man hört – in kürzester Zeit eine Bilderbuchlaufbahn als Referee hingelegt hat. Jens Rohland schlägt den Lehrgangsteilnehmern das Du vor, schließlich ist der Altersunterschied zwischen ihm und den hier versammelten Jungen und Mädchen nicht sonderlich groß. Nach diesem „Warm-up" macht er sich daran, die Regel Nr. 9: Ball in und aus dem Spiel, zu erklären. Auch er verwendet Overheadfolien für seinen Vortrag, und auch er lockert das Unterrichtsgeschehen mit Fragen an die Anwesenden auf. Aber er hat noch nicht die Routine und Durchsetzungskraft eines Franz-Josef Hauer und muss sich daher mit mehr Unruhe im Raum plagen als sein Vorgänger. „Der Ball ist aus dem Spiel, wenn er auf dem Boden oder in der Luft vollständig eine der Tor- oder Seitenlinien überschritten hat oder das Spiel vom Schiedsrichter unterbrochen worden ist." Klingt logisch. Aber wie immer steckt der Teufel im Detail. Jens Rohland legt eine Folie auf, die den Ball in unterschiedlichen Positionen zeigt. Jetzt müssen die Lehrgangsteilnehmer das soeben Gelernte anwenden – richtig, versteht sich. Die meisten haben damit keine Probleme. Also weiter!

Regel Nr. 8 definiert „Beginn und Fortsetzung des Spiels". Jens Rohland spricht über die Aufgaben des Referees vor Spielbeginn, über Platzwahl, Anstoß und Schiedsrichter-Ball. Er macht seine

Schulungsleiter Franz-Josef Hauer in Aktion

Sache gut, aber ein Großteil der jungen Leute im Raum hört nur noch mit halbem Ohr hin. Das Essen hat müde gemacht, der Unterrichtsstoff ist ein wenig zu trocken, und das lange Auf-dem-Stuhl-Sitzen ist auch nicht jedermanns Sache. Während einige noch versuchen, durch hoch gelagerte Beine die Durchblutung und damit die Konzentrationsfähigkeit anzuregen, haben andere den Kampf gegen die schweren Lider schon aufgegeben, zumindest lassen die auf der Tischplatte ruhenden Köpfe diesen Schluss zu. Diejenigen, die noch gewillt sind, aktiv mitzuarbeiten, haben aber auch gerade einen Tiefpunkt erreicht. Einer traut sich, nach der nächsten Pause zu fragen, und Jens Rohland verspricht sie nach der Regel Nr. 15: Einwurf.

Jetzt lebt auch Tobias Marz aus der zweiten Reihe wieder auf. Seinen „Durchhänger" scheint er in den Griff bekommen zu haben. Er ist 13 Jahre alt und spielt in der C-Jugend-Mannschaft des Otterwischer SV. Sein Wochenende lernend in Leipzig zu verbringen bereut er nicht: „Ich habe mich für den Lehrgang gemeldet, weil mein Verein mich als Referee braucht. Aber ich hätte mich auch so für eine Schiedsrichterausbildung entschieden. Mein Vater ist auch im Verein und findet es gut, dass ich das hier mache. Und da

Kann sich eine Referee-Karriere für sich vorstellen: Stefanie Zimmermann (l.).

Florian Pfaff und Lucas Schumann (v. l.): die jüngsten Absolventen des Lehrgangs 2005.

Blick in den Schulungsraum: Noch wird gut mitgearbeitet ...

ich auch schon mal über Schiedsrichterentscheidungen gemeckert habe, weiß ich, worauf es ankommt."

Jetzt kommt es aber auf den Einwurf an, besser gesagt darauf, wie man ihn richtig ausführt. Jens Rohland demonstriert die entsprechende Körperhaltung. Der künftige Referee muss aber natürlich noch mehr wissen: wann, wo und durch wen der Einwurf regelgerecht zu erfolgen hat. Und ihm muss klar sein, dass „ein Einwurf nie direkt zu einem Tor führen kann". Verstanden.

13.45 Uhr kommt endlich die von allen herbeigesehnte Pause. Man erhebt sich von den Plätzen und vertritt sich im und vor dem Gebäude die Beine. Auch Ute Noatsch, die junge Dame „in Begleitung", rennt nach draußen, um Sauerstoff zu tanken und sich für die letzte Etappe des Tages zu rüsten. Man sieht der Leipziger Sport- und Anglistik-Studentin die 27 Jahre nicht an, ihre fröhliche Kurzhaarfrisur lässt eher auf Abiturientin tippen. Sie lächelt und spricht von ihrer Frauen-Fußballmannschaft bei Roter Stern Leipzig, mit der sie seit zwei Jahren Spiele bestreitet. „Eine Freundin hat mich überredet, diesen Lehrgang zu besuchen. Und da ich es reizvoll finde, etwas Neues auszuprobieren, bin ich jetzt hier. Aber eine Schiedsrichterin in der Bundesliga wird wohl nicht aus mir. Der Weg dorthin ist mir zu reglementiert. Ich möchte offen bleiben für neue Herausforderungen. Und wer weiß, wohin es mich nach dem Studium verschlägt." Die Erfahrungen, die sie als Spielerin bisher mit Referees gemacht hat, schätzt sie als „neutral" ein. Aber sie kann sich an einige Spiele erinnern, in denen die Frauen und Männer mit der Pfeife überfordert zu sein schienen. Verständnisvoll fügt sie hinzu: „Ohne Linienrichter hatten sie es in vielen Situationen schwer, den Überblick zu behalten. Wie sollten sie richtig entscheiden, wenn sie einen Teil der Spielhandlung gar nicht mitbekommen hatten?"

Nach fünf Minuten geht es weiter – Regel Nr. 16: Abstoß. Der Referent erklärt, in welchen Situationen ein Feldspieler und in welchen der Torwart gefordert ist. Viele im Raum scheinen das schon zu wissen, sicher haben die meisten von ihnen selbst schon einmal „abgestoßen". Deshalb wenden sie sich nun den vermeintlich wichtigeren Dingen zu: dem zu Informationszwecken ausgegebenen Katalog für Schiedsrichterbekleidung und -ausrüstung („Ob mir mein Verein eine Fox-Pfeife kauft?"), dem Handy, auf dem die Antwort-SMS der Freundin zum x-ten Mal gelesen wird, der „Ritter-Sport"-Schokolade, die knisternd aus ihrer Silberhülle befreit und zur Nervenstärkung in den Mund geschoben wird. Lucas Schumann und Florian Pfaff in der ersten Reihe sind so munter wie in der ersten Unterrichtsstunde. Interessiert verfolgen sie das Geschehen, das jetzt bei der typischen Referee-Geste „Ausgestreckte Hand mit Handfläche nach unten!" angekommen ist. Auch so eine Wissenschaft für sich – die Zeichensprache der Schiedsrichter!

Nun wird es spannend. Die Mehrheit der künftigen Schiedsrichter-Anwärter entschließt sich, wieder aktiv mitzuarbeiten, denn jetzt geht es um die Regel Nr. 12: Verbotenes Spiel und unsportliches Betragen, die kritischsten Situationen in einem Fußballmatch. Jeder ist aufgefordert, Beispielfälle zu nennen, die mit einer gelben bzw. roten Karte geahndet werden müssen. Da kommt schnell eine ganze Liste zusammen! Schwieriger wird es schon zu entscheiden, auf welche Weise das Spiel nach einem begangenen Regelverstoß fortgesetzt wird: mit direktem Freistoß, indirektem Freistoß oder gar Strafstoß. Jens Rohland erklärt die jeweiligen Bedingungen und fordert seine Schüler auf mitzuschreiben. „Dann prägt sich das Gehörte besser ein, und ihr könnt später noch einmal in Ruhe alles nachlesen." Stefanie Zimmermann muss dazu

Tobias Marz (r.): Hat der Otterwischer SV mit ihm bald einen neuen Schiedsrichter?

nicht extra animiert werden, sie hat sich schon den ganzen Tag über Aufzeichnungen gemacht. Vor ihr liegt ein kleiner Stapel beschriebener A4-Blätter, auf denen wichtige Textpassagen sogar farbig hervorgehoben sind.

15.30 Uhr ertrotzen sich die mittlerweile wirklich erschöpften Lehrgangsteilnehmer eine weitere Verschnaufpause, die häufigen Toilettengänge zum Ende der letzten Lektion sind Zeichen genug gewesen. Allen, die sich nicht einmal mehr aus ihren Stühlen erheben können, ruft Jens Rohland aufmunternd zu: „Wir sind mit dem Stoff gleich durch. Und dann könnt ihr euch zur Entspannung eine DVD anschauen." Na, das ist doch was!

Tatsächlich vermag die Aussicht auf „Heimkino", die letzten Aufmerksamkeitsreserven zu mobilisieren. Der Referent wiederholt den Unterrichtsstoff des Nachmittags im Schnelldurchlauf, beantwortet die noch offenen Fragen der Lehrgangsteilnehmer und legt dann den angekündigten Regelkundefilm des DFB ins Abspielgerät. Nach der vielen Theorie sind die bildhaft vorgeführten Praxisbeispiele nun genau das Richtige: Bundestrainer Jürgen Klinsmann und Comic-Männchen „Kickolino" erklären anhand authentischer Spielsituationen Sinn und Auslegung der einzelnen Fußballregeln, und spätestens jetzt hat auch der Letzte im Raum begriffen, dass manchmal Millimeter darüber entscheiden, ob ein Tor erzielt wurde oder nicht.

16.15 Uhr entlässt Jens Rohland seine künftigen Kollegen. An den folgenden Schulungstagen, dem 9., 23. und 30. Oktober 2005, werden sich andere Referenten um die Jungen und Mädchen kümmern: Lutz Herwig aus Neukieritzsch, Dirk Engelmann aus Pegau, Dieter Franke aus Altenburg, Harald Sather aus Grimma und Andreas Heinrich aus Torgau. Das Ausbildergespann wird mit Sicherheit sein Bestes tun, um die Lehrgangsteilnehmer optimal auf die Prüfung und ihren späteren Referee-Einsatz vorzubereiten. Aber ob auch wirklich jeder der 43 Schüler dieses Ziel erreicht, hängt ganz entscheidend von dessen Engagement für die Sache ab. Warten wir also erst einmal den Prüfungstag ab …

Nachtrag: „Nur sechs Lehrgangsteilnehmer sind durchgefallen. Alle anderen haben mindestens 45 von 60 möglichen Punkten erreicht und also bestanden. Das beste Ergebnis erzielte übrigens John Jähne vom ATSV ‚Frisch Auf' Wurzen, er holte sich 59 Punkte. Die insgesamt gute Bilanz freut mich zwar, überrascht mich aber nicht: Die Prüfungsfragen sind meines Erachtens zu leicht. Viele lassen sich durch ein einfaches Ja oder Nein beantworten. Zu selten werden Situationen geschildert, auf die die Prüflinge mit konkreten Spielentscheidungen reagieren müssen. Das aber ist in der Praxis der Regelfall! Insofern bin ich froh, dass ab Dezember dieses Jahres bundesweit einheitliche Vorgaben für die Ausbildung des Schiedsrichternachwuchses gelten werden. Der DFB wird uns entsprechende Richtlinien für die Gestaltung des Unterrichts und die Anlage der Prüfungsbögen zur Verfügung stellen. Und was ebenfalls neu sein wird: Neben dem Fachwissen werden die künftigen Schiedsrichter-Anwärter auch einen physischen Leistungstest absolvieren müssen. Das wird die Spreu vom Weizen trennen", ist sich Franz-Josef Hauer sicher. Jetzt kann er aber erst einmal zufrieden sein: Der Lehrgang ist erfolgreich zu Ende gegangen.

Übrigens: Ute Noatsch und Stefanie Zimmermann haben mit 55 bzw. 51 Punkten die Prüfung ebenso bestanden wie Manfred Georgi, Tobias Marz, Florian Pfaff und Lucas Schumann. Wer als Bester von diesen Herren abgeschnitten hat? Natürlich der jüngste: Lucas. Er bekam für seine richtigen Antworten 50 Punkte. Da kann man nur gratulieren …

Ute Noatsch beim Studium des DFB-Regellehrbuches.

# PFEIFEN, DIEBE, EHRLOSE KERLE?

## Die Schiedsrichter aus der Perspektive eines Fans

von Annett Schimmel

Detlev K. (Name von der Redaktion geändert) brüskiert sich: „Isch kann die fett' Kuh net ab!" Recherchen ergeben: Die so liebevoll benannte Frau, 4. Offizielle in diesem UEFA-Cup-Spiel des 1. FFC Frankfurt, ist im Hauptberuf Finanzbeamtin ... Erstaunlich, dass eine Randfigur des Schiedsrichterwesens, die Nr. 4 auf dem Platz, so intensiv wahrgenommen wird. Meistens steht die Nr. 1 an der Pfeife, der Referee, im Mittelpunk des Faninteresses. Und prägt sich ein, wie nur wenig anderes bei der schönsten Nebensache der Welt. Wer aber so behäbig dafür sorgt, dass eine Spielerin der Heimmannschaft, die verletzt an der Außenlinie behandelt wurde, wieder ins Spiel kommen kann, der zieht sich in der Hitze des Gefechts schon mal den drastischen Zorn der Fans zu.

Hopp oder Topp, keine Mitte. Entweder ein Star oder ein Trottel. Jede Liga kennt ihre Köpfe, die positiv oder negativ auffallen. Ob WM-Star aus Italien oder Fußballrentner aus dem Muldental. Pierluigi Collina in der Oberliga wäre wohl genau so fehl am Platze wie Fritzchen Müller bei der Weltmeisterschaft.

Ein Bezirksligaspiel der Männer: Das Foul des Liberos ist eindeutig verwarnungswürdig. Na klar, weiß er das. Und doch zwickt ihn der Übermut. „Also Rolli, wir kennen uns seit der Schulzeit. Und du weißt, was ich verspreche, halte ich. Und ich verspreche dir: Wenn du mir die Gelbe zeigst, hau ich dir eine in die Schnauze!" Unter Protest der gegnerischen Spieler dreht der Schiri ab. Sich mit einem Mann anzulegen, der seinen Wehrdienst bei den Spezialkräften geleistet hat, fehlt ihm offenbar die Standfestigkeit.

Ein anderes Spiel, ebenfalls Bezirksliga: Ein 17-jähriger Bursche darf erstmals bei den Männern ran. Und er will beweisen, was er drauf hat. Und er geht ran an den Mann, befördert die Gegner mehr in die Waagerechte als den Ball in Richtung Tor. Und ordentlich laut natürlich. Der Schiedsrichter belässt es nicht beim Stirnrunzeln. Bei der nächsten Gelegenheit holt er sich den Heißsporn ran. „Wenn ich dir die gelbe Karte zeige, wechselt dich dein Trainer wegen Rotgefahr aus. Und wenn er dich auswechselt, spielst du nächste Woche nicht mit. Willst du das?" Der Junge spielt das Match ohne weiteren Fehl und Tadel zu Ende.

Richtig leiden kann die Schiedsrichter eigentlich keiner von den Fans. Es sei denn, man ist selber einer. Nur sind das die wenigsten. Schiedsrichter machen alles falsch, kennen kein Abseits, pfeifen immer für die gegnerische Mannschaft und überhaupt, war da nicht mal was? Dementsprechend sensibel reagieren die Leute auf den Tribünen auf das Geschehen unten auf dem Platz. Und sie kommentieren es. Die „schwarze Sau" ist Legion, ebenso das Café in Berlin, in dem der/die Unparteiische wohl am Morgen sein/ihr Frühstück eingenommen hat?

Hektik auf dem Platz führt zu emotionalem Notstand auf den Zuschauerplätzen. Die Fans sind nicht meilenweit durchs Land kutschiert, haben nicht Zeit und Geld investiert, sich bei Wind und Wetter die Beine in den Bauch gestanden, um sich nun vom Referee den Schneid abkaufen zu lassen. Sie wollen nur eins: Ihre Helden siegen sehen. Die Zusammenrottung auf der Tribüne steigert sich. Aus anfänglichem Gebrummel wird spätestens nach der dritten Millimeterentscheidung ein handfester Sprechchor. „Schieber, Schieber!" tönt es über den Platz. Oder: „Schiri, wir wissen, wo du wetten gehst ...!" Es zählt nur eines: Die Fahne des eigenen Vereins. Und vor diese stellt man sich wie eine Glucke vor ihre Küken. Und der Schiedsrichter ist der Fuchs, der in keinem Fall den Stall plündern darf, und sei er noch so listig ...

Milde mit der Gilde der Unparteiischen ist selten anzutreffen unter den Fans. Manchmal muss man wohl erst selber bittere Erfahrungen machen, um nicht gnadenlos jedes nicht gepfiffene Foul lautstark und wütend zum Nonplusultra des Spieles zu erheben.

Herbst 1978: Die Alten Herren von Fortschritt Plagwitz und Motor Südwest Leipzig liefern sich das Derby der Saison. Der Unparteiische ist gera-

Eltern am Rande eines Spiels der Mädchenmannschaft FC Sachsen Queens

de mal 1,60 Meter groß, Brillenträger, 17 Jahre alt und pfeift das erste Mal nach bestandener Schiedsrichterprüfung. „Dieses Spiel hat mich geprägt fürs ganze Leben. Sämtliche Schimpf- und Fäkalwörter, die ich heute kenne, habe ich dort gelernt. Beide Mannschaften pöbelten im Kollektiv auf mich ein, und die Zuschauer, ‚angefeuert' durch die Spieler, taten es ihnen gleich. Ich konnte machen, was ich wollte, alles drosch auf mich ein. Und nicht nur verbal. Wenn da so ein Riese wütend auf dich zugerannt kommt, weil er der Meinung ist, du hast sowieso keinen blassen Schimmer vom Fußball, dann wird dir schon ganz komisch. Seitdem ziehe ich ganz tief meinen Hut vor den Leuten, die sich das Woche für Woche immer wieder antun."

Tausend Augen sehen mehr als zwei. Deshalb nehmen sich die dazugehörigen 500 Köpfe auch das Recht heraus, lautstark ihre Meinung kundzutun. Nicht denken, grölen! Die Skurrilität mancher Szenen wird, wenn überhaupt, erst später bewusst.

Da sind die Mütter einer D-Jugend-Mädchenmannschaft. Sie feuern frenetisch ihre Töchter an und bewegen sich unmerklich über die Außenlinie. Sieg oder Spielabbruch? Nein, unerlaubtes Betreten des Spielfeldes. Der Schiri, ein junger Spund, ist unsicher. Er traut sich nicht. Doch schließlich, als die „Wandergruppe" schon mehrere Meter „drin" steht, muss er doch den Familienclan ermahnen. Die Damen erstarren – und lachen. Denn die „Frontfrau" ruft ihrer Tochter zu: „DEN bringste mir nicht nach Hause als Schwiegersohn!"

Ein anderes Kaliber ist da die Regionalliga der Männer: Beim Spiel des FC Sachsen Leipzig gegen Union Berlin steht die Linienrichterin Bibiana Steinhaus zwei Meter vom Zaun entfernt, hinter dem sich die Leipziger Anhängerschaft gebärdet. Doch die in Gorleben abgehärtete Kommissarin der Bereitschaftspolizei kann kaum etwas erschüttern. Mit stoischer Gelassenheit winkt sie das Match und erträgt Hohn und Spott und auch den einen oder anderen Gegenstand, der zufällig in der Hitze des Gefechts seinen Weg durch den Zaun findet. Nach dem Abpfiff liest sie kommentarlos ein paar Kleingeldstücke auf und verlässt den Platz, ohne Polizeischutz. Was im Spielberichtsbogen stand, entzieht sich meiner Kenntnis. So arg kann es jedoch nicht gewesen sein, denn der FC Sachsen hatte keine Konsequenzen zu tragen.

Gejohle dagegen beim Frankfurter Anhang, als sie in der Frauenbundesliga dem ungeliebten Trainer der Duisburger Gäste nach seiner Umarmung, sprich Tätlichkeit, die rote Karte zeigt, was dem Herrn einen Platz im hessischen Fanblock, Lästerei inklusive, und vier Spiele Innenraumsperre einbringt. Es gibt Situationen, da kann man eben seinen Mund nicht halten.

Beim Frauenfußball geht es eigentlich friedlich zu. Keine demolierten Eisenbahn- und Tramwaggons. Keine Spielunterbrechungen wegen Fanausschreitungen irgendwelcher Art. Keine Schlachten mit der Polizei. Wenn überhaupt mal welche im Stadion auftaucht, ist das schon eine Sensation. Und selbst Morddrohungen werden dem Platzpersonal auf charmant-liebenswerte Weise überbracht. Costa, der Wirt des Frankfurter Stadions am Brentanobad, weiß ein Lied davon zu singen. Nach einem Bundesligaspiel gegen Turbine Potsdam, welches, wie kann es anders sein, gar nicht zur Zufriedenheit des Frankfurter Publikums gepfiffen wurde, bekamen die Schiedsrichterinnen ihr Essen serviert – nein, nicht im VIP-Bereich, sondern in einer Ecke der Fankneipe. Dort saß das Trio nun, aß und versuchte, möglichst unbeteiligt zu tun. Die Diskussionen um die reife Leistung an der Pfeife wurden immer lauter. Wie oft im Vorbeigehen am Tisch und an den Stühlen gerempelt wurde, lässt sich nicht mehr nachvollziehen. Da baut sich ein Typ in vollem Fan-Ornat nebenan auf, greift sich das angetrunkene Bierglas einer der Frauen und hält es mit spitzen Fingern dem Kneiper hin. „Costa, zapf mal ein Bier für die Schiedsrichterin. Das Arsen habe ich dir gestern schon gegeben!"

Vertrauensbildende Maßnahme zwischen Fans und Referee: Eine Sportzeitung hat die Schiedsrichterin des Tages ganzseitig als Model abgebildet. Was einige Burschen zwischen 10 und 45 veranlasst, sich nach dem Spiel ein Autogramm auf besagtes Bild schreiben zu lassen. Die Assistenten schauen sich bedröppelt an. Sie waren leider nicht blond genug für eine Exklusivstory. Aber drängeln können sie, schließlich hat man sonntags 16 Uhr nur noch eines vor: nach Hause fahren. Auf einmal wird aus dem „Monster" an der Pfeife ein Mensch wie du und ich. Ein Mensch, der auf der Heimfahrt nicht gerne im Stau steht. Der nicht vergessen darf, sich eine neue Handykarte zu kaufen. Oder der sich Duschgel borgen muss, weil er seines vergessen hat. Oder der einfach nur müde eine Zigarette raucht.

Vielleicht sollte man Fans und Schiedsrichter öfter mal „in einen Sack" stecken, damit sie sich zusammenraufen? Ohne geht es nicht. Ohne Fans wäre das Stadion öde. Und ohne Schiedsrichter gäbe es keinen Fußballsport.

## LOHN FÜR DEN REFEREE: „DAS BIER NACH DEM SPIEL!“

### Schiedsrichter über sich selbst

von David Weidlich

Fußball verbindet Völker! Fußball lässt fremde Leute in Glückseligkeit sich in den Armen liegen, Fußball ist Opium fürs Volk. Da laufen sie auf im Stadion zum Länderspiel, auf dem Platz in der Kreisklasse, in der Halle zum Turnier: die tapferen Recken des Runden, dass ins Eckige muss, die Helden der Arena, die Gladiatoren der Neuzeit – unsere „Männer“ (und immer mehr Frauen). Aufgestellt auf den Platz, bei internationalen Spielen die Hymne mitgebrummt oder stolz geschmettert. Und jetzt noch: Shakehands, Wimpel getauscht und/oder ein Foto für das Vereinslokal geschossen und los!

Hallo? Hallo! Sie haben da noch jemanden vergessen! Besser drei! International vier. Ja, richtig – die, die immer das Spiel verderben, den Vorteil der eigenen Mannschaft ruinieren, die gleiche Höhe als Abseits pfeifen und eine gelbe Karte geben, obwohl der Spieler am Boden doch nur simuliert. Respektvoll nennt man sie Schiedsrichter oder Referees. Oft aber müssen sie sich Bezeichnungen wie „Schiri“, „Blinder“ oder „der“ gefallen lassen – was pfeift „der“, warum gibt „der“ das Tor nicht?

Genau „der“ ist wichtig, nicht auf der Wiese im Park, aber schon bei einem Spiel zwischen zwei Wald- und Wiesenvereinen. „Der“ kennt nämlich die Regeln. Aber wollen wir lieber respektvoll vom Schiedsrichter sprechen. Was wissen wir über diesen Menschen? Ist er ein besonderer Typ? Warum wird man Schiedsrichter? Was sind die Aufgaben des Referees? Gibt es ein Leben neben dem Leiten von Spielen? Warum pfeifen Unparteiische falsch und korrigieren sich nie? Und wenn Sie sich schon solch eine Frage stellen, seien Sie mutig und lassen Sie auch diese Frage zu, die Ihnen vielleicht erst jetzt bewusst wird: Wie geht der Schiedsrichter mit den Anfeindungen (vielleicht auch Ihren?) um?

#### EIN FRAGEBOGEN

Woche für Woche finden allein in Deutschland mehr als 100.000 Fußballspiele statt, und fast jedes obliegt der Leitung durch einen Schiedsrichter. Wie viele Unparteiische mag es in unserem Land geben – von der Kreisklasse (die unterste Spielklasse) über die Kreisliga, die Bezirksklasse (in der beispielsweise der 1. FC Lokomotive Leipzig spielt), die Bezirksliga, die Landesliga, die Oberliga (in der z. B. der 1. FC Sachsen Leipzig agiert) und die Regionalliga bis hin zur 2. und zur 1. Bundesliga (der obersten Spielklasse)? Und wie sieht deren sportlicher, beruflicher und privater Alltag aus? Was ist ihnen gemeinsam, was unterscheidet sie? Die Museumsmitarbeiter wollten es genau wissen und entwarfen – da sie nicht annähernd so viele Referees persönlich aufsuchen und sprechen konnten, wie sie es für wünschenswert gehalten hatten – einen Fragebogen, mit dem sie den auskunftswilligen Schiedsrichtern in diesem Land „auf den Zahn fühlen“ wollten. 30 Fragen brachten sie zu Papier, von deren Beantwortung sie sich detaillierte Aussagen über „Freud und Leid“ eines Schiedsrichters erhofften. Mehr als 270 Befragungsbögen wurden ausgegeben bzw. verschickt, und genau 107 kamen – ausgefüllt und teilweise mit zahlreichen „Anlagen“ versehen – wieder an den Absender zurück. Eine gute Quote! Von den 107 „Rückkehrern“ lagen 81 zum gewünschten Termin (28.02.2005) vor und konnten in die qualitative und quantitative Auswertung einbezogen werden.

Welche Fragen hatten die Referees zu beantworten? Gefragt wurde nach den Beweggründen, als Schiedsrichter tätig zu sein, nach den bedeutendsten und am besten in Erinnerung gebliebenen Spielen, nach Kleidung, Ausrüstung und Zubehör, nach Assistenten, mit denen gern zusammengearbeitet wird, nach Einsatzorten und -bedingungen, nach Tätigkeiten vor, zwischen und nach dem eigentlichen Spiel, nach gravierenden Regelverstößen und außergewöhnlichen Vorkommnissen, nach verbalen und körperlichen Angriffen auf ihre Person, nach Weiterbildungsmaßnahmen und „Härtetests“, nach Ehrungen und Auszeichnungen für die Schiedsrichtertätigkeit sowie nach Meinungen zur Zukunft des Unparteiischen. Dass es beim Formulieren und Beantworten der Fragen zu teilweisen Überschneidungen kam, viele erteilte Auskünfte die vorhandenen Vermutungen bestätigten, manche aber völlig überraschten, lag in der Natur der Sache.

Aus verschiedenen Gründen wurden die Fragebögen vorrangig an Schiedsrichter und Schiedsrichterinnen ausgegeben, die in Ligen unterhalb der Regionalliga und im östlichen Teil Deutschlands pfeifen: Man erhoffte sich zum einen eine Bezugnahme auf regionale Gegebenheiten, zum anderen einen größeren Einblick in den Spielbetrieb der zahlreichen Vereine in den Städten und Gemeinden, abseits der mediendominanten 1. und 2. Bundesliga.

Die meisten ausgefüllten Fragebögen erhielten die Museumsmitarbeiter von den Schiedsrichtern der Bezirksklasse (26) zurück. Auf Platz 2 kamen die Referees der Kreisliga (16), und an dritter Stelle folgten die Unparteiischen der Bezirksliga (14). Die Oberliga war mit fünf Schiedsrichtern, die Bundesliga mit einem vertreten. Neun ehemalige und zwei noch aktive FIFA-Schiedsrichter schickten uns ebenfalls ihre Fragebögen zurück. Von den insgesamt 81 in die Auswertung einbezogenen Fragebögen stammten übrigens drei von Schiedsrichterinnen. Wichtig ist in diesem Zusammenhang noch Folgendes: Schiedsrichter der oberen Klassen können ohne weiteres auch Partien der unteren Klassen pfeifen – dem Oberliga-Referee ist es also gestattet, bei einem Spiel der Kreisliga „anzutreten". Umgekehrt gilt diese Regel jedoch nicht – ein Kreisklasse-Schiedsrichter darf keine Spiele der Landesliga leiten. Zu erläutern, welche Kriterien für den Einsatz in höheren Spielklassen erfüllt sein müssen, würde jedoch den Rahmen dieses Artikels sprengen.

Die beantworteten Fragebögen ließen eines erkennen: Den typischen Schiedsrichter gibt es nicht. Er ist kein Mensch mit außergewöhnlichen Charaktereigenschaften, einer speziellen beruflichen Tätigkeit oder einem bestimmten Lebensweg. Er ist ein Mensch wie Sie und ich – mit Stärken und Schwächen, mit Vorlieben und Abneigungen, mit Erfolgen und Niederlagen. Vom Studenten über den Bäcker bis hin zum Lehrer, vom Friseurmeister über den Schlosser bis hin zum Mediengestalter – alle Berufsgruppen finden sich bei den Unparteiischen wieder. Ihr Alter variiert von 18 bis 84 (!), und sie pfeifen mehrfach an jedem Wochenende oder auch nur sporadisch von Zeit zu Zeit. Auch die Beweggründe, als Referee tätig zu sein, sind so vielfältig wie alle anderen Facetten ihrer Persönlichkeit:

### WARUM WIRD MAN SCHIEDSRICHTER?

Fast alle Unparteiischen brachten, befragt nach ihrer Motivation, sehr individuelle Gründe vor, bei vielen kam es zu Mehrfachnennungen. Weit mehr als die Hälfte aller Befragten begründeten ihren Schritt in das „Schiedsrichterlager" mit der Freude am Fußball (59,0 %). Diese Entscheidung war oft mit der Hoffnung verbunden, selbst körperlich fit zu bleiben (28,2 %). Als dritthäufigster Grund wurde die Kameradschaftlichkeit zwischen den Sportlern und die gute Zusammenarbeit der Teammitglieder genannt (21,8 %), bezeichnenderweise waren darunter viele, die aufgrund ihres Alters oder wegen einer erlittenen Verletzung ihre Karriere als aktive Spieler beenden mussten (15,4 %) und nun ihre Aufgabe darin sahen, den Heimatverein als Schiedsrichter zu unterstützen (16,7 %). Dabei ist anzumerken, dass jeder Verein entsprechend den DFB-Statuten ohnehin dazu angehalten ist, eine bestimmte Anzahl eigener Schiedsrichter auszubilden. Mit je 10,3 % wurden Gerechtigkeitsempfinden und Verantwortungsgefühl als

**Ein Schiedsrichter „half" einem Fußballspieler bei der Dopingprobe, und nun hat er allergrößten Ärger. Carsten Sänger (27), Stürmer vom DDR-Spitzenreiter Erfurt, war nach dem Spiel in Halle am 17.8. ausgelost worden. Sänger bekam sein Röhrchen nur zu einem Drittel voll. Daraufhin füllte Schiedsrichter Thomas Eßbach (Leipzig) unter der Dusche nach – mit eigenem Urin. Doch aus dem feucht-fröhlichen Spiel wurde ernst. A- und B-Probe im Labor in Kreischa waren positiv. Der Schiri hatte vergessen, dass er Medikamente gegen Schnupfen genommen hatte. Erst später erklärte er schriftlich: „Sängers positiver Befund geht auf meine Kappe!" Das DDR-Sportgericht reagierte richtig: Eßbach wurde gesperrt. Sänger durfte am Samstag gegen Chemnitz (0:0) spielen.**

(DFB-Schiedsrichter-Zeitung. 67(1990)5, S. 32)

Gründe für eine Referee-Karriere aufgeführt. Bei 9,0 % der Befragten war der Wunsch, sich auf dem Fußballfeld Respekt zu verschaffen, ein wichtiges Motiv für die Schiedsrichterlaufbahn. Als weitere Beweggründe wurden genannt: der Wille, für Fairness im Fußballspiel zu sorgen, die materielle Entlohnung und die Erwartung, neue Leute und Gegenden kennen zu lernen (je 7,7 %). Eine besonders amüsante Antwort gab ein einzelner Referee, indem er hinter die Motivationsfrage schrieb: „Das Bier nach dem Spiel!" Manchmal sind es eben die einfachen Dinge des Lebens ...

Mit der Frage der Motivation ist im gleichen Atemzug die nach den persönlich bedeutsamsten Spielen verbunden. Die Antworten hierauf waren oft sehr weitschweifig, was den Stellenwert dieser Spiele noch unterstreicht. Selbstverständlich wurden oft mehrere Spiele genannt, die für den jeweiligen Unparteiischen von besonderer Bedeutung waren (und sind). Auf das für sie schönste Erlebnis konnten sich nur wenige festlegen – Sie sehen, es geht den Menschen wie den Schiedsrichtern ... Gut 10 % der Befragten konnten sich noch gut an das erste jemals von ihnen gepfiffene Spiel bzw. an das erste Spiel in einer höheren Spielklasse erinnern. Einem Referee blieb der erste Einsatz als Assistent in der DDR-Liga vor allem deshalb im Gedächtnis, weil es „ein gemeinsamer Einsatz mit Vater und Bruder in Freyburg" war. Und ein heute 26-Jähriger berichtete über sein „erstes Mal", das er im Alter von 12 Jahren pfiff: Er habe vor Aufregung nicht gewusst, wie und in welche Richtung er seine Zeichen geben soll, denn er hatte ein Spitzenspiel zwischen dem Tabellenersten und dem Tabellenzweiten zu leiten. Weit mehr als ein Drittel aller Schiedsrichter nannte Pokalfinals und -halbfinals als besonders in Erinnerung gebliebene Spiele, wobei es keine Rolle spielte, ob es sich um Bezirks- oder Landespokalspiele handelte. Allein die Tatsache, dass sie das Match der besten Mannschaften führen durften, machte diese Spiele für sie zu etwas Besonderem.

Auch die große Anzahl von Zuschauern war für ein Fünftel der Schiedsrichter Grund genug, ein Spiel als besonderes Ereignis im Gedächtnis zu behalten. Was allerdings eine „große" Zuschauerzahl ist, differiert von Schiedsrichter zu Schiedsrichter stark. So war ein 25-jähriger Referee beim Spiel Espenhain – Kitzscher am 30.05.2004 schon von 300 Zuschauern begeistert. Ein anderer, ebenfalls 25 Jahre alter Unparteiischer fand erst die 27.800 Zuschauer beim (Hochwasser-)Benefizspiel Dynamo Dresden – Bayer 04 Leverkusen beeindruckend. Apropos Benefizspiele: Sowohl diese als auch Freundschafts- und Testspiele wurden von einem weiteren Viertel der Unparteiischen als bedeutende Spiele aufgeführt. Als Beispiele nannten sie die Matchs „U16 Deutschland – Türkei", „Göltzschtalauswahl – 1. FC Kaiserslautern" und ein Spiel zur „Stadionweihe in Falkenstein: Old Star Team Ost, Stadionsprecher Wolfgang Hempel". Etwa 10 % Prozent der Fragebögen konnte entnommen werden, dass auch einfache Ligaspiele als bedeutend angesehen wurden. Und fast genauso häufig wurden Aufstiegsspiele genannt.

Neben diesen „Gruppen" kristallisierte sich noch eine weitere heraus: Begegnungen, an denen ältere Spieler mit Rang und Namen – „Altstars", wie sie respektvoll genannt werden – teilnahmen. Ein 48-jähriger Unparteiischer schrieb beispielsweise, er habe als Schiedsrichter-Assistent „ein Freundschaftsspiel Bornaer SV gegen ehemalige Auswahl der DDR 2001 beim Stadtfest Borna" geleitet. Und fast schon bewegend ist folgende Erinnerung: „Einsatz als Schiedsrichter-Assistent in Frohburg beim Spiel Einheit Frohburg gegen ehemalige Olympia-Auswahl mit Breitner, Overath u. a." Dieser kurzen Schilderung fügte der Unparteiische in Klammern noch hinzu: „Das Spiel in Frohburg war für mich der schönste Augenblick – neben Paule Breitner bei der Platzwahl zu stehen." Besser kann man den Reiz solcher „Altstar"-Spiele wohl nicht zu Papier bringen. Es gab zahlreiche weitere individuelle Erlebnisse, die ein Spiel für einen Referee bedeutsam machten, jedoch kann auf diese hier nicht näher eingegangen werden.

## DAS HOBBY ALS BERUF

Was halten Schiedsrichter von der Idee, ihr Hobby zum Beruf zu machen, also gegen Lohn und Brot auf dem Fußballplatz zu stehen und Spiele zu leiten? Wie gut oder wie schlecht können sie sich mit der Idee des Berufsschiedsrichters anfreunden? Eine einheitliche Antwort gab es nicht. Die einen waren dafür, die anderen dagegen. Welche Gründe führten sie ins Feld? Die Gegner des Profi-Schiedsrichters begründeten ihre Entscheidung mehrfach mit der Altersbegrenzung, die die FIFA für den Referee-Einsatz vorgeschrieben hat. „Was macht der 44-jährige Schiri nach Beendigung seiner Profi-Laufbahn???", schrieb daher ein 44-jähriger Kreisliga-Schiedsrichter. Ein anderer gab zu bedenken, dass die Schiedsrichtertätigkeit ja nicht nur Beruf, sondern auch und vor allem Berufung sein sollte. Und er fragt: „Wer garantiert, dass junge Menschen sich zu Persönlichkeiten – und das müssen Schiedsrichter sein – entwickeln?" Ein Referee meinte, die Einführung des Berufsschiedsrichters „wäre ein weiterer falscher Schritt, das Hobby Fußball überzubetonen und zu kommerzialisieren". Und ein weiterer Unparteiischer meinte, den Schiedsrichterberuf gäbe es bereits: „Also wer in der 1. Bundesliga über 3.000,– Euro pro Spiel bekommt, braucht nicht mehr zu arbeiten. Faktisch haben wir bereits Berufsschiedsrichter!" Mehrere Befragte wollten den Einsatz von Berufsschiedsrichtern lediglich für die 1. und 2. Bundesliga oder für die Champions League akzeptieren. Und drei Referees waren der Meinung, „Fußball sollte Hobby bleiben".

Diejenigen, die für einen Berufsschiedsrichter plädierten, erhofften sich dadurch Unabhängigkeit und eine geringere Anfälligkeit für Bestechungsversuche. Zwei Schiedsrichter verwiesen in diesem Zusammenhang auf den aktuellen „Hoyzer-Fall". Rund 10 % der Befragten vertreten die Auffassung, dass die Einführung des Schiedsrichterberufes die angespannte Arbeitsmarktsituation entschärfen würde. Ein Gegenargument formulierte ein Unparteiischer wie folgt: „Da es sich um 30–50 Personen handeln würde, kann man kaum von einem Beruf sprechen." Alles in allem: Die Befürworter des Berufsschiedsrichters glauben, dass eine Professionalisierung ihres Standes dazu beitragen könnte, sich mehr und besser auf die Spielleitung zu konzentrieren und die Fehlerquote der Referee-Entscheidungen zu senken.

Die Frage nach dem Alter der befragten Schiedsrichter war von großem Interesse. Die 81 ausgewerteten Fragebögen ergaben ein Durchschnittsalter von 40,2 Jahren, wobei die drei Schiedsrichterinnen, die im Schnitt 23 Jahre jung waren, dieses Durchschnittsalter ein wenig senkten. Was aber sagt das Lebensalter über die Schiedsrichtertätigkeit aus? Ohne einen zweiten Bezugspunkt relativ wenig. Also wurde versucht, das Alter in Beziehung zur Spielklasse zu setzen, in der der Referee vorrangig zum Einsatz kam. Das Ergebnis war überraschend: Es ist keineswegs der Fall, dass die jungen und dynamischen Schiedsrichter hauptsächlich in den oberen Spielklassen pfeifen, während die älteren vor allem in den unteren Klassen anzutreffen sind. Vielmehr zeigt sich eine „gesunde Mischung": Zwar ist in der Landes- und Oberliga das Durchschnittsalter der Referees mit 32 und 33 Jahren am niedrigsten, jedoch ist kein Trend erkennbar, dass sich das Alter schrittweise mit den darunter liegenden Klassen erhöht. In der Bezirksliga beträgt der Durchschnitt 41,7 Jahre, in der Bezirksklasse 35,2 Jahre. In der Kreisliga finden wir die ältesten Referees (50,3 Jahre), in der Kreisklasse dagegen wieder jüngere Kader (37,5 Jahre).

In einem zweiten Schritt wurde untersucht, welches Verhältnis zwischen dem Lebensalter und der Gesamtzahl gepfiffener Spiele – und zwar sowohl als Schiedsrichter als auch als Schiedsrichter-Assistent (die neue Bezeichnung für den Linienrichter) – besteht. Auch hier konnte kein direkter Zusammenhang zwischen Alter und Anzahl der Spiele nachgewiesen werden. Vielmehr zeigte sich, dass die Zahl der gepfiffenen Spiele mit dem Engagement des jeweiligen Schiedsrichters zusammenhängt. Kurz: Referees, die bereit sind, mehr Zeit für ihre ehrenamtliche Tätigkeit aufzubringen, leiten im Schnitt auch mehr Spiele – unabhängig von Alter und Liga. Und analysiert man, wie das Verhältnis von Schiedsrichtereinsätzen zu Schiedsrichter-Assistenteneinsätzen ist, so stellt man fest, dass die Unparteiischen durchschnittlich 60 % der Spiele als „Chef" pfiffen und 40 % als Assistenten begleiteten. Die Mehrheit der befragten Schiedsrichter, mehr als 75 %, mussten die Anzahl geleiteter und assistierter Spiele schätzen, weil sie darüber keine Statistik führen. Einer von ihnen begründete das damit, auf diese Weise seine Unparteilichkeit wahren zu können. Die Minderheit, knapp 25 %, konnte dagegen genau Auskunft geben. Die Betreffenden führen Buch – ein Referee sogar computerunterstützt – und bewahren zum Teil die im Fußballmatch eingesetzten Spielnotizkarten auf, was ihnen im Nachhinein ermöglicht, die einzelnen Spiele zu rekonstruieren.

## DIE RICHTIGE AUSRÜSTUNG

Apropos Spielnotizkarten: Wissen Sie, was das ist und was man damit macht? Diese Karten führen Schiedsrichter bei sich, um alle wichtigen Vorfälle und Entscheidungen im laufenden Spiel zu dokumentieren: Tore, Fouls, gelbe Karten, rote Karten, Aus- und Einwechslungen u.a. Fast alle in die Umfrage einbezogenen Referees (90 %) verwenden handelsübliche Spielnotizkarten. Handelsüblich? Ja, Sie haben richtig gehört: Es gibt mittlerweile mehrere Firmen, die „Schiedsrichterbedarfsartikel" produzieren und vertreiben: Kleidung, Schuhwerk, Pfeifen, Uhren, Karten, Wählmarken, Fahnen und eben auch Spielnotizkarten. Und der Markt entwickelt sich weiter ... Die anderen 10 % Prozent der befragten Referees nutzen in der Regel selbstgefertigte Notizblöcke. Ein Schiedsrichter gab an, aus Kostengründen eine handelsübliche Notizkarte mit dünnem Papier zu überkleben und nach dem Spiel wieder zu entfernen. Kurios war der Notizblock eines anderen Unparteiischen: Er verwendet die „Pappdeckel leerer Zigarrenschachteln" zum Notieren wichtiger Spielereignisse – auch eine Alternative.

Was geschieht nach dem Spiel mit den Notizkarten? Die Hälfte aller Schiedsrichter bewahrt diese Spielaufzeichnungen auf – unabhängig davon, ob dafür handelsübliche oder individuell gestaltete Spielnotizkarten verwendet wurden. Einige Referees verfügen über komplette Notizkarten-Sammlungen, andere heben nur die Karten jener Spiele auf, bei denen es besondere Vorkommnisse – etwa gelbe oder rote Karten oder gar Ausschreitungen – gab. Was veranlasst die Schiedsrichter dazu, ihre Aufzeichnungen aufzubewahren? Nahezu alle gaben an, dass die Spielnotizkarten ihnen helfen, die betreffenden Spiele noch einmal in Erinnerung zu rufen, was beispielsweise bei sportgerichtlichen Verfahren, nachträglich angeforderten Spielberichten oder Pannen bei der Post – schon manches Spielformular ist auf dem Transportweg verloren gegangen – unumgänglich ist. Einige „Sammlungen" umfassen die Spielnotizen aus allen Schiedsrichter-Jahren, manche beschränken sich auf die Aufzeichnungen der letzten drei Jahre, des letzten Jahres oder der letzten Saison. Einige Referees heben ihre Notizkarten auch nur wenige Monate oder Wochen auf.

Während die Spielnotizkarten von den Zuschauern eines Fußballspiels meist gar nicht wahrgenommen werden, gibt es ein Schiedsrichterutensil, das weder übersehen noch überhört wird: die Pfeife. Sie brachte dem Unparteiischen den Beinamen „Pfeifenmann“ ein, was besagen will, dass ein Referee ohne dieses Instrument kein Referee ist. Die Pfeife war, ist und bleibt sein „Markenzeichen“. Mit ihr macht er sich im Laufe des Spiels bemerkbar, sie verschafft ihm Respekt. Daher gleicht die Wahl der richtigen Pfeife einer philosophischen Grundsatzentscheidung. Auswahlkriterien sind u. a. Funktionstüchtigkeit, Robustheit, Handhabbarkeit und vor allem anderen – der Klang. Durchgesetzt haben sich bei der Mehrheit der Referees (85 %) die Produkte der Firma „FOX 40“, die einige begehrte Pfeifentypen auf den Markt gebracht und damit ehemals beliebte Marken wie die „Balilla“ verdrängt hat. Die Schiedsrichter, die sich auf die „Fox 40“ eingeschworen haben, verwenden den Typ „classic“ am häufigsten. Dessen Pfeifton, der eine Lautstärke von maximal 102 dB erreichen kann, wird als „extrem schriller Ton mit stabilem Klang“ beschrieben. Auf den weiteren Plätzen folgen die Typen „pearl“ („analoger Trillerton, 89 dB“) und „mini“ („schriller Ton, stabiler Klang, 98 dB“). Was das Material der Referee-Pfeifen – unabhängig von der konkreten Marke – anbetrifft, so bevorzugen nahezu alle Schiedsrichter (95 %) eine Kunststoffpfeife.

Die Individualisten unter den Unparteiischen machen auch in der Pfeifen-Frage eine Ausnahme. Ein Schiedsrichter berichtete beispielsweise, dass er auf englische Pfeifen schwört: „Diese wurden von unseren FIFA-Schiedsrichtern mitgebracht und wurden den Spitzen-Schiedsrichtern im Bezirk für sehr gute Leistungen übergeben!“ Ein anderer Referee dokumentierte seine „pfeifen-technische“ Entwicklung wie folgt: „Nach der handelsüblichen DDR-Trillerpfeife erhielt ich von einer Verwandten aus der BRD eine englische Schiedsrichter-Pfeife, nach 1975 ‚arbeitete‘ ich mit einer algerischen Polizeipfeife und nach der Wende mit den angebotenen Schiedsrichter-Pfeifen.“

Was befindet sich noch in den Taschen eines Referees, wenn er das Spielfeld betritt, um ein Fußballmatch zu leiten? Was glauben Sie? Haben Sie schon einmal beobachtet, was vor dem bewussten Anstoß passiert? Der Schiedsrichter lost – gemeinsam mit den Mannschaftskapitänen im Mittelkreis stehend – das Anstoßrecht bzw. die Seitenwahl aus. Früher wurden dazu einfache Münzen verwendet, die in die Luft geworfen wurden und nach ihrem Auftreffen auf dem Boden der „Kopf“- oder der „Zahl“-Mannschaft den Zuschlag gaben. Zwei der befragten Referees machen das noch heute so. Für die Mehrzahl der Schiedsrichter hat das Geldstück aber ausgedient. 90 % der Befragten greifen zu Wählmarken aus Kunststoff mit verschiedenfarbigen Seiten (rot/weiß, rot/schwarz, blau/weiß etc.) – der betreffende Mannschaftskapitän, der die richtige Farbe voraussagt, übt das Wahlrecht aus. Vier Schiedsrichter (entsprechen knapp 5 %) gaben an, einen so genannten „Referee-Chip“ zu benutzen, eine einfarbige Metallmünze, deren eine Seite einen Ball darstellt (Recht auf Anstoß) und auf deren anderer Seite ein Fußballfeld abgebildet ist (Recht auf Seitenwahl). Ein Schiedsrichter benutzt für die Auslosung einen selbstgefertigten Chip.

Und packt der Referee auch ein Maskottchen mit ein, wenn er sich für eine Spielleitung rüstet? Verknüpft er die Vorbereitung auf ein Spiel eventuell sogar mit bestimmten Riten? Knapp 30 % der befragten Schiedsrichter bejahten diese Frage. Einem Unparteiischen dient ein Ring als Talisman, einem weiteren ein in die Linienrichterfahne eingearbeiteter Glückspfennig, und ein dritter gesteht, an seine Kleidung das Sportabzeichen (in Gold) zu heften. Ein anderer Schiedsrichter trägt immer eine gelbe „Fox 40" bei sich, weil diese Pfeife ihn beim Pokalfinale der B-Junioren auf Bezirksebene, einem besonders erfolgreichen Spiel, begleitet habe. Ein 42-Jähriger sagte aus, ein bestimmtes Maskottchen in der Sporttasche zu haben, verriet aber nicht, um was es sich konkret handelt. Ein junger Schiedsrichter der Kreisklasse war da schon offenherziger: Sein Talisman ist ein Schornsteinfeger. Und ein Referee aus der Bezirksliga verwies auf eine Metallmarke der „BSG Stahl MEGU", die ihm als Glücksbringer diene. Auch die weiter oben erwähnte selbstgefertigte Wählmarke fungiert bei ihrem Träger als Maskottchen.

Ein anderer Unparteiischer schrieb in seinen Fragebogen: „Vor meinem ersten Spiel hatte ich keine Wählmarke. In der Spielzeugkiste meiner Tochter lag eine Mickey Mouse, welche runde, ca. 1-DM-große Ohren hatte. Ein Ohr habe ich abgebrochen und als Wählmarke lange Zeit genutzt." Für die Auslosung von Anstoßrecht bzw. Seitenwahl verwendet er zwar mittlerweile eine handelsübliche Wählmarke, aber das Spielzeugrudiment hat er immer noch „als Talisman". Gänzlich anderer Natur ist der Glücksbringer einer jungen Schiedsrichterin, die auf ihren Fragebogen schrieb: „Mein Freund – kommt aber nur selten mit zu den Spielen." Häufig nannten die Referees auch Kleidungsstücke, die sie traditionsgemäß tragen, weil sich mit ihnen angenehme Erinnerungen verbinden. So gab ein Schiedsrichter der Bezirksklasse an, er habe bei seinen Spielen „meistens ein Lok-Trikot untergezogen". Und ein 26-jähriger Oberliga-Schiedsrichter schrieb: „Ich benutze seit 8 Jahren zu jedem Spiel die gleichen Stutzengummis." Außerdem: „die gelbe und rote Karte aus Vaters DDR-Liga-Zeit". Von festen Gewohnheiten anderer Art spricht ein 42-jähriger Bezirksliga-Schiedsrichter: „Bei gemeinsamen Fahrten gibt es immer ein ‚Rachengold' (scharfer Bonbon) für alle drei" (ihn und die beiden Assistenten). Und für einen anderen Unparteiischen ist es schon zu einem Ritus geworden, sich mit dem Soundtrack von „Bad Boys I." vor dem Spiel (und notfalls auch in der Halbzeitpause) zu motivieren.

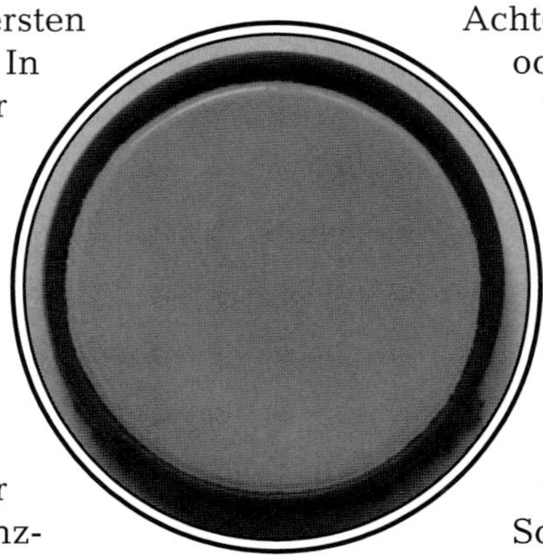

Das Thema Schiedsrichter-Kleidung ist zwar schon im vorangegangenen Abschnitt angesprochen worden, aber eher im Zusammenhang mit ihrer Glücksbringer- als mit ihrer eigentlichen Funktion. Wenden wir uns also jetzt direkt dem äußeren Erscheinungsbild des Referees zu. Bevorzugen Schiedsrichter bestimmte Farben bei ihrer Bekleidung – etwa das klassische Schwarz? Achten sie auf ein stimmiges Outfit, oder spielt die Bekleidungsfrage bei ihnen eine eher untergeordnete Rolle? Mehr als zwei Drittel der befragten Schiedsrichter gaben an, dass die Kleidung nicht auf Platz 1 ihrer Wertigkeitsskala stünde. Das äußere Erscheinungsbild hänge mehr von der Sauberkeit und Unversehrtheit ihrer Kleidung ab als von Material, Schnitt oder Farbe. Sechs Schiedsrichter bekannten sich dazu, bei der Wahl ihrer „Dienstkleidung" bestimmte Herstellerfirmen zu bevorzugen. Drei Referees erklärten, sie achteten besonders auf die Farbkombination von Trikot und Hose. Während ein Unparteiischer immer in Schwarz zum Spiel auflief, schrieb ein anderer: „Ich trage immer die neuesten Kollektionen in sämtlichen Farben. Pfeife und Stift sind immer gleich auf die Farbe abgestimmt (daher 5 x Pfeife, 5 x Stift in verschiedenen Farben)". Ein Schiedsrichter der Kreisliga teilte im Fragebogen mit, er achte stets

Hagen Niemann aus Leipzig (Jahrgang 1957) hat wohl die außergewöhnlichste Wählmarke, die jemals ein Schiedsrichter auf dem Spielfeld eingesetzt hat: das abgebrochene Ohr einer Spielzeug-Mickey-Mouse. Die Bruchstelle ist im Bild (rechts) gut zu erkennen. Was ihm einst (1993) sicher Ärger mit seiner Tochter eingebracht hat, ist heute sein Talisman.

# »Nach über 30 Jahren ist man bekannt, hat einen ›Namen‹«

darauf, dass seine Kleidung möglichst unauffällig sei. Ein anderer Referee dieser Spielklasse ging mit seiner Antwort über die gestellte Frage hinaus. Er lege „nur Wert auf gleiche Anzugsordnung zwischen Schiedsrichter und Schiedsrichter-Assistenten, das macht immer ein gutes Bild, ist im Kreis aber leider nicht immer möglich".

## AM EINSATZORT

Nun soll auf die Frage 11 des Fragebogens eingegangen werden: „Wie werden Sie als Schiedsrichter bei Ihren Einsätzen vor Ort empfangen/behandelt?" Die Mehrheit der Referees (ca. 85 %) gab an, „freundlich", „meist freundlich" bzw. „normal" empfangen zu werden. Die häufig gebrauchte Formulierung „in der Regel" und „meist" (ca. 20 %) lässt darauf schließen, dass die Behandlung von Verein zu Verein verschieden ist. Offene Ablehnung wurde keinem Schiedsrichter entgegengebracht, allerdings wurde mehrfach „sachliches" und „distanziertes" Verhalten genannt. Sachlichkeit und Distanziertheit muss in diesem Zusammenhang aber kein Makel sein: Der Schiedsrichter ist zwar ein entscheidender Faktor im Fußballspiel, für die Vereine/Mannschaften aber eine mehr oder weniger „unbekannte Größe", die kaum zu beeinflussen ist und zu der man sich daher lieber „neutral" verhält. Interessanterweise wurde in einigen Fragebögen (ca. 10 %) angemerkt, dass besonders junge Schiedsrichter und solche, die noch relativ unbekannt sind, mit einem gewissen Abstand behandelt werden. Dies bestätigt auch die Aussage eines 61-jährigen „alten Hasen", der – nach der Begrüßung durch die Vereine befragt – antwortete: „Nach über 30 Jahren ist man bekannt, hat seinen ‚Namen'." Ebenso wurde vereinzelt erwähnt (ca. 5 %), dass Schiedsrichter in höheren Spielklassen eine bessere Behandlung erfahren als die in den unteren. Einige Schiedsrichter gaben an, eine kleine Bewirtung zu erhalten. Abschließend soll zu diesem Thema noch eine Schiedsrichterin zu Wort kommen: „Bei vielen Herrenspielen [werde ich] sehr kritisch [beäugt], weil sich einige noch nicht damit abfinden können, dass eine Frau ihr Punktspiel leitet. Allerdings gibt es auch Herrenspiele, wo sich Trainer, Betreuer, Spieler und sogar Zuschauer freuen, eine Schiedsrichterin zu haben. Bei Frauenspielen wird man meist erst einmal gemustert und oft als Konkurrentin gesehen. (Es kommt hier auf die Einstellung der verschiedenen Mannschaften an.)"

Zurück zu den Fragen der Spielleitung: Gibt es in der Praxis eigentlich feste Schiedsrichter-„Gespanne" aus Referee und Assistenten, oder ist die Zusammensetzung der Spielleitung eher ein Zufallsprodukt? Während in der Kreisklasse sechs von sieben Unparteiischen von festen Schiedsrichterteams sprachen, gaben nur vier von 16 Schiedsrichtern der Kreisliga an, regelmäßig in gleicher Besetzung Spiele zu pfeifen. In der Bezirksklasse sprachen zehn von 26 Schiedsrichtern von festen „Gespannen", und in der Bezirksliga konnten sich acht von 14 Schiedsrichtern auf ein eingespieltes Team verlassen. Dieses Ergebnis deckt sich in hohem Maße mit dem Ziel der Schiedsrichterausschüsse, regelmäßig möglichst viele aufeinander eingestellte Referees und Assistenten zum Einsatz zu bringen, da sich dies positiv auf den Spielablauf auswirke.

## CHIP-BALL UND VIDEOBEWEIS

Seit längerer Zeit werden Veränderungen im Fußball gefordert. Die nationalen und internationalen Verbände diskutieren über die Einführung elektronischen Spielüberwachungs- und -steuerungsmethoden. Diskutiert wird vor allem der „Torbeweis", mit dessen Hilfe zweifelsfrei festgestellt werden soll, ob ein Tor erzielt wurde oder nicht. Widersprüchliche Meinungen, wie beispielsweise beim legendären „Wembley-Tor" vom WM-Finale 1966, sollen damit künftig ausgeschlossen werden. Lange Zeit suchte man nach einer zufriedenstellenden technischen Lösung.

Nun soll der „Ball-Chip“ zum Einsatz kommen – wann genau, ist noch unklar. Ursprünglich sollte er zur Weltmeisterschaft 2006 seine „Feuertaufe“ bestehen, diese Idee ist nun aber wieder verworfen worden. Anders stellt sich der Entwicklungsstand beim „Videobeweis“ dar. Nach wie vor sind die Möglichkeiten und Grenzen der elektronischen Spielkontrolle heiß umstritten. Sicher: Mittels Videoaufzeichnung und -abspiel lassen sich nicht nur Torsituationen, sondern auch Fouls oder Abseitsstellungen „aufklären“, aber die Nutzung dieser Technik in der Praxis würde zu permanenten Spielunterbrechungen führen und letztlich das Ende des klassischen Fußballmatchs einläuten. Und welchen Platz hätte der Schiedsrichter in diesem System der „übergeordneten“ Kontroll- und Regelmechanismen?

Die Unparteiischen wurden gefragt: „Was halten Sie vom Einsatz moderner Technik (u. a. Videobeweis, Ball-Chip), um Schiedsrichter-Fehlentscheidungen zu vermeiden?“ Die Mehrheit der Referees – immerhin 56 % – kann sich einen Technikeinsatz zu Gunsten eines sicheren Tornachweises gut vorstellen. „Vorteil für Ball-Chip: keinerlei Zeitverzögerung, gravierendste Fehlentscheidung neutralisiert, geringer technischer und finanzieller Aufwand“, resümierte ein Schiedsrichter und brachte damit die Meinung der Torbeweis-Befürworter auf den Punkt. Die anderen Referees (44 %) lehnten einen solchen technischen Eingriff zur Klärung umstrittener Torsituationen ab. Als Begründung führten sie die damit verbundenen Kosten an. Viele kleine Vereine könnten sich – so ihre Meinung – diese Technik finanziell nicht leisten, und letztlich würde das früher oder später zu noch größeren Unterschieden zwischen Profi- und Amateurfußball führen. „Nicht durchzusetzen an der Basis, deshalb halte ich davon nichts. Gleiche Regeln für alle!“, forderte ein Oberliga-Schiedsrichter unmissverständlich.

Eindeutiger fällt dagegen die Meinung der Schiedsrichter zum „Videobeweis“ aus. Gegen dessen Einführung sperren sich knapp 75 % der Befragten, und sie untermauern ihre Haltung mit zahlreichen Argumenten. Häufig wurde angemerkt, dass sich durch die elektronische Spielüberwachung und -steuerung das Fußballmatch unkontrolliert in die Länge ziehen würde. Dass eine Videoauswertung widersprüchlicher Spielsituationen zeitraubender ist als das schnelle und entschlossene Urteil eines Schiedsrichters, liegt auf der Hand. Doch „wichtig ist nur, dass ein Spiel 90 Minuten und nicht 100 Minuten geht.“ Jeder fünfte Fragebogen setzt sich darüber hinaus mit der prinzipiellen Wirkung von Schiedsrichterentscheidungen auseinander: „Ich bin der Meinung, dass Fehlentscheidungen zum Fußball gehören wie 22 Spieler. Deshalb bin ich eher vorsichtig in Bezug auf solche Neuerungen. Den Videobeweis finde ich schlicht und ergreifend falsch, denn er würde meines Erachtens den Charakter des Spiels völlig verändern.“ Oder wie es ein anderer Referee formulierte: „Schiedsrichter-Fehler gehören zum Spiel wie die [Fehler] der Spieler. Fußballspiele leben von Fehlern, nur dadurch wird es unberechenbar und interessant.“ „Moderne Technik macht Fußball kaputt“, fasste ein Oberliga-Referee lapidar seine Position zu diesem Thema zusammen. Bemerkens- und nachdenkenswert ist aber auch die Auffassung dieses Unparteiischen: „Moderne Technik würde [den] Spaß am Fußball mindern. Außerdem vermeidet moderne Technik keine Fehlentscheidungen, sondern löst sie nur auf.“

Sollte nun der Eindruck entstanden sein, dass sich die Unparteiischen grundsätzlich gegen jegliche technische Neuerung wehren, so muss dies hier gerade gerückt werden. Der „Videobeweis“ wurde von einigen Unparteiischen auch begrüßt, beispielsweise zur Aufklärung besonderer Vorkommnisse. Nicht selten werden von Spielern Fouls begangen, die sich dem Blickfeld des Schiedsrichters entziehen und daher im Spiel selbst nicht geahndet werden. In einem nachträglichen Verfahren vor einem Sportgericht könnten diese „Fehltritte" dann bewiesen und entsprechend bestraft werden. Aber: „Der Rest des Regelwerks sollte nur vom Schiedsrichter-Team umgesetzt werden, denn weder eine Kamera noch ein Computerchip haben ‚Fingerspitzengefühl'."

## IRREN IST MENSCHLICH

Im Gegensatz zu vielen Fans, Spielern und auch Funktionären sind die Referees die Regelkundigen. Das Fußballregelwerk zu kennen, behaupten zwar viele, weil sie beispielsweise die Grundzüge des Abseits kennen oder wissen, wann „Ecke" oder „Abstoß" zu geben ist, aber daneben gibt es unzählige Situationen, mit denen der Durchschnittsbürger nichts oder nur wenig anzufangen weiß. Sie wollen ein paar Beispiele? Kann ein Spieler durch Einwurf ein Tor erzielen? Wie ist zu entscheiden, wenn der Ball an eine Eckfahne springt und im Spielfeld bleibt? Können Spieler, die vor dem Anstoß eine Tätlichkeit begehen, mit einer Karte verwarnt werden? Und wie ist der korrekte Ablauf eines Strafstoßes? Wissen Sie nicht so genau? Sehen Sie, der Referee weiß es ...

Mehr Probleme als die Regelkenntnis bereitet aber deren Auslegung. Konfliktträchtig sind insbesondere das Erkennen eines Regelverstoßes, etwa eines Fouls oder einer Abseitsstellung, sowie die Ahndung dessen. Nur ein Beispiel: Die Fans und der Trainer der grün gekleideten Mannschaft sehen ihren Spieler am Boden und wissen hundertprozentig, dass es nur und ausschließlich ein Foul des gegnerischen Spielers gewesen sein kann. Der macht das immer, alle haben's gesehen, nuuur dieser Schiri, der Blinde nicht! Ja, war es denn ein Foul, und muss gepfiffen werden? Genügt eine Verwarnung mit anschließendem Freistoß, ist eine gelbe Karte angebracht, oder muss gar Rot gezogen werden? Oder war die Grätsche des Spielers in Weiß vielleicht regelkonform, weil der Ball gespielt wurde, auch wenn dabei der grüne Spieler zu Fall kam? Oder war es gar eine „Schwalbe", eine schauspielerische Glanzleistung des grünen Spielers, bei der er ohne jegliche gegnerische Berührung vom Boden abhob, die Arme nach oben reißend, um sich kurz darauf schreiend auf dem Rasen zu wälzen und in seinen Phantomschmerzen zu ergehen?

Wie lange haben Sie zum Lesen der letzten vier Sätze benötigt? Ganz schön lange! Der Schiedsrichter hat Ihre Zeit nicht, er muss die Situation sofort beurteilen und in Sekundenbruchteilen die richtige Entscheidung treffen. Eine Wiederholung, vielleicht noch in Zeitlupe oder aus einem anderen Blickwinkel, gibt es für ihn nicht. Ob er sich in der Kürze der zur Verfügung stehenden Zeit richtig oder falsch entscheidet, hängt von zahlreichen Faktoren ab: Hat er den Vorfall überhaupt gesehen? Bedenken Sie, er muss das ganze Spielgeschehen im Auge behalten, und selbst wenn er sich auf die Situation um den Ball herum konzentriert, ist dies noch eine große Fläche ... Nun, wir nehmen einmal an, der Schiedsrichter hat die Situation optisch erfasst, aber vielleicht sprintete er gerade und nahm den Vorfall daher nur „verwackelt" wahr? Was soll er tun? Den am Boden Liegenden befragen, die anderen beteiligten Spieler interviewen, die Trainer anhören? Undenkbar! Er muss handeln, d. h. entscheiden, und das tut er nach bestem Wissen und Gewissen. Und doch wissen es andere immer besser: Aus der Sicht der jeweils Benachteiligten hat der Referee falsch entschieden. Die Fans, die Mannschaft und vor allem der Trainer haben den Vorfall „genau" gesehen und sind deshalb die einzigen, die „gerecht" urteilen können. Der von ihnen oft angeführte andere Blickwinkel, der sie mehr und besser sehen ließ als den Referee, ist zwar nicht gänzlich von der Hand zu weisen, taugt aber für spielfortsetzende Entscheidungen wenig.

Nur gut, dass die Fernsehzuschauer nicht aktiv ins Spielgeschehen eingreifen können. Sie werden während der Spielübertragung auf genau jenen strittigen Vorfall aufmerksam gemacht, der

Bernd Heynemann aus Magdeburg (Jahrgang 1954) hat seine erste selbstgefertigte gelbe und rote Karte – mit farbiger Tusche bemalte Pappen, die in Ausweishüllen gesteckt wurden – aus den frühen 1970er Jahren immer noch (in der Abbildung oben), auch wenn er längst über moderne Karten aus dem offiziellen Schiedsrichterbedarf verfügt (in der Abbildung unten).

dem Referee angeblich zu schaffen macht. Sie rücken den Sessel in Richtung Fernseher und konzentrieren sich völlig auf diese eine Situation. Und da kommt sie auch schon! Vergrößert! In Zeitlupe! Vor- und rückwärts gespielt! Und das Ganze aus drei Perspektiven! Und nachdem sie eine halbe oder gar ganze Minute lang ein und dieselbe Situation betrachtet haben, können sie mit Fug und Recht behaupten: „Da hat der Schiri falsch gepfiffen!"

Ja sicher kann er sich geirrt haben. Das ist jedem Schiedsrichter bewusst. Knapp die Hälfte aller Fragebögen konnte mit einer Geschichte zu Fehlentscheidungen aufwarten. Im Gegensatz zu Zuschauern, Spielern und Trainern wissen Schiedsrichter, dass sie fehlbar sind. „Man ärgert sich über jede Fehlentscheidung, je bedeutungsvoller die Auswirkung [ist], desto größer [ist auch] der Ärger", bringt es ein Referee auf den Punkt. Als „Schwachstellen" nennen viele Schiedsrichter das zu zeitige Pfeifen, aber auch die fehlende Konsequenz bei der Ahndung von Foulspielen. So schreibt ein Unparteiischer selbstkritisch: „Manche Karte [habe ich] zu wenig gezeigt, die Spieler danken es einem nie." Auch dass sich Referees mitunter provozieren lassen, empfinden sie als Makel: „Wenn ich … auf unsachliche Bemerkungen gereizt reagiere, ärgere ich mich sehr." Ein Beispiel wird auch angeführt: „Auf Reklamieren eines Spielers rutschte mir raus: ‚Du bist doch das Allerletzte!'." Der Betreffende hat diese Äußerung mehr als einmal bereut … Knüpfen wir abschließend aber noch einmal an die oben beschriebene Spielsituation an: Der grüne Spieler ist am Boden, und der Schiedsrichter hat deshalb das Spiel unterbrochen. Kurz darauf zeigt der Referee mit seinem Arm zum Tor, um einen Freistoß zu signalisieren. Jetzt geht der Sturm der Entrüstung erst richtig los! Beleidigungen werden auf das Spielfeld geschrieen, die Menge tobt.

## DER BUHMANN

Wenn Schiedsrichter schreiben, der Fußball lebe von Emotionen, meinen sie nicht die Fangesänge oder die Stimme des Stadionsprechers, sondern die Beschimpfungen, die sie nahezu bei jedem Spiel zu hören bekommen. Mit den verbalen Attacken können Schiedsrichter meist gut umgehen, und aufgrund ihrer Aufgabe im Spiel müssen sie das auch.
Mit Beleidigungen allein geben sich aber einige „Fans" nicht zufrieden. Um ihrem Unmut über diese oder jene fehlerhafte Schiedsrichterentscheidung Luft zu machen, greifen sie auch zu Methoden, die eindeutig in den Bereich „tätliche Angriffe" fallen: Die Palette reicht von Wurfgeschossattacken über Sachbeschädigungen am privaten Eigentum des Referees bis hin zu handfesten Prügeleien und Morddrohungen. Fußball lebt von Emotionen – ja, aber nicht in dieser Form!

Auf die Frage, ob und womit sie als Schiedsrichter schon einmal beworfen wurden, antworteten die Referees mit einer ganzen Litanei: Schneebälle stehen unangefochten auf Platz 1 des Wurfarsenals, ihnen folgen Bierbecher, Flaschen, Feuerzeuge, Stöcke, Steine, Pappdeckel, Bockwürste (!), Semmeln, Bonbons und Feuerwerkskörper. Auch ein Regenschirm wurde schon zweckentfremdet. Ein Schiedsrichter der Bezirksklasse berichtete, man habe ihm einmal Bier ins Gesicht geschüttet. Mit Galgenhumor nahm es ein anderer, der schrieb: „Einmal wurde ich mit Bier begossen. Meine Frau sagte nur: ‚Ich denke, du warst beim Fußball und nicht in der Kneipe.'"

„Euch erschlagen wir, wenn ihr nach Frohburg kommt", musste sich ein Schiedsrichter von einem circa 70 bis 75 Jahre (!) alten Zuschauer sagen lassen. Nicht nur angedroht wurde die Körperverletzung einem damals 31-jährigen Schiedsrichter: „Nach dem Abbruch eines Damenspiels wurde ich von einem Zuschauer tätlich angegriffen. Als ich mich wehren wollte, trat dieser mir zwischen die

Beine (Gott sei Dank ohne Folgen)." Eine andere Begebenheit, die schon einige Jahrzehnte zurückliegt, ist nicht minder erschreckend: „29.4.1978 TSG Hohenleuben – Rotation Blankenstein: Thomas B. schlug mir in der 80. Minute nach dem Hohenleubener Ausgleich die Faust ins Gesicht. Es war die einzige Tätlichkeit in meiner 30-jährigen Schiedsrichtertätigkeit. Nach dem Spiel entschuldigte sich der (vorbestrafte) Täter unter Tränen. Er erhielt eine Sperre bis zum 28.2.1979." Auch die folgenden, stichpunktartig festgehaltenen Erinnerungen geben einem mehr als zu denken: „1973 in Dresden ... Nach dem Spiel wollten mehrere Zuschauer mich an einem Baum aufhängen. Konnte fliehen." „Auerbach – Riesa: Strafstoß. Zuerst Spieler, danach Zuschauer auf mich los. Funktionierender Ordnungsdienst." Zwei weitere Schiedsrichter berichteten, sie seien mit einem Regenschirm bzw. einer Schiedsrichterfahne geschlagen worden. Aber auch Ausschreitungen wie die nachfolgend beschriebene sind heute leider kein Einzelfall mehr: „Landesliga Sachsen-Anhalt, Braunsbedra – Hallescher FC: Zuschauer stürmten den Platz nach einem Freistoß für Hallescher FC, Polizei musste eingreifen (Schild und Knüppel), Videoüberwachung, Leuchtkörper und -raketen von Rängen, brennende Laufbahn, separater Tunnel aus Innenfeld für Spieler und Schiedsrichter ... Schlägerei nach Spiel zwischen ‚Fans' und Polizei."

Nicht zu verkennen ist, dass es oft die Spieler selbst sind, die Auseinandersetzungen zwischen den Mannschaften und deren Anhängern provozieren – durch harte oder versteckte Fouls, die die Stimmung auf dem Platz hochkochen lassen. Ein Schiedsrichter hat ein entsprechendes Beispiel parat: „Großdalzig – SSV Leipzig SW: In der achten Minute erstes (normales) Foul, zwei Spieler am Boden, der Gefoulte sieht seinen Gegner, zieht sein Knie an und tritt den Gegner mit voller Wucht ins Gesicht – Feldverweis. Sagte dieser noch, wieso, es war ja mein erstes Foul." Solche groben Regelverstöße, die bereits als vorsätzliche Körperverletzung zu werten sind, können Auslöser von Gewalttätigkeiten größeren Ausmaßes sein. Diese zu verhindern ist Aufgabe des Schiedsrichters, der durch Mimik, Gestik und Körperhaltung für Ruhe, Sachlichkeit und einen geregelten Spielverlauf zu sorgen hat. Fußball kann faszinierend, friedenstiftend und völkerverbindend sein – aber nur dann, wenn nicht Chaoten und Hooligans, sondern die am sportlichen Kräftemessen Interessierten das Sagen haben.

Die hier vorgestellten Ergebnisse der Fragebogenaktion, die noch längst nicht alle Themen widerspiegeln, zu denen sich die Schiedsrichter äußern sollten, haben einen wertvollen Beitrag zur Vorbereitung der Ausstellung „Herr der Regeln. Der Fußball-Referee" geleistet. Sie sind nicht nur in das Konzept der Exposition eingeflossen und haben dort bestimmten Kapiteln ihren Namen gegeben, sondern haben auch die Haltung der Ausstellungsmacher zur Person des Schiedsrichters nachhaltig beeinflusst. Sie sehen den „23. Mann" bzw. die „23. Frau", die allwöchentlich auf dem Platz steht und zwei Mannschaften die Chance gibt, ein faires Spiel zu spielen, nun mit ganz anderen Augen. Ihnen als Leser dieses Beitrages wird es hoffentlich nicht anders gehen – jetzt, da Sie Einblick nehmen konnten in das Denken und Fühlen der Referees und um etliche Erkenntnisse reicher sind. Und wenn Sie das nächste Mal zu einem Match ins Stadion gehen, schauen Sie ab und an einmal auch auf den, ohne den dieses Spiel nicht laufen würde – den Schiedsrichter. Aber ansonsten machen Sie alles wie bisher: Lassen Sie ihre positiven Emotionen heraus, jubeln Sie beim Tor Ihrer Mannschaft, seien Sie heiser nach 90 Minuten Spielzeit! Und wenn der Schiri Ihrer Meinung nach falsch pfeift, regen Sie sich auf! Das gehört dazu.

# OB ES SICH GELOHNT HAT?

Eindrücke eines ehemaligen Fußball-Schiedsrichters

von Stanley F. Lover

## WARUM HABE ICH ES GETAN?

Wir sind eine vom Aussterben bedrohte Art. Eine dreiviertel Million von uns gibt es weltweit, und wir sterben aus wie die Dinosaurier einer längst vergangenen Zeit. Unser Niedergang ist größtenteils auf unsere eigene Dummheit zurückzuführen, denn wir ertragen die Grausamkeit der menschlichen Natur von genau den Menschen, denen wir dabei helfen, das banale Leben schöner zu machen. Wir finden uns mit Beleidigungen, Beschimpfungen, Drohungen und tätlichen Angriffen ab. Wir werden angespuckt, verspottet, beworfen und – manchmal sogar ermordet. Als ausgebildete Experten auf unserem Fachgebiet sind wir die Ziele der Massen, die protestieren, Entscheidungen anfechten, uns der Korruption und des Rassismus beschuldigen oder uns vorwerfen, Marionetten der Mafia, machtbesessene Despoten und noch Schlimmeres zu sein.

Nein, wir sind keine Politiker. Wir sind Fußball-Schiedsrichter. Den höhnischen Rufen bei den Spielen zufolge sind wir die niedrigste Form der menschlichen Existenz, uneheliche Kinder unverheirateter Eltern, Freiwild für Beleidigungen und Erniedrigungen. Ganz sicher würde kein intelligenter Mensch so von seinen Mitmenschen verachtet werden wollen.

## TYPISCHE SCHIEDSRICHTER

Gibt es typische Schiedsrichter, und, wenn dies der Fall ist, welche Eigenschaften haben sie gemeinsam, die erklären könnten, warum der Reiz, bei Fußballspielen zu pfeifen, sie für den Mangel an Achtung bei ihren Kritikern entschädigt? In einer vor kurzem durchgeführten Umfrage unter den Schiedsrichtern der führenden europäischen Ligen wurden Berufe wie z. B. Lehrer, Geschäftsführer, Arzt, Ingenieur, Buchhalter, Werksleiter und Designer aufgeführt. Für all diese Berufe sind grundlegende Eigenschaften wie persönliches Engagement, harte Arbeit, ein Studium, eine förmliche Ausbildung und Verantwortungsbewusstsein notwendig. Für beinahe alle dieser Berufe sind ebenfalls effektive Management- und Kommunikationsfähigkeiten erforderlich. Auch Lebenserfahrung, Reife und Integrität sind weitere Eigenschaften, die man bemerkt, wenn man sich in der Gesellschaft dieser Menschen befindet.

Die Eignung zum Schiedsrichter umfasst auch eine meisterhafte Beherrschung der schriftlichen Spielregeln und der Frage, wie diese auf dem Spielfeld angewendet werden sollten. Jeder neue Schiedsrichter beginnt im Juniorenfußball, absolviert eine lange praktische Lehrzeit und muss außergewöhnliche Kompetenzen nachweisen, bevor er wichtige Amateur- und Profispiele leiten darf. Auf internationaler Ebene sind zusätzliche Talente, wie Diplomatie und sprachliche Begabung, notwendig, um mit unterschiedlichen Rassen und Kulturen umgehen zu können. Diese kurze Zusammenfassung beschreibt bemerkenswerte und erfolgreiche Menschen, was kaum mit den in den von den Seitenlinien aus abgefeuerten, debilen Verbalgeschossen aufs Korn genommenen „geistig Minderbemittelten" vereinbar ist.

Dies sind auch die bekanntesten Schiedsrichter. Wenn es in diesem Spiel überhaupt Helden gibt, dann müssen dazu die Tausenden unsichtbaren Schiedsrichter gehören, diese einsamen Wächter der Disziplin an der Basis des Sports, die nur eine geringe Chance haben, die Spitze zu erreichen. Diese Männer und Frauen, die einen großen Teil ihres Lebens der Rolle des Fußball-Schiedsrichters widmen, leisten einen wertvollen Beitrag für die Gesellschaft.

Es folgt ein Bericht über einen typischen Spieltag eines ehrenamtlichen Schiedsrichters in einer Lokalliga und die Geschichte eines jungen Pechvogels, der keine Wahl hatte.

## RÜHRENDE EMOTIONEN

Es bereitet mir große Befriedigung, eine aktive und positive Rolle im beliebtesten Sport der Welt zu spielen. Positiv? Ja, klar. Stellen wir uns nur einmal vor, was die Spieler einander antun würden, wenn ich nicht da wäre, um mit meiner Pfeife und den roten und gelben Karten den Frieden zu wahren!

Fußball ist ein einfaches Spiel. Jedes Spiel berührt die ganze Bandbreite der menschlichen Emotionen von den Tiefen der Verzweiflung bis hin zu den Gipfeln der Freude. So berührt beispielsweise heute die Wetterkarte meiner Emotionen unter anderem Aufregung, Stolz, Verärgerung und Demut. Ich habe ein Spiel unserer örtlichen Amateurliga geleitet. Die Spieler bilden eine bunte Mischung ethnischer Gruppierungen: Chinesen, Westinder, Afrikaner, Portugiesen usw.

Es war mein Schicksal, für das Pokalausscheidungsspiel zwischen den chilenischen Red Bonnets und den italienischen Pastas ausgewählt worden zu sein. Ich hatte bereits bei zwei vorangegangenen Begegnungen gepfiffen, also wusste ich, was mich erwartete. Immer, wenn die beiden Mannschaften sich begegnen, wiederholen sie die berüchtigte „Schlacht von Santiago" – Chile gegen Italien – das Eröffnungsspiel der Fußball-Weltmeisterschaft 1962. Schon Wochen vor diesem Ereignis hatte sich zwischen den chilenischen und italienischen Medien eine intensive Hasskampagne entwickelt, und so war bis zum Anstoß eine explosive Atmosphäre entstanden.

Heute war es in meinem Amateurspiel beinahe genauso schlimm. Sie kamen streitend aufs Spielfeld und hielten mich auf Zack. Mit zwei roten und vier gelben Karten war das Spiel ungefähr durchschnittlich, aber ich behielt die Kontrolle und ging mit einem Lächeln vom Platz.

### EIN TIERKÄFIG

In dieser Liga sind die Einrichtungen eher spartanisch. Die Spielfelder werden oft von örtlichen Bauern gepachtet, die keine Verantwortung für Zwischenfälle mit dampfenden, frischen Kuhfladen übernehmen. Wenn man Glück hat, dient eine in der Nähe gelegene Kneipe als Umkleideraum und bietet darüber hinaus Erfrischungen in flüssiger Form an, für den Schiedsrichter nach dem Spiel, für die Spieler davor und danach!

Es ist keine Überraschung, wenn man in einem dem beißenden Wind ausgesetzten Park im Freien in einem Eimer mit eiskaltem Wasser den Schlamm von Armen und Beinen und dem Outfit abwaschen muss. Aber heute war der pure Luxus. Einem der Italiener war es gelungen, die Erlaubnis zur Nutzung des Spielfeldes eines Gymnasiums komplett mit Umkleidekabinen und Duschen zu erhalten. Ich hatte sogar einen separaten Raum für mich, allerdings bis auf eine schmutzige Holzbank völlig leer und von Trennwänden mit großen Fenstergittern, die einem Tierkäfig ähnelten, umschlossen. Eine Tür öffnete auf einen Gang hinaus, der zu zwei Räumen für die Mannschaften und zu den Duschen führte.

Das Spiel fand in strömendem Regen und bei beißendem Nordwind statt. Ich hätte ein oder zwei Minuten wegen Verletzungen nachspielen lassen sollen, aber ich pfiff nach der normalen Spielzeit ab. Es gab auch keine Proteste von den Italienern, es stand sowieso 3 : 0 gegen sie. Genau wie ich konnten die Spieler es kaum erwarten, unter einer heißen Dusche zu stehen.

Nackt wie Gott mich schuf und mit einem guten Gefühl für das zurückliegende Spiel, suchte ich gerade meine Tasche nach meinem Shampoo ab, als sich die Tür mit einem harten Klappen öffnete. Ein dunkelblonder Kopf erschien: „Du musst 'n bisschen warten, Schiri! Es gibt kein heißes Wasser! Jemand hat vergessen, den Boiler anzuschalten, und vor dir sind noch 22 Jungs dran!" Der Kopf verschwand, die Tür fiel zu.

Als ich so dastand, allein, nackt und frierend, begann ich, mir Flüche, die ich von auf diesem Gebiet sehr talentierten Spielern gelernt habe, wieder ins Gedächtnis zu rufen. Ich zweifelte an meinem Verstand, weil ich diese undankbare Aufgabe übernommen hatte. Dann plötzlich dachte ich an eine ähnliche Situation vor vielen Mon-

»Otto hatte unter den Aufse
eine Mannschaft gebildet

Stanley F. Lover bei einem Spiel der First Division in Accra (Ghana) 1968

den und wurde ruhig. Denn ein anderer Schiedsrichter, an einem anderen Ort, in der Nähe einer anderen Dusche hatte unter kalten und tragischen Umständen keine Wahl.

### ALLEIN, NACKT UND FRIEREND

1944. Winter. Dieser Schiedsrichter war Leo Goldstein, nackt, frierend, aber nicht allein. Mit gesenktem Kopf, seine dünnen Arme über den hervorstehenden Rippen verschränkt, schleppte sich Leo voller Schmerzen voran, stieß gegen den armen Teufel vor ihm, spürte die Knochen desjenigen, der gegen seinen Rücken gestoßen war. Die Vorstellung einer heißen Dusche war ein Wunder, wieder sauber und frisch zu sein, selbst in diesem stinkenden Loch, Auschwitz. Aber er hatte Gerüchte gehört, „Hoff' nicht auf Wunder", hatten andere Gefangene ihm zugeflüstert. Leo dachte an seine Familie, deren Mitglieder alle irgendwohin gebracht worden waren, um in der gleichen Hölle zu verrotten. Ob sie noch lebten? Nur Gott allein wusste das.

Die Schlange war lang, langsam, still, bis auf ein gemurmeltes Gebet, ein jüdisches Lied gesungen mit würdevoller und doch gebrochener Stimme. Das half, die Furcht zu verdrängen. Jetzt war Leo an der Reihe, in den Block mit den Duschen zu gehen. Vom Eingang aus konnte er die Gänge sehen, die nach links und rechts führen. Eine raue deutsche Stimme schrie, „Nach links! Nach links! NACH LINKS! Schnell, Schnell, SCHNELL!"

Leo wurde angehalten, Angesicht zu Angesicht mit einem uniformierten Aufseher. Er bemerkte, dass einer seiner Ärmel leer war, an der Schulter angeheftet – ein Andenken an den blutigen Krieg. Als er gerade das Kommando „Nach links!" wiederholen wollte, zögerte der Aufseher, suchte Leos Gesicht nach einem Anzeichen des Wiedererkennens ab. Mit dem Anflug eines Lächelns drehte er sich halb zur Seite und wies mit dem Arm. „Nach rechts", sagte er mit normaler Stimme, „geh zurück in deine Baracke." Verwirrt gehorchte Leo, zog seine Arme enger über der Brust zusammen und die Schultern zum Schutz gegen den eiskalten Wind hoch. Die bellenden Kommandos des Aufsehers wurden leiser, als er sich zurück zu den Gefängnisbaracken schleppte. In der leeren Stille seiner Baracke stand er allein, nackt und frierend. Mit tränengefüllten Augen blickte er die Reihen der harten, schmutzigen Holzliegen entlang. Er bedeckte seinen Mund, um nicht die stinkende Luft einatmen zu müssen, von der seine Lunge eine Zeit lang durch den eiskalten Wind draußen befreit gewesen war. „Warum ich?", fragte er sich.

Als er nachdachte, wurde ihm klar, dass er den Wachposten kannte. Es war Otto, ein ehemaliger internationaler Fußballspieler. Vor einigen Wochen war Otto in Leos Hütte gekommen. Vom Eingang aus schrie er eine Frage, „Kennt jemand hier die Fußballregeln?" Da keine Antwort kam, wollte er gehen, aber Leo murmelte: „Ich habe einmal das Regelbuch gelesen." Otto kam näher, sah Leo interessiert an, insbesondere seinen körperlichen Zustand. Er sah einen jungen Mann in akzeptabler Verfassung und erklärte: „O.K. Du bist mein Schiedsrichter!"

# ern des Lagers

Otto hatte unter den Aufsehern des Lagers eine Fußballmannschaft gebildet, die Spiele gegen Mannschaften aus deutschen Soldaten und den Mitarbeitern anderer Gefangenenlager austragen sollte. Er konnte aber keinen Freiwilligen finden, der als Schiedsrichter fungieren wollte, also hatte er sich, wenngleich wenig optimistisch, seinen elenden Gefangenen zugewandt.

In den folgenden Wochen lernte Leo, Spiele von Spielern zu leiten, die die Macht über sein Leben oder seinen Tod in ihrer Hand hielten. Als er die Wahrheit über den Befehl „Nach links!" erkannte, den Horror in den Gaskammern, schwor er sich, dass er, wenn er Auschwitz überleben sollte, den Rest seines Lebens dem Fußball und den Schiedsrichtern widmen würde.

Leo überlebte und hielt seinen Schwur. Nach der Befreiung kehrte er nicht in sein Heimatland Polen zurück, sondern ging nach Amerika, um dort in New York Taxifahrer zu werden. Ohne Frau oder Familie widmete Leo seine Freizeit dem Fußball. Er half bei Kinderspielen in der Bowery aus, pfiff Hunderte von Spielen für die Ligen bis auf die Ebene des Bundesstaates und erhielt den internationalen FIFA-Status. Ein emotionales Highlight seiner internationalen Karriere war, bei den Makkabi-Spielen in Israel zu pfeifen. Viele Jahre lang traf Leo ausländische Schiedsrichter, die zu Besuch kamen, und bewirtete sie auf eigene Kosten.

Im Laufe seiner langen Karriere war Leo Goldstein bei vielen internationalen Spielen Schiedsrichter. Als er starb, hatte er den Schwur erfüllt, den er einst in Auschwitz geleistet hatte, er hatte die letzten beiden Jahrzehnte des Lebens, das Otto, der Aufseher, ihm gewährt hatte, dazu verwendet, dem von ihm geliebten Sport und den Interessen seiner Schiedsrichterkollegen zu dienen.

„Nach links!" Als ich in diesem leeren, käfigähnlichen Raum mit den Armen eng vor der Brust verschränkt stand, erschauderte ich. Ich begann, meine Rippen abzufühlen und war dankbar, dass sie mit einer dicken Schicht gesunden Fleisches bedeckt waren. Plötzlich war mein Bedürfnis zu duschen nicht mehr so wichtig. Ich musste hier raus. Hastig zog ich meine Kleidung an, stopfte meine durchweichte Ausrüstung in meine Tasche und ging zu Tür. Als ich sie öffnete, stand ich wieder dem dunkelblonden Schopf gegenüber.

„Hey, wo gehst du hin, Schiri? Die Dusche ist jetzt in Ordnung. Die Jungs sind fertig. NACH LINKS!" – „Nein, danke", antwortete ich, während ich mich nach draußen schob und zum Auto rannte. Über die Schulter rief ich noch: „Ich warte, bis ich wieder in meiner Baracke – äh, ich meine Wohnung, bin."

Auf meiner Fahrt nach Hause dachte ich über Leo Goldstein nach und war voll Demut. Der Fußball ist mit vielen Schiedsrichtern wie ihm gesegnet, die sich auf ihre eigene Weise dem Dienst an diesem Spiel verschrieben haben, selbst in einer unpopulären Rolle.

## SCHIEDSRICHTER ERZÄHLEN IHRE GESCHICHTEN

Meine Buchregale biegen sich von Büchern über viele Sportarten. Sie sind meine stumme Armee von Freunden, sie stehen aufrecht wie gut gedrillte Soldaten, die darauf warten, dass sie gegrüßt werden und dass man sich wieder an ihnen erfreut. Manchmal, wenn ich still dasitze und mir einige Titel ansehe, werden sie lebendig. Die Seiten öffnen sich und geben Erinnerungen an den Sport frei, mit denen mein Geist überflutet wird. Ich werde mitten in die Schlachten der Titanen und Heroen auf den Spielfeldern, in den Turnhallen, auf den Tennisplätzen, in den Boxringen versetzt. Ich halte den Atem an, erlebe noch einmal die Putts auf dem schnellen Grün inmitten von üppigen Morgen gepflegten Golflandes, mit denen Meisterschaften gewonnen wurden. Ein virtuelles Kaleidoskop aus Farbe, Aktion, Nervenkitzel und Stürzen ergibt einen erfrischenden und aufregenden Cocktail, mit dem der Tag schöner wird.

# »Der Familienurlaub wird geopfert

Ein Blick auf die Themen der Bücher offenbart meine lebenslange Liebesaffäre mit dem Fußball. Aus den Seiten treten die Meister des Spiels hervor, die mit ihrer Ballkunst und Eleganz mich und Millionen andere verzaubert haben, um „Hallo" zu sagen. Meister wie Zidane, Ronaldinho, Beckham aus der Gegenwart, Pélé, Cruyff, Bobby Charlton, Beckenbauer aus der jüngeren Vergangenheit und weiter zurück in der Fußballgeschichte: Sir Stanley Matthews, Alex James, Frank Swift, Dixie Dean, Puskas – allesamt Giganten mit dem Status von Ikonen in ihrem Beruf.

Zur Fußballsammlung gehören auch einige Bücher, die von Schiedsrichtern geschrieben wurden, die zu ihrer Zeit berühmt wurden. Diese größtenteils autobiografischen Bücher decken beinahe ein Jahrhundert der Fußballgeschichte ab und stellen einen faszinierenden Kommentar zu diesem Spiel aus der Perspektive eines privilegierten Insiders dar.

Eines meiner ganz besonderen Lieblingsbücher ist ein fleckiges Paperback ohne Einband mit 128 vergilbten Seiten und Eselsohren, Play to the Whistle! von Jim Wiltshire, der sich als minderjähriger Anfänger in Cornwall als Schiedsrichter einschlich. Dieses Buch ist so besonders, weil Wiltshire das erste FA-Pokalfinale leitete, das ich besuchte: im Jahr 1947, als mein Lieblingsclub Charlton Athletic in der Nachspielzeit Burnley 1:0 schlug. Ich erinnere mich noch, wie ich den Schiedsrichter ängstlich ansah, Sekunden nachdem der Ball nach einem exzellenten Volleyschuss von Chris Duffy, einem kleinen Linksaußen, ins Netz gekracht war, und wie ich betete, dass er das Tor nicht annullieren würde. Bei seinem Bestätigungssignal sprangen ich und Tausende Fans der „Red robins" vor Freude aus unseren Schuhen.

Wiltshires kleine Publikation steht eingezwängt zwischen mit Hochglanzpapier bedeckten Hardcoverausgaben der Memoiren von Mervin Griffith (The Man in the Middle), Arthur Ellis (Refereeing round the world), Norman Burtenshaw (Whose side are you on, Ref?), Jack Taylor (World Soccer Referee), Pat Partridge (Oh, Ref!), Sir Stanley Rous (Football Worlds), Denis Howell (Soccer Refereeing) und anderen, wie dem vor kurzem in den Ruhestand getretenen David Elleray (Referee!) und Pierluigi Collina (The Rules of the Game). Mir wurde die Ehre zuteil, sie alle zu treffen und einige von ihnen zu meinen engen Freunden zählen zu dürfen.

Sie alle erzählen ähnliche Geschichten. Wie bei jedem Schiedsrichter stellten die frühen Tage in den Juniorenligen die Entschlossenheit und Geduld auf die Probe, aber die Beharrlichkeit wurde auf den höheren Ebenen des professionellen Fußballs im Heimatland und bei den internationalen Aufträgen belohnt. Sie erzählen die Reise des Autors nach oben mit vielen Anekdoten, von denen einige amüsant, einige düster und ein paar tragisch sind. Sie erinnern sich an viele Zwischenfälle bei bestimmten Spielen, führen stolz die Namen berühmter Clubs, Stadien, Spieler und Manager an und offenbaren Geheimnisse, die nur ein Schiedsrichter kennen kann. Außerdem enthalten sie auch wertvolle Tipps für Schiedsrichter, die eine höhere Klassifikation erreichen wollen.

Wie ein Leuchtfeuer strahlt durch all diese Bücher eine intensive Leidenschaft für das Fußballspiel. Sie erzählen, wie viele Schiedsrichter durch ihre Leidenschaft dazu angetrieben wurden und werden, ihr Privatleben und ihre Karriere unter einen Hut zu bringen, um ihre Verfügbarkeit für Spiele zu maximieren. Der Familienurlaub wird geopfert, Arbeitsplätze werden gewechselt, die finanzielle Situation wird angespannt, gesundheitliche Probleme werden vernachlässigt, Ehen gehen kaputt.

Führende Schiedsrichter, die auch noch einer Vollzeitbeschäftigung nachgehen, verlassen sich auf verständnisvolle Arbeitgeber, die ihnen für regelmäßige Besprechungen und Ausbildungskurse mit Mitarbeitern der Liga, lange Fahrten zu Spielen an Wochenenden und manchmal Aufträge im Ausland mitten in der Woche freigeben. Sie werden faktisch von ihren Arbeitgebern subventioniert, und es besteht immer die Gefahr, dass sie bei Beförderungen übergangen werden.

Eine weitere Facette des Engagements des Schiedsrichters für den Fußball erfährt kaum Aufmerksamkeit. Es stimmt, dass viele Tausende von ihnen genauso viel Zeit, wenn nicht sogar mehr, außerhalb des Spielfeldes für Schiedsrichtervereine, Clubs und Ligen, regionale, nationale und internationale Verbände aufwenden. Zusammen bilden sie einen soliden Rahmen in der Struktur des weltweiten Fußballs.

### WIE SIND WIR DA HINEINGERATEN?

Man trifft nur selten einen Schiedsrichter, der schon früh sein Herz daran gehängt hat, die Pfeife als Kariere zu wählen. Die große Mehrheit kam durch einen Zufall, durch eine merkwürdige Kombination von Umständen dazu, wurde gelockt oder gedrängt, manche nahmen die Rolle gar mit Widerwilligkeit und Beklommenheit an.

Oft wird als Grund angeführt, dass die aktive Kariere aufgrund einer Verletzung beendet werden musste. Sir Stanley Rous, ein großer Torhüter bei einer Dorfmannschaft aus Suffolk, die er als 15-jähriger Schüler gegründet hatte, brach sich das Handgelenk und fügte seinen Aktivitäten in der Organisation des Clubs und der Liga noch die Arbeit als Schiedsrichter hinzu. Jack Taylor träumte mit siebzehn davon, Pferdehändler zu werden, wurde allerdings im Geschäft seines Vaters Fleischer. Er sprach oft mit einem Kunden über Fußball, der an einer durch den Krieg verursachten Krankheit litt und sich, während Jack die Portionen Fleisch schnitt und einpackte, hinsetzen musste, um sich ein wenig auszuruhen. Jack hörte interessanten Berichten über Besprechungen beim Schiedsrichterverein vor dem Krieg zu und wurde ermutigt, es selbst einmal auszuprobieren. Der Sekretär der lokalen Works League, der verzweifelt nach Schiedsrichtern suchte, gab ihm sein erstes Spiel. Es war eine Katastrophe. Jack beschloss, den Gedanken aufzugeben, aber sein Freund überzeugte ihn, es noch einmal zu versuchen. Nach einem turbulenten Anfang wurde aus Jack Taylor ein starker und weithin akzeptierter Schiedsrichter, der schnell bis in die Gruppe für die Football League aufstieg und als Schiedsrichter des Finalspiels der Fußball-Weltmeisterschaft 1974, Deutschland gegen Holland, weltweit bekannt wurde.

Als Jugendlicher spielte Pierluigi Collina das Spiel, interessierte sich aber erst für die Rolle des Schiedsrichters, als ein Mitschüler aus der Sekundarschule sagte, dass es vielleicht Spaß machen könnte, an einem Einführungskurs für potenzielle Schiedsrichter teilzunehmen. Diese zufällige Einladung war der Katalysator, mit dem die bemerkenswerte Kariere von Pierluigi Collina im italienischen und im weltweiten Fußball begann. Collina, der für seine natürliche Begabung, Spiele zu leiten, anerkannt und für seinen Mut bewundert wurde, mit dem er mit der Alopezie – einer Krankheit, durch die er im Alter von vierundzwanzig Jahren seine Haare verlor – zurechtkam, wurde zu einer außergewöhnlichen Persönlichkeit auf der Bühne des Weltfußballs. Er wurde zum Idol für Millionen Fans, Spieler und Schiedsrichter und gab dem Image des Mannes in der Mitte einen willkommenen Auftrieb.

Meine eigene Beteiligung hat ähnliche Elemente – obwohl nicht so spektakulär. Als Junge betete ich meine Spieleridole bei jedem Wetter von den Tribünen von The Valley, der Heimat von Charlton Athletic, aus an. Ich träumte davon, für den Club zu spielen und dachte, dieser Traum könnte wahr werden, als ich in das Juniorenteam von Charlton geholt wurde. Leider starb dieser Traum, als ich im Alter von 20 Jahren an Tuberkulose erkrankte. Die Ärzte bezweifelten damals, ob ich die nächsten zwölf Monate überleben wür-

Internationaler Schiedsrichterkurs der Oceania Confederation in Neuseeland, 1973

de, aber durch neue Behandlungsmethoden und eine lange Ruhezeit wurde die Krankheit aufgehalten, so dass ich arbeiten und studieren konnte. Es bestand zwar für mich keine Möglichkeit mehr, wieder zu spielen, aber zumindest konnte ich mein Lieblingsteam in The Valley anfeuern.

Vier Jahre später schlug mein Schwager, Laurie Haslip, der Schiedsrichter war, ganz nebenbei vor, dass ich mit ihm zu einem Schiedsrichtertreffen in Dartford, Kent, kommen sollte. Mir gefiel, was ich dort sah, und mir gefiel es, die lebhaften Debatten zu den Themen des Fußballs von einer neuen Perspektive aus zu betrachten. Ich genoss die Kameradschaft der sehr netten Leute, die ich dort traf, und war total begeistert. Von dem Moment an, in dem ich mein erstes Regelbuch öffnete, wollte ich mehr über das Spiel wissen, das mir so viel Freude gegeben hatte. Ehrenamtliche Schiedsrichtertrainer führten mich durch die niedergeschriebenen Gesetze und gaben praktische Ratschläge, die auf langer Erfahrung beruhten, weiter. Mit ihnen wurde die Prüfung beinahe eine Formsache.

## EINE STEILE LERNKURVE

Mein Arzt erlaubte mir zu versuchen, als aktiver Schiedsrichter tätig zu werden – wahrscheinlich dachte er, es würde nicht mehr dazu gehören, als entlang des Anstoßkreises zu patrouillieren. Aber er warnte mich, die eine funktionierende Hälfte meiner Lunge nicht zu überanstrengen.

Voller Begeisterung hatte ich schon vier Spiele in einer kleinen örtlichen Liga geleitet, bevor überhaupt mein offizielles Zeugnis mit der Post ankam. In meinem ersten Spiel am 2. September 1950 zwischen Wellcome Sports und dem Northfleet Youth Club auf einer windgepeitschten Heide in Dartford habe ich mindestens zwei Dinge gelernt: a) genaue Aufzeichnungen über die erzielten Tore zu führen und b) ich darf Fehler machen. Als Zuschauer habe ich mich oft gefragt, warum der Schiedsrichter sich nach jedem Tor eine Notiz machte und warum er sich nicht daran erinnern konnte, ob das Endergebnis 2 : 1, 3 : 0 oder wie auch immer gelautet hatte. Mein Spiel endete 2 : 9. Mein erster Fehler passierte mir, als ich das Spiel wegen Abseits unterbrach, ohne den zweiten Verteidiger in der Nähe des Tores zu bemerken. Instinktiv entschuldigte ich mich bei den Spielern und warf den Ball ein, um das Spiel fortzusetzen. Es schien in dieser Situation die gerechte Lösung zu sein und wurde als solche akzeptiert.

Das zweite Spiel war dramatischer. Leonard George, sechzehn, der für das Erith Technical College spielte, stürzte ungünstig in der Mitte des Spielfeldes und brach sich mit einem entsetzlichen Krach ein Bein. Ein gebrochener, blutiger Knochen durchbohrte die Haut. Meine rudimentären Kenntnisse in erster Hilfe, die ich während des Krieges erworben hatte, sagten mir, ihn warm zu halten, nicht zu bewegen und einen Krankenwagen zu rufen. Der Sekretär seines Clubs rannte zum Telefon, während wir den Jungen mit Pullovern und Mänteln zudeckten. Während die Minuten verstrichen, kam einer der drei Zuschauer zu mir. Er war der Präsident der Schiedsrichter von Dartford, und er war gekommen, um sein neues Mitglied zu überprüfen. Ich fühlte mich durch seine Anwesenheit geschmeichelt, war allerdings besorgt, als er darauf bestand, dass wir den Spieler zur Seitenlinie bringen und das Spiel fortsetzen sollten. Der Arzt kam, als wir gerade in einen heftigen Streit gerieten. Das Spiel verzögerte sich um 45 Minuten.

Ich dachte mir, dass der Präsident einen negativen Bericht abgeben würde, aber eine Woche später wurde mein Vorgehen bei meinem dritten Spiel – einem Pokalausscheidungsspiel, bei dem die gleiche Erith-College-Mannschaft gegen Erith Baptist spielte – gerechtfertigt. Der Sekretär sagte mir, dass man im Krankenhaus, als das Bein des Jungen gerichtet wurde, festgestellt hatte, dass eine Arterie eingeklemmt worden war und dass das Bein noch einmal gebrochen werden musste, um eine Amputation zu vermeiden. Hätte ich erlaubt, dass er bewegt wird, hätte er vielleicht sein Bein verloren.

Mit diesen Eröffnungsspielen begann eine steile Lernkurve für mich. Das Regelbuch kratzt nur an der Oberfläche des tatsächlichen Spieles, das mit hoher Geschwindigkeit und hartem Körperkontakt zwischen wettbewerbsorientierten Athleten gespielt wird. Allerdings werden dadurch dem Schiedsrichter die höchsten Befugnisse verliehen. Der Schiedsrichter ist ein komplettes Justizsystem auf zwei Beinen. Er muss das Verbrechen aufdecken, die Verhaftung vornehmen, als Geschworenengremium den Fall beraten, das Urteil verkünden, als Richter die Strafe verhängen und die Ausführung der Strafe übernehmen – all das im Bruchteil einer Sekunde – Hunderte von Malen innerhalb von neunzig Minuten. Was für eine Aufgabe!

Bei dieser Aufgabenbeschreibung muss ein Fußball-Schiedsrichter über die Fähigkeit, schnell zu denken, Qualitätsurteile zu fällen und Entscheidungen in emotional aufgeladenen Situationen zu korrigieren, sowie über die raffinierte Weisheit verfügen, mit Takt und Diplomatie für Gerechtigkeit zu sorgen. Sämtliche dieser Eigenschaften wohnen auch den Berufen inne, die die Schiedsrichter auf der höchsten Ebene ausüben. Nur die harte Erfahrung, viele Spiele auf verschiedenen Ebenen geleitet zu haben, kann die gewünschten Eigenschaften für eine disziplinierte und gerechte Anwendung der Gesetze auf dem Spielfeld verfeinern.

## WARUM HABE ICH ES GETAN?

Wenn ich über mein eigenes Engagement für den Fußball nachdenke, sprudeln die Fragen nur so aus mir heraus. Warum habe ich mich entschieden, als Schiedsrichter aktiv zu werden? Warum habe ich mich jahrelang der immer vorhandenen Atmosphäre der wiederwilligen Akzeptanz, der Verhöhnung und Erniedrigung ausgesetzt, habe die unendlichen verbalen und manchmal tätlichen Angriffe von Spielern und Fans ertragen, den niedrigsten Standard der Einrichtungen mit Eimern voll eiskaltem Wasser ausgehalten? Warum habe ich einen wichtigen Teil meines Lebens darauf verwendet, als Schlichter Perfektion zu erreichen, warum habe ich so hart gearbeitet, um mich fit zu halten, warum habe ich die schwere Zeit in Kauf genommen, in der ich von Familie und Beruf getrennt war? Warum? Was war der Zweck?

Beinahe jedem Schiedsrichter sind schon ähnliche Fragen gestellt worden. Zu den häufigen Antworten gehören die folgenden: „Ich mache es aus Liebe zum Spiel", „Ich möchte etwas zurückgeben", „Ich bin gern aktiv am Spiel beteiligt".

Für mich geht die Antwort aber tiefer. Eine wichtige Anziehungskraft war, im Spiel aktiv zu sein, was neben dem eigentlichen Spiel die zweitbeste Sache ist. Ich war Teil des Sporttheaters, spielte eine Rolle, die positiv und befriedigend war. Ich erkenne jetzt, dass ich in jedem der 1.000 oder noch mehr Spiele, die ich als Schiedsrichter auf dem Spielfeld geleitet habe, darauf gehofft habe, dass ein Traum wahr wird. Ein Traum, in dem jedes Fußballspiel nach den höchsten Idealen des Fair Play gespielt wird, in dem die Spieler, geführt durch in weisen Regeln niedergelegte moralische und körperliche Vorschriften, ihre individuellen Fähigkeiten zu einem sportlichen Ballett aus spektakulärer Bewegung und Farbe verbinden, in dem sie den Emotionen der Aufregung und Freude für sich selbst und diejenigen, die zuschauen, Ausdruck verleihen. Ich wollte all die wunderbaren Momente der Begeisterung noch einmal durchleben, die ich als Junge mit einem Ball vor meinen Füßen erlebt hatte.

Stanley F. Lover, 2003

Jedes zynische Foul, jeder Betrugsversuch, jeder Akt der Respektlosigkeit vor dem Spiel und seinen Regeln verdarb diesen Traum, fühlte sich an wie ein Messer in meinem Fleisch, saß wie ein Hieb und besudelte meine Vision von der Reinheit des Sports. Ich weiß, dass dieser Traum naiv war und nur selten erfüllt werden kann, aber zusammen mit meinen Schiedsrichterkollegen habe ich versucht, die Erniedrigung eines gesunden Sportes durch gedankenlose Spieler und Fans zu begrenzen, die die Tiefe meiner Leidenschaft nicht teilen.

Obwohl mein Traum immer noch nicht wahr geworden ist, schaue ich mit Zufriedenheit auf 25 Jahre als aktiver Schiedsrichter zurück. Ich habe viel über mich selbst, über verborgene Überzeugungen, übernommene Verantwortung und entwickelte Eigenschaften gelernt, die mir mein ganzes Leben lang gut getan haben. Ich habe viel über die Menschen gelernt und fühle mich geehrt, eine einzigartige Bruderschaft ehrlicher Menschen aus allen sozialen Schichten und vielen Ländern in den sechs Verbänden der FIFA kennen gelernt und meine Liebe für einen ganz besonderen Sport mit ihnen geteilt zu haben.

Ich betrachte mich noch immer als aktiven Schiedsrichter. Im Fernsehen übertragene Spiele bieten ein großes Maß an aufregendem Fußball, an dem ich die Entwicklung des Spiels beobachten und sehen kann, wie meine heutigen Kollegen an ihre Aufgabe herangehen. Ich freue mich, dass sie endlich professionelle Unterstützungsprogramme, Beratung durch Experten und Vergütungen erhalten, durch die ihr Wert anerkannt wird.

Die Fußball-Schiedsrichter werden auch weiterhin eine emotionale Achterbahnfahrt durchleben: An einem Tag sind sie so weit, alles hinzuschmeißen, und dann spüren sie wieder den Adrenalinrausch vor dem nächsten Spiel. Es ist eine Besessenheit, aus der mehr Befriedigung als Frustration erwächst. Vielleicht sind wir ja eine gefährdete Art, aber solange, bis wir durch Roboter ersetzt und die Spielregeln durch Computer angewendet werden, sterben wir niemals aus.

Ob es sich gelohnt hat? Ja, ganz sicher!

**Zehn Gebote für Schiedsrichter**

**1. Sei pünktlich, präzis wie deine Uhren, deren du mehrere haben musst!**
**2. Wähle die rechte Kleidung. Erscheine weder als „Spieler" noch als Zivilist!**
**3. In der Saison trainiere zweimal in der Woche!**
**4. Iss wenig vor dem Spiel. Meide Flüssigkeiten, vor allem Alkohol, und lege den Glimmstängel weg!**
**5. Sei erst theoretisch vollkommen, sattelfest, bevor du aufs Feld gehst!**
**6. Doch halte dann ständige Übung durch alle Sorten von Spielen – auch als Linienrichter – für das Beste!**
**7. Vergiss nicht, dass du immer noch lernen kannst!**
**8. Lass von Zeit zu Zeit deine Augen durch Spezialisten prüfen!**
**9. Sei kein Tyrann, keine Primadonna, kein Waschlappen, sondern ein – Mann!**
**10. Halte dich rein, auf dass du das Spiel rein halten kannst!**

(Deutsche Schiedsrichter-Zeitung. 13(1931)1, S. 9)

# ANHANG

# AUSWAHLBIBLIOGRAFIE

(Stand 3.12.2005)


**Albrecht, Dirk/Musahl, Hans-Peter:** Das Schiedsrichterphänomen – ein Syndrom? In: Albrecht, Dirk (Hg.): Fußballsport. Ergebnisse sportwissenschaftlicher Untersuchungen, Berlin/München/Frankfurt am Main 1979.

**Aschenbeck, Arndt:** Fußballfans im Abseits, Kassel 1998.

**Baingo, Andreas/Horn, Michael:** Die Geschichte der DDR-Oberliga, Göttingen 2003.

**Baroth, Hans Dieter:** Des deutschen Fußballs wilde Jahre, Essen 1991.

**Baroth, Hans Dieter:** Als der Fußball laufen lernte, Essen 1992.

**Bausenwein, Christoph:** Geheimnis Fußball. Das Spiel, die Geschichte, der Sinn, Göttingen 1995.

**Beck, Oskar:** Drei unten, drei oben. Oder: Wie das Fernsehen den Sport an die (Tor-)Wand stellt, Berlin 1998.

**Becker, Peter/Pilz, Gunter A.:** Die Welt der Fans. Aspekte einer Jugendkultur, München 1988.

**Biermann, Christoph:** Wenn du am Spieltag beerdigt wirst, kann ich leider nicht kommen. Die Welt der Fußballfans, Göttingen 1995.

**Bittermann, Klaus/Roth, Jürgen:** Wieder keine Anspielstation. Fußballexperten – Die Kommentare des Grauens, Berlin 1996.

**Bittermann, Klaus:** Vom Feeling her ein gutes Gefühl. Rhetorische Spitzenleistungen in der Welt des Fußballs, Berlin 1999.

**Blatter, Joseph/Furrer, Günther/Godoy, Paulo C.:** Football History – Laws of the Game – Referees, Zürich 1986.

**Blees, Thomas:** 90 Minuten Klassenkampf. Das Länderspiel BRD – DDR 1974, Frankfurt am Main 1999.

**Blickensdörfer, Hans:** Keiner weiß wie's ausgeht, München 1983.

**Blinkert, Baldo:** Kriminalität als Modernisierungsrisiko. In: Soziale Welt 1988.

**Bott, Dieter:** Die Fans aus der Kurve, München/Wien 1992.

**Bott, Dieter/Chlada, Marvin/Dembowski, Gerd:** Ball & Birne. Zur Kritik der herrschenden Fußballkultur, Hamburg 1998.

**Bourdieu, Pierrel:** Historische und soziale Voraussetzungen des modernen Sport. In: Hortleder, Gerd/Gebauer, Gunter (Hg.): Sport – Eros – Tod, Frankfurt am Main 1986.

**Brand, Ralf:** Schiedsrichter und Stress. Stress- und Stressbewältigung von Spielleitern im Sport, Schorndorf 2002.

**Braun, Peter (Hg.):** Der professionelle Schiedsrichter, Stadtbergen 1996.

**Bredekamp, Horst:** Florentiner Fußball – Die Renaissance der Spiele, Frankfurt am Main/New York/Paris 1993.

**Breitner, Paul/Schröder, Bernd:** Kopf-Ball, Berlin 1983.

**Breuckmann, Manfred:** Rote Karte für Pommes, Köln 1988.

**Brüggemeier, Franz-Josef/Borsdorf, Ulrich/Steiner, Jörg:** Der Ball ist rund. Die Fußballausstellung, Essen 2000.

**Brussig, Thomas:** Leben bis Männer, Frankfurt am Main 2001.

**Burke, Peter:** Helden, Schurken, Narren, Stuttgart 1981.

**Castiglione, Andrew:** The Referee Whistle (www.KenAston.org).

**Chlada, Marvin:** Also sprach Sepp Herberger. Eine Fußballfibel, Adelshofen 1999.

**Collina, Pierluigi:** Meine Regeln des Spiels, Hamburg 2003.

**Cramer, Dettmar/Jackschath, Birgit:** Fußballpsychologie, Aachen 1995.

**Csikszentmihalyi, Mihaly:** Das flow-Erlebnis. Jenseits von Angst und Langeweile: Im Tun aufgehen, Stuttgart 1985.

**Deutscher Fußball-Bund (Hg.):** 100 Jahre DFB. Die Geschichte des Deutschen-Fußball-Bundes, Berlin 1999.

**Deutscher Fußball-Bund (Hg.):** Schiedsrichter-Zeitung, Frankfurt am Main 1996 ff.

**Dikty, Gotthard:** Schiri: Telefon!, Sankt Augustin 1999.

**Donner, Christophe:** Mon oncle, Paris 1995.

**Dunning, Eric/Sheard, Kenneth:** Barbarians, Gentlemen and Players: A Sociological Study of the Development of Rugby Football, Oxford 1979.

**Dierker, Herbert/Hink, Willi (Hg.):** Schiedsrichter-Kongress des Deutschen Fußball-Bundes, Frankfurt am Main 2000.

**Ebersberger, Hans/Malka, Johannes/Pohler, Rudi:** Schiedsrichter im Fußball, Wiesbaden 1999.

**Eichler, Christian:** Lexikon der Fußballmythen, Frankfurt am Main 2000.

**Eissmann, Hans-Jörg/Boeda, Andrea:** Sportärztlicher Ratgeber für den Fußball-Schiedsrichter, Frankfurt am Main 1996.

**Elias, Norbert:** Über den Prozess der Zivilisation, Frankfurt am Main 1977.

**Elleray, David:** Referee! A Year in the Life of David Elleray, London 1998.

**Eisenberg, Christiane (Hg.):** Fußball, soccer, calcio – Ein englischer Sport auf seinem Weg um die Welt, München 1997.

**Eisenberg, Christiane/Lafranchi, Pierre, u.a.:** FIFA 1904–2004. Le siècle du football, Paris 2004 (dt. Eisenberg, Christiane: FIFA 1904–2004. 100 Jahre Weltfußball, Göttingen 2004).

**Farin, Klaus/Hauswald, Harald:** Die dritte Halbzeit. Fußballfans und Hooligans, Berlin 1993.

**Fatheuer, Thomas:** Eigentore. Soziologie und Fußball, Münster 1995.

**Fechtig, Beate:** Frauen und Fußball, Dortmund 1995.

**Festinger, Leon:** Theory of cognitive dissonance, Evanston 1957.

**Fock, Manfred:** Jugendfußball gestern und – heute?, Adelshofen 1994.

**Fock, Manfred:** Der Schiedsrichter im Fußballsport oder Was heißt hier unparteiisch?, Adelshofen 1996.

**Foucault, Michel:** Überwachen und Strafen, Frankfurt am Main 1976.

**Franz, M./Köpke, D.:** Einige Aspekte im Zusammenhang Kommerzialisierung im Sport unter besonderer Berücksichtigung der Sportart Fußball. In: Dekan der sportwissenschaftlichen Fakultät Leipzig (Hg.): Leipziger sportwissenschaftliche Beiträge, Jg. XLI (2000), Nr. 1.

**Freeman, Simon:** Own Goal! How Egoism and Greed are Destroying Football, London 2000.

**Friedemann, Horst (Hg.):** Sparwasser und Mauerblümchen. Die Geschichte des Fußballs in der DDR 1949–1991, Essen 1991.

**Gabler, Hartmut/Nitsch, Jürgen R./Singer, Roland:** Einführung in die Sportpsychologie. In: Glanville, Brian: Die Pathologie des Sports. In: Natan, Alex: Sport kritisch gesehen, Berlin 1972.

**Gallivan, Joseph:** Oi Ref! – A Novel About Love, Hate & Football, London 1997.

**Gabler, Hartmut/Schulz, H.-J./Weber, R.:** Zuschaueraggressionen – eine Feldstudie. In: Pilz, Gunter A./Albrecht Dirk/Gabler, Hartmut: Sport und Gewalt, Schorndorf 1982.

**Gebauer, Gunter/Wulf, Christian:** Spiel – Ritual – Geste. Mimetisches Handeln in der sozialen Welt, Reinbeck 1998.

**Gehrmann, Siegfried:** Fußball, Vereine, Politik, Bonn 1988.

**Gloede, Walter/Nesslinger, Hans-Joachim:** Das hätte er hören müssen. Die Weltmeisterschaft und ihre Schiedsrichter. In: dies. (Hg.): Fußball-Weltmeisterschaft 1982, Reinbek 1982.

**Göhner, Ulrich:** Einführung in die Bewegungslehre des Sports, Teil 1: Die sportlichen Bewegungen. In: Grupe, Ommo (Hg.): Sport und Sportunterricht, Bd. 4, Schorndorf 1992.

**Grüne, Hardy:** 100 Jahre Deutsche Meisterschaft, Göttingen 2003.

**Grupe, Ommo (Hg.):** Sport und Sportunterricht, Bd. 2, Schorndorf 1986.

**Guttmann, A.:** Ursprünge, soziale Basis und Zukunft des Fair Play. In: Sportwissenschaft 1982.

**Hall, Peter Christian:** Sport im Fernsehen, o. O. 2000.

**Hansen, Klaus:** Verkaufte Faszination. 30 Jahre Fußball-Bundesliga, Essen 1993.

**Heineken, Philipp:** Das Fußballspiel, Hannover 1898 (Reprint 1993).

**Heynemann, Bernd/Borchert, Wolfgang:** Momente der Entscheidung. Mein fußballverrücktes Leben, Halle 2005.

**Horn, Michael/Weise, Gottfried:** Das große Lexikon des DDR-Fußballs, Berlin 2004.

**Hurrelmann, Klaus:** Gewaltprävention durch Sport. Das Beispiel Fußball, vervielfältigtes Vortragsmanuskript, Bielefeld 2000.

**Jobs, Wolf-Fedor:** Und dafür gibt's die rote Karte. Anekdoten aus der Welt des Fußballs, Husum 1990.

**Kemper, Reinhild:** Sensorik und Motorik, Köln 1993.

**Kemper, Reinhild:** Zum Rollenverständnis von Schiedsrichterinnen im Fußball. In: Behm, Kerstin/Petzschke, Kerstin (Hg.): Mädchen und Frauen im Sport, Hamburg 1998.

**Kloppehel, Carl:** Der Fußball-Schiedsrichter und seine Organisation, Leipzig 1925.

**Kloppehel, Carl:** Geschichte des deutschen Fußballsports, Frankfurt am Main 1954.

**Kloppehel, Carl:** Schiedsrichter im Fußball, Frankfurt am Main 1955.

**Kübert, Rainer u. a. (Hg.):** Fußball, Medien, Gewalt, München 1994.

**Langenfeld, Frank:** Abseits ist, wenn der Schiedsrichter pfeift, Göttingen 2002.

**Lanthaler, Kurt:** Grobes Foul, Innsbruck 1993.

**Lenk, Hans/Pilz, Gunter A.:** Das Prinzip Fairness, Osnabrück 1989.

**Lenk, Hans:** Zur Fairness unter Systemzwängen. Leistungssport 2000, Jg. 30, Nr. 6.

**Leske, Hanns:** Erich Mielke, die Stasi und das runde Leder. Der Einfluß der SED und des Ministeriums für Staatssicherheit auf den Fußballsport in der DDR, Göttingen 2004.

**Lösel, Friedrich u. a.:** Ursachen, Prävention und Kontrolle von Gewalt aus psychologischer Sicht. In: Schwind, Hans-Dieter/Baumann, Jürgen u. a. (Hg.): Ursachen, Prävention und Kontrolle von Gewalt, Berlin 1990.

**Magoun, Francis Peabody:** History of Football from the Beginnings to 1871 (Kölner anglistische Arbeiten 31), Bochum-Langendreer 1938.

**Mason, Nicholas:** Football! A Story of all the Worlds Football Games, London 1974.

**Mason, Tony:** Association Football and English Society 1863–1915, Brighton 1980.

**McIntosh, Peter:** Fair Play. Ethics in Sports and Education, London 1979.

**Medienfabrik Gütersloh (Hg.):** Einfach unglaublich! Kuriose Geschichten rund um die FIFA-Fußballweltmeisterschaften, Gütersloh 2005.

**Mehl, Jean-Michel:** Les jeux au royaume de France: du XIIe au début du Xie siecle, Paris 1990.

**Mender, Siegfried:** Das Ballspiel im Leben der Völker, Münster 1956.

**Merk, Markus/Trust, Oliver:** BeWEGEnd. Merk & More, München 2005.

**Mester, Joachim:** Risiken und Chancen in der Sportentwicklung. In: FEW-HSG. Jaeger, Franz/Stier, Winfried: Sport und Kommerz. Neuere ökonomische Entwicklungen im Sport, insbesondere im Fußball, Chur/Zürich 2000.

**Moritz, Rainer:** Doppelpaß und Abseitsfalle. Ein Fußball-Lesebuch, Stuttgart 1995.

**Moritz, Rainer:** Immer auf Ballhöhe. Ein ABC der Befreiungsschläge, München 1997.

**Moritz, Rainer:** Abseits. Das letzte Geheimnis des Fußballs, München 2006.

**Morris, Desmond:** Das Spiel, München 1981.

**Michel, Rudi:** Kein Spiel ohne Regeln. Schiedsrichter – der unersetzliche Akteur. In: DFB (Hg.): 100 Jahre DFB – Die Geschichte des Deutschen Fußball-Bundes, Berlin 2000.

**Müller, Uwe/Pilz, Gunter A.:** Sei sportlich – sei fair: Abschlußbericht über die Fairplay-Initiative der Württembergischen Sportjugend, Schorndorf 1987.

**Muretto, Fabio:** Der Fan, Reinbeck 2000.

**Nowotny, Helga:** Das Sichtbare und das Unsichtbare: die Zeitdimension in den Medien. In: Sandbothe, Mike/Zimmerli, Walter Ch. (Hg.): Zeit – Medien – Wahrnehmung, Darmstadt 1994.

**Pauly, Dieter:** Abpfiff. Rückblick eines Schiedsrichters, München 1990.

**Peter, Michael:** Der Weg in den Westen – Ein Beitrag zum deutsch-deutschen (Fußball-)Verständnis, Kassel 2001.

**Pickford. William:** Laws of the Game. In: Ginson, Alfred/Pickford, William: Association Football and Men who made it, London 1906.

**Pilz, Gunter A.:** Gewalttätigkeit Jugendlicher im Umfeld von Fußballspielen. Eine sozialwissenschaftliche Diskussion aktueller Probleme der „Fankultur". In: Becker, H. (Red.): Fair Play – eine Utopie? Fans – Fairness – Frieden, Frankfurt am Main 1984.

**Pilz, Gunter A.:** Fairness und ihr Verständnis im sportlichen Wettkampf oder: Die Moral des „fairen Fouls". In: Mokrosch, R./Regenbogen, A. (Hg.): Was heißt Gerechtigkeit? Ethische Perspektiven zu Erziehung, Politik Religion, Donauwörth 1999.

**Pilz, Gunter A./Trebels, Andreas H.:** Aggression und Konflikt im Sport, Ahrensburg 1976.

**Pilz, Gunter A. u.a.:** Sport und Gewalt, Schorndorf 1982.

**Pleil, Ingolf:** Mielke, Macht und Meisterschaft, Berlin 2001.

**Plüer, Sebastian:** Alles was Recht ist. Schiedsrichter und Regeln. In: Brüggemeier, Franz-Josef/Borsdorf, Ulrich/Steiner, Jörg: Der Ball ist rund. Die Fußballausstellung, Essen 2000.

**Remschmidt, Helmut u.a.:** Ursachen, Prävention und Kontrolle von Gewalt aus psychiatrischer Sicht. In: Schwind, Hans-Dieter/Baumann, Jürgen u.a. (Hg.): Ursachen, Prävention und Kontrolle von Gewalt, Berlin 1990.

**Rosenberger, Simon/Hoffschneider Alwin:** Der Schiedsrichter. Eine Erläuterung der Fußball-Spielregeln für Schiedsrichter, Fußballspieler und Zuschauer, Stuttgart 1923.

**Schiedsrichterausschuss des NOFV (Hg.):** Chronik von 1948 bis 1991 der Schiedsrichterkommission des DFV der DDR, Ribnitz-Damgarten (2003).

**Schellhaaß, Horst-Manfred:** Die mediale Verwertung von Sportveranstaltungen. In: ders. (Hg.):

Sportveranstaltungen zwischen Liga- und Medieninteressen, Schorndorf 2000.

**Schön, Helmut:** Fußball, Frankfurt am Main/Berlin/Wien 1980.

**Schwind, Hans-Dieter/Baumann, Jürgen u.a. (Hg.):** Ursachen, Prävention und Kontrolle von Gewalt, Berlin 1990.

**Stein, Klaus:** Abseits bis Zweikampf. Ein Fußball-ABC, Frankfurt am Main 1994.

**Strutt, Joseph:** Sports and Pastimes of the People of England, 1903 (Zweite Ausgabe des Originals von 1801).

**Tegelbeckers, Walter Ludwig/Milles, Dietrich (Hg.):** Quo vadis Fußball? Vom Spielprozess zum Marktprodukt, Göttingen 2000.

**Teipel, Dieter:** Beanspruchung von Spielern und Trainern im Fußball, Köln 1992.

**Teipel, Dieter:** Studien zur Gleichgewichtsfähigkeit im Sport, Köln 1995.

**Teipel, Dieter/Kemper, Reinhild/Heinemann, Dirk:** Beanspruchung von Schiedsrichtern und Schiedsrichterinnen im Fußball, Köln 1999.

**Teipel, Dieter/Kemper, Reinhild/Heinemann, Dirk:** Evaluation of game-related stress conditions in male and female soccer referees. In: Hosek, Vaclav/ Tilinger, Pavel/ Bilek, Lubos (Hg.): Psychology of sport and exercise. Enhancing the quality of life. Proceedings Part 2, Prag 1999.

**Teipel, Dieter/Kemper, Reinhild/Heinemann, Dirk (Hg.):** Nachwuchsförderung im Fußball, Hamburg 2001.

**Teipel, Dieter/Kemper, Reinhild:** Psychophysiological stress in referees in soccer. In: Kabitsis, Christos/Laios, Athanasios (Hg.): Exercise & Society, 12th International Congress on Physical Education and Sport Komotini, Greece 2004.

**Theweleit, Klaus:** Tor zur Welt. Fußball als Realitätsmodell, Köln 2004.

**Trosien, Gerhard/Dinkel, Michael:** Wechselseitige Beziehungen in den Sport- und Medienentwicklungen. In: dies. (Hg.): Verkaufen Medien die Sportwirklichkeit? Authentizität – Inszenierung – Märkte, Aachen 1999.

**Ulrich, Hans-Eberhard:** Leistungssport – zwischen Idealisierung und Professionalisierung, Köln 1977.

**Whittington, E. Michael:** The Sport of Life and Death. The Mesoamerican Ballgame, 2001.

**Williams, Graham:** The Code War, Harefield 1994.

**Wittchen, Ralf (Hg.):** Der Fußball-Schiedsrichter. Monatszeitschrift (Hefte 1/März 1990–10/Dezember 1990), Cottbus 1990.

**Witty, J. R.:** Laws of the Game. In: Fabian, Aubrey Howard/Green, Geoffrey: Association Football, London 1961.

**Zeindler, Peter:** Abgepfiffen. Best of Foul Play, Reinbeck 1998

## AUTORENVERZEICHNIS

**Christoph Bausenwein**, Jahrgang 1959, studierte Geschichte und Philosophie und ist als Autor und Lektor tätig. Er widmet sich zudem der Betreuung und Herstellung von Biografien (www.meinememoiren.de). Sein Motto lautet: „Einmal Clubfan, immer Clubfan." Zu seinen zahlreichen Publikationen, vor allem zum Thema Fußball, zählen u. a.: Geheimnis Fußball. Auf den Spuren eines Phänomens (1995, Taschenbuch-Ausgabe 2006); Die letzten Männer – Zur Gattungsgeschichte und Seelenkunde der Torhüter (2003); Was ist Was – Fußballbuch (7. Aufl. 2005).

**Christian Eichler**, Jahrgang 1959, studierte Zahnmedizin (abgebrochen) und Bibliothekswissenschaft. Als Diplom-Bibliothekar diente er einige Jahre den Bundesministern der Finanzen und für Verkehr. In der Freizeit, abseits der Bonner Amtsstube, entdeckte er seine Neigung zum Journalismus, die sich mit sportlichem Interesse zu freier Mitarbeit für Zeitungen, Zeitschriften und Rundfunksender verband. Eintritt in die Sportredaktion der Frankfurter Allgemeinen Zeitung (F.A.Z.), seit 2001 berichtet er als „Sportreporter Europa" von Brüssel aus für die F.A.Z. über das sportliche Geschehen, aber auch über kulturelle und wirtschaftliche Themen. Er gewann mehrere Journalistenpreise, darunter den Großen Preis des Verbandes Deutscher Sportjournalisten 1991 für einen Beitrag über Ausländer im Sport und den Fair-Play-Preis für Sportjournalismus 1994 und 2002. Im Jahr 2000 veröffentlichte er das erfolgreiche „Lexikon der Fußballmythen" (Eichborn-Verlag, Taschenbuch-Ausgabe bei Piper).

**Beate Fechtig**, Jahrgang 1965, lebt und arbeitet als freiberufliche Journalistin in Köln. 1995 schrieb sie das Buch „Frauen und Fußball", in dem u. a. zum ersten Mal die Geschichte des Frauenfußballs aufgearbeitet wurde. Im ARD-Frühstücksfernsehen veröffentlicht sie regelmäßig Glossen über die Herren-Bundesliga.

**Manfred Fock**, Jahrgang 1955 ist hauptberuflich seit 20 Jahren als Diplom-Sozialpädagoge in der Straffälligenhilfe im Jugend- und Heranwachsendenbereich tätig. Er verfügt über die B-Lizenz als Fußball-Trainer im Jugendbereich. Daneben publiziert Fock als Herausgeber und Autor Sachbücher, Satiren und Theaterstücke über den Fußballsport. Zuletzt veröffentlichte er Alltagssatiren wie den Roman „Pohlschröder fährt S-Bahn" oder die satirischen „Gartenzwergkrimis".

**Jürg Gohl**, Jahrgang 1957, studierte Germanistik und Anglistik. Elf Jahre lang war Gohl in der Sportredaktion der renommierten Basler Zeitung tätig, für die er über nationalen und internationalen Fußball berichtete und später die Sportart Eishockey betreute. Danach war er kurze Zeit als Geschäftsführer des Eishockey-Vereins EHC Basel tätig und wechselte dann als Lokalredakteur zu der Basellandschaftlichen Zeitung in Liestal. Bei seiner sportjournalistischen Tätigkeit entwickelte er rasch ein starkes Interesse an Hintergrundberichten und Porträts. Der Autor ist Familienvater und lebt in Basel.

**Ursula Gundlach**, Jahrgang 1953, studierte Journalistik an der Universität Leipzig und war danach an der Deutschen Hochschule für Körperkultur Leipzig als Verantwortliche Redakteurin der „Wissenschaftlichen Zeitschrift" dieser Einrichtung tätig. Anfang der 90er Jahre absolvierte sie verschiedene Fortbildungskurse (u. a. DTP, PR, Typografie/Grafikdesign) und übernahm schließlich im Stadtgeschichtlichen Museum Leipzig/Sportmuseum Leipzig das Amt der Mitarbeiterin für Presse- und Öffentlichkeitsarbeit. Sie ist Redakteurin und Mitautorin der Zeitschrift „Sportmuseum aktuell" sowie der Publikationen „100 Jahre Leipziger Sport-Club" (2001), „SPORT: SCHAU. Deutsche Turnfeste 1860–2002" (2002) und „Leipzig geht baden. Vom Pleißestrand zum Neuseenland" (2004). Seit rund zehn Jahren arbeitet sie nebenberuflich als freie Autorin und Grafikerin. 2003 gab sie im Eigenverlag das von ihr gestaltete Künstlerbuch „Geschichten vom Franz. Ein typografisches Lesebüchlein" heraus. Sie ist Vorstandsmitglied des Fördervereins Sächsisches Sportmuseum Leipzig e. V.

**PD Dr. Reinhild Kemper**, Jahrgang 1959, ist Oberassistentin am Institut für Sportwissenschaft der Friedrich-Schiller-Universität Jena, Abteilung Sportpsychologie/Sportmotorik.

**Volker Kluge**, Jahrgang 1944, ist Diplom-Journalist und seit 1994 als freier Publizist und Buchautor in Berlin tätig. Er war zudem als Berichterstatter von 13 Olympischen Spielen tätig. Zu seinen wichtigsten Veröffentlichungen gehören: „Olympische Sommerspiele. Die Chronik" (4 Bände, 1997–2001), „Olympische Winterspiele. Die Chronik" (1999), „Olympiastadion Berlin. Steine beginnen zu erzählen" (1999), „Otto der Seltsame. Die Einsamkeit eines Mittelstreckenläufers" (2000), „Das große Lexikon der DDR-Sportler" (2000), „Max Schmeling. Eine Biographie in 15 Runden" (2004) und „Das Sportbuch DDR" (2004).

**Stanley F. Lover**, Jahrgang 1925, studierte Bauingenieurwesen und war neben seinem Berufsleben auch Schiedsrichter in allen Fußball-Ligen. Rund 50 Jahre wirkte er als Schiedsrichterausbilder, 28 Jahre davon als Dozent für die FIFA. Er ist Autor von Standardwerken zur Regelkunde wie „Soccer Match Control" oder „Soccer Rules Explained". Sein erfolgreichstes Buch „Association Football Laws Illustrated" wurde seit seiner Erstveröffentlichung 1971 in zahlreiche Sprachen übersetzt und erscheint in ständig aktualisierten Ausgaben.

**Dr. Rainer Moritz**, Jahrgang 1958, amtierte acht Jahre lang als Schieds- und Linienrichter, vorwiegend auf württembergischen und hohenlohischen Dorfplätzen. Er war Verlagsleiter des Verlags Hoffmann und Campe, ist Vizepräsident der Marcel-Proust-Gesellschaft und leitet nunmehr das Literaturhaus Hamburg. Er ist Literaturkritiker (u. a. für Neue Zürcher Zeitung, Deutschlandfunk, Die Welt) und Autor zahlreicher Bücher, darunter: „Schlager. Kleine Philosophie der Passionen" (2000), „Das Buch zum Buch. Ein ABC der Leselust" (2002), „Mit Proust durch Paris" (2004), „Und das Meer singt sein Lied" (2004), „Vorne fallen die Tore. Fußball-Geschichte(n) von Sokrates bis Jürgen Klinsmann" (2006) und „Abseits. Das letzte Geheimnis des Fußballs" (2006).

**Prof. Dr. Gunter A. Pilz**, Jahrgang 1944, studierte Soziologie, Psychologie und Volkswirtschaftslehre und ist seit 1975 am Institut für Sportwissenschaft der Universität Hannover tätig. Daneben hat er als Honorarprofessor den Lehrauftrag für Jugendgewalt und Gewaltprävention an der evangelischen Fachhochschule Hannover inne. Seine Forschungsschwerpunkte sind u. a. Gewalt in der Gesellschaft und im Sport, Gewaltakzeptanz und Rechtsextremismus junger Menschen, Fairplay sowie Medien und Gewalt. Prof. Pilz wurde u. a. auch als Gutachter für das Bundesinnenministerium zu „Sport und Gewalt" (1981), „Darstellung von Gewalt im Sport, in den Medien und ihre Auswirkungen" (1987) und „Fanverhalten und Fankultur" (1988) bestellt. Er ist Mitbegründer und wiss. Begleiter des Fußball-Fan-Projektes Hannover. Als wiss. Begleiter ist er u. a. in der

Arbeitsgruppe „Gastgeberkonzept, Fan- und Besucherbetreuungsprogramm" des Organisationskomitees der WM 2006 tätig. Laufende Forschungsprojekte beispielsweise zu „Wandlungen des Zuschauerverhaltens im Profifußball – Notwendigkeiten, Möglichkeiten und Grenzen gesellschaftlicher Reaktionen (im Auftrag des Bundesinstituts für Sportwissenschaft)". Prof. Pilz ist zudem Herausgeber der Schriftenreihe „Sport – Gewalt – Gesellschaft" beim lit-Verlag und Autor von über 300 Aufsätzen zu sozialwissenschaftlichen Fragestellungen des Sports, der Jugendsoziologie, zu Gewalt und Rechtsextremismus sowie Medienwirkungen.

**Thomas Roth**, Jahrgang 1958, studierte Germanistik an der Universität Mainz und ist seit 1985 für das kicker-Sportmagazin tätig. 1990 wurde er dort Redakteur, seit 1998 ist er Schiedsrichter-Beauftragter des Magazins. Der Autor hat bislang vier Bücher verfasst, die vom Copress-Verlag, München, veröffentlicht wurden. Zuletzt erschien „Die EM-Elf" unmittelbar nach der Europameisterschaft 2004 in Portugal. Thomas Roth veröffentlicht zudem regelmäßig Beiträge zum Thema Schiedsrichter im Journal des Deutschen Fußball-Bundes.

**Annett Schimmel**, Jahrgang 1966, absolvierte nach Abitur und abgebrochenem Lehramtsstudium eine Ausbildung zur Technischen Assistentin für Meteorologie. Seitdem ist sie beim staatlichen Wetterdienst tätig. Annett Schimmel gehört zu den Gründungsmitgliedern des Fördervereins Sächsisches Sportmuseum Leipzig e. V. (1991) und veröffentlicht regelmäßig Beiträge in der Zeitschrift „Sportmuseum aktuell". Sie ist bekennender Fan des FC Sachsen Leipzig und des 1. FFC Frankfurt.

**Prof. Dr. Dieter Teipel**, Jahrgang 1947, ist Hochschullehrer am Institut für Sportwissenschaft der Friedrich-Schiller-Universität Jena, Abteilung Sportpsychologie/Sportmotorik.

**David Weidlich**, Jahrgang 1977, studierte Rechtswissenschaften in Leipzig und ist derzeit Referendar. Im Rahmen eines Praktikums am Stadtgeschichtlichen Museum Leipzig/Sportmuseum wertete der Autor eine Fragebogenaktion im Rahmen der Vorbereitungen zu der Ausstellung „Herr der Regeln. Der Fußball-Referee" aus.

**Christiane Zehrer**, Jahrgang 1980, studierte Internationales Informationsmanagement, Politik und Betriebswirtschaftslehre an der Universität Hildesheim. Studienaufenthalte führten sie u. a. nach Lettland und Frankreich, wo sie zuletzt für einen europäischen Sportverband tätig war. Ihre Affinität zum Schiedsrichterwesen begann 1995 beim Fechten. 2003 gewann sie den Deutschen Studienpreis der Körberstiftung mit einer Arbeit zur Geschwindigkeitswahrnehmung im Sport. Mit einer modernen Fabel über Vertrauen in interkulturellen Situationen qualifizierte sie sich 2005 für die Teilnahme am ISC-Symposium der Universität St. Gallen. Bislang veröffentlichte die Autorin: „Eingefrorene Geschwindigkeit. Tempo im Bild. Ein Beitrag zum Deutschen Studienpreis 2003", „Höher, besser, fernsehgerecht? Sport und Medien in der beschleunigten Gesellschaft. In: Rosa, Hartmut: fast forward. Essays zu Zeit und Beschleunigung, Hamburg 2004". Daneben ist Christiane Zehrer noch als Redakteurin beim Internetmagazin sciencegarden tätig.

# BILDNACHWEIS

Bildarchiv Heinrich von der Becke im Sportmuseum Berlin, S. 23, 37, 42, 43, 45, 47, 48, 51, 52, 53, 56, 111, 118
Black Watch Regimental Museum, Perth, Großbritannien, S. 84
DEKRA e. V., Stuttgart, S. 121, 122, 155
Deutsche Sporthochschule Köln, Zentralbibliothek der Sportwissenschaften, S. 18 o. r., 28, 29 u. l., 31, 36, 52, 58, 67
FIFA Archive, Zürich, S. 29 u. r.
Förderverein Sächsisches Sportmuseum Leipzig e. V., S. 17 r., 18 u. r., 19 u., 20 o. r., 20 u. r., 22, 25, 35, 36, 48, 50
Werner Fritz, Leipzig, S. 60, 156, 157, 160, 161 o. l., 161 o. m., 161 o. r., 162 o. l., 162 u. r., 172, 176
Suse Glöckner, Markranstädt, S. 93
Klaus-Dieter Gloger, Leipzig, S. 25, 39, 43, 129
imago/Sven Simon, S. 104
imago/Wienhold, S. 125
Jurij Kosobukin, Kiew, S. 35
Rudolf Kreitlein, Stuttgart, S. 34, 39, 41, 54 u., 58, 59, 145
Stanley F. Lover, Neuilly, Frankreich, S. 180, 184, 186
Bernd Lutzi, Kaiserslautern, S. 92
Markus Merk, Otterbach, S. 141, 142
Gert Nass, Leipzig, S. 164
Wulf Olm, Berlin, S. 95
Gunter A. Pilz, Nienburg, S. 116 o. l., 116 o. r., 119
Sächsische Landesbibliothek, Staats- und Universitätsbibliothek Dresden, S. 18
Harald Sather, Grimma, S. 34, 49 o. r., 49 u. l.
Schirner Sportfoto, Groß-Glienecke, S. 75, 103
Helga Schulze-Brinkop, Leipzig, S. 22 o. l., 25, 26, 27, 28 o. l., 28, o. r., 35, 39, 45 o. r., 54 o., 54 m., 59, 60
Nicole Schumacher, Oberhausen, S. 126
Scottish Football Museum, Glasgow, Großbritannien, S. 81, 82, 85, 86, 87
Smith Stirling Museum, Stirling, Großbritannien, S. 78
Sportmuseum Vlaanderen, Hofstade, Belgien, S. 37, 58
Staatliche Antikensammlungen und Glyptothek, München, S. 17 l.
Stadtgeschichtliches Museum Leipzig/Sportmuseum Leipzig, S. 19 o., 20 o. r., 24, 29 o. l., 29 o. r., 30, 31, 32, 33, 34, 35, 36, 42, 45, 55, 60, 61 o. r., 61, u. r., 64, 70, 71, 74, 89, 97, 107, 143
Stadtmuseum Nördlingen, S. 49
Kurt Tschenscher, Reilingen, S. 41 o. r., 41 u. r.
Universität Leipzig, Sportwissenschaftliche Fakultät, Historische Sammlung, S. 22, 23, 28, 46, 51
UPI, S. 144
Robert Varadi, Basel, S. 147, 150
Ubbo Voss, Norden, S. 23, 46
Christiane Zehrer, Hildesheim, S. 136, 139

# WIR DANKEN


Wir danken allen nachfolgend aufgeführten Einrichtungen, Verbänden bzw. Vereinen und Personen, die uns mit Leihgaben, Schenkungen und fachlicher Beratung sowie Geld- und Sachdienstleitungen bei der Realisierung der Ausstellung und des Begleitbuches unterstützt haben:

Adidas, Herzogenaurach
Allzweck-Sportartikel, Trechtingshausen
ARD Redaktion Sportschau, Westdeutscher Rundfunk, Köln
Autohaus Quesitz Leipzig
Bayerische Staatsbibliothek München
Beerdigungsinstitut Zetzsche, Markranstädt
Bildungswerk Landessportbund Sachsen e. V.
Blumengeschäft Wilken, Engelsdorf
BSC Motor Rochlitz e. V.
Deutsche Sporthochschule Köln, Zentralbibliothek der Sportwissenschaften
Deutscher Fußball-Bund, Frankfurt/Main
FIFA Archive, Zürich, Schweiz
Förderverein Sächsisches Sportmuseum Leipzig e. V.
Friedrich-Ebert-Stiftung
Großkelterei Rötha
Italienischer Tourismusverband
Jugendamt Stadt Leipzig
Junge Volkshochschule Leipzig
Kamera- und Fotomuseum Leipzig
Karstadt Sport Leipzig
Kreisfachverband Fußball Mittweida
Leipziger Fußballverband e. V.
Leipzig Tourist Service e. V.
Marriott Leipzig
MDR Figaro Kulturradio
Media Mobil GmbH Leipzig
National Football Museum, Preston
Otto Nussbaum Hydraulik GmbH, Markranstädt
Polizeidirektion Leipzig
RFSports, Nic Beattie, Glasgow
Römisch-Germanisches Museum, Köln
Sächsische Lotto-GmbH, Leipzig
Sächsische Landesbibliothek – Staats- und Universitätsbibliothek Dresden
Schiedsrichtergruppe Zeulenroda
Scottish Football Museum, Glasgow, Großbritannien
Sparkasse Leipzig
Sportmuseum Berlin in der Stiftung Stadtmuseum Berlin
Schirner Sportfoto, Groß Glienecke
Schweizerisches Sportmuseum Basel, Schweiz
SG Taucha 99 e. V.
Sportmuseum Vlaanderen, Hofstade, Belgien
Sportschule „Egidius Braun" des SFV, Leipzig
SSV Markranstädt e. V.
Staatliche Antikensammlungen und Glyptothek, München
Stadt Markranstädt
Stadt Rochlitz
Stadtmuseum Nördlingen
Städtisches Museum Hohenleuben-Reichenfels
Stiftung Deutsches Sport- und Olympia-Museum, Köln
SV Leipzig Nordwest e. V.
Syntella IT-Kommunikations GmbH Leipzig
Theater der Jungen Welt Leipzig
Universität Leipzig, Sportwissenschaftliche Fakultät, Historische Sammlung
Universität Leipzig, Universitätsbibliothek
Verband Kinderhilfe e. V.
WM-Büro der Stadt Leipzig
WM Organisationsbüro, Außenstelle Leipzig

**Personen**

Rüdiger Böcker, Sarkwitz
Roberto Castro, Leipzig/Tallahassee, USA
Karl-Heinz Chemnitz, Dresden
Pierluigi Collina, Viareggio, Italien
Bernd Dietel, Meißen
Manfred Dietze, Plauen-Stöckigt
Gotthard Dikty, Erkrath
Matthias Eiles, Frankfurt/Main
Roland Fischer, Jena

Gerd Frenzel, Szentes, Ungarn
Werner Fritz, Leipzig
Suse Glöckner, Markranstädt
Frank Greim, Hoyerswerda
Ursula Gundlach, Leipzig
Thomas Hamann, Wien
Franz-Josef Hauer, Leipzig
Klaus Heinen, Köln
Rainer Hertle, Halle
Lutz Herwig, Neukieritzsch
Heinz-Theo Heymann, Krefeld
Bernd Heynemann, Magdeburg
Jürgen Hoffmann, Leipzig
Siegfried Holzheimer, Erftstadt
Dr. Herbert Hünger, Saalfeld
Dr. Volker Kirschner, Markranstädt
Manfred Knoche, Espenhain
Thomas Köhler, Leipzig
Alfred Kötz, Bergisch-Gladbach
Jurij Kosobukin, Kiew, Weißrussland
Rudolf Kreitlein, Stuttgart
Johannes Malka, Herten
Egon Matthäus, Schildau
Urs Meier, Würenlos, Schweiz
Dr. Markus Merk, Otterbach
Günter Merten, Hamburg
Horst Müller, Leipzig
Hagen Niemann, Leipzig
Jörg-Uwe Noack, Leipzig
Nicole Petignat, Watt, Schweiz
Heinz-Dieter Pilger, Leuna
Sasha Pirker, Wien
Familie Raipur Chattisgarh, New Bombay, Indien
Isolde Röber, Achim
Siegfried Rossbach, Mylau/Vogtland
Volker Roth, Salzgitter
Werner Saller, Zeulenroda
Harald Sather, Grimma
Dieter Scheffel, Elsterberg/Vogtland
Andreas Schrank, Glauchau
Barbara Schmidt-Arndt, Pinneberg
Dietmar Seidel, Großlehna
Helga Seipt, Leipzig
Rene Sopp, Leipzig
Roland Tomic, Duisburg
Margaret Toppo, New Bombay, Indien
Kurt Tschenscher, Reilingen
Marcel Vierig, Dresden
Ubbo Voss, Norden
Karl Wagner, Plauen
Heinz Wehsener
Ralf Wittichen, Cottbus
David Zühlke, Elstertrebnitz

Die Ausstellung wurde gefördert von der Nationalen DFB Kulturstiftung WM 2006 gGmbH und dem Leipziger Fußballverband e. V. sowie der Bundesagentur für Arbeit.

Die Herausgabe des Begleitbuches wurde unterstützt durch den Leipziger Fußballverband e. V.

**Das Begleitbuch zur Ausstellung**
Herr der Regeln. Der Fußball-Referee
Stadtgeschichtliches Museum Leipzig/Sportmuseum Leipzig
3. März–30. Juli 2006
Neubau, Böttchergäßchen 3, 04109 Leipzig
Internet: www.Stadtgeschichtliches-Museum-Leipzig.de

Mit Unterstützung durch Deutscher Fußball-Bund e. V.
Leipziger Fußballverband e. V.
Förderverein Sächsisches Sportmuseum Leipzig e. V.

| | |
|---|---|
| Herausgeber: | Dr. Volker Rodekamp |
| Konzept: | Ursula Gundlach |
| Redaktion: | Alexander Süß |
| Bildauswahl: | Wolfgang Metz, Alexander Süß |
| Satz/Layout/Einband: | Mitteldeutscher Verlag GmbH, MOXXO Design König |
| Druck: | druckhaus köthen GmbH |
| Gesamtherstellung: | Mitteldeutscher Verlag GmbH |

**Das Ausstellungsteam**

| | |
|---|---|
| Leitung: | Dr. Volker Rodekamp |
| Kuratorin: | Dr. Gerlinde Rohr |
| Konzept: | Dr. Gerlinde Rohr, Wolfgang Metz |
| Ausstellungsbüro: | Annett Elbe, Romy Rölicke |
| Recherche: | Dr. Gerlinde Rohr, Wolfgang Metz, Annett Elbe, Romy Rölicke, Dorothea Hohl, Marcel Jahre, Thomas Deittert, Michael Stephan, David Weidlich, Thomas Kögel, Heiko Junge, creare2 |
| Dokumentation: | Wolfgang Metz |
| Fachliche Beratung: | Matthias Eiles (DFB), Franz-Josef Hauer, Gotthard Dikty |
| Öffentlichkeitsarbeit: | Christine Becker, Romy Rölicke, Alexander Süß, Ursula Oehme |
| Begleitveranstaltungen: | Elke Schaar, Dana Albertus, Alexander Süß, Franz-Josef Hauer, Romy Rölicke, Heiko Junge, Jana Wetzlich |
| Gestaltung: | EXPOSITION EBERSBACH, MOXXO Design König |
| Medien: | ad musea, ecce homo |

Die Ausstellung ist offizieller Beitrag des Kunst- und Kulturprogramms zur FIFA WM 2006™



ISBN 3-89812-367-7